Hey, 파이썬!

생성형 AI 활용 앱 만들어 줘

김한호, 최태온, 윤택한 지음

BM (주)도서출판 **성안당**

Preface

3人 3色 저자 서문 ❶

김한호

- 에이치소프트 대표, 삼육대학교 SW 교육원 겸임 교수
- 과학기술정보통신부 메타버스아카데미에서 인공지능 강사 및 중소벤처기업부, 한국콘텐츠진흥원의 인공지능 심사위원
- 공주대학교 게임디자인학과 게임학 박사 과정 수료
- 광운대학교 게임학 석사 학위 취득
- 연구 분야: 인공지능, 인공지능을 활용한 게임, 생성형 인공지능 융합 콘텐츠 등
- 강의: 인공지능, 데이터 분석, 게임 및 콘텐츠 제작 등

생성형 인공지능은 2022년부터 눈부신 발전을 이루면서 우리의 삶에 깊숙이 자리 잡았습니다. 이 책은 이러한 기술 혁신의 중심에 서 있는 생성형 인공지능을 활용하여 파이썬 프로그래밍 언어를 배우고자 하는 사람이나 생성형 인공지능 앱을 개발하고자 하는 사람을 위한 지침서입니다.

파이썬은 간결하고 이해하기 쉬운 문법 덕분에 인공지능 분야의 입문자와 전문가에게 사랑받는 언어입니다. 여러분은 이 책을 통해 파이썬의 기초부터 생성형 인공지능 모델의 이해와 활용은 물론 생성형 인공지능의 원리부터 다양한 활용 방법에 이르기까지 폭넓게 이해할 수 있을 것입니다.

이 밖에 그라디오(Gradio), 랭체인(Langchain)과 같은 파이썬 라이브러리도 소개합니다. 그라디오를 통해 사용자 친화적인 인터페이스를 구축하고, 랭체인으로 강력한 언어 처리 애플리케이션을 개발하는 과정을 단계별로 안내합니다. 이러한 도구를 활용하면 실무에 적용할 수 있는 강력하고 독창적인 인공지능 앱을 만들 수 있게 됩니다.

이 책은 이론과 실습이 결합된 구조로 이루어져 있기 때문에 실제 사례를 통해 이론을 적용하는 방법을 배울 수 있고 다양한 프로젝트를 통해 직접 경험하면서 배울 수도 있습니다. 초보자는 물론 경험 많은 개발자까지 모든 독자가 필요한 지식을 습득하고 창의적인 방법으로 문제를 해결할 수 있는 능력을 키울 수 있을 것입니다. 단순히 코딩 기술을 넘어 혁신적인 인공지능 애플리케이션을 설계하고 구현하는 데 필요한 심도 깊은 지식과 실질적인 경험도 아울러 얻게 될 것입니다.

파이썬과 인공지능의 세계로의 여행을 시작할 준비가 되셨나요? 이제 흥미진진한 여정을 시작해 봅시다.

3人 3色 저자 서문 ❷

최태온

- 교육용 애플리케이션, AR, 체감형 VR, 모바일 게임 개발 경력 7년
- 한국전파진흥협회, 메타버스아카데미 등 기관에서 인공지능, 유니티, XR 분야 강의

인공지능을 처음 접했던 시절, 저는 인공지능을 마치 먼 나라 이야기처럼 느꼈습니다. 복잡한 알고리즘과 어려운 수학적 개념이 나를 압도했고 때로는 제자리에서 맴돌고 있다는 느낌을 지울 수 없었기 때문입니다. 인공지능에 대해 공부하기 위해 아주 어려운 개념부터 차근차근히 익혀야만 했을 정도로 인공지능 학습의 장벽은 높았습니다. 하지만 포기하지 않고 꾸준히 학습을 이어 나가면서 이전에는 상상조차 할 수 없었던 작업들을 수행하는 인공지능 시스템을 설계하고 구현하는 일을 직업으로 삼게 되었습니다.

최근의 인공지능 기술은 예전과 달리 사용자 친화적으로 발전했습니다. 누구나 접근할 수 있는 라이브러리와 프레임워크 덕분에 복잡한 공식을 일일이 이해하지 않아도 쉽게 사용할 수 있도록 잘 정비되어 있습니다. 이러한 도구들은 사용자가 인공지능의 기본 원리를 이해하는 데 도움을 줄 뿐만 아니라 실제로 적용할 수 있는 솔루션을 빠르게 개발할 수 있도록 해 줍니다. 이는 인공지능 기술을 보다 광범위하게 확산시키는 데 큰 기여를 하고 있습니다.

이 책의 목표는 복잡한 인공지능 수식을 사용하는 것이 아니라 이미 만들어 놓은 모듈을 가져와 쉽게 사용할 수 있게 하는 것과 실제 프로젝트에 적용할 수 있는 실용적인 지식을 전달하는 데 있습니다. 따라서 이 책은 여러분이 인공지능의 세계를 탐험하는 데 있어 든든한 안내자 역할을 할 것입니다.

제가 인공지능을 공부하고 강의하며 깨달은 점은 인공지능으로 만들어 나갈 세계는 무한한 가능성으로 가득 차 있다는 것입니다. 이 책이 많은 사람이 인공지능 기술을 쉽게 이해하고 활용하는 데 도움이 되길 바랍니다.

3人 3色 저자 서문 ❸

윤택한

• 서울대학교 응용생물화학 전공 데이터
  분석
• 한국전파진흥협회 등 기관 및 대학
  인공지능 강의

저는 오래전 대학교에서 생명공학을 전공하면서 마이크로RNA(micro RNA, miRNA)라는 분야에 발을 들였습니다. 마이크로RNA는 유전자 발현을 조절하는 중요한 역할을 담당하는 작은 RNA 분자로, 저는 주로 데이터 분석을 통해 관련 마이크로RNA를 분석하는 일을 했습니다. 이러한 생명정보학을 통해 데이터 분석을 접하게 되었던 저는 자연스럽게 인공지능에 관심을 가지게 되었고 점차 다수의 인공지능 프로젝트를 수행하게 되었습니다.

처음 인공지능을 접했을 때는 수학적으로 다뤄야 할 것들이 많아 어려움을 겪었습니다. 하지만 최근 들어 인공지능은 수학적 지식보다 누구나 다룰 수 있는 서비스의 형태로 진화하고 있습니다. 하지만 인공지능 관련 서적들은 대부분 초보자들에게 너무 어렵거나 원리 설명에만 치중되어 있어 실제로 적용하기에는 어려운 면이 있었습니다. 더욱이 최근 챗GPT, 스테이블 디퓨전(Stable Diffusion) 등과 같은 혁신적인 모델이 등장함으로써 새로운 개발 방식을 적용해야 하는 시기가 도래했습니다.

이 책은 프로그래밍 경험이 적거나 비전공자인 분도 쉽게 이해하고 따라 할 수 있도록 구성하였습니다. 파이썬 기초 문법은 물론 챗봇 개발 과정을 단계별로 상세히 안내하여 실제로 작동하는 챗봇을 제작할 수 있도록 하였습니다. 스테이블 디퓨전을 활용한 이미지 생성 앱 제작에 대한 내용도 담았습니다. 실제 서비스 개발에 활용할 수 있는 실질적인 내용이 담겨 있기 때문에 인공지능 실전 프로젝트에 적용할 수 있을 것입니다.

저는 인공지능 서비스 개발이 누구에게나 열려 있는 분야라고 생각합니다. 이 책이 인공지능 서비스 개발에 관심이 있는 모든 분에게 유용한 가이드라인이 되기를 바랍니다.

Contents

AI

PART 3

음성 인식
AI 비서 만들기

AI

예제 코드
깃허브

저자 무료 강의
영상 유튜브

예제 파일 다운로드

1 성안당 홈페이지(http://www.cyber.co.kr)에 접속하여 회원가입한 뒤 로그인하세요.

2 메인 화면 중간의 (자료실)을 클릭한 다음 오른쪽 파란색 돋보기를 클릭하면 나오는 검색 창에 'Hey' 등 도서명
일부를 입력하고 검색하세요.

3 검색된 목록을 클릭하고 들어가 다운로드 창 안의 예제 파일을 클릭하여 다운로드한 다음 찾기 쉬운 위치에
저장하고 압축을 풀어 사용하세요.

Part 1

파이썬

파이썬은 생성형 인공지능 앱을 개발하는 데 필수적인 언어입니다. 이 파트에서는 파이썬의 기초적인 사용법부터 필수 라이브러리의 사용법에 대해 알아보겠습니다. 파이썬을 알면 더 나은 생성형 인공지능 앱을 개발할 수 있는 기초를 쌓을 수 있습니다. 함께 시작해 보죠!

파이썬이란?

파이썬(Python)은 2023년 기준 전 세계에서 가장 인기 있는 프로그래밍 언어입니다. 여기서 프로그래밍 언어란, 프로그램을 개발할 때 사용하는 도구를 말합니다. 즉, 프로그래밍 언어는 '인간이 원하는 것을 컴퓨터에게 실행시키기 위해 컴퓨터가 이해할 수 있는 언어'를 말합니다. '파이썬'이라는 프로그래밍 언어는 1990년에 네덜란드인 귀도 반 로섬(Guido Van Rossum)이 만든 언어입니다. '파이썬'은 고대 신화 파르나소스 산속 동굴에 살던 뱀을 의미한다고 합니다. 많은 파이썬 책 표지에 뱀 그림이 나오는 이유는 바로 이 때문입니다. 귀도 반 로섬은 2005년부터 2012년까지 구글에서 근무했으며 이때 파이썬을 구글에서 사용하게 하는 데 기여했습니다. 파이썬이 구글에서 가장 많이 사용하는 프로그래밍 언어가 되면서 전 세계의 많은 개발자에게 사랑받게 됩니다. 구글은 파이썬을 사용하여 웹 개발, 데이터 분석, 머신러닝, 인공지능, 클라우드 서비스 등 다양한 분야에서 파이썬을 활용하고 있습니다.

Nov 2023	Nov 2022	Change	Programming Language	Ratings	Change
1	1		Python	14.16%	-3.02%
2	2		C	11.77%	-3.31%
3	4	^	C++	10.36%	-0.39%
4	3	v	Java	8.35%	-3.63%
5	5		C#	7.65%	+3.40%
6	7	^	JavaScript	3.21%	+0.47%
7	10	^	PHP	2.30%	+0.61%
8	6	v	Visual Basic	2.10%	-2.01%
9	9		SQL	1.88%	+0.07%
10	8	v	Assembly language	1.35%	-0.83%

[그림 1-1] 티오베(TIOBE)의 2023년 프로그래밍 언어 순위

1-1 파이썬의 특징

파이썬의 특징은 아래 세 가지 정도로 요약할 수 있습니다.

1 인터프리터 언어

인터프리터 언어란, 프로그래머가 작성한 코드를 한 줄씩 컴퓨터가 이해할 수 있는 언어로 바꿔 주는 것이라고 생각하면 됩니다. 컴파일러를 사용하는 언어와 달리, 소스 코드를 실행하면 바로 프로그램이 실행됩니다. 파이썬처럼 인터프리터 언어로 작성된 프로그램은 컴파일러 언어에 비해 실행 속도는 상대적으로 느릴 수 있지만, 개발 과정에서의 편의성과 유연성을 제공합니다.

2 객체지향 언어

프로그램을 객체들의 집합으로 모델링하는 방식을 의미합니다. 객체지향 언어에서는 데이터와 해당 데이터를 처리하는 메서드를 하나의 단위로 묶어서 객체라는 독립적인 개체로 표현합니다. 객체지향 언어를 사용하면 코드의 가독성 및 재사용성이 높아지고 큰 규모의 프로젝트에서 유지 보수나 확장성이 용이해집니다.

3 독립적 플랫폼 언어

파이썬은 윈도우, 맥, 리눅스 등 대부분의 운영 체제에서 무료로 사용할 수 있습니다.

1-2 파이썬을 배우는 이유

필자가 프로그래밍을 시작할 때는 C 언어로 시작했는데 요즘은 프로그래밍을 공부할 때 가장 먼저 배우는 언어가 파이썬이 될 정도로 인기가 높아졌습니다. 2023년 가장 인기 있는 프로그래밍 언어도 파이썬이라는 것을 확인할수 있습니다([그림 1-1] 참조). 파이썬이 이처럼 사랑받는 이유는 다음과 같이 요약해 볼 수 있습니다.

1 쉽고 간결한 문법

파이썬의 문법은 직관적이며 읽기 쉽습니다. 들여쓰기를 사용하여 코드 블록을 구분하기 때문에 가독성이 뛰어나고 타 언어에 비해 코드 작성량이 적습니다.

```
if '생수' in ['사과','젤리','생수']:
    print("생수가 있습니다.")
```

2 다양한 라이브러리와 프레임워크

파이썬은 넘파이(Numpy), 판다스(Pandas), 텐서플로(TensorFlow), 장고(Django), 맷플롯립
(Matplotlib) 등 다양한 라이브러리와 프레임워크가 존재하고 데이터 분석, 머신러닝, 웹 개발, 과
학 계산, 자연어 처리 등 다양한 분야에 활용할 수 있습니다.

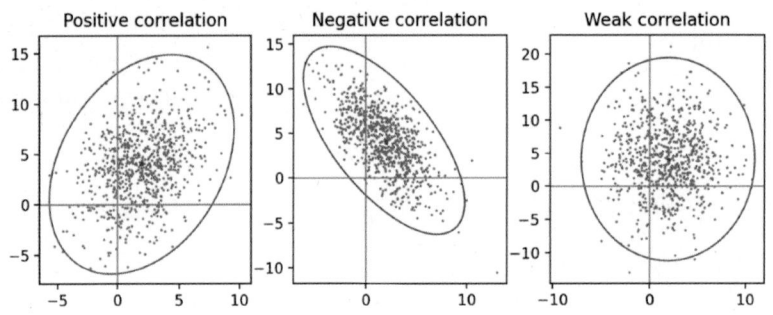

[그림 1-2] 파이썬 데이터 분석 시각화

3 빠른 개발

"인생은 짧으니 파이썬이 필요해!"라는 말이 있을 정도로 파이썬은 빠른 개발에 적합한 언어로,
프로토타이핑 및 실험적인 작업을 빠르게 수행할 수 있습니다.

4 데이터 분석 및 AI

파이썬은 데이터 과학 및 머신러닝 분야에서 매우 인기가 있고 관련 라이브러리와 프레임워크가
잘 발달되어 있기 때문에 빅데이터 처리와 분석에 적합합니다.

[그림 1-3] 파이썬 라이브러리

5 무료 및 오픈 소스

파이썬은 오픈 소스 언어로, 라이선스 비용이 없으며 개발자들이 자유롭게 사용하고 개선할 수 있습니다.

위와 같은 장점 때문에 파이썬은 많은 기업 및 프로젝트에서 사용되고 있습니다. 파이썬은 다양한 장점이 있는 반면 단점도 있습니다. 파이썬의 단점은 다음과 같습니다.

1-3 파이썬의 단점

1 성능 문제

파이썬은 인터프리터 언어로, 일부 언어에 비해 실행 시간이 느릴 수 있습니다. 이러한 성능 문제를 극복하기 위해 C나 C++로 작성된 코드와의 통합을 지원하는 사이썬(Cython), 파이파이(PyPy)와 같은 라이브러리를 사용해 성능을 개선하기도 합니다.

2 메모리 사용

파이썬은 다른 언어에 비해 상대적으로 많은 메모리를 사용할 수 있습니다. 따라서 규모가 큰 애플리케이션이나 장기간 실행되는 서버 애플리케이션에 취약할 수 있습니다.

3 모바일 앱 개발

파이썬으로 모바일 애플리케이션을 개발하기 어렵습니다.

4 불안정성 및 호환성

파이썬의 버전 간의 호환성 문제가 발생할 수 있고 이로 인해 이전 버전에서 작성한 코드가 새로운 버전에서 오작동할 수 있습니다. 특히, 많은 라이브러리를 사용하면 나중에 라이브러리 호환성 문제가 생길 수도 있습니다.

5 대용량 데이터 처리

대규모 데이터를 다루는 경우, 파이썬은 다른 언어에 비해 상대적으로 느릴 수 있습니다. 이 경우에는 성능을 최적화하기 위해 다른 언어로 작성된 모듈을 사용해야 할 수도 있습니다.

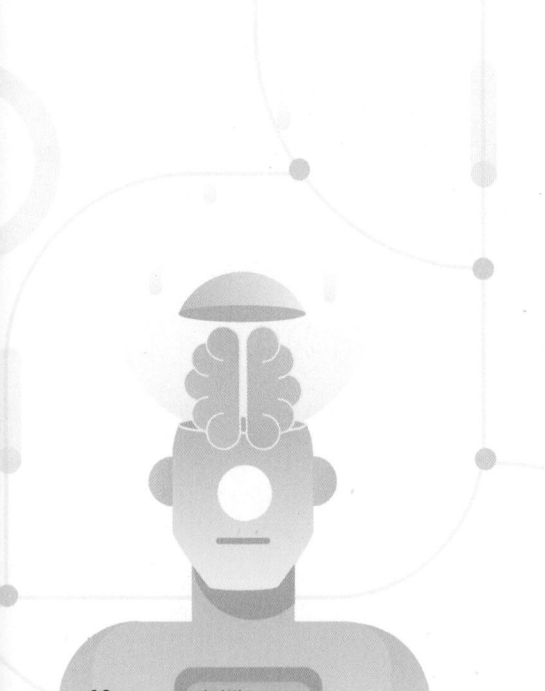

파이썬 사용 준비

파이썬을 사용하는 방법은 크게 PC에 직접 파이썬을 설치해 사용하는 방법과 클라우드에서 파이썬을 사용할 수 있게 해 주는 구글 코랩(Colab) 등을 활용하는 방법으로 나눌 수 있습니다.

PC에 파이썬을 설치해 사용할 때는 python.org 사이트에서 내 PC의 운영 체제에 맞는 파이썬을 다운로드해 사용합니다.

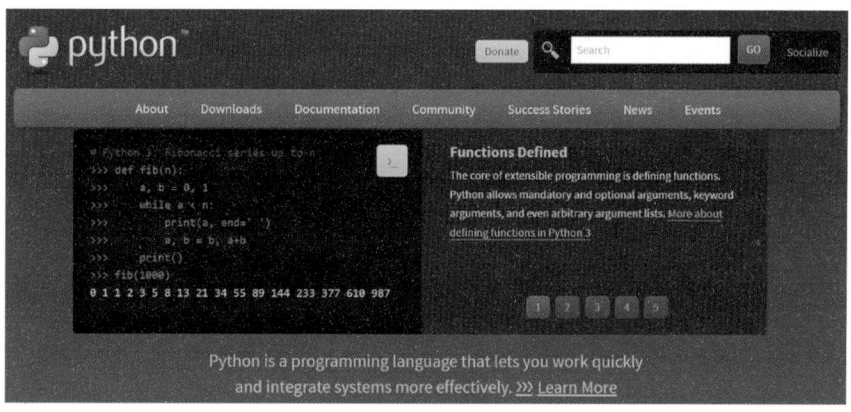

[그림 1-4] 파이썬 공식 웹 사이트

파이썬의 사용 목적이 머신러닝이나 데이터 분석에 있다면 머신러닝이나 데이터 분석에 자주 사용하는 패키지가 포함돼 있는 파이썬 배포판인 아나콘다(anaconda.com) 등을 설치해 사용하기도 합니다. PC에 파이썬을 설치하거나 아나콘다를 설치해 사용할 때는 코드 에디터로 파이참 (Pycharm)이나 비주얼 스튜디오 코드(VS code) 등을 주로 사용합니다.

[그림 1-5] 아나콘다(ANACONDA) 사이트

　　이 책에서는 파이썬을 빠르고 편리하게 사용하기 위해 코랩을 사용하겠습니다. 본인 PC에 파이썬을 설치하고 주피터(Jupyter) 패키지를 설치해 사용해도 코랩과 비슷한 환경에서 실습할 수 있습니다.

2-1 코랩(Colab)이란?

　　코랩(Colab)은 '구글 colaboratory 서비스'의 줄임말입니다. 코랩을 사용하면 웹 브라우저에서 파이썬을 사용할 수 있습니다. 코랩은 클라우드 기반으로 주피터 노트북 개발 환경을 지원합니다. 코랩은 구글 드라이브, 도커, 리눅스, 구글 클라우드 등의 기술이 어우러져 탄생했습니다. 코랩은 무료로 GPU를 지원하고 있어 자신의 컴퓨터가 저사양이거나 GPU가 없을 때보다 좋은 환경에서 파이썬을 사용할 수 있습니다.

> **Tip　주피터 노트북**
>
> 주피터 노트북은 웹 브라우저상에서 파이썬을 쉽게 실행하고, 시각적으로 결과를 확인해 볼 수 있도록 해 주는 프로그램입니다. 이런 방식 때문에 데이터 분석 및 인공지능 코딩에 아주 적합하여 많은 파이썬 프로그래머가 사용하고 있습니다.

　　코랩의 특징은 다음과 같습니다.

- 파이썬을 따로 설치할 필요가 없다.
- 파이토치(Pytorch), 텐서플로(Tensor Flow), 케라스(Keras), 맷플롯립(Matplotlib), 사이킷런(Scikit-learn), 판다스(Pandas)와 같은 라이브러리가 기본적으로 설치돼 있다.
- GPU를 무료로 사용할 수 있다.
- 주피터 노트북과 비슷한 환경을 제공하므로 웹 브라우저만 있으면 사용할 수 있다.

단점도 있습니다. 코랩은 12시간 동안 아무 것도 사용하지 않으면 응답이 끊기므로 주의해야 합니다. 응답이 끊기면 코드를 작성하였던 파일(.ipynb)은 구글 드라이브에 안전하게 저장되지만, 코랩 안에 업로드해서 사용한 데이터들은 모두 삭제됩니다.

2-2 코랩 접속하기

코랩을 사용할 때는 크롬 브라우저를 사용하는 것이 좋습니다. 크롬 브라우저가 아직 설치되어 있지 않은 분은 크롬 브라우저를 먼저 설치합니다. 설치가 완료되면 크롬에서 구글(http://google. com)에 접속합니다. 구글 검색 창에 'colab'을 입력합니다. [그림 1-6]과 같이 검색되면 'Colab-Google'을 클릭합니다.

[그림 1-6] Google Colab 검색 화면

오른쪽 상단의 로그인 버튼을 클릭해 로그인합니다. 코랩은 구글 드라이브와 연동돼 있으므로 자주 사용하는 구글 계정으로 로그인하는 것을 추천합니다.

[그림 1-7] 코랩 초기 화면

왼쪽 하단의 [+ 새 노트] 버튼을 클릭해 새로운 노트를 생성합니다. 이때 생성되는 노트는 코랩에서 코딩할 때 사용하는 파이썬 파일입니다. 새 노트는 기본적으로 본인의 구글 드라이브에 저장됩니다. 새 노트는 메뉴에서도 생성할 수 있습니다.

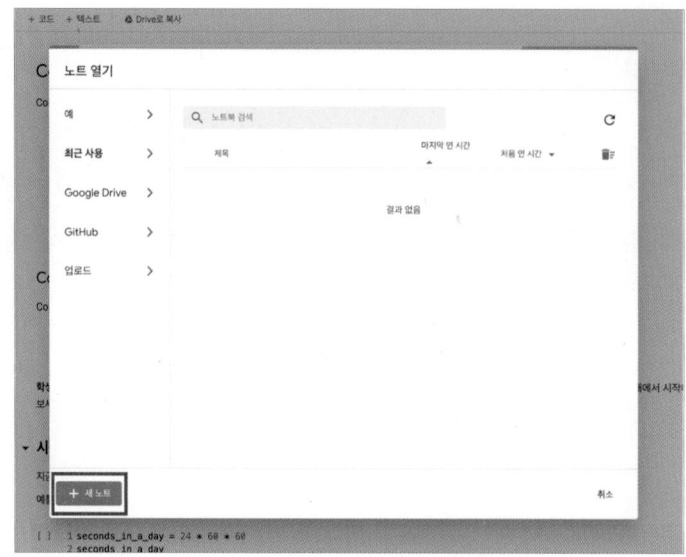

[그림 1-8] 새 노트 만들기

drive.google.com에 본인 계정으로 접속해 [내드라이브] – [Colab Notebooks] 폴더에 들어가 보면 Untitled0.ipynb라는 새 노트가 만들어져 있는 것을 확인할 수 있습니다.

2-3 코랩 사용법 알아보기

코랩의 새 노트(.ipynb 파일)를 이용해 사용법을 알아보겠습니다.

1 노트 생성하기

노트를 생성할 때는 [파일] 메뉴를 클릭한 후 다음 그림처럼 [새 노트]를 클릭합니다.

[그림 1-9] 코랩 파일 메뉴

파일 메뉴에 생성된 노트는 본인 구글 드라이브에 자동으로 저장됩니다. [파일]–[드라이브]에서 [찾기] 버튼을 클릭하면 [그림 1-10]과 같이 구글 드라이브에 'Colab Notebooks'라는 폴더가 생성되고 그 안에 위에서 만든 노트가 저장돼 있는 것을 확인할 수 있습니다.

[그림 1-10] 구글 드라이브에서 Colab 노트 저장 경로

기본적으로 코드를 동작시키기 위해 셀을 실행시키면 코드가 자동으로 저장됩니다. Ctrl+S로 저장하는 방법도 있습니다.

2 코랩 레이아웃

코랩에서 새 노트를 생성하면 [그림 1-11]과 같은 화면을 볼 수 있습니다.

[그림 1-11] Colab 레이아웃

❶ 노트 이름 창
❷ 목차, 찾기 및 바꾸기, 변수, 보안 비밀, 파일 버튼
❸ 댓글, 공유, 설정 버튼
❹ 셀 – 코드 작성 및 텍스트 작성
❺ 셀 툴바 – 셀 위치 변경, 댓글, 설정, 복사, 삭제
❻ 코드스니펫, 명령 팔레트

◆ 노트 이름 변경하기

[그림 1-12]처럼 왼쪽 상단의 이름을 클릭해 변경하고 싶은 이름으로 변경하면 됩니다. 한글 및 영문 모두 사용할 수 있습니다.

[그림 1-12] 코랩 제목 레이아웃

◆ 목차

코랩에서 목차를 사용해 코드를 작성하면 코드의 필요한 부분에 접근할 때 편하게 사용할 수 있습니다. 텍스트 셀에서 MarkDown 중 #, ##, ### 등을 사용해 목차를 효율적으로 쓸 수 있습니다.

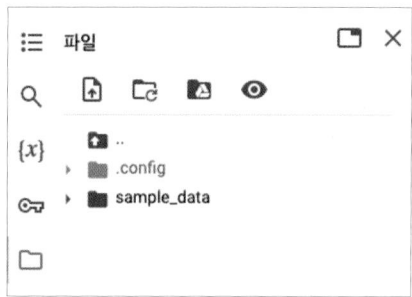

[그림 1-13] 코랩 목차 화면

◆ 파일

코랩에서 코딩 시 필요한 파일들을 관리할 때 사용하는 레이아웃입니다. 코랩에 파일을 업로드해 사용할 때 주의할 점은 해당 런타임이 종료되면 파일에 들어 있던 파일들도 모두 사라지게 된다는 것입니다. 런타임을 GPU 등으로 변경할 때도 기존에 사용하는 런타임이 바뀌게 돼 파일들이 모두 사라집니다. 원하는 파일을 업로드할 때는 파일을 드래그 앤 드롭하거나, 파일에서 우클릭하여 업로드하거나, 파일에 있는 파일을 우클릭하여 다운로드할 수 있습니다.

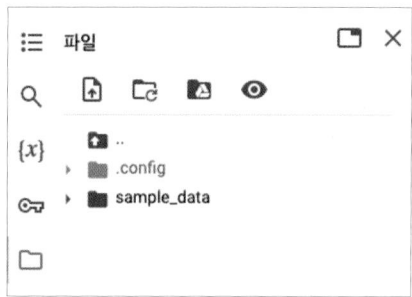

[그림 -14] 코랩 파일 레이아웃

눈 모양의 아이콘을 클릭하면 숨어 있는 파일이나 폴더를 볼 수 있습니다. 숨어 있는 폴더 중 .ipynb_checkpoints는 자동 저장을 위한 폴더입니다. 파일에서 폴더를 생성하면 자동으로 생성됩니다. .ipynb_checkpoints 폴더는 우클릭해서 삭제할 수 없습니다.

> **Tip** **.ipynb_checkpoints 삭제하기**
>
> .ipynb_checkpoints를 삭제하기 위해서는 코드 셀에 다음과 같이 코드를 작성하고 셀을 실행하면 됩니다.
>
> !rm -rf 'find -type d -name .ipynb_checkpoints'

◆ 공유하기

현재 사용하고 있는 노트를 다른 사람과 공유하기 위한 버튼입니다.

[그림 1-15] 코랩 공유 버튼

[공유]를 클릭하면 [그림 1-16]처럼 팝업이 실행됩니다.

[그림 1-16] Colab 공유 설정 팝업

사용자 및 그룹 추가에서 노트를 공유할 그룹이나 사용자를 추가하면 됩니다. 일반 액세스에서 제한되는 대신, 링크가 있는 모든 사용자로 공유하면 링크 복사를 통해 복사된 링크로 접속한 사람들에게 노트를 공유할 수 있습니다.

③ 코랩 기본 설정

[도구]-[설정]을 클릭합니다. 편집기 메뉴에 들어가 [행 번호 표시]에 체크합니다. 행 번호를 표

시하면 코드 작성 시 오류가 나는 부분을
찾을 때 편리합니다.

[그림 1-17] Colab 설정 창

[Colab Pro]은 유료 결제를 위한 메뉴입니다. [GitHub] 메뉴는 깃허브(GitHub) 계정을 연동
해 사용할 수 있습니다. [기타] 메뉴는 파이썬에 상단에 애니메이션 기능을 추가할 수 있습니다.

4 런타임 유형 변경하기

런타임 유형은 코랩의 실행 환경을 CPU, GPU, TPU 등의 기본 사용으로 변경할 때 사용합니다.
[런타임]–[런타임 유형 변경]을 클릭합니다.

[그림 1-17] 코랩 설정 창

사용하고자 하는 하드웨어 가속기를 선택합니다. GPU는 일정 시간만 사용할 수 있습니다. 계속해서 GPU를 사용하려면 코랩 유료 버전을 사용해야 합니다. 이 책은 무료 버전으로 충분히 사용할 수 있기 때문에 유료 버전은 사용하지 않겠습니다.

> **Tip** · **코랩 무료 제한 사항**
>
> **램(RAM):** 12GB
> **하드 디스크:** 최대 107GB
> **GPU 사용 제한:** 대략 0~3시간(일정하지 않음)
> **90분 규칙:** 조작하지 않고 90분 지나면 리셋(일정하지 않음)
> **12시간 규칙:** 인스턴스가 최장 12시간 지나면 리셋(일정하지 않음)

5 셀 사용법

셀(Cell)은 코랩에서 코드를 실행하는 단위입니다. 셀은 파일(.ipynb)에서 여러 개를 만들 수 있습니다. 코랩에서는 각각의 셀을 실행해 결과를 확인할 수 있습니다. 코드가 셀 단위로 실행되기 때문에 데이터 분석이나 AI 모델을 만들 때 유용합니다. 코드가 실행되는 도중에 데이터들이 어떻게 변하는지 확인할 수 있기 때문입니다. 셀은 사용하는 기능에 따라 [코드]와 [텍스트]를 사용할 수 있습니다.

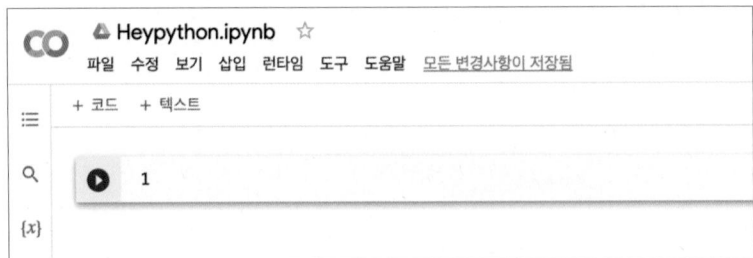

[그림 1-19] Colab 셀

[코드]는 기본적으로 파이썬 코딩할 때 사용되는 셀이고 [텍스트]는 코드의 내용이나 코딩 시 참고가 될 만한 사항을 '마크다운(MarkDown)'이라는 문법을 사용해 저장할 수 있습니다. 이러한 기능 때문에 코랩으로 보고서 등을 작성하기도 합니다. 텍스트 셀에서 많이 사용하는 마크다운(MarkDown) 문법을 알아보겠습니다.

◆ 텍스트 셀 사용 방법

• 제목 넣기

[+ 텍스트] 버튼을 클릭한 후 생성된 텍스트 셀을 클릭하고 다음과 같이 입력합니다. #의 개수가 많아질수록 제목의 크기가 작아집니다.

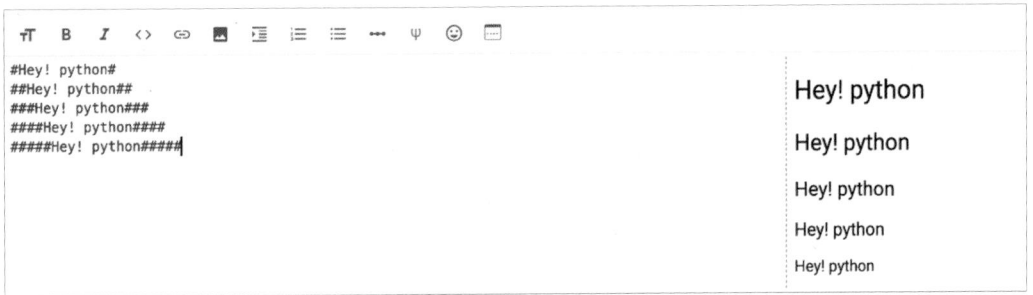

[그림 1-20] 텍스트 셀 제목 넣기

• 큰 제목, 작은 제목

큰 제목은 =========, 작은 제목은 ―――――으로 표시합니다.

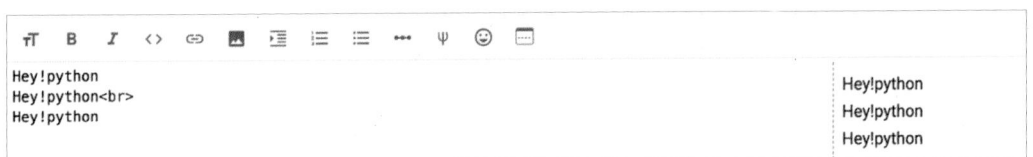

[그림 1-21] 텍스트 셀 큰 제목, 작은 제목

• 줄 바꿈

줄 바꿈은 문장 마지막에 띄어쓰기를 두 번하고 Enter를 누르거나 문장 끝에 〈br〉을 넣어도 됩니다.

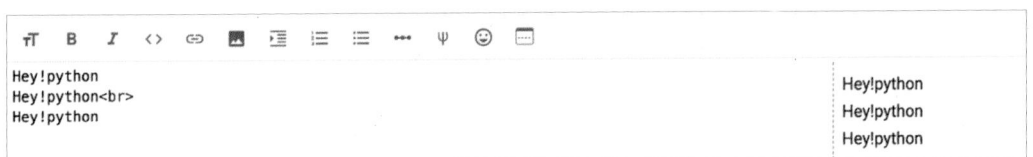

[그림 1-22] 텍스트 셀 줄 바꿈

순서 목록

순서 목록은 1. 2. 3.을 사용해 표시합니다.

[그림 1-23] 텍스트 셀 순서 목록

기호 사용 목록

+ , − , * 등의 기호를 사용합니다.

[그림 1-24] 텍스트 셀 기호 사용 목록

이 밖에도 다양한 마크다운(MarkDown) 문법이 있습니다. 검색 등을 통해 다양한 마크다운을 익혀 텍스트 셀에 적용할 수 있습니다.

◆ 코드 셀 사용 방법

앞으로 코드를 작성한다면 [그림 1-25]처럼 코드 셀을 생성한 후 그 안에 타이핑해 코드를 작성하도록 합니다.

[그림 1-25] 코드 셀

셀 안에 다음과 같이 코드를 작성해 보겠습니다.

```
print('Hey!python')
```

셀 왼쪽에 있는 동근 플레이 버튼은 셀 실행 버튼입니다. 즉, 작성한 코드를 실행하는 버튼입니다. 지금은 셀 안의 코드가 무엇을 뜻하는지 알 수 없지만, 실행해 보겠습니다. print 왼쪽의 숫자는 자동으로 만들어지므로 코드로 작성할 필요가 없습니다. 여기서는 print('Hey!python')만 작성하면 됩니다. 코드를 실행해 보겠습니다. 왼쪽의 [실행] 버튼을 클릭해 셀을 실행합니다.

```
Hey!python
```

위와 같이 셀 아래의 결과 창에 결과가 나타나오는 것을 확인할 수 있습니다. 즉, [그림 1-26]과 같이 실행되는 것을 확인할 수 있습니다.

```
[1]    1 print('Hey!python')

      Hey!python
```

[그림 1-26] 코드 셀 실행 화면

셀 왼쪽의 [1]은 셀이 실행된 순서를 나타냅니다. 셀을 실행할 때는 단축키를 활용할 수도 있습니다. 셀에서 사용하는 단축키는 다음과 같습니다. 버튼을 클릭하는 것보다 단축키를 사용하는 것을 추천합니다.

◆ 셀 실행 단축키

❶ Ctrl + Enter: 셀을 실행하고 커서를 셀에 남김
❷ Shift + Enter: 셀을 실행하고 커서를 다음 셀로 넘김
❸ Alt + Enter: 셀을 실행하고 셀을 새로 생성한 후 커서를 생성한 셀로 넘김

[그림 1-27]처럼 셀을 생성하고 코드를 작성한 후 셀을 실행하지 않고 다음 셀을 실행하면 셀을 실행하지 않은 코드가 동작하지 않습니다.

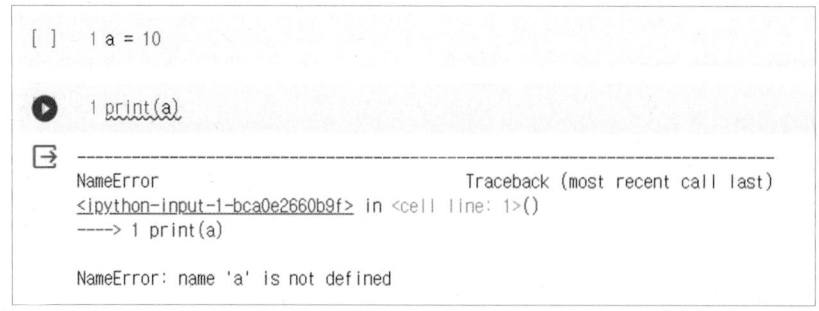

[그림 1-27] 셀을 실행하지 않았을 경우의 오류 화면

◆ 셀의 편집

셀의 위치를 위나 아래로 이동하거나 셀을 삭제할 때는 셀 오른쪽 상단의 툴바를 이용합니다.

[그림 1-27] 셀 실행하지 않았을 경우 오류 화면

왼쪽 두 개의 화살표 아이콘은 셀의 위치를 변경할 때, 오른쪽 휴지통 모양의 아이콘은 셀을 삭제할 때 사용합니다. 셀 편집 시 자주 사용하는 단축키는 다음과 같습니다.

• 셀 편집 단축키

키	기능
Ctrl + S	저장하기
Ctrl + C	현재 행 복사
Ctrl + X	현재 행 잘라내기
Ctrl + M + A	위에 셀 추가(above)
Ctrl + M + B	아래에 셀 추가(below)
Ctrl + M + D	셀 삭제(delete)
Ctrl + M + Z	실행 취소
Ctrl + Alt + M	댓글 달기
Ctrl + Shift + S	현재 셀 선택

지금까지 코랩의 기본 사용법을 살펴봤습니다. 파이썬을 원활하게 사용하기 위해서는 위의 사용법을 익숙해질 때까지 연습하는 것이 좋습니다.

6 구글 드라이브 연결

코랩의 가장 큰 단점 중 하나는 세션이 끊기면 [Colab] 폴더에 업로드해 놓은 데이터 등이 모두 삭제된다는 것입니다. 즉, 코랩 노트를 새로 만들면 기존에 사용했던 파일 등을 매번 다시 업로드해 주어야 합니다. 이 문제를 해결하는 데는 코랩을 구글 드라이브와 연동해 사용하는 방법이 있습니다. 먼저 왼쪽 레이아웃의 [폴더] 버튼을 클릭하면 [그림 1-29]와 같이 폴더의 내용을 확인할 수 있습니다.

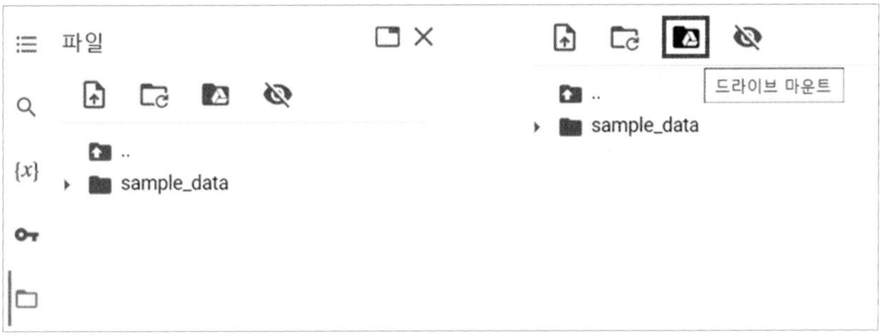

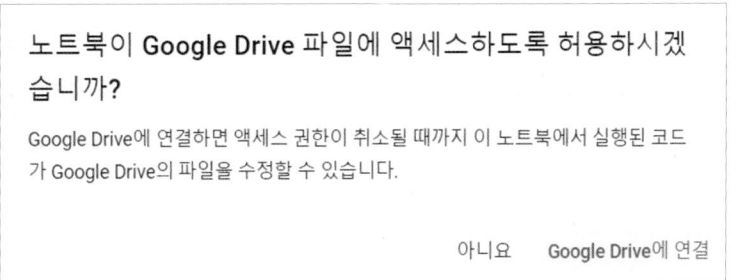

[그림 1-29] 구글 드라이브 연결 화면

구글 드라이브와 연결하기 위해 [그림 1-29]의 오른쪽과 같이 [드라이브 마운트] 버튼을 클릭합니다. 이 버튼을 클릭하면 [그림 1-30]과 같은 팝업창이 나타나는데, 팝업창의 [Google Drive에 연결] 버튼을 클릭합니다.

노트북이 **Google Drive** 파일에 액세스하도록 허용하시겠습니까?

Google Drive에 연결하면 액세스 권한이 취소될 때까지 이 노트북에서 실행된 코드가 Google Drive의 파일을 수정할 수 있습니다.

아니요   **Google Drive**에 연결

[그림 1-30] 구글 드라이브 액세스 허용 팝업

연결하고 잠시 기다리면 [그림 1-31]의 오른쪽 그림처럼 [drive] 폴더가 생성되고 자식 폴더로 들어가 보면 왼쪽의 본인 구글 드라이브와 같은 폴더들이 들어가 있는 것을 확인할 수 있습니다. 기다려도 drive 폴더가 생성되지 않으면 [새로 고침] 버튼을 클릭합니다.

[그림 1-31] 구글 드라이브 폴더와 코랩 폴더 비교

7 런타임 재설정

코랩을 사용하다 보면 셀에서 실행한 코드가 완료되지 않고 멈춰 있을 경우 현재 실행되고 있는 셀을 강제로 종료시켜야 하는 경우, 라이브러리를 설치한 후 런타임을 재실행해야 하는 경우가 있습니다. 이때 사용하는 것이 [런타임] 메뉴입니다. 실행 중단, 런타임 다시 시작, 다시 시작 및 모두 실행 등의 기능을 사용할 수 있습니다.

[그림 1-32] 코랩 런타임 메뉴

8 COLAB AI

2023년 12월에 추가된 기능으로, 생성형 AI 기능이 프롬프트를 통해 코드를 작성해 줍니다. [그림 1-33]처럼 셀에서 시작할 수 있습니다.

```
[ ]    1  코딩을  시작하거나  AI로  코드를  생성하세요.
```

[그림 1-29] 구글 드라이브 연결 화면

'생성'을 클릭하면 [그림 1-34]처럼 동의하는 팝업이 나타납니다. [다음]을 클릭합니다.

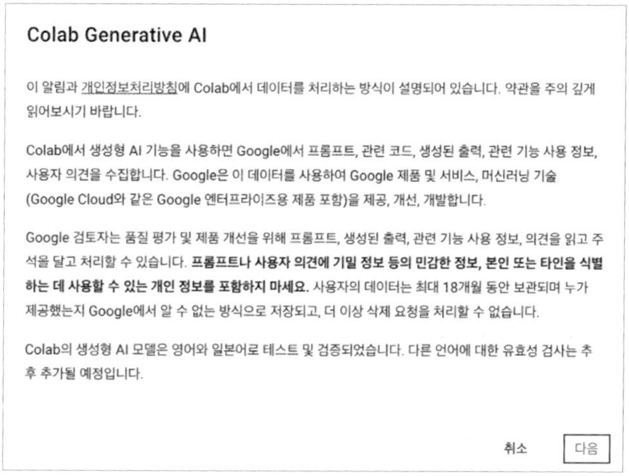

Colab Generative AI

이 알림과 개인정보처리방침에 Colab에서 데이터를 처리하는 방식이 설명되어 있습니다. 약관을 주의 깊게 읽어보시기 바랍니다.

Colab에서 생성형 AI 기능을 사용하면 Google에서 프롬프트, 관련 코드, 생성된 출력, 관련 기능 사용 정보, 사용자 의견을 수집합니다. Google은 이 데이터를 사용하여 Google 제품 및 서비스, 머신러닝 기술 (Google Cloud와 같은 Google 엔터프라이즈용 제품 포함)을 제공, 개선, 개발합니다.

Google 검토자는 품질 평가 및 제품 개선을 위해 프롬프트, 생성된 출력, 관련 기능 사용 정보, 의견을 읽고 주석을 달고 처리할 수 있습니다. **프롬프트나 사용자 의견에 기밀 정보 등의 민감한 정보, 본인 또는 타인을 식별하는 데 사용할 수 있는 개인 정보를 포함하지 마세요.** 사용자의 데이터는 최대 18개월 동안 보관되며 누가 제공했는지 Google에서 알 수 없는 방식으로 저장되고, 더 이상 삭제 요청을 처리할 수 없습니다.

Colab의 생성형 AI 모델은 영어와 일본어로 테스트 및 검증되었습니다. 다른 언어에 대한 유효성 검사는 추후 추가될 예정입니다.

취소   다음

[그림 1-34] Colab Generative AI 개인정보처리 동의 화면

[완료]를 눌러 약관에 동의합니다.

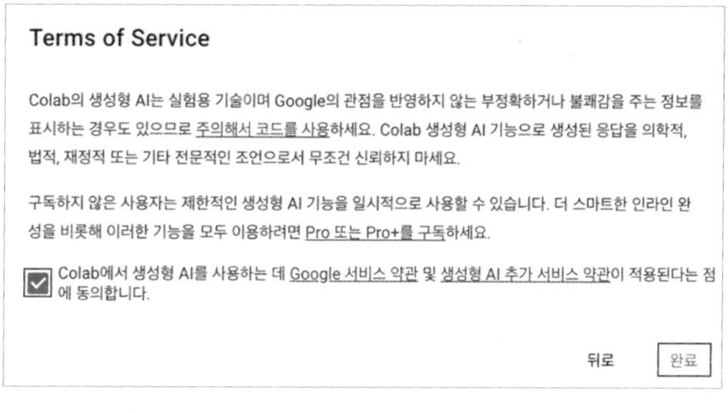

Terms of Service

Colab의 생성형 AI는 실험용 기술이며 Google의 관점을 반영하지 않는 부정확하거나 불쾌감을 주는 정보를 표시하는 경우도 있으므로 주의해서 코드를 사용하세요. Colab 생성형 AI 기능으로 생성된 응답을 의학적, 법적, 재정적 또는 기타 전문적인 조언으로서 무조건 신뢰하지 마세요.

구독하지 않은 사용자는 제한적인 생성형 AI 기능을 일시적으로 사용할 수 있습니다. 더 스마트한 인라인 완성을 비롯해 이러한 기능을 모두 이용하려면 Pro 또는 Pro+를 구독하세요.

☑ Colab에서 생성형 AI를 사용하는 데 Google 서비스 약관 및 생성형 AI 추가 서비스 약관이 적용된다는 점에 동의합니다.

뒤로   완료

[그림 1-34] Colab Generative AI 약관 동의 화면

[완료]를 누르면 [그림 1-36]처럼 프롬프트를 입력할 수 있습니다. 프롬프트 창에 "랜덤한 정수 10개를 리스트로 저장해 줘"라는 프롬프트를 넣은 후 [실행] 버튼을 클릭하면 [그림 1-36]처럼 코드가 작성된 것을 볼 수 있습니다.

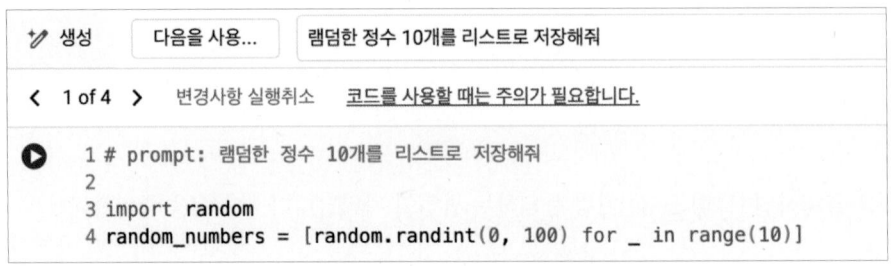

[그림 1-36] Colab AI 프롬프트 설정 화면

셀을 실행하면 [그림 1-37]과 같이 랜덤한 정수 10개가 리스트에 저장된 것을 확인할 수 있습니다.

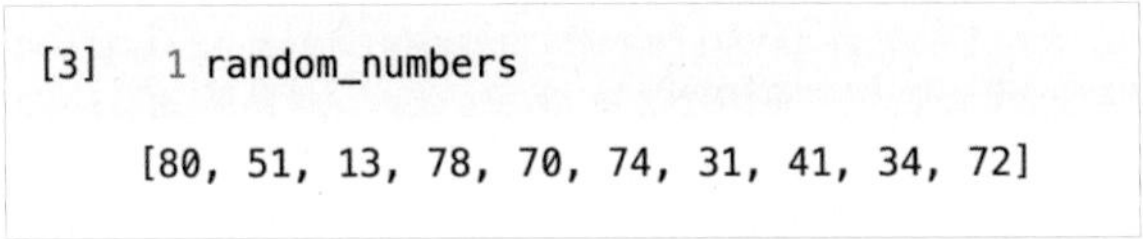

```
[3]    1 random_numbers

[80, 51, 13, 78, 70, 74, 31, 41, 34, 72]
```

[그림 1-37] Colab AI 실행 화면

3-1 변수란?

"파이썬으로 프로그래밍한다"는 것은 데이터를 가져와 원하는 결과로 가공하는 것을 말합니다. 이 책에서는 '헤이마트'에서 사용하는 프로그램을 만든다고 가정하겠습니다. '헤이마트'에서 사용하는 프로그램을 개발하기 위해서는 데이터가 필요합니다. 즉, 마트에서 판매하는 물건, 마트를 이용하는 고객의 정보 등을 데이터로 사용할 수 있습니다.

필자는 코딩을 처음 배우는 학생들에게 변수의 중요성을 강조합니다. 내가 저장한 데이터를 내가 편하게 찾아서 사용할 수 있어야 편하게 프로그래밍할 수 있습니다. 요리로 따지면 음식을 만들기 전에 재료들을 준비하는 과정과 같다고 할 수 있습니다. 요리의 재료(데이터)를 내가 찾기 쉽게 잘 담아 놓아야 요리를 빠르고 효율적으로 할 수 있습니다. 데이터를 저장할 수 있는 변수에 대해 살펴보겠습니다.

변수란, 데이터를 저장하는 공간에 이름을 붙인 것이라고 이해하면 됩니다. 데이터를 가져온 후 그 데이터가 어디에 저장돼 있는지 바로 알 수 있어야 합니다. 예를 들어 마트 음료 코너의 콜라의 개수를 저장한다고 하면 '콜라: 100개'식으로 적어 놓아야 할 것입니다. 파이썬에서 '콜라'가 변수, '100'이 데이터가 되는 것입니다. 그러면 데이터를 저장하고 있는 변수는 어딘가에 저장돼 있어야 하는데, 그 공간이 바로 PC의 메모리(RAM)입니다. 데이터는 메모리 어딘가에 주소로 저장되고 변수의 이름은 이 주소를 가리키고 있습니다.

다음은 마트에서 판매되고 있는 콜라(cola)의 가격 1,000원을 price_cola 변수로 저장했을 때 메모리에 저장된 예시입니다.

변수	주소	메모리
cola	0x0001	100

변수를 만들 때는 기본적으로 [그림 1-38]과 같은 형식으로 생성합니다.

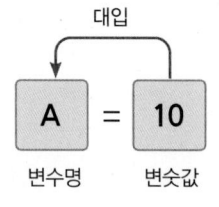

[그림 1-38] 변수 데이터 대입

'='는 '같다'라는 뜻이 아니라 '대입한다'는 뜻의 기호입니다. 프로그래밍 시 '='이 나오면 무조건 '='의 오른쪽을 먼저 계산하고 그 결과를 =의 왼쪽 변수에 넣는다는 의미입니다. 즉 '변수에 데이터를 대입시킨다'라는 뜻입니다.

3-2 변수명 생성 규칙

파이썬에서 변수를 생성할 때 사용하는 기본적인 규칙은 다음과 같습니다.

1 알파벳 대소문자, 숫자, 밑줄 사용

파이썬에서 변수명을 만들 때는 다음처럼 알파벳 대소문자, 숫자, 밑줄(underbar) 등을 사용합니다. 변수명의 목적은 데이터를 저장하는 데 있기 때문에 어떠한 데이터를 저장하고 있는지를 잘 나타낼 수 있도록 변수 명을 정해 주는 것이 좋습니다.

```
a = 10
a1 = 10
A = 10
_A = 10

price = 1000
```

```
apple_price=900
score=19.5
name="헤이마트"
```

② 맨 앞에 숫자를 사용하면 안 됨

변수 생성 시 숫자 사용은 가능합니다. 다만, 숫자를 변수명 처음에 사용할 수는 없습니다.

```
1a=10
```

위 코드를 실행해 보면 다음과 같은 오류가 나타납니다.

```
File "<ipython-input-2-1be9f8edb7cd>", line 1
1a = 10
 ^
SyntaxError: invalid decimal literal
```

즉, 숫자가 변수 앞에 올 수 없다는 오류입니다.

```
a1=10
```

위와 같이 영문이 앞에 오고 뒤에 숫자를 사용하는 것은 가능합니다.

③ 변수명은 대소문자 구분

파이썬은 변수를 생성할 때 대문자와 소문자를 구분합니다. 다음 예제는 같은 변수명을 대문자와 소문자로 적은 것입니다.

```
PRICE=10
price=5

print(PRICE)
print(price)
```

예제를 실행하면 다음과 같은 결과가 나타납니다.

```
10
5
```

소문자 'price'와 대문자 'PRICE'는 각각 다른 변수입니다. 만약, 대소문자를 구분하지 않았다면 PRICE를 출력했을때 5가 나왔을 것입니다. 대소문자를 구분하기 때문에 결과가 10, 5로 나타나는 것을 확인할 수 있습니다.

④ 예약어(파이썬에서 이미 사용되는 단어)는 사용 불가능

파이썬에서 예약돼 있는 단어(for, if, else, break 등)는 변수로 사용할 수 없습니다. 다음 코드를 코드 셀에서 실행해 보면 다음과 같은 예약어를 확인할 수 있습니다.

```
import keyword
print(keyword.kwlist)
```

```
['False', 'None', 'True', 'and', 'as', 'assert', 'async', 'await', 'break',
'class', 'continue', 'def', 'del', 'elif', 'else', 'except', 'finally',
'for', 'from', 'global', 'if', 'import', 'in', 'is', 'lambda', 'nonlocal',
'not', 'or', 'pass', 'raise', 'return', 'try', 'while', 'with', 'yield']
```

위에 출력된 단어들은 파이썬에 예약돼 있는 예약어이기 때문에 변수명으로 사용하는 것은 적절하지 않습니다. 본격적으로 코딩하기 전에 예약어들을 확인하고 넘어가겠습니다.

3-3 다양한 변수 생성법

변수를 생성할 때는 한 줄에 하나의 변수를 생성할 수도 있고 한 줄에서 여러 개의 변수를 생성할 수도 있습니다. 다음 예제를 실행해 보면서 변수를 생성하는 여러 가지 방법을 살펴보겠습니다.

```
a = 10
b = 5
c = a
```

```
a, b, c=2, 2, 2
print(a)
print(b)
print(c)
```

a 변수에 10을 대입

b 변수에 5를 대입

c 변수에는 a를 대입, 즉 c 변수에는 10이 저장

a, b, c 변수에 2를 저장

출력하면 결과는 모두 2가 출력됩니다.

실행 결과는 다음과 같습니다.

```
2
2
2
```

Tip   print( )

print( )는 파이썬에서 화면에 출력할 때 사용하는 명령어입니다. 다음과 같은 형태로 사용할 수 있습니다.

```
name = '헤이마트'
print(123)
print(name)
print('이름 : ', name)
```

결괏값 :
123
헤이마트
이름 : 헤이마트

3-4 숫자형

변수에 넣을 수 있는 데이터의 타입들을 살펴보겠습니다. 숫자형은 숫자로 표현할 수 있는 자료형입니다. 파이썬에서 사용할 수 있는 숫자형에는 정수, 실수, 8진수, 16진수 등이 있습니다.

> **Tip** **자료형이란?**
>
> 자료형은 변수로 저장할 수 있는 데이터 형태(Data Type)를 말합니다. 파이썬뿐만 아니라 모든 프로그래밍 언어에서는 변수에 데이터를 저장할 수 있는 자료형이 있습니다.

1 정수형

정수형은 'Integer'라고도 합니다. 정수형은 말 그대로 '정수', 즉 양의 정수, 음의 정수, 0 등을 나타냅니다. 변수를 생성한 후 정수형 데이터를 입력해 보겠습니다.

a라는 변수에 10 , 콜라의 가격을 저장하는 `price_cola` 변수에 1200, `count` 변수에 0을 대입하는 코드는 다음과 같습니다.

```
a=10
price_cola=1200
count=0

print(a)
print(price_cola)
print(count)
```

코드를 작성한 후 print(변수명)로 변수 안의 데이터를 확인해 보겠습니다. 실행 결과는 다음과 같습니다.

```
10
1200
0
```

2 실수형

실수형은 'float'이라고도 합니다. 실수형은 소수점으로 표현할 수 있는 자료형입니다. 지수도 표현할 수 있습니다. 다음 예제에서 실수형 데이터를 생성해 보겠습니다.

```
a=0.1
b=-0.123
c=1.45e3
print(a)
print(b)
print(c)
```

실행 결과는 다음과 같습니다.

```
0.1
-0.123
1450.0
```

3 8진수, 16진수

8진수는 'octar', 16진수는 'hexadecimal'이라고 합니다. 8진수는 0부터 7까지의 숫자를 사용해 수를 표현하는 진법, 16진수는 0부터 9까지의 숫자와 A부터 F까지의 알파벳을 사용해 수를 표현하는 진법입니다. 자주 사용하는 자료형은 아니므로 이런 자료형이 있다는 정도만 알고 넘어가면 됩니다. 8진수는 데이터 앞에 0o, 16진수는 0x로 표시하면 됩니다.

```
a=0o13
b=0x4a
```

> **Tip 8진수를 10진수로 변환**
>
> 8진수 23을 10진수로 바꾸면 다음과 같습니다.
>
> ```
> 8^0*3  =  3
> 8^1*2  =  16
> 3+16  =  19
> ```
>
> 즉, 8진수 23은 10진수의 19와 같습니다.

4 숫자형 연산

숫자형 데이터를 생성하는 방법을 알아봤으므로 이제 본격적으로 숫자형 데이터를 가공하는 방법을 살펴보겠습니다. 숫자 데이터를 가공한다는 것은 숫자 데이터를 가지고 연산한다는 의미입니다. 숫자 데이터를 연산할 때는 연산자를 사용합니다. 숫자형에서 사용하는 연산자는 우리가 수학 시간에 사용하는 기호들과 비슷합니다.

더하기(+), 빼기(−), 나누기(/), 곱하기(*), 제곱(**), 나머지(%), 몫(//)의 기호를 사용할 수 있습니다. 다음 예제를 실행해 보면서 연산자의 사용 방법을 알아보겠습니다.

```
a=1+2
b=1-2
c=2*3
d=2**2
e=10%3
f=10//3
sum=10 + 0.1
print(a,b,c,d,e,f,sum)
```

실행 결과는 다음과 같습니다.

```
3 -1 6 4 1 3 10.1
```

위 예제에서 사용한 대부분의 연산자는 우리에게 익숙합니다. 다소 생소한 연산자들은 다음과 같습니다. 2**2는 2의 2 제곱을 연산한다는 기호입니다. 10 % 3은 10을 3으로 나눈 나머지, 즉 1을 변수에 저장합니다. 10//3은 10을 3으로 나눈 몫이므로 3을 변수에 저장합니다. 10+0.1처럼 자료형이 다른 숫자형 데이터를 연산하면 실행 결과는 10.1과 같습니다. 정수형과 실수형의 데이터를 더하면 결과는 실수형이 됩니다.

3-5 문자열

문자열 자료형은 말 그대로 문자를 표현하는 자료형입니다. 문자열은 기본적으로 큰따옴표와 작은따옴표를 사용해 다음과 같이 표현할 수 있습니다.

방법	예시
큰따옴표 둘러싸기	"Hey!, python"
작은따옴표 둘러싸기	'Hey!, python'
큰따옴표 세 개로 둘러싸기	"""Hey, python"""
작은따옴표 세 개로 둘러싸기	'''Hey, python'''

① 문자열 생성

◆ 큰따옴표로 둘러싸는 경우

```
data="This's Heymart"
data1='This's Heymart'
```

문자열 안에 작은 따옴표가 있는 경우에는 양쪽을 큰따옴표로 둘러싸서 사용합니다. 만약, 작은 따옴표로 둘러쌀 경우에는 다음과 같은 오류가 나타납니다.

```
File "<ipython-input-6-91fd76102fe7>", line 2
data1 = 'This's Heymart'
                       ^
SyntaxError: unterminated string literal (detected at line 2)
```

두 번째 라인의 'This'에서 둘러싸기가 끝나버렸기 때문에 마지막 작은따옴표에서 오류가 나타나는 것을 확인할 수 있습니다. 작은따옴표를 꼭 사용하고 싶다면 문자열 안에 있는 This's를 ThisW's로 바꾸면 됩니다.

◆ 작은따옴표로 둘러싸는 경우

```
data='최고의 마트는 어디입니까? "헤이마트입니다"'
data1="최고의 마트는 어디입니까? "헤이마트입니다""
```

문자열 안에 큰따옴표가 있을 경우, 문자열을 작은따옴표로 둘러싸서 사용합니다. data1의 문자열은 "최고의 마트는 어디입니까?"까지가 하나의 문자열로 인식돼 다음과 같은 오류가 나타나는 것을 확인할 수 있습니다.

```
File "<ipython-input-7-9b199f97bd4e>",
line 2 data1 = "최고의 마트는 어디입니까? "헤이마트입니다""
                                           ^
SyntaxError: invalid syntax
```

◆ 큰따옴표 세 개, 작은따옴표 세 개로 둘러싸는 경우

문자열에서 작은따옴표나 큰따옴표 세 개는 문장을 표시하거나 전체 주석을 처리할 때 사용합니다.

```
data='''
HeyMart
여러분에게 최고의
물건을 판매하겠습니다.
'''
print(data)
```

실행 결과는 다음과 같습니다.

```
HeyMart
여러분에게 최고의
물건을 판매하겠습니다.
```

> **Tip** 주석문
>
> 주석문은 프로그램 내에서 코드 실행 시 실행되지 않고 주로 코드에 대한 설명이나 메모 등을 기록하기 위해 사용하는 코드입니다. 파이썬에서는 코드 한 줄을 주석문으로 만들 때는 문자열 앞에 #을 넣어 사용하고 여러 줄을 주석 처리할 때는 작은따옴표나 큰따옴표 세 개씩 둘러싸서 사용합니다.

② 문자열 연산

문자열도 숫자형처럼 연산할 수 있습니다. 프로그래밍을 처음 하는 분들은 '이 부분에서 이게 가능해?'라는 생각을 할 수도 있을 것입니다. 문자열은 모든 연산자를 사용하지는 못합니다. 다음과 같이 더하기와 곱하기 연산자를 사용해 연산할 수 있습니다.

◆ 더하기 연산

문자열은 문자열끼리 더하기를 할 수 있습니다. 다음 코드를 실행해 보겠습니다.

```
data1='Hey'
data2='mart'
result=data1 + data2
print(result)
```

위는 문자열 data1 변수와 data2 변수를 더해 result에 대입하는 코드입니다. 즉, result 에는 'Hey'+'mart'를 더한 결과가 저장됩니다. 문자열을 더하면 다음 결과와 같이 두 개의 문자 열이 하나의 문자열로 합쳐지게 됩니다.

```
Heymart
```

그럼 문자열 연산을 할 때 문자열과 숫자형 데이터를 더하면 어떠한 결과가 나오는지 알아보겠습니다. 다음 예제를 실행해 보겠습니다.

```
name='젤리 : '
count=10
result=name + 10
print(result)
```

위 예제를 실행하면 다음과 같은 오류가 나타납니다.

```
------------------------------------------------------------------
TypeError                                Traceback (most recent call last)
<ipython-input-2-6a8dca5f49d5> in <cell line: 3>()
      1 name = '젤리 : '
      2 count = 10
----> 3 result = name + 10
      4 print(result)

TypeError: can only concatenate str (not "int") to str
```

즉, 문자열은 문자열끼리만 더할 수 있습니다.

> **Tip** 다른 자료형과 더하기
>
> 문자열 데이터의 합이 아닌 문자열과 숫자형 등을 더할 때는 숫자형 데이터를 문자형으로 변환해야 합니다. 이때 str(숫자형 데이터)을 사용할 수 있습니다.
>
> 예 `score_data = 'score : '+str(123)`

◆ 곱하기 연산

곱하기 연산은 같은 문자열을 여러 번 반복할 때 사용합니다.

```
data='a'*10
print(data)
```

결과는 다음과 같이 a가 10개 출력됩니다.

```
aaaaaaaaaa
```

③ 문자열 인덱싱

프로그래밍을 하다 보면 문자열에서 내가 원하는 데이터를 가져와야 하는 경우들이 있습니다. 예를 들어 마트를 이용하는 고객 정보 중 '901212-1234567'과 같은 주민등록정보에서 남성과 여성을 구분하는 데이터는 문자열의 8번째 데이터 '1'을 가져와야 할 것입니다. 이처럼 문자열에서 특정 문자 하나를 가져오는 방법을 '문자열 인덱싱'이라고 합니다. 문자열 인덱싱을 할 때 문자열의 index 번호는 다음처럼 부여됩니다.

문자열	9	0	1	2	1	2	–	1	2	3	4	5	6	7
인덱싱 번호	0	1	2	3	4	5	6	7	8	9	10	11	12	13

문자열 인덱싱을 할 때는 문자열 왼쪽의 0부터 순서대로 인덱스 번호를 부여할 수 있습니다. 문자열 인덱싱을 할 때는 다음과 같은 형식을 사용합니다.

변수명[인덱스 번호]

```
min_data = '901212-1234567'
print(min_data[7])
print(min_data[-1])
```

min_data 변수에서 일곱 번째 인덱스 1을 출력합니다. 인덱스 번호에 −1 을 넣으면 문자열 맨 뒤에서 첫 번째 문자를 가져옵니다.

```
2
7
```

4 문자열 슬라이싱

문자열 슬라이싱은 문자열에서 하나의 문자가 아닌 여러 개의 문자를 가져올 때 사용합니다. 슬라이싱할 때는 다음과 같이 사용합니다.

변수명[시작 인덱스 : 끝 인덱스]

이때 주의할 점은 끝 인덱스는 끝 인덱스 바로 전 인덱스까지만 가져온다는 것입니다. 위에서 사용한 주민등록 데이터에서 태어난 연도를 가져오는 것을 슬라이싱해 보겠습니다.

```
data = '901212-1234567'
year = data[0:2]
print(year)
```

data의 0번 인덱스부터 2번 인덱스 미만, 즉 1번 인덱스까지의 데이터를 가져옵니다.

```
90
```

문자열 슬라이싱은 다음과 같은 방법도 있습니다.

• 시작 인덱스부터 마지막 인덱스까지 가져오기: 변수명[시작 인덱스:]
• 문자열 0번부터 끝 인덱스까지 가져오기: 변수명[:끝인덱스]

```
data = '901212-1234567'
min_data1 = data[8:]
min_data2 = data[:6]
print(min_data1)
print(min_data2)
```

실행 결과는 다음과 같습니다.

```
234567
901212
```

5 문자열 포맷팅

마트에 찾아오는 고객들에게 환영 메시지를 남기는 코드를 작성해 보겠습니다.

　×× 고객님 반갑습니다.

위와 같이 출력되도록 할 때 앞의 ×× 위치에 다른 고객의 이름으로 바꿔 출력하면 될 것입니다. 즉, 특정 위치에 문자 데이터를 입력하도록 하는 것을 '문자열 포맷팅'이라고 합니다.

◆ 문자열 포맷 코드

'문자열 포맷 코드'란, 문자열 사이에 넣고 싶은 데이터 타입을 설정해 입력하는 방법입니다.

다음과 같이 사용합니다.

```
text = '%s 고객님 환영합니다.'%'헤이마트'
print(text)
text = '%s 고객님 환영합니다.'%'파이썬'
print(text)
name = '뉴진스'
text = '%s 고객님 환영합니다.'%name
print(text)
```

실행 결과는 다음과 같습니다.

```
헤이마트 고객님 환영합니다.
파이썬 고객님 환영합니다.
뉴진스 고객님 환영합니다.
```

%s는 문자열 위치에 문자를 넣겠다는 의미입니다. 문자열 뒤 % 다음에 나오는 데이터가 %s 자리에 위치합니다. 사용 가능한 문자열 포맷 코드는 다음과 같습니다.

- %s: 문자
- %d: 정수
- %f: 부동소수점 실수
- %%: % 표시

문자열에 연속된 문자열 포맷의 사용은 다음과 같습니다.

```
text = '%s 고객님 %d번째 방문을 환영합니다.'%('헤이마트',100)
print(text)
```

문자열의 마지막 % 뒤에 소괄호(( ))를 넣고 콤마(,)로 구분해 다음과 같이 여러 개의 데이터를 넣을 수 있습니다. 실행 결과는 다음과 같습니다.

```
헤이마트 고객님 100번째 방문을 환영합니다.
```

주의할 점은 괄호 안의 문자열 포맷 순서에 맞춰 넣어야 합니다. 다음 예제처럼 순서가 바뀌면 %s 자리에 숫자 100이 들어가게 돼 오류가 나타납니다.

```
text = '%s 고객님 %d번째 방문을 환영합니다.'%(100,'헤이마트')

print(text)
```

```
---------------------------------------------------------------------
TypeError                                 Traceback (most recent call last)
<ipython-input-3-3dd2897e2edf> in <cell line: 1>()
```

```
----> 1 text = '%s 고객님 %d번째 방문을 환영합니다.'%(100,'헤이마트')
      2
      3 print(text)

TypeError: %d format: a real number is required, not str
```

◆ 문자열 format 함수

문자열 사이에 데이터를 넣는 방법으로 문자열 함수 중 `format` 함수를 이용하는 방법도 많이 이용됩니다. 함수라는 단어가 처음 나오는데, 함수는 나중에 자세히 다루겠습니다. 함수는 미리 기능을 만들어 놓은 것 정도로만 이해하면 되겠습니다. 문자열 `format` 함수 사용법은 다음과 같습니다.

```
text = '{0} 고객님 환영합니다.'.format('헤이마트')
print(text)
```

```
헤이마트 고객님 환영합니다.
```

format() 함수 안에 있는 '헤이마트' 문자열이 {0} 위치에 입력된 것을 결과에서 확인할 수 있습니다.

{} 안에 숫자 대신 문자를 넣을 수도 있습니다.

```
text = '{name} 고객님 환영합니다.'.format(name='헤이마트')
print(text)
```

```
헤이마트 고객님 환영합니다.
```

연속된 데이터는 다음과 같이 사용합니다. {} 안에 문자를 넣어 사용할 때는 순서가 바뀌어도 상관없습니다. 즉, 같은 문자 위치에 알아서 입력됩니다.

```
text = '{0} 고객님 {1}번째 방문을 환영합니다.'.format('헤이마트',100)
text1 = '{name} 고객님 {count}번째 방문을 환영합니다.'.format(name='헤이마
트',count=100)
```

```
print(text)
print(text1)
```

```
헤이마트 고객님 100번째 방문을 환영합니다.
헤이마트 고객님 100번째 방문을 환영합니다.
```

6 문자열에서 자주 사용하는 함수

문자열 데이터를 사용해 프로그래밍할 때 내가 원하는 형태의 데이터만 있을 수는 없습니다. 다음과 같은 문자열을 변환해 주는 함수를 사용해 문자열을 변환할 수 있어야 합니다. 다음은 자주 사용하는 함수들입니다.

◆ 문자열 길이 구하기

문자열 길이는 len(문자열)을 사용해 구할 수 있습니다.

```
len('헤이마트입니다.')
```

```
8
```

◆ 대소문자 변환하기

대문자 변환은 upper(), 소문자 변환은 lower()를 사용합니다.

```
result1 = 'heymart'.upper()
result2 = 'HeyMart'.lower()
print(result1)
print(result2)
```

```
HEYMART
heymart
```

◆ 문자열 공백 제거

모든 공백 제거는 strip(), 문자열 왼쪽 공백 제거는 lstrip(), 문자열 오른쪽 공백 제거는 rstrip()을 사용합니다.

```
text=' 헤이마트 '
result1=text.strip()
result2=text.lstrip()
result3=text.rstrip()
print(result1)
print(result2)
print(result3)
```

```
헤이마트
헤이마트
     헤이마트
```

◆ 문자열 나누기

데이터를 사용할 때 여러 개의 데이터가 하나의 문자열로 돼있는 경우가 있습니다. 이때 데이터들이 특정 문자열로 구분돼 있으면 다음과 방법으로 데이터를 분리해 저장할 수 있습니다.

```
text='콜라 사이다 환타 맥콜'
text1='콜라/사이다/환타/맥콜'
result=text.split()
result1=text1.split('/')
print(result)
print(result1)
```

```
['콜라', '사이다', '환타', '맥콜']
['콜라', '사이다', '환타', '맥콜']
```

위 예제처럼 text 변수는 공백을 기준으로 데이터가 입력돼 있는 문자열이고 text1은 /을 기준으로 데이터가 입력돼 있는 문자열입니다. 공백으로 구분되는 문자열은 split()을 사용해 데이터를 나눌 수 있고 그 밖의 문자를 기준으로 돼 있는 경우에는 split(구분 문자)를 사용해 데이터를 분류할 수 있습니다. 결괏값은 [ ] 안에 저장되는데, 이는 나중에 다룰 '리스트'라는 자료형입니다.

◆ **문자열 교환**

문자열 안에 특정 문자를 다른 문자로 교환할 때 replace( )가 사용됩니다.

```
text = '콜라 사이다 환타 zero콜라'
result = text.replace('zero콜라','제로콜라')
print(result)
```

콜라 사이다 환타 제로콜라

◆ **문자 개수 구하기**

문자열 안에 특정 문자의 개수를 구할 때는 count( )를 사용합니다.

```
text = '콜라 사이다 환타 zero콜라 콜라 콜라 밀키스'
result = text.count('콜라')
print(result)
```

3-6 리스트

프로그래밍에서 많은 양의 데이터를 저장해야 하는 경우가 자주 있습니다. 헤이마트에서 판매되는 모든 물건의 이름을 저장해야 하는 경우, 물건 하나에 변수 하나를 사용한다고 가정하면 많은 변수가 필요할 것입니다. 이런 문제를 해결하기 위해 사용하는 것이 리스트(List) 자료형입니다.

1 리스트 생성

리스트 자료형은 하나의 변수명에 여러 개의 데이터를 저장할 수 있습니다. 리스트 자료형은 변수명을 선언하고 대괄호 안에 ,를 사용해 데이터를 입력합니다.

▶ 변수명 = [데이터1, 데이터2, 데이터3]

```
user = ['고객1','고객2','고객3']
drink = ['콜라','사이다','오렌지쥬스']
price = [1200,1200,1000]
```

user 리스트에 여러 명의 고객명, drink 리스트에 음료수명, price 리스트에 음료수의 가격 정보를 넣었습니다. 이처럼 리스트를 활용하면 많은 데이터를 효율적으로 저장할 수 있습니다.

리스트는 다음 예제처럼 다양한 형태로 사용할 수 있습니다.

```
data=list()
data1=[['고객1','010-123-4567',20],['고객2', '010-222-3333',22]]
data2=[1,2,3,['고객1','고객2','고객3']]
```

위 예제처럼 비어 있는 리스트를 만들 때는 list() 함수를 사용합니다. 리스트 안에 리스트를 넣을 수도 있습니다.

2 리스트 인덱싱

리스트는 문자열처럼 인덱싱이 가능합니다.

```
price=[100,200,300]
p1=price[0]
p2=price[-1]
print(p1,p2)
```

```
100 300
```

price의 0번째 인덱스 100, price의 맨 뒤의 데이터를 출력하는 코드입니다.

```
data=[['고객1','010-123-4567',20],['고객2','010-222-3333',22]]
print(data[0])
print(data[0][1])
```

data는 리스트 안에 고객 한 명의 정보가 리스트로 들어간 구조입니다. data[0]을 하게 되면 data의 0번 인덱스에 해당하는 ['고객1','010-123-4567',20] 데이터를 가져올 수도 있고 이 데이터에서 1번째 데이터를 인덱싱하면 고객 1의 전화번호 정보 '010-123-4567'을 가져올 수 있습니다. 실행 결과는 다음과 같이 출력됩니다.

```
['고객1', '010-123-4567', 20]
010-123-4567
```

다음 예제처럼 리스트 인덱싱 후 데이터를 수정할 수도 있습니다.

```
price=[1,200,300]
price[0]=100
print(price)
```

0번 인덱스 값 1을 100으로 수정했습니다. 다음과 같이 출력됩니다.

```
[100, 200, 300]
```

3 리스트 슬라이싱

리스트 슬라이싱 방법도 문자열 슬라이싱과 동일합니다. 헤이마트의 월요일부터 일요일까지의 매출 데이터를 이용해 월요일~수요일까지의 데이터만 슬라이싱을 사용해 가져와 보겠습니다.

```
week_sales=[10,20,10,30,40,50,30]
result=week_sales[0:3]
print(result)
```

월요일~수요일에 해당하는 인덱스는 0, 1, 2번이기 때문에 **week_sales[0:3]**으로 표현할 수 있습니다.

```
[10, 20, 10]
```

슬라이싱을 사용해 데이터를 수정할 수도 있습니다. 월요일~수요일 데이터를 10, 20, 10을 100, 200, 100으로 수정해 보겠습니다.

```
week_sales=[10,20,10,30,40,50,30]
```

```
week_sales[0:3]=[100,200,100]
print(week_sales)
```

```
[100, 200, 100, 30, 40, 50, 30]
```

4 리스트 연산

리스트는 더하기(+) 와 곱하기(*) 연산자를 사용할 수 있습니다. 더하기 연산자는 다음과 같은 결과가 나옵니다. 여기서 주의할 점은 두 개가 1 + 1 = 2처럼 연산이 되는 것이 아닌, 결합의 의미를 가지고 있다는 것입니다.

```
data1=[1,2,3]
data2=[4,5,6]
print(data1+data2)
```

```
[1, 2, 3, 4, 5, 6]
```

곱하기 연산자는 데이터를 곱한 만큼 반복해서 더해 줍니다.

```
data=[1,2,3]
print(data*3)
```

```
[1, 2, 3, 1, 2, 3, 1, 2, 3]
```

5 리스트에서 자주 쓰이는 함수

◆ append( )

리스트 뒤에 데이터를 추가할 때 사용합니다. 리스트.append(데이터) 형태로 사용합니다.

```
price=[1,2,3]
price.append(3)
price.append([10,20,30])
```

```
print(price)
```

실행 결과는 다음과 같습니다.

```
[1, 2, 3, 3, [10, 20, 30]]
```

◆ extend( )

두 개의 리스트를 하나의 리스트로 만들 때 사용합니다. **리스트.extend(리스트)** 형태로 사용합니다.

```
price=[1,2,3]
price.extend([4,5,6])
print(price)
```

출력 결과는 다음과 같습니다.

```
[1, 2, 3, 4, 5, 6]
```

◆ insert( )

리스트의 특정 인덱스 위치에 데이터를 추가할 때 사용합니다.

리스트.insert(인덱스,데이터)의 형태로 사용합니다.

```
price=[1,2,3]
price.insert(1,10)
print(price)
```

price의 1번 인덱스에 10을 추가하는 코드입니다. 출력 결과는 다음과 같습니다.

```
[1, 10, 2, 3]
```

◆ remove( )

리스트의 데이터를 삭제할 때 사용합니다. **리스트.remove(데이터)**의 형태로 사용합니다. 리스트에서 첫 번째로 찾은 데이터를 삭제합니다.

```
drink_name=['콜라','사이다','콜라','오렌지주스']
drink_name.remove('콜라')
print(drink_name)
```

```
['사이다', '콜라', '오렌지주스']
```

`drink_name` 리스트에서 '콜라'를 삭제했고 처음 찾은 0번 인덱스의 '콜라'가 삭제된 것을 확인할 수 있습니다. 즉, 리스트에서 모든 '콜라'가 삭제되지는 않습니다.

◆ pop( )

리스트에서 맨 마지막 데이터를 가져온 후 삭제합니다. 가지고 온 데이터는 변수 등에 저장해서 사용합니다. **리스트.pop( )** 형태로 사용합니다.

```
price=[1,2,3]
data=price.pop()
print(price)
print(data)
```

`price.pop( )`을 사용해 맨 뒤 3을 `data` 변수에 입력하고 `price` 리스트에서는 3이 삭제된 것을 확인할 수 있습니다.

```
[1, 2]
3
```

3-7 튜플

튜플(Tuple)은 리스트와 비슷한 형태이지만, 삭제나 수정이 불가능한 자료형입니다. 보통 읽기전용으로 데이터를 생성할 때 많이 사용합니다.

1 튜플의 생성

튜플 자료형은 소괄호(( ))를 사용해 만듭니다.

```
price=(1,2,3)
name=('사과','딸기','파인애플')
store=('서초점','강남점','송파점')
```

2 튜플 인덱싱, 튜플 슬라이싱

튜플은 리스트와 같은 방법으로 인덱싱과 슬라이싱이 가능합니다. 슬라이싱한 결과는 튜플 자료형으로 전달받습니다.

```
store=('서초점','강남점','송파점','잠실점')
result=store[0]
result1=store[0:3]
print(result)
print(result1)
```

```
서초점
('서초점', '강남점', '송파점')
```

3 튜플 합, 튜플 곱

튜플도 연산이 가능합니다. 리스트의 합, 곱과 같습니다. 실제 수치적인 연산을 하는 것은 아닙니다.

```
price=(1,2,3)
price1=(10,20,30)
result=price+price1
result1=price*2
print(result)
print(result1)
```

```
(1, 2, 3, 10, 20, 30)
(1, 2, 3, 1, 2, 3)
```

3-8 딕셔너리

리스트나 튜플을 사용해 데이터를 생성할 때 그 데이터가 어떠한 데이터인지 알기는 어렵습니다.
예를 들어 보겠습니다.

```
sales=[['콜라',1200,30],['사이다',1200,12]]
```

위와 같은 데이터를 사용해 프로그래밍할 때 **sales**의 0번째 인덱스에 해당하는 ['콜
라',1200,30]에서 각각의 값이 무엇을 뜻하는지는 데이터를 만든 개발자만 알 수 있습니다. 그러
면 이러한 데이터를 효과적으로 전달하기 위해서는 어떻게 하는 것이 좋을까요? 글로 표현하면 다
음과 같이 전달하는 것이 가장 효과적일 것입니다.

> ● 제품 명: 콜라
>   가격: 1200
>   판매량: 30

딕셔너리(Dictionary) 자료형은 데이터를 위와 같은 형태로 생성할 수 있습니다.

1 딕셔너리 생성

딕셔너리는 다음과 같은 구조를 갖고 있습니다.

> ● { 키(Key) : 밸류(Value) }

딕셔너리는 중괄호({ })를 사용해 생성합니다. 딕셔너리 데이터는 Key : Value 형태로 구분하고
각 데이터는 콤마(,)를 사용해 구분합니다. 이때 주의사항은 딕셔너리 안에서 Key 값이 중복되면
안 된다는 것입니다. 딕셔너리는 Key 값을 지닌 채 Value 값을 찾습니다. 그렇기 때문에 Key 값
이 중복되면 문제가 발생합니다.

딕셔너리 생성 예제를 따라 해 보겠습니다.

```
sale={'name':'콜라','price':1200,'count':30}
sales=[{'name':'콜라','price':1200},{'name':'사이다','price':1200}]
```

```
top={1:'콜라',2:'사이다'}
print(sale)
print(sales)
print(top)
```

```
{'name': '콜라', 'price': 1200, 'count': 30}
[{'name': '콜라', 'price': 1200}, {'name': '사이다', 'price': 1200}]
{1: '콜라', 2: '사이다'}
```

> **Tip** 딕셔너리 키로 사용할 수 있는 자료형
>
> Key는 변하지 않는(immutable) 객체 타입을 사용해야 합니다. 그렇기 때문에 List 같이 변할 수 있는 (mutable)
> 객체 타입은 키로 사용할 수 없습니다.

② 딕셔너리 데이터 접근 방법

딕셔너리 데이터에서 원하는 값(Value)을 가져올 때는 Key를 사용합니다.

```
sale={'name':'콜라','price':1200}
name=sale['name']
print(name)
```

위 예제는 **sale**에서 **name** Key의 Value를 **name**이라는 변수에 대입하는 코드입니다. 실행 결과는 다음과 같습니다.

```
콜라
```

③ 딕셔너리 데이터 추가, 삭제

딕셔너리에 데이터를 추가하는 방법은 다음과 같습니다.

● 변수명[Key] = Value

```
cola={'name':'콜라'}
cola['price']=1200
print(cola)
```

cola 딕셔너리에 'price' Key를 추가한 후 Value로 1,200원을 넣었습니다.

출력 결과는 다음과 같습니다.

```
{'name': '콜라', 'price': 1200}
```

Value에는 숫자형, 문자열, 리스트, 튜플 등 입력 데이터 타입에 제한이 없습니다.

딕셔너리에서 데이터를 삭제할 때는 del 명령어를 사용합니다.

● del 딕셔너리[Key]

다음은 딕셔너리에서 데이터를 삭제하는 예제입니다.

```
cola={'name':'콜라','price':1000,'price1':100}
del cola['price1']
print(cola)
```

cola 딕셔너리에서 'price1' Key를 삭제합니다.

```
{'name': '콜라', 'price': 1000}
```

Tip   KeyError

딕셔너리에서 존재하지 않는 Key를 사용할 때는 KeyError가 나타납니다. 이 오류가 나타날 때는 Key 이름이 제대로 됐는지 확인하면 됩니다.

④ 딕셔너리에 자주 쓰이는 함수

◆ get( )

딕셔너리 Key의 Value를 가져올 때 사용합니다. 딕셔너리[Key]와 같습니다. 딕셔너리.
get(Key) 형태로 사용합니다.

```
cola={'name':'콜라','price':1000,'price1':100}
value=cola.get('name')
print(value)
```

```
콜라
```

◆ keys( )

딕셔너리의 Key만 가져와서 dict_keys 객체로 전달받을 수 있습니다. 딕셔너리.keys( ) 형태
로 사용합니다.

```
cola={'name':'콜라','price':1000,'price1':100}
keys=cola.keys()
print(keys)
```

```
dict_keys(['name', 'price', 'price1'])
```

dict_keys 타입의 결괏값은 list() 함수를 사용해 리스트 형태로 변환해서 사용할 수 있습니다.

```
list(cola.keys())
```

```
['name', 'price', 'price1']
```

◆ values( )

딕셔너리의 value만 가져와서 dict_values 객체로 전달받을 수 있습니다. 딕셔너리.values( )
형태로 사용합니다.

```
cola={'name':'콜라','price':1000,'price1':100}
values=cola.values()
print(values)
```

```
dict_values(['콜라', 1000, 100])
```

dict_keys 객체와 같이 list() 함수를 사용해 리스트형으로 변환해서 데이터에 접근할 수 있습니다.

◆ items( )

items는 Key와 Value를 (Key, Value)의 튜플 형태로 저장해서 dict_items 객체로 전달받을 수 있습니다. 딕셔너리.items() 형태로 사용합니다.

```
cola={'name':'콜라','price':1000,'price1':100}
items=cola.items()
print(items)
```

```
dict_items([('name', '콜라'), ('price', 1000), ('price1', 100)])
```

3-9 불 자료형

불 자료형은 참(True), 거짓(False)의 값을 갖는 자료형입니다.

헤이마트가 오픈 상태이면 True, 오픈 상태가 아니면 False, 세일 중이면 True, 세일 중이 아니면 False로 표현할 수 있습니다. 이때 불 자료형을 사용합니다.

```
open=True   # 마트 오픈 중
sale=False  # 세일 안 함
```

3-10 집합 자료형

집합 자료형은 데이터를 집합(합집합, 차집합, 교집합)의 형태로 적용하기 위한 자료형입니다.

1 집합 자료형 생성

집합 자료형은 set() 명령어를 사용해 생성합니다.

```
price=[100,200,300,100,200,300]
set(price)
```

```
{100, 200, 300}
```

집합 자료형의 결괏값은 중괄호({})로 둘러싸여 전달됩니다. 결괏값에서 확인할 수 있듯이 집합 자료형의 데이터는 중복을 허용하지 않습니다. price 리스트에서 중복된 데이터가 삭제된 것을 확인할 수 있습니다. 집합 자료형은 데이터의 중복값을 제거할 때 사용하기도 합니다. 집합 자료형은 결괏값이 순서대로 전달되지 않는다는 특징도 있습니다. 이 결괏값을 list() 함수를 사용해 리스트로 변환할 수 있습니다.

2 교집합

두 집합 자료형 사이의 교집합을 구합니다. 교집합은 두 가지 방법으로 구할 수 있습니다.

- & 연산자: 집합 자료형 & 집합 자료형
- intersection( ): 집합 자료형.intersection(집합 자료형)

이번에는 교집합을 구해 보겠습니다.

```
price1=set([100,200,300,400])
price2=set([10,200,150,400])
result1=price1 & price2
result2=price1.intersection(price2)
print(result1)
print(result2)
```

```
{200, 400}
{200, 400}
```

3 합집합

두 집합 자료형 사이의 교집합을 구합니다. 합집합도 두 가지 방법으로 구할 수 있습니다.

- | 연산자: 집합 자료형 | 집합 자료형
- union( ): 집합 자료형.union(집합 자료형)

```
price1 = set([100, 200, 300, 400])
price2 = set([10, 200, 150, 400])
result1 = price1 | price2
result2 = price1.union(price2)
print(result1)
print(result2)
```

```
{100, 200, 10, 300, 400, 150}
{100, 200, 10, 300, 400, 150}
```

4 차집합

두 집합 자료형 사이의 차집합을 구합니다. 차집합도 두 가지 방법으로 구할 수 있습니다.

- − 연산자: 집합 자료형 − 집합 자료형
- difference( ): 집합 자료형. difference(집합 자료형)

```
price1 = set([100, 200, 300, 400])
price2 = set([10, 200, 150, 400])
result1 = price1 - price2
result2 = price1.difference(price2)
print(result1)
print(result2)
```

```
{100, 300}
{100, 300}
```

조건문과 반복문

헤이마트를 방문하면 고객이 원하는 물품을 찾기 위한 다양한 안내를 받을 수 있습니다. 특히, 요즘에는 안내 키오스크에서 그런 내용을 쉽게 안내받기도 합니다. '콜라를 찾고자 한다면 1층 A 코너', '과자를 찾고자 한다면 1층 B 코너'와 같이 안내할 수 있습니다. 만약, 원하는 물품을 찾지 못하면 다시 안내 확인 요청을 하거나 직원에게 문의할 수 있습니다. 이러한 상황은 프로그래밍에서 제어문을 통해 구현할 수 있습니다. 이번에는 파이썬의 제어문에 해당하는 조건문과 반복문에 대해 알아보겠습니다. 파이썬에서 사용되는 조건문은 if문, 반복문은 while문과 for문을 사용합니다. 안내 키오스크에서 사용될 만한 제어문 문법을 작성하면서 조건문과 반복문을 익혀 보겠습니다.

4-1 if 조건문

if 조건문은 이름에서도 알 수 있듯이 "만약 ~한다면 ~을 해라"를 구현할 때 사용하는 명령어입니다. if는 조건문으로 특정 조건이 참(True)인 경우에만 특정 코드를 실행하는 데 사용됩니다. 예를 들어 키오스크에서 찾는 물건의 종류에 따른 위치를 알려 주는 코드를 작성한다고 가정해 보겠습니다. 다음과 같은 상황은 조건문을 사용해 작성할 수 있습니다.

찾고자 하는 물건에 따라 가야할 층과 블록이 달라질 수 있습니다. 물건에 따라 어떤 층인지, 어떤 블록에 위치하고 있는지 쉽게 찾아볼 수 있도록 안내 키오스크의 코드를 작성해야 합니다. 이러한 경우에 사용할 수 있는 것이 바로 조건문입니다. 위치뿐만 아니라 원하는 특정 가격대 물건들의 위치도 검색할 수 있도록 추가 조건도 설정할 수 있습니다. 파이썬에서는 다음과 같이 다양한 if문의 형식을 사용할 수 있습니다.

1 조건이 하나인 경우

조건이 하나인 경우, 기본적으로 if를 사용하고 그 형식은 다음과 같습니다.

```
if 조건:
    실행할 명령어 1
    실행할 명령어 2
```

조건에 맞는다면 if문 아래에 들여쓰기되어 있는 실행할 명령어1, 실행할 명령어2가 실행됩니다. 다음은 만약 찾는 물건이 콜라이면 "1층으로 가세요", "1층에서 A 코너로 가세요"라는 글을 출력해 주는 예제입니다.

```
search="콜라"
if search == "콜라":
    print("1층으로 가세요")
    print("1층에서 A 코너로 가세요")
```

실행 결과는 다음과 같습니다.

```
1층으로 가세요
1층에서 A 코너로 가세요
```

search 변수에 콜라를 입력하였습니다. 만약, search 값이 콜라인 경우, "1층으로 가세요", "1층 A 코너로 가세요"라고 안내할 수 있도록 코드를 작성하였습니다. 조건문을 처음 작성할 때 [그림 1-39]와 같이 간단한 순서도를 그려 보면, 이해하기가 좀 더 쉽습니다. 찾는 물건이 콜라인 경우, "1층으로 가세요", "1층에서 A 코너로 가세요"를 출력합니다. 콜라가 아닌 경우에는 출력하지 않고 지나갑니다. 다음과 같은 순서도를 그려 보면 조건문을 좀 더 쉽게 이해할 수 있습니다.

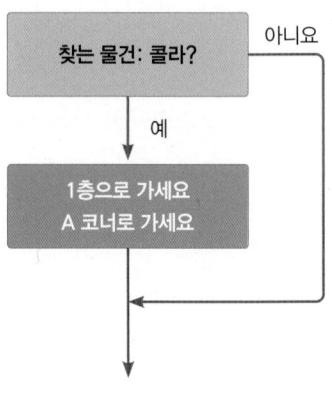

[그림 1-39] 조건에 따른 작동 방식

파이썬

파이썬에서는 콜론(:)과 들여쓰기에 유의해서 코드를 작성해야 합니다. 조건문 다음에 반드시 콜론을 작성해야 하고, 그다음 실행문은 같은 들여쓰기로 맞춰야 합니다. 그리고 각 조건에 맞춘 실행문은 여러 개가 될 수 있습니다.

2 조건에 맞지 않는 경우

if문에서 설정한 조건에 맞지 않는 경우, else를 사용합니다. [그림 1-39]의 순서도에서 '아니요'에 해당하는 경우를 처리하기 위해서는 else를 사용합니다. if~else는 다음과 같은 형태로 사용합니다.

```
if 조건:
    실행할 명령어 1
else:
    실행할 명령어 2
```

다음은 if~else문의 예제입니다. 만약, search 값이 콜라라면 "1층 A 코너로 가세요", 조건에 해당하는 것이 없으면 "직원에게 물어보세요"를 출력하는 예제입니다.

```
search = "과자"
if search == "콜라":
    print("1층 A 코너로 가세요")
else:
    print("직원에게 물어보세요")
```

찾는 물건이 콜라가 아니라 과자이므로 if의 조건은 거짓이 됩니다. 따라서 if문의 print("1층 코너로 가세요")는 출력되지 않고 else 안의 코드가 자동으로 실행됩니다. 그 후 else의 print가 출력되어 "직원에게 물어보세요"가 출력됩니다. 이처럼 if 조건에 해당하지 않는 경우에도 동작을 설정해 주려면 if~else 문을 활용하여 동작을 제어할 수 있습니다. 실행 결과는 다음과 같습니다.

```
직원에게 물어보세요
```

[그림 1-40]을 참고하면 좀 더 쉽게 이해할 수 있습니다.

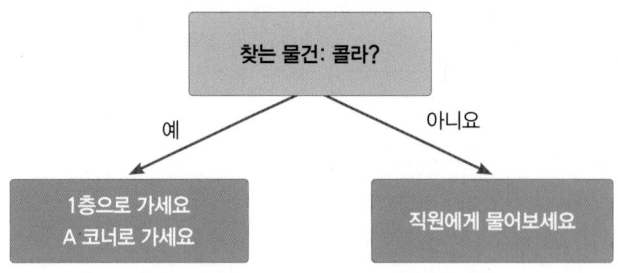

[그림 1-40] if-else 문의 작동 방식

3 조건이 여러 개인 경우

조건이 여러 개인 경우에는 elif문을 사용해 여러 조건에 따른 동작을 처리할 수 있습니다. 찾는 물건이 다양한 경우, 물건에 따라 다른 안내를 해야 합니다. elif는 여러 개를 사용하여 조건을 추가할 수 있습니다. elif의 기본 형식은 다음과 같습니다.

```
if 조건:
    실행할 명령어 1
elif 조건:
    실행할 명령어 2
elif 조건:
    실행할 명령어 3
...
else:
    실행할 명령어 4
```

다음은 elif를 추가한 예제입니다.

```
search="과자"
if search == "콜라":
    print("1층 A 코너로 가세요")
elif search == "과자":
    print("1층 B 코너로 가세요")
elif search == "과일":
    print("1층 C 코너로 가세요")
else:
    print("직원에게 물어보세요")
```

search 값이 콜라인 경우에는 '1층 A 코너', 과자인 경우에는 'B 코너', 과일인 경우에는 'C코너'로 안내하는 코드입니다. search 변수에 과자가 할당되어 있는 상태입니다. 따라서 찾는 물건이 과자이므로 'B 코너'로 안내합니다. 이 밖의 경우에는 직원에게 물어보도록 안내할 수 있습니다. 이처럼 다양한 조건을 처리하는 코드를 작성하면 원하는 작동을 하는 안내 기능을 만들 수 있습니다. 실행 결과는 다음과 같습니다.

```
1층 B 코너로 가세요
```

Tip

elif문은 차례대로 실행되며, 개수의 제한 없이 사용할 수 있습니다.

4 조건문 안의 조건문(중첩)

조건문을 사용하다 보면 조건문 안에 또다른 조건을 만들어야 하는 경우가 있습니다. 예를 들어 샴푸를 찾는다고 가정했을 때 가격에 따라 위치가 조금씩 달라지는 경우를 생각해 볼 수 있습니다. 같은 샴푸라도 가격에 따라 위치가 조금씩 다르다면 어떻게 안내해야 할까요? 이 경우에는 찾으려고 하는 물품의 종류를 먼저 확인한 후 샴푸라면 가격에 따라 위치를 달리 안내해야 합니다. 다음의 예제를 실행해 보겠습니다.

```python
search = "샴푸"
price = 15000

if search == "콜라":
    print("1층 A 코너로 가세요: ")
elif search == "샴푸":
    if 10000 <= price < 20000:
        print("2층 C-1 코너로 가세요")
    elif 20000 <= price :
        print("2층 C-2 코너로 가세요")
else:
    print("직원에게 물어보세요: ")
```

실행 결과는 다음과 같습니다.

```
2층 C-1 코너로 가세요
```

현재 찾는 물건은 샴푸입니다. 샴푸인 경우에는 `elif`문을 통과하게 되는데, 이때 가격에 따라 안내할 수 있는 조건을 추가하였습니다. 즉, 샴푸의 가격대가 10,000~20,000원일 경우 2층 C-1 코너, 20,000~30,000원일 경우 2층 C-2 코너로 안내할 수 있습니다.

4-2 while문

`while`문은 파이썬에서 반복적인 것을 실행할 때 사용하는 명령어입니다. 만약, 반복문 없이 동일한 기능을 수행하는 코드를 작성하려면 비슷한 코드를 직접 여러 번 작성해야 합니다. 예를 들어 헤이마트에서 선착순 이벤트를 한다고 가정해 보겠습니다. '하루 10명 선착순 할인'과 같은 이벤트를 진행하려면 한 명씩 참여할 때마다 참여한 인원 만큼 숫자를 세어 10명이 될 때까지 확인하게 됩니다. 이때 참여한 인원을 출력한다고 가정하면 다음과 같이 코드를 작성할 수 있습니다.

```
print("현재 1명 참여했습니다.")
```

만약, 총 3명이 참여했다고 가정하면,

```
print("현재 1명 참여했습니다.")
print("현재 2명 참여했습니다.")
print("현재 3명 참여했습니다.")
```

이렇게 같은 코드를 반복해서 작성해야 합니다. 이러한 반복하는 작업을 수행하는데 필요한 것이 반복문입니다. 반복문에는 `while`문, `for`문이 있습니다. 먼저 `while`문에 대해 알아보겠습니다.

while문의 형식은 다음과 같습니다. 조건이 참인 경우, 무한히 반복되는 형태입니다. 조건이 거짓인 경우, while문을 탈출하게 됩니다.

```
while 조건:
    실행할 명령어 1
    실행할 명령어 2
        ...
```

위 형식을 바탕으로 몇 가지 예제를 통해 while문의 사용법을 익혀 보겠습니다.

◆ [예제 1] 할인 이벤트

헤이마트에서는 여러 물건을 구매하는 고객에게 특별 할인 이벤트를 진행하기도 합니다. 특히, 무인 결제 키오스크를 이용해 결제를 진행할 때 물건의 종류와 관계없이 10개 이상 구매하는 고객에게 10% 할인을 해 준다고 합니다. 다음 예제를 실행해 보겠습니다.

```
order_count=0
while order_count <10:
    order_count += 1
    print(f"{order_count}개의 물건이 추가되었습니다.")
print("10% 특별 할인이 적용됩니다.")
```

실행 결과는 다음과 같습니다.

```
1개의 물건이 추가되었습니다.
2개의 물건이 추가되었습니다.
3개의 물건이 추가되었습니다.
4개의 물건이 추가되었습니다.
5개의 물건이 추가되었습니다.
6개의 물건이 추가되었습니다.
7개의 물건이 추가되었습니다.
8개의 물건이 추가되었습니다.
9개의 물건이 추가되었습니다.
10개의 물건이 추가되었습니다.
10% 특별 할인이 적용됩니다.
```

order_count의 초깃값에는 0을 입력하였습니다. `while order_count < 10:`에서는 10개 이하일 때 계속 반복됩니다.

`order_count += 1`에서는 물건을 하나 구매할 때마다 order_count 값이 1씩 올라가게 됩니다. 10개 이상이 되었을 때 `while order_count < 10` 조건을 만족하지 않으므로 while문을 벗어나게 됩니다.

while문을 탈출하여 마지막에 "10% 특별 할인이 적용됩니다."이 출력됩니다. 만약, 구매 물건의 개수를 확인하는 코드를 작성할 때 while문을 사용하지 않는다면 10줄의 코드가 필요합니다. 개수가 30, 50과 같이 더 큰 수가 된다면 그만큼 코드가 늘어나는 비효율적인 상황이 연출됩니다. while문을 사용하면 단 3줄로 반복할 수 있는 장점이 있으므로 반복 작업에서는 while문을 사용하는 것이 좋습니다.

◆ [예제 2] 여러 개의 물건을 찾는 예제(샴푸인 경우에는 가격도 입력)

만약, 찾는 물건이 여러 개인 경우, 각 물건에 대한 안내를 여러 번 받아야 합니다. 위 조건문을 여러 번 반복 실행할 경우, while문과 if문을 활용하여 작성할 수 있습니다. 즉, 콜라는 A 코너, 과자는 B 코너, 샴푸는 C-1 또는 C-2 코너로 안내할 수 있는데, 하나만 찾는 것이 아니라 여러 개를 찾을 경우에는 while문을 활용하여 작성할 수 있습니다. 다음 예제를 실행해 보겠습니다.

```python
# 여러 개의 물건을 찾는 예제(샴푸일 경우에는 가격도 입력)
search=""
while search != "종료":
    search=input("찾을 물건을 입력하세요(종료하려면 '종료'를 입력하세요): ")
    if search == '콜라':
        print("콜라는 A 코너에 있습니다.")
    elif search == '과자':
        print("과자는 B 코너에 있습니다.")
    elif search == '샴푸':
        price=int(input("샴푸의 가격을 입력하세요: "))   # 가격을 정수형으로 변환
        if 10000 <= price < 20000:
            print("2층 C-1 코너로 가세요.")
        elif price >= 20000:
            print("2층 C-2 코너로 가세요.")
        else:
            print("2층 C-0 코너로 가세요")
```

```
    else:
        print("죄송합니다. 해당 물건을 찾을 수 없습니다.")
```

실행 결과는 다음과 같습니다.

```
찾을 물건을 입력하세요(종료하려면 '종료'를 입력하세요): 콜라
콜라는 A 코너에 있습니다.
찾을 물건을 입력하세요(종료하려면 '종료'를 입력하세요): 과자
과자는 B 코너에 있습니다.
찾을 물건을 입력하세요(종료하려면 '종료'를 입력하세요): 샴푸
샴푸의 가격을 입력하세요: 15000
2층 C-1 코너로 가세요.
찾을 물건을 입력하세요(종료하려면 '종료'를 입력하세요): 자전거
죄송합니다. 해당 물건을 찾을 수 없습니다.
찾을 물건을 입력하세요(종료하려면 '종료'를 입력하세요):
샴푸 샴푸의 가격을 입력하세요: 5000 2층 C-0 코너로 가세요
찾을 물건을 입력하세요(종료하려면 '종료'를 입력하세요): 종료
죄송합니다. 해당 물건을 찾을 수 없습니다.
```

나중에 다룰 input 명령어를 활용한 while문 예제를 실행해 보았습니다. 이때 while문은 '종료'를 입력받기 전까지는 반복 실행됩니다. 또한 조건문을 사용하여 찾는 물건에 따라 출력이 달라지도록 작성하였습니다. 이렇게 while문을 활용하면 여러 개의 물건을 찾고자 하는 경우와 같이 반복해서 작동해야 하는 작업을 진행할 수 있습니다.

4-3 for문

while문은 반복되는 조건에 따라 반복할 때 사용하는 반면, 리스트나 튜플, 문자열과 같이 정해져 있는 범위 내에서 반복을 수행하고자 할 때는 for문을 사용하는 것이 효율적입니다. for문의 형식은 다음과 같습니다.

```
for 변수명 in 반복할 데이터(리스트,튜플,문자열):
    실행할 명령어들
```

헤이마트에서는 매주 할인되는 물건이 있다고 가정해 보겠습니다. 이러한 물건들을 하나씩 출력

하면서 안내하려고 할 때는 for문을 활용하는 것이 더 효율적입니다. 정해진 리스트, 튜플과 같은 형태를 반복할 때는 for문을 활용한 반복문을 사용합니다. 다음은 for문을 사용하는 예제입니다.

```python
products=["TV", "노트북", "세탁기", "과자", "음료수", "라면류", "생필품"]

print("이번 주의 할인 상품 목록:")
for product in products:
    print(f"- {product}")

print("이 상품들을 놓치지 마세요!")
```

실행 결과는 다음과 같습니다.

```
이번 주의 할인 상품 목록:
- TV
- 노트북
- 세탁기
- 음료수
- 라면류
- 생필품
이 상품들을 놓치지 마세요!
```

products 리스트에는 이번 주에 할인되고 있는 물건들이 목록에 들어가 있습니다. for문을 이용하여 할인 목록들에서 하나씩 출력되도록 하는 코드를 작성하였습니다. 출력 후에는 for문이 끝났다는 것을 알리기 위한 출력을 하며 마무리하였습니다. 이렇게 리스트의 요소 개수만큼 반복적으로 수행하고 싶을 때는 for문을 활용하여 코드를 작성하는 것이 좋습니다.

◆ range 함수

range 함수는 숫자 리스트를 만들 때 사용하는 함수입니다. for문을 사용할 때 많이 사용합니다. range 함수의 사용 형식은 다음과 같습니다.

```python
for 변수 in range(시작점, 끝점):
```

다음 예제를 통해 range 함수의 사용법에 대해 알아보겠습니다.

```
for idx in range(1, 5):
    print(idx)
```

실행 결과는 다음과 같습니다.

```
1
2
3
4
```

즉, range(1, 5)는 1부터 4까지 5개의 숫자로 이루어진 객체가 됩니다. 시작점은 생략 가능하며 생략했을 때는 기본값이 0입니다. range(시작점, 끝점, 간격)의 형태도 가능합니다. 다음 예제를 실행해 보겠습니다.

```
for idx in range(2, 10, 3):
    print(idx)
```

실행 결과는 다음과 같습니다.

```
2
5
8
```

2부터 시작해서 10 미만까지 출력할 수 있습니다. 간격도 지정해 주었으므로 3칸 간격으로 2, 5, 8이 출력됩니다.

4-4 break문과 continue문

반복문을 수행하다 보면 반복문 중간에 멈추거나 건너뛰어야 하는 경우가 있습니다. 예를 들어 할인 품목에서 과자나 음료수 등 일부 정해진 품목을 빼고 할인을 하는 경우가 생겼다고 가정해 보겠습니다. 빠진 목록에 물건이 있는 경우에는 할인이 되지 않게 하고 목록 중에 원하는 물건이 있는 경우에는 더 이상 할인 품목을 보지 않고 종료하려고 합니다. break와 continue를 활용하면 좀 더 복잡한 상황을 제어하는 코드를 작성할 수 있습니다. 몇 가지 예제를 통해 사용법을 익혀 보겠습니다.

◆ [예제 1] 예외 품목이 나오면 출력하지 않고 라면이 나오면 종료하는 예제

```python
products=["TV", "노트북", "세탁기", "과자", "음료수", "라면류", "생필품"]
excluded=["과자", "음료수"]
print("이번 주의 할인 상품 목록:")
for product in products:
    if product in excluded:
        continue
    elif product == "라면류":
        print(f"원하는 물건을 찾았습니다: {product}")
        break
    print(f"- {product}")
print("이 상품들을 놓치지 마세요!")
```

코드 실행 시 continue를 만나면 그 continue 아래의 명령어는 실행되지 않고 반복문의 처음으로 돌아갑니다. 즉, 다음 코드를 건너뛴 채 반복문을 실행하게 됩니다. excluded 목록에 있다면 continue를 실행하게 되어 과자와 음료수는 출력되지 않게 됩니다.

break를 만나면 반복문을 종료하게 됩니다. product에 "라면류"가 들어오면 break가 실행되고 반복문이 끝나게 됩니다. 실행 결과는 다음과 같습니다.

```
이번 주의 할인 상품 목록:
- TV
- 노트북
- 세탁기
원하는 물건을 찾았습니다: 라면류
이 상품들을 놓치지 마세요!
```

◆ [예제 2] 예산 설정해 장보는 예제

좀 더 복잡한 상황에 continue와 break를 적용할 수 있는 예제입니다. 헤이마트에서 이번에 최대 3만 원 정도 구매를 하려고 합니다. 그중에서 2만 원 이상인 물건은 구매하지 않을 예정입니다.

최대 3만 원이 넘어갈 경우, 종료하려고 한다면 다음과 같이 작성할 수 있습니다.

```python
products = [
    {"name": "종이컵", "price": 5000},
    {"name": "필통", "price": 3000},
    {"name": "책", "price": 15000},
    {"name": "샴푸", "price": 20000},
    {"name": "볼펜", "price": 10000},
]

max_price = 30000 # 최대 예산
not_purchased_price = 20000 # 하나 최대 구매 금액
current_price = 0 # 현재 구매액
items = [] # 현재 구매 리스트

for product in products:
    if product["price"] >= not_purchased_price: # 1개 최대 금액 초과 시 통과
        continue
    current_price += product["price"]
    print(f"{product['name']}: {product['price']}원")

    if current_price >= max_price: # 예산 초과 시 종료
        print("총 가격이 예산을 초과하였습니다.")
        break
    items.append(product["name"]) # 구매 물건 리스트 추가
print("총 구매 물건은 : ", items)
```

실행 결과는 다음과 같습니다.

```
종이컵: 5000원
필통: 3000원
책: 15000원
볼펜: 10000원
총 가격이 예산을 초과하였습니다.
총 구매 물건은 : ['종이컵', '필통', '책']
```

구매 물건들 중에서 최종 예산을 초과하지 않는 선에서 구매를 진행할 수 있습니다. 한 개의 가격이 2만 원 이상인 경우에는 continue를 통해 아래 코드를 실행하지 않도록 하여 구매를 진행하지 않고 총 구매액이 3만 원 이상인 경우에는 break를 통해 종료할 수 있도록 하였습니다.

◆ [예제 3] 특정 재고 확인하는 예제

마트에서는 물건 재고를 확인하는 것이 필수입니다. 이때 헤이마트에서는 특정 물건을 찾을 때 다른 물건의 재고까지 확인할 수 있도록 해서 재고 확인 업무를 줄여 주는 기능을 가지고 있습니다. 이러한 경우에는 continue와 break를 통해 작성할 수 있습니다.

```python
inventory = {
    "종이컵": 50,
    "필통": 0,
    "책": 20,
    "샴푸": 40,
    "볼펜": 15,
}
target_item = "책"
print(f"{target_item}의 재고 확인:")
for item, stock in inventory.items():
    if item == target_item:
        print(f"{item}: {stock}개")
        break
    elif stock == 0:
        print(f"{item}은(는) 품절되었습니다.")
        continue
    print(f"{item}은(는) 찾는 물건이 아닙니다.")
print("재고 확인 완료!")
```

실행 결과는 다음과 같습니다.

```
책의 재고 확인:
종이컵은(는) 찾는 물건이 아닙니다.
필통은(는) 품절되었습니다.
책: 20개 재고
확인 완료!
```

찾으려는 물건은 책이지만, 이 과정에서 다른 물건들의 재고가 0인 물건을 확인하여 재고를 보충할 수 있도록 작성해 두었습니다. 위의 경우, 찾고자 하는 물건은 책이기 때문에 책을 찾으면 `break`문을 통해 반복문을 탈출할 수 있습니다. 만약, 재고가 0인 경우에는 품절을 출력하고 아래 코드를 건너뛸 수 있도록 작성하였습니다. 경우가 좀 더 복잡해지고 다양해질 때 `continue`와 `break`를 적절히 사용할 수 있습니다.

4-5 리스트 컴프리헨션(List Comprehension)

파이썬에서는 `for`문을 한 줄로 작성할 수 있습니다. 이렇게 나타내는 것을 '리스트 컴프리헨션 (List Comprehension)'이라고 합니다. 장점은 코드 길이가 짧아지고 속도가 개선된다는 것입니다. 그렇지만 가독성이 떨어지기 때문에 처음 사용하는 분들은 `for`문을 활용하는 것이 좋고 조금 익숙해진 후에는 한 줄에 할 수 있는 리스트 컴프리헨션을 활용하는 것이 좋습니다. 사용 형식은 다음과 같습니다.

1 기본 형식

```
[동작 for 변수 in 반복할 대상]
```

기본 사용 방법은 `for`문과 동일합니다. 다음 예제를 실행해 보면서 리스트 컴프리헨션을 익혀 보겠습니다. 다음은 할인 품목 리스트에 "할인-" 문구를 첨가하는 예제입니다. `for`문과 리스트 컴프리헨션의 두 가지 방법으로 작성해 보면서 익혀보겠습니다.

```python
discounted=["TV", "노트북", "세탁기", "과자", "음료수", "라면류", "생필품"]

# for문 사용 시
add_discounted_for=[] # 빈 리스트 생성
for product in discounted:
    add_discounted_for.append(f"할인-{product}") # append를 이용해 수정된 요소를
넣습니다.
print(add_discounted_for)

# 리스트 컴프리헨션 사용 시
add_discounted_com=[f"할인-{product}" for product in discounted]

print(add_discounted_com)
```

두 가지 모두 다음과 같이 각 요소에 "할인-"이 추가된 리스트를 결괏값으로 받을 수 있습니다.

```
['할인-TV', '할인-노트북', '할인-세탁기', '할인-과자', '할인-음료수', '할인-라면류',
'할인-생필품']
```

2 if 포함 형식

반복할 대상에서 특정 조건을 만족하는 경우에만 얻으려고 한다면 if문을 추가한 형태로 사용할 수 있습니다. 이때 if문의 위치에 유의해야 합니다. 기존 리스트 컴프리헨션 코드의 가장 뒷부분에 if문을 삽입하여 특정 조건을 만족하는 요소만 가져올 수 있습니다. 형식은 다음과 같습니다.

```
[동작1 for 변수 in 반복할 대상 if 조건1]
```

만약, 기존에 할인되는 물건이 있었지만, 해당 월이 바뀌어 이번 달에는 할인 목록에서 빠지는 (excluded) 목록이 있다고 가정해 보겠습니다. 이렇게 모든 물건 중에서 할인 종료된 물건을 제외한 물건을 얻고 싶은 경우와 같이 특정 조건을 만족하는 리스트를 얻으려고 한다면 if문을 추가한 리스트 컴프리헨션을 이용할 수 있습니다. 다음 예제를 실행해 보겠습니다.

```
discounted=["TV", "노트북", "세탁기", "과자", "음료수", "라면류", "생필품"]
excluded=["과자", "음료수"]
filtered=[f"할인-{product}" for product in discounted if product not in
excluded]
print(filtered)
```

조건문을 활용하면 excluded가 아닌 요소들에 대해서만 문구를 추가한 결과를 얻을 수 있습니다.

```
['할인-TV', '할인-노트북', '할인-세탁기', '할인-라면류', '할인-생필품']
```

❸ if~else 포함 형식

for문에서 이용하던 if~else문을 리스트 컴프리헨션에서도 작성할 수 있습니다. 이때 위치에 유의해야 합니다. if~else 는 for문 앞에 위치하여야 합니다. 다음 형식을 참고하여 코드를 작성해 보겠습니다.

```
[동작1 if 조건 1 else 동작 2 for 변수 in 반복할 대상]
```

여러 조건에 따라 새로운 리스트를 얻어야 한다면 리스트 컴프리헨션도 복잡해져야 합니다. 이번에는 제외 목록에 대해서는 "제외-" 문구, 할인 목록에 대해서는 "할인-" 문구를 추가해 보겠습니다. 다음은 그 예제입니다.

```
products=["TV", "노트북", "세탁기", "과자", "음료수", "라면류", "생필품"]
excluded=["과자", "음료수"]
filtered=[f"할인-{product}" if product not in excluded else f"제외-{product}"
for product in products]
print(filtered)
```

다음은 그 결과입니다.

```
['할인-TV', '할인-노트북', '할인-세탁기', '할인-냉장고', '할인-에어컨', '제외-과자',
'제외-음료수', '할인-라면류', '할인-생필품']
```

전체 목록인 products 물건 중에서 제외되는(excluded) 물건 목록에 포함되지 않는 경우에는 할인 문구, 제외될 경우에는 제외라는 문구를 추가한 목록을 얻을 수 있습니다. 이와 같이 다양한 조건에 대해 기존의 for문을 통해 얻을 수 있는 결과를 리스트 컴프리헨션으로 얻을 수 있습니다.

예외 처리

프로그램을 작성하다 보면 예상하지 못한 오류나 문제가 발생해 난처한 경우가 생깁니다. 예를 들어 헤이마트에서 새로 들어온 물건의 재고를 입력할 때 숫자만 입력해야 하는데 문자가 입력되었다고 가정해 보겠습니다. 문자 데이터가 들어왔을 경우, 기존 재고에 더할 수가 없어 오류가 발생하고 프로그램은 멈춰버릴 것입니다. 예외 처리를 사용해야 하는 이유는 크게 다음과 같이 정의할 수 있습니다.

- 프로그램에 안전성이 필요한 경우
- 예외 상황이 발생하더라도 프로그램이 종료되면 안 되는 경우
- 오류 메시지가 발생해 사용자에게 알려야 하는 경우

5-1 예외 처리 방법

예외 처리의 기본 문법은 다음과 같습니다.

```
try:
    코드
except :
    오류시 코드
```

try 구문 안의 코드가 실행되고 코드에 오류가 발생하면 except문 안의 오류 시 코드가 동작 합니다. 예외 처리 시 except문을 다양하게 사용할 수 있습니다.

다음 예제를 실행해 보겠습니다.

```
total_cola_count = 10
cola_count = '3'
total_cola_count = total_cola_count + cola_count
```

위 예제는 현재 콜라의 재고를 저장하고 있는 **total_cola_count**에 마트에 새로 들어온 콜라의 개수를 **cola_count**에 더해 재고를 업데이트하는 코드입니다. 이 코드를 실행하면 다음과 같은 오류가 발생하는 것을 확인할 수 있습니다.

```
------------------------------------------------------------------------
TypeError                                 Traceback (most recent call last)
<ipython-input-2-347afb15644a> in <cell line: 3>()
      1 total_cola_count = 10
      2 cola_count = '3'
----> 3 total_cola_count = total_cola_count  + cola_count

TypeError: unsupported operand type(s) for +: 'int' and 'str'
```

위는 숫자 데이터를 문자열과 더하기 연산을 해서 발생하는 오류입니다. 만약, 헤이마트 프로그램에 위와 같은 오류가 발생했다면 프로그램이 멈추었을 것입니다. 이러한 문제를 해결하기 위한 다양한 예외 처리 방법을 살펴보겠습니다.

1 except:

예외 처리의 가장 기본적인 구문입니다. 오류의 종류에 상관없이 무조건 오류가 발생했을 때 **except**문 안의 코드를 실행시키는 방법입니다.

```
try:
  total_cola_count = 10
  cola_count = '3'
  total_cola_count = total_cola_count + cola_count
except :
  print("입력값을 확인해 주세요")
```

위 예제 실행 시 **try** 구문 코드가 실행되고 오류가 발생했을 때 except문의 "입력값을 확인해 주세요"가 출력됩니다. 실행 결과는 다음과 같습니다.

```
입력값을 확인해 주세요
```

즉, try 구문에 오류가 발생했다는 것입니다. 중요한 것은 프로그램에 오류가 발생하지 않고 멈추지 않는다는 점입니다.

2 except 오류 as 변수:

예외 처리 시 발생하는 예외를 변수 e에 대입하는 구문입니다. 변수 e를 출력하면 오류의 내용을 확인할 수 있습니다.

```python
try:
    total_cola_count = 10
    cola_count = '3'
    total_cola_count = total_cola_count + cola_count
except TypeError as e:
    print(e)
```

위 예제는 try 구문에 오류가 발생했을 경우 except문이 실행되고 except문에서 발생한 오류가 TypeError일 경우, 오류 내용을 e 변수에 저장합니다. 실행 결과는 다음과 같습니다.

```
unsupported operand type(s) for +: 'int' and 'str'
```

여러 개의 오류를 처리해야 할 경우, 다음과 같이 처리할 수도 있습니다.

```python
try:
    코드
except 오류 1 :
    코드
except 오류 2 :
    코드
```

3 raise

코드상에서 강제로 오류를 발생시켜 프로그램을 멈추고자 할 때 사용합니다.

```
cart_list=['쿠키','사과','쥬스']

if len(cart_list) >= 3:
  raise Exception('더 이상 담을 수 없습니다.')
else:
  cart_list.Add('콜라')

print(cart_list)
```

위는 cart_list에 3개 이상의 물건이 담겼을 경우, 강제로 오류 메시지를 발생시키는 코드입니다.

```
---------------------------------------------------------------------
Exception                                 Traceback (most recent call last)
<ipython-input-6-a573b1a7adeb> in <cell line: 3>()
      2
      3 if len(cart_list) >= 3:
----> 4   raise Exception('더이상 딤을 수 없습니다.')
      5 else:
      6   cart_list.Add('콜라')

Exception: 더 이상 담을 수 없습니다.
```

6 함수

6-1 함수란?

프로그래밍을 하다 보면 비슷한 패턴의 코드를 자주 작성해야 하는 경우가 있습니다. 만약, 코드를 하나 작성한 후 필요할 때 호출해서 사용한다면 효율적일 것입니다. 함수는 이런 경우에 사용하기 위해 생성합니다. 함수를 사용하면 코드가 간결해지고 전체적인 흐름을 파악하기에도 편리합니다.

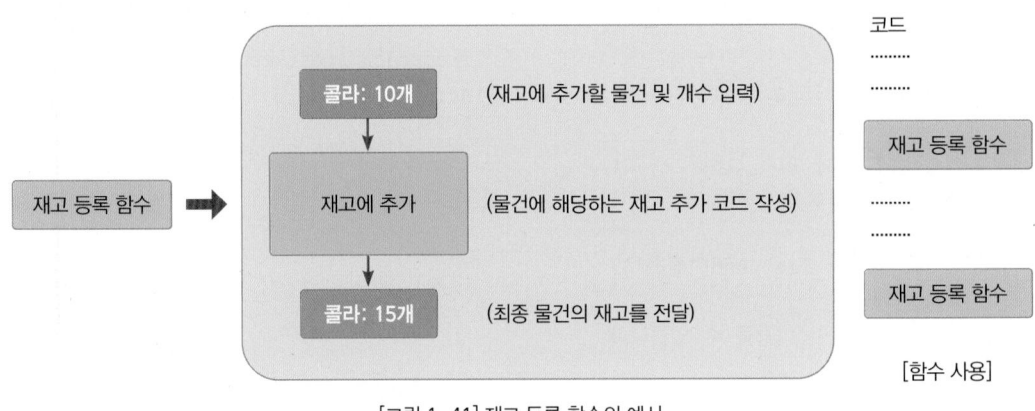

[그림 1-41] 재고 등록 함수의 예시

[그림 1-41]처럼 코드에서 물건의 재고를 등록하는 기능을 자주 사용할 경우, 재고 등록을 하는 기능을 함수로 만들어 놓으면 재고 등록이 필요할 때마다 호출해서 사용할 수 있습니다. 함수는 물건에 따라 재고를 등록할 수 있도록 그림처럼 구성하면 될 것입니다. 프로그래밍 시 정말 중요한 함수를 만드는 방법과 활용하는 방법을 살펴보겠습니다.

6-2 함수를 생성하는 방법

함수는 다음과 같은 방법으로 생성합니다.

```
def 함수명(매개변수) :
    코드
```

함수를 생성할 때는 **def**라는 명령어를 사용합니다. 파이썬 코드들을 살펴볼 때 앞에 **def**가 붙으면 '함수'라고 생각하면 됩니다. 함수명은 생성하는 함수가 무엇을 하는 함수인지 잘 파악할 수 있도록 붙이면 되겠습니다(**예** add_object(재고 입력), get_object(재고 파악), delete_object(재고 삭제)) 매개변수는 함수 수행시 데이터가 필요한 경우에 사용합니다. 매개변수 사용법은 나중에 자세히 다루겠습니다. 함수는 생성만으로는 실행이 안 되고 호출해야만 사용할 수 있습니다. 물건의 재고를 추가하는 함수를 생성해 보겠습니다.

```python
total_object={'cola':5}

def add_object(name,count):
  total_object[name] += count
  print(name + '재고 : '+str(total_object[name]))

add_object('cola',10)
```

total_object는 딕셔너리로 기존 물건들의 재고를 저장하고 있습니다. **add_object** 함수는 **name**과 **count** 매개변수를 입력받아 기존 재고에 **count**를 더하는 코드입니다. 그럼 매개변수가 무엇인지부터 살펴보겠습니다.

1 매개변수와 인수

매개변수는 함수 호출 시 함수로 전달받은 데이터를 저장하고 있는 변수입니다. 보통 '매개변수' 또는 '파라미터(Parameter)'라고 부릅니다. 이 책에서는 '매개변수'라고 표기하겠습니다. 매개변수는 함수 생성 시 사용하지 않을 수도 있고, 사용할 수도 있습니다. 매개변수가 없는 함수는 다음과 같이 생성합니다.

```
def notice():
  print('오늘은 헤이마트 휴일입니다.')

notice()
```

헤이마트의 공지를 알려 주는 notice() 라는 함수를 생성하였습니다. 매개변수는 사용하지 않고 notice() 함수를 호출하면 나타나는 결과는 다음과 같습니다.

오늘은 헤이마트 휴일입니다.

다음은 매개변수를 한 개 사용하는 예제입니다.

```
def find_object(name):
  if name == 'cola':
    print('1층 A-1 코너에 있습니다.')
  elif name == '사과':
    print('1층 A-5 코너에 있습니다.')

find_object('사과')
```

find_object 함수를 호출할 때 'name'이라는 매개변수에 해당하는 데이터는 꼭 넣어서 호출해야 합니다. 함수를 호출할 때 매개변수에 해당하는 데이터를 '인수'라고 합니다. find_object('사과')에서 '사과'가 인수입니다. 매개변수는 함수 생성, 인수는 함수 호출에서 꼭 기억하시기 바랍니다.

만약, 매개변수가 있는 함수를 호출할 때 인수를 넣지 않으면 어떤 오류가 발생하는지 확인해 보겠습니다.

```
find_object()
```

```
TypeError                                 Traceback (most recent call last)
<ipython-input-5-d63e6c277502> in <cell line: 7>()
      5        print('1층 A-5 코너에 있습니다.')
```

```
      6
----> 7 find_object()

TypeError: find_object() missing 1 required positional argument: 'name'
```

위 처럼 `TypeError`가 발생하고 매개변수 `name`을 입력해야 한다고 알려 주고 있습니다.

2 매개변수의 다양한 사용 방법

◆ 2개 이상의 매개변수 사용

여러 개의 매개변수를 사용할 때는 함수를 다음과 같이 생성해야 합니다. 다음은 헤이마트의 신규 고객을 입력하는 코드입니다.

```
def insert_user(name,age,phone):
  user_info={}
  user_info['name']=name
  user_info['age']=age
  user_info['phone']=phone
  print(user_info)

insert_user('김마트',21,'01012345678')
```

헤이마트의 신규 고객 정보를 입력받기 위해 `insert_user` 함수에 매개변수 `name`, `age`, `phone`를 생성하였습니다. 함수 사용 시 `insert_user`('김마트',21,'01012345678')와 같이 인수를 입력했기 때문에 `name` 변수에는 '김마트', `age` 변수에는 21, `phone` 변수에는 '01012345678'이 대입되었습니다.

◆ 매개변수 입력 데이터 수가 정해지지 않은 경우

매개변수를 생성할 때 입력되는 데이터가 변하는 경우도 있을 것입니다. 예를 들어, 어떤 경우에는 매개변수에 3개의 데이터, 어떤 경우에는 1개의 데이터가 입력될 수 있습니다. 이 경우에는 변수명 앞에 *를 붙여서 매개변수를 생성합니다. 매개변수로 입력되는 데이터는 튜플 형태로 저장됩니다. 다음과 같은 형태로 생성합니다.

```
def 함수명( *매개변수 ):
    코드
```

이렇게 함수를 생성하면 함수를 호출해서 사용할 때 인수를 마음대로 입력할 수 있습니다. 다음 예제를 실행해 보겠습니다.

```
def insert_cart(*data):
  print(data)

insert_cart('사과','설탕','커피')
insert_cart('콜라','사이다')
```

insert_cart 함수를 두 번 실행하였습니다. 첫 번째 실행할 때는 인수 3개, 두 번째 실행할 때는 2개를 입력하였습니다. 실행 결과는 다음과 같습니다.

```
('사과', '설탕', '커피')
('콜라', '사이다')
```

첫 번째 함수를 실행할 때는 data 매개변수에 튜플로 3개의 데이터가 저장된다는 것을 확인할 수 있습니다. 두 번째 실행할 때는 2개의 데이터가 튜플로 저장되었습니다.

> **Tip** **매개변수에 리스트 사용**
>
> 매개변수에 *를 사용하지 않고 리스트나 튜플 형태로 생성하는 방법도 있습니다.

◆ 키워드 매개변수 사용

키워드 매개변수는 매개변수 앞에 **를 붙여 사용합니다. 함수 호출 시 매개변수의 값을 '변수명=데이터'와 같은 형태로 입력하여 사용할 수 있습니다. 매개변수에 입력되는 값은 딕셔너리로 전달됩니다. 다음과 같은 형태로 생성합니다.

```
def 함수명( **매개변수 ):
    코드
```

다음 예제를 실행해 보겠습니다.

```python
def insert_cart(**kwargs):
    print(kwargs)

insert_cart(data=['사과','콜라','캔디'],count=[4,3,2])
```

실행 결과는 다음과 같습니다.

```
{'data': ['사과', '콜라', '캔디'], 'count': [4, 3, 2]}
```

kwargs 매개변수에 딕셔너리 자료형으로 저장된 것을 확인할 수 있습니다.

◆ 매개변수에 초깃값 사용

매개변수 생성 시 초깃값을 사용할 수 있습니다. 사용 방법은 다음과 같습니다.

```python
def 함수명(매개변수 = 초깃값):
    코드
```

다음 예제를 실행해 보겠습니다.

```python
def insert_user(name,age,phone='0100000000'):
    user_info={}
    user_info['name']=name
    user_info['age']=age
    user_info['phone']=phone
    print(name)
    print(age)
    print(phone)

insert_user('김마트',21)
```

위 예제에서 insert_user 함수 생성 시 phone 매개변수에 초깃값으로 '0100000000'을 넣었습니다. 매개변수에 초깃값이 있는 경우, 인수를 입력하지 않으면 매개변수에 초깃값이 입력됩니다.

insert_user 함수를 사용할 때 세 번째 인수를 넣지 않고 이름과 나이만 입력했기 때문에 phone 매개변수에는 초깃값이 저장됩니다. 실행 결과는 다음과 같습니다.

```
김마트
21
0100000000
```

함수 호출 시 '매개변수명=인수'와 같은 형태로 인수를 전달할 수 있습니다.

```
insert_user(name='홍길동',age=21)
```

실행 결과는 다음과 같습니다.

```
홍길동
21
0100000000
```

> **Tip** **매개변수의 초깃값을 넣을 때 주의사항**
>
> ```
> def insert_user(name = '홍길동',age,phone):
> ```
>
> 위 함수처럼 매개변수 앞에만 초깃값이 있고 뒤에 있는 매개변수에는 초깃값이 없는 경우나 함수를 호출할 때 insert_user(21, '123123123')했을 경우, 21이 age 매개변수로 자동 저장되는 것은 아닙니다. 인수 21은 순서대로 name 매개변수에 들어갑니다.

3 return

return 명령어는 함수 호출 시 결괏값을 전달받아야 하는 경우에 사용합니다. return은 함수 생성 시 필수적으로 사용해야 하는 명령어가 아닙니다. 사용 방법은 다음과 같습니다.

```
def 함수명(매개변수):
    return 데이터
변수 = 함수명(인수)
```

다음 예제는 헤이마트의 cola 재고를 추가하는 코드입니다. 실행해 보겠습니다.

```
total_object={'cola':5}

def add_object(name,count):
  total_object[name] += count
  return total_object[name]

result=add_object('cola',10)
print(result)
```

add_object 함수를 호출하면 total_object딕셔너리에 있는 'cola' key의 value에 count 값이 더해져서 저장되고 그 값이 리턴됩니다. 리턴된 값은 result 변수에 저장되고 결과는 다음과 같습니다.

```
15
```

return으로 전달할 수 있는 데이터는 하나만 보낼 수 있습니다. 여러 개의 데이터를 전달하고 싶을 때는 리스트, 튜플, 딕셔너리 등의 자료형을 사용하여 보낼 수 있습니다.

4 지역 변수와 전역 변수

프로그래밍을 하다 보면 함수 안에 변수를 선언해야 하는 경우들이 있습니다. 보통 변수를 생성하면 변수의 유효 범위(Variable Scope)가 있습니다. 파이썬에서 함수 안에서 선언되는 변수를 지역 변수(Local Variable)라고 합니다. 지역 변수의 특징은 함수 밖을 벗어나면 사용할 수 없다는 것입니다. 다음 예제를 실행해 보겠습니다.

```
def sale_price(price):
    result=price * 0.9
    return result

print(result)
```

위 예제는 물건의 가격을 세일 가격으로 알려 주는 코드입니다. 세일 가격을 저장하기 위해

result라는 변수를 함수 안에서 생성하였습니다. 함수 밖에서 result를 출력하면 결과가 어떻게 나오는지 확인해 보겠습니다.

```
NameError                          Traceback (most recent call last)
<ipython-input-1-f744f73e2509> in <cell line: 5>()
      3        return result
      4
----> 5 print(result)

NameError: name 'result' is not defined
```

NameError가 나오면서 result가 정의되어 있지 않다는 오류 메시지를 볼 수 있습니다. 즉, 함수 안 변수 result를 함수 밖에서 사용하려고 하기 때문에 발생하는 문제입니다.

이러한 문제를 해결하는 데는 두 가지 방법을 많이 사용합니다. 첫 번째는 위에서 다뤘던 return을 사용하는 방법, 두 번째는 전역변수를 활용하는 방법입니다. 전역변수는 함수 안에서 함수 밖의 변수를 사용하는 것을 말합니다. 사용 방법은 다음과 같습니다.

```
def 함수명( ):
    global 함수 밖 변수
```

다음 예제를 실행해 보겠습니다.

```
sale_per=0.8
sale_price=0

def get_sale_price(price):
    global sale_per
    global sale_price
    sale_price=price * sale_per

get_sale_price(1000)
print(sale_price)
```

위는 함수 밖의 sale_per, sale_price 변수를 get_sale_price 함수 안에서 global로 선언해서 사용하는 예제입니다. 실행 결과는 다음과 같습니다.

```
800.0
```

5 lambda

lambda(람다)는 함수를 한 줄로 제작할 때 사용하는 명령어입니다. 간단한 함수를 제작할 때 유용합니다. 사용 방법은 다음과 같습니다.

```
함수명 = lambda 매개변수 , … : 코드
```

헤이마트에서 물건의 세일 가격을 알려 주는 함수를 lambda로 작성해 보겠습니다.

```
sale_price=lambda price,sale_per : price*sale_per
result=sale_price(1000,0.9)
print(result)
```

sale_price lambda 함수는 price(물건의 가격)와 sale_per(할인율)을 매개변수로 입력받아 두 개를 곱해서 결괏값을 리턴하는 함수입니다. 결과는 다음과 같습니다.

```
900.0
```

7 클래스와 객체지향

클래스와 객체지향은 프로그래밍을 처음 하시는 분들이라면 어렵게 느끼는 내용 중 하나입니다. 최대한 쉽게 이해할 수 있도록 예를 들어 설명하겠습니다.

7-1 클래스와 객체의 개념

헤이마트에서는 판매할수 있는 상품들이 새로 들어옵니다. 헤이마트 프로그램을 개발하는 개발자의 입장에서는 새로 들어오는 상품에 대한 정보를 프로그램에 등록해야 합니다. 우리가 지금까지 배운 것을 활용해서 개발할 경우, 매번 새로 들어오는 물건에 대한 정보를 변수나 자료형을 사용하여 데이터를 등록해 주어야 합니다.

상품_이름: 제로사이다	상품_이름: 제로콜라	상품_이름: 제로젤리
상품_가격: 1500	상품_가격: 1500	상품_가격: 1000
상품_할인: 0	상품_할인: 10	상품_할인: 0
상품_등록일: 2024. 1. 1.	상품_등록일: 2024. 1. 1.	상품_등록일: 2024. 1. 1.
상품_등록자: 최마트	상품_등록자: 최마트	상품_등록자: 최마트

[그림 1-42] 상품 등록 예시

위와 같은 방법으로 개발하려면 정말 많은 변수나 자료형이 필요하고 상품이 많아질수록 코드를 관리하기가 어려워질 것입니다. 프로그래밍에서는 이러한 문제를 해결하기 위해 클래스를 사용합니다. 상품을 등록할 때 동일하게 입력해야 하는 부분에 대한 설계도를 작성합니다. 상품을 새로 등록할 때마다 설계도의 복사본을 만들고 복사본에 내용을 채워 넣는 방식입니다.

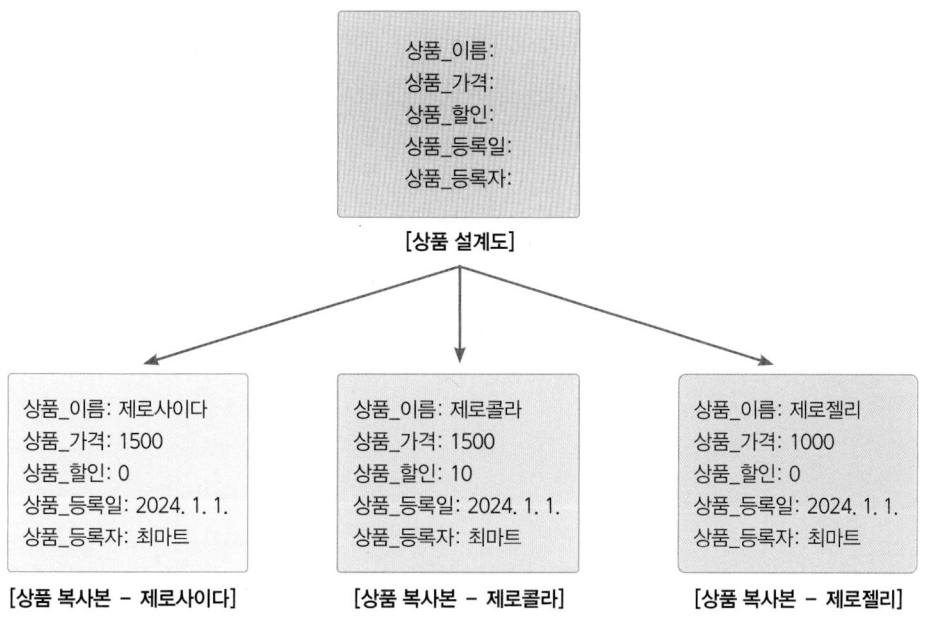

[그림 1-43] 상품 등록 클래스 구조도

클래스는 [그림 1-43]처럼 상품을 등록할 때 필요한 필수 정보를 담고 있는 설계도이고 객체는 클래스의 복사본으로, 클래스의 복사본에 데이터를 입력한 것입니다.

7-2 클래스 및 객체 생성

1 클래스 생성

클래스를 만들어 보겠습니다. 클래스를 생성하는 방법은 다음과 같습니다.

```
class 클래스명 :
    코드
```

클래스는 class라는 명령어를 사용하여 생성합니다. 클래스명은 클래스가 무엇을 하는 클래스 인지를 바로 알 수 있는 이름으로 생성하며 보통 앞은 대문자로 표기합니다. 클래스 안의 코드는 변수와 함수들로 구성할 수 있습니다. 다음은 헤이마트 상품 관련 클래스 예제입니다.

```
class Goods:
    pass
```

Goods라는 이름의 클래스를 생성하였습니다.

2 객체와 인스턴스

위의 Goods 클래스의 객체를 생성해 보겠습니다.

```
cola=Goods()
```

cola를 '객체'라고 부르고 Goods의 '인스턴스'라고 합니다. 우리가 객체지향 언어를 사용할 때 객체와 인스턴스라는 단어를 혼동해서 사용하는 경우가 있습니다. 인스턴스(Instance)는 어떤 class의 객체인지를 나타낼 때 사용하는 용어입니다.

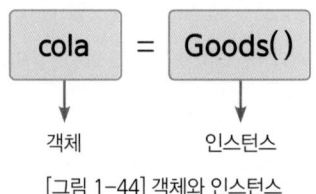

객체   인스턴스

[그림 1-44] 객체와 인스턴스

[그림 1-44]처럼 cola는 Goods() 인스턴스의 객체라는 것을 알 수 있습니다.

3 클래스 변수와 인스턴스 변수

Goods 클래스의 기능을 추가해 보겠습니다. 상품의 정보를 저장할 수 있는 변수들을 생성해 보겠습니다. 클래스 안에 생성하는 변수를 '클래스 변수'라고 합니다.

```
class Goods:
    name=''          # 상품 이름
    price=0          # 상품 가격
    sale=100         # 상품 할인
    make_date=''     # 상품 등록일
    manager=''       # 등록한 사람
```

위 클래스로 두 개의 객체를 생성해 보겠습니다.

```
cola=Goods()
jelly=Goods()

cola.price=1500
jelly.price=1000

print(cola.price)
print(jelly.price)
```

cola와 jelly라는 객체 두 개를 생성하였습니다. cola와 jelly는 goods 클래스의 객체이기 때문에 Goods 클래스의 변수를 사용할 수 있습니다. 객체.변수명으로 접근할 수 있습니다. 즉, price는 Goods 인스턴스의 변수이기 때문에 '인스턴스 변수'라고 합니다. 두 객체는 독립되어 있기 때문에 cola의 price 변숫값이 변해도 jelly의 인스턴스 값에는 영향을 미치지 않습니다. 위 코드의 실행 결과는 다음과 같습니다.

```
1500
1000
```

클래스 변숫값을 바꾸면 어떻게 될까요? 다음 예제를 실행해 보겠습니다.

```
cola=Goods()
jelly=Goods()

goods.price=500

print(cola.price)
print(jelly.price)
```

cola와 jelly 객체를 생성한 후 Goods 클래스의 변수 price의 값을 '500'으로 변경했습니다.

```
500
500
```

객체를 생성한 후 인스턴스 변수에 값을 입력하지 않은 상태에서 클래스 변숫값을 바꾸면 바뀐 값이 적용되는 것을 확인할 수 있습니다.

그러면 인스턴스 변수에 값을 입력하면 어떻게 되는지 확인해 보겠습니다.

```
cola=Goods()
jelly=Goods()

cola.price=1000
Goods.price=500

print(cola.price)
print(jelly.price)
```

```
1000
500
```

위 예제처럼 객체를 생성한 후 cola의 price 인스턴스 변숫값만 '1000'으로 변경했습니다. 그 후 Goods 클래스의 price 변숫값을 '500'으로 변경했습니다. cola의 price 값은 1000, jelly의 price 값은 500인 것을 확인할 수 있습니다.

4 메서드

클래스 안에 생성하는 함수를 '메서드'라고 합니다. 메서드는 일반 함수와 달리, 다음과 같은 방법으로 생성합니다.

```
class 클래스명:
    def 메서드명(self, 매개변수):
        코드
```

일반적인 함수와 달리, 매개변수의 맨 앞에 self가 붙습니다. self는 객체에서 메서드를 호출할 때 메서드의 self 매개변수에 어떤 객체를 참조하고 있는지가 자동으로 전달됩니다. 메서드를 호출할 때는 객체.메서드명()으로 합니다. 앞의 self는 생략해서 호출합니다. 다음 예제를 실행해 보겠습니다.

```
class Goods:
    name=''          # 상품 이름
    price=0          # 상품 가격

    def make(self,name,price):
        self.name=name
        self.price=price

cola=Goods()
cola.make('콜라',1500)
print(cola.name)
print(cola.price)
```

```
콜라
1500
```

위 예제에서 cola.make 메서드를 호출하고 인수로 '콜라', 1500을 입력하였습니다. 즉, [그림 1-45]처럼 make(self,name,price)에서 self에는 객체 cola가 name에는 '콜라' price에는 1500이 전달되었습니다.

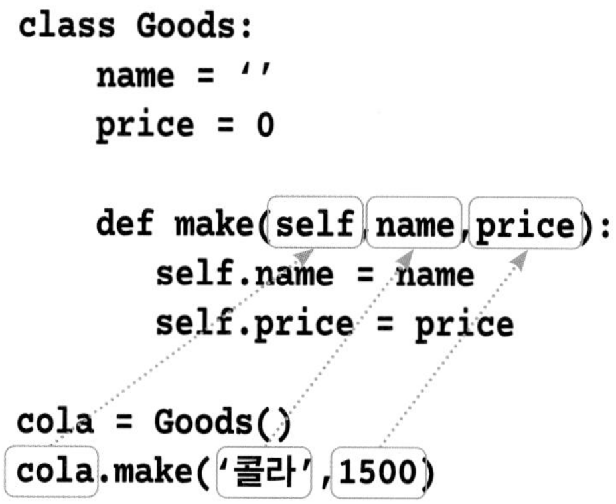

[그림 1-45] 메서드에서 self의 의미

make 메서드 내의 self.name은 cola.name, self.price는 cola.price와 같은 의미를 가집니다.

5 생성자

◆ 생성자를 사용하는 이유

Goods 클래스를 사용하여 헤이마트에서 판매되는 상품의 객체를 만들 때 누락되면 안 되는 정보들이 있을 것입니다. 예를 들어 새로운 '제로젤리'를 객체로 생성할 때 상품의 이름이나 가격 등이 빠지면 큰 문제가 발생할 수 있습니다. 생성자는 객체를 생성할 때 가장 먼저 호출되는 함수로, 주로 변수를 초기화하거나 객체를 생성할 때나 반드시 필요한 데이터를 입력하게 할 때 사용합니다.

◆ 생성자 생성 방법

생성자를 생성하는 방법은 다음과 같습니다.

```
class 클래스명:
    def __init__(self, 매개변수):
코드
```

생성자의 매개변수는 사용할 수도 있고 생략할 수도 있습니다. 생성자가 객체를 생성할 때 자동으로 호출되는지 예제를 통해 확인해 보겠습니다.

```
class Goods:
    def __init__(self):
        print('생성자 실행')

cola=Goods()
```

cola 객체를 생성하였습니다. 다음과 같이 객체 생성 시 Goods 클래스의 생성자인 __init__ 메서드가 호출되고 print 안의 내용이 실행된 것을 확인할 수 있습니다.

```
생성자 실행
```

◆ 생성자에 매개변수가 있는 경우

다음은 생성자를 생성할 때 매개변수를 넣어서 생성한 예제입니다.

```
class Goods:

    def __init__(self,name,price):
        print(name)
        print(price)

cola=Goods()
```

위 코드를 실행하면 다음처럼 오류가 발생하는 것을 확인할 수 있습니다.

```
TypeError                                Traceback (most recent call last)
<ipython-input-15-0b49fcbb7653> in <cell line: 7>()
      5          print(price)
      6
----> 7 cola = goods()

TypeError: goods.__init__() missing 2 required positional arguments: 'name'
and 'price'
```

객체 생성 시 생성자가 호출되고 생성자에 매개변수가 있는 상황에서 인수를 입력하지 않았기 때문에 발생하는 오류입니다. 객체 생성 시 name, price 매개변수에 해당하는 인수를 다음과 같이 입력해야 합니다.

```
cola=Goods('콜라',1500)
```

메서드 호출과 같이 self는 생략합니다.

6 상속

◆ 상속 생성

상속의 의미를 모르시는 분은 없을 것이라 생각합니다. 내가 부모님의 재산을 상속받으면 부모님께 상속받은 것은 모두 내것이 되고 마음대로 사용할 수 있습니다. class에서의 상속도 이와 비슷합니다. 프로그래밍을 하다 보면 각 class에서 비슷한 변수나 함수를 중복해서 사용하는 경우가 있습니다. 또한 현재의 클래스를 변형하지 않는 상태에서 다른 기능을 추가해야 하는 경우도 있습니다. 이 경우, 상속을 사용하면 코드를 좀 더 효율적으로 작성할 수 있습니다. 상속은 다음과 같은 형태로 사용합니다.

```
class 클래스명( 상속받을 클래스명 ):
    코드
```

상속은 하나의 클래스만 받을 수 있습니다. 다음 상속 예제를 실행해 보겠습니다.

```python
class Goods:
    name='상품명'
    price=0

class Sale_goods(Goods):
    def make(self,name,price):
        self.name=name
        self.price=price

    def print_goods(self):
        print(self.name)
        print(self.price)

sale_cola=Sale_goods()
sale_cola.print_goods()
print('*'*20)
sale_cola.make('콜라',1500)
sale_cola.print_goods()
```

위 예제는 두 개의 클래스 간 상속을 사용한 예제입니다. Sale_goods 클래스는 Goods 클래스를 상속받았습니다. 그래서 Goods 클래스를 '부모 클래스', Sale_goods를 '자식 클래스'라고 합니다. sale_cola 객체는 Sale_goods 클래스의 인스턴스로, sale_cola 객체의 print_goods 함수를 실행했을 때 상속받은 name과 price 변숫값을 출력하는 것을 확인할 수 있습니다. sale_cola 객체의 make 함수에 '콜라', 1500 인수를 넣어 실행한 결과, 실제 Sale_goods 클래스에는 name과 price가 없지만, Goods 클래스를 상속받았기 때문에 name과 price 변수에 값이 입력되고 print_goods 함수 실행 시 바뀐 값으로 출력되는 것을 확인할 수 있습니다.

class를 상속받아 사용할 때 발생하는 다양한 경우를 예제를 통해 살펴보겠습니다.

```
class Goods:
    def __init__(self):
        print('Goods클래스 생성자')

class Sale_goods(Goods):
    pass


sale_cola=Sale_goods()
```

```
Goods 클래스 생성자
```

부모 클래스에만 생성자가 있을 경우에는 객체를 생성하였을 때 부모 클래스의 생성자가 실행됩니다.

```
class Goods:
    def __init__(self):
        print('Goods클래스 생성자')

class Sale_goods(Goods):
    def __init__(self):
        print('Sale_goods클래스 생성자')
    pass

sale_cola=Sale_goods()
```

```
Sale_goods 클래스 생성자
```

부모 클래스와 자식 클래스 모두 생성자가 있는 경우에는 자식 클래스의 생성자만 실행되고 부모 클래스의 생성자는 무시됩니다.

```
class Goods:
    def __init__(self,name):
```

```
            self.name=name
            print(self.name)
            print('Goods 클래스 생성자')

class Sale_goods(Goods):
    def __init__(self,name):
        super().__init__(name)
        print('Sale_goods 클래스 생성자')
    pass

sale_cola=Sale_goods('콜라')
```

```
콜라
Goods 클래스 생성자
Sale_goods 클래스 생성자
```

부모 클래스의 생성자를 호출해야 할 경우, 자식 클래스에서 super( )를 사용하여 부모 클래스
의 생성자를 호출할 수 있습니다.

> **Tip   super()란?**
>
> super( )는 자식클래스에서 상속받은 부모 클래스를 호출할 때 사용하는 함수입니다. 다음과 같은 방법으로 사용
> 합니다.
> super( ).부모 클래스 함수

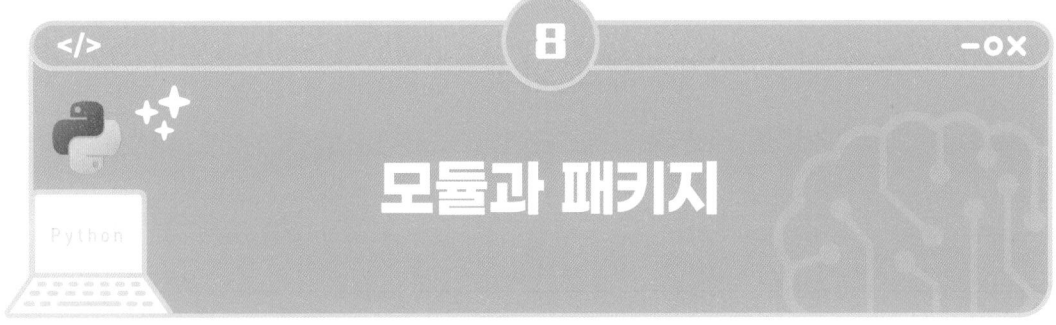

모듈과 패키지

파이썬으로 프로그래밍을 하다 보면 모듈, 라이브러리, 패키지와 같은 용어를 자주 듣게 됩니다. 이 용어가 정확하게 어떤 의미인지 한번 살펴보겠습니다.

8-1 모듈

모듈이란, 클래스, 함수, 변수 등을 모아 놓은 하나의 파이썬 파일입니다. 파일 하나에 자주 쓰는 클래스나 함수 등을 만들고 호출해서 사용합니다. 파일의 확장자는 .py 형태로 되어 있습니다.

1 모듈 생성

다음 예제로 모듈을 생성해 보겠습니다.

```python
def user_age(year):
    return 2024-year

def user_gender(minnum):
    if int(minnum[7])%2 ==0:
        return '여성'
    else:
        return '남성'
```

위는 태어난 연도를 입력받아 나이를 출력하는 함수와 주민등록번호를 입력받아 성별을 출력하는 함수가 들어간 코드입니다. 위 코드를 모듈로 생성해 보겠습니다.

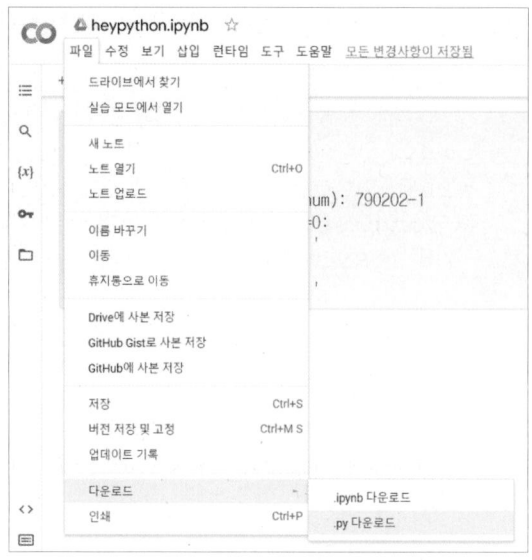

[그림 1-46] Colab 파일 다운로드 메뉴

[파일]−[다운로드]−[.py 다운로드]를 눌러 **py** 파일로 저장합니다. 저장된 파일을 업로드합니다.

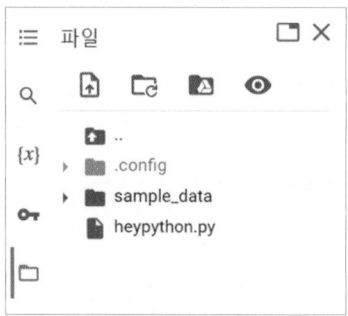

[그림 1-47] 파일 다운로드 후 저장 화면

2 모듈 사용

모듈을 사용할 때는 `import`나 `from ~ import ~` 명령어를 사용합니다.

◆ import

    import 모듈명

    모듈명.함수

모듈 안에 있는 기능을 사용할 때는 모듈명. 다음에 모듈 안에 있는 클래스나 함수 등을 호출해서 사용합니다.

```
import heypython

age=heypython.user_age(1999)
gender=heypython.user_gender('790202-1664019')

print(age)
print(gender)
```

```
25
남성
```

◆ import ~ as ~

모듈명을 다른 이름으로 변경할 때 사용합니다. 주로 모듈명이 길 때 사용할 수 있습니다. 기본적인 사용 방법은 다음과 같습니다.

```
import 모듈명 as 모듈 별칭
```

다음 예제를 실행해 보겠습니다.

```
import heypython as hp

age=hp.user_age(1999)
gender=hp.user_gender('790202-1664019')

print(age)
print(gender)
```

```
25
남성
```

'hypython'이라는 모듈명을 'hp'라는 별칭으로 만들어 사용한 예제입니다.

♦ from ~ import ~

모듈명.함수와 같이 호출해서 사용하면 함수 호출 시 코드 길이가 길어지는 경우가 있습니다. 바로 모듈의 함수명만 호출해서 사용할 때는 다음과 같이 사용할 수 있습니다.

```
from 모듈명 import 함수
```

위 import 예제를 from ~ import~로 바꿔서 실행해 보겠습니다.

```
from heypython import user_age,user_gender

age=user_age(1999)
gender=user_gender('790202-1664019')

print(age)
print(gender)
```

```
25
남성
```

from ~ import ~를 사용하면 모듈명을 생략하고 모듈의 함수명만 호출해서 사용할 수 있습니다.

8-2 패키지

패키지(Package)는 여러 모듈이 합쳐진 폴더를 말합니다. '라이브러리'라고 부르기도 합니다.

1 패키지 구조

```
/heymart

    /goods
        __init__.py
        goods_sale.py
        goods_online.py
        goods_store.py

    /user
        __init__.py
        user_store.py
        user_online.py

    /kiosk
        __init__.py
        kiosk_admin.py
```

[그림 1-48] 헤이마트 패키지 구조

[그림 1-48]은 heymart 패키지의 구조를 표현한 그림입니다. heymart 하위 폴더에 각각의 기능을 담당하고 있는 폴더가 있고 그 아래 모듈이 있는 것을 볼 수 있습니다.

2 __init__.py

heymart 하위 폴더 goods, user, kiosk에 __init__.py 파일이 있습니다. __init__.py의 역할은 폴더가 패키지에 포함되어 있다는 것을 알려 주는 역할을 합니다. 파이썬 3.3 버전 이상에서는 __init__.py를 생략해도 됩니다. 패키지를 import하면 __init__.py 파일이 실행됩니다.

3 코랩에서 커스텀 패키지 사용

코랩(colab)에서 커스텀 패키지를 만들어 사용할 때는 파이참이나 비주얼스튜디오 코드 등의 IDE를 사용할 때보다 과정이 불편합니다. 먼저 본인의 구글 드라이브(https://drive.google.com)에 접속합니다. [그림 1-49]처럼 heymart 폴더를 생성한 후 하위에 goods 폴더를 생성합니다.

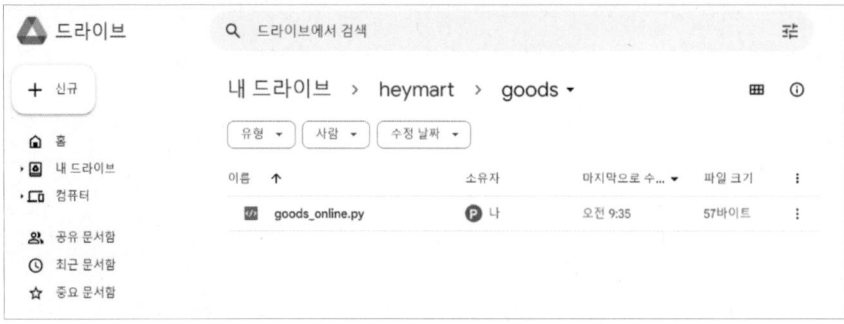

[그림 1-49] 구글 드라이브 커스텀 패키지를 제작하기 위한 폴더 생성 화면

메모장 등을 사용하여 goods_online.py 파일을 생성하고 다음과 같은 코드를 작성합니다.

```python
def add_goods(name):
    print('재고 추가 : ' + name)
```

이제 코랩으로 돌아와서 구글 드라이브를 연동하겠습니다.

[그림 1-50] 구글 드라이브 연동

구글 드라이브 아이콘을 클릭합니다.

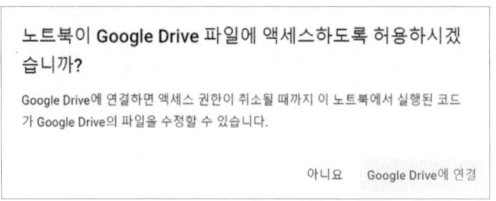

[그림 1-51] 구글 드라이브 액세스 팝업

구글 드라이브(Google Drivie)의 [연결] 버튼을 클릭합니다.

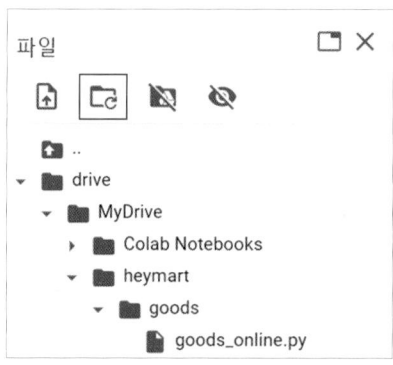

[그림 1-52] 커스텀패키지 폴더

새로고침 아이콘을 클릭하면 구글 드라이브에 있는 폴더와 파일이 보입니다. !pwd 명령어로 현재 폴더의 위치를 확인합니다.

```
!pwd
```

```
/content
```

'heymart' 폴더가 있는 MyDrive 폴더로 경로를 이동한 후 import해서 사용합니다.

```
%cd /content/drive/MyDrive
```

```
import heymart.goods.goods_online as gs
gs.add_goods('바나나')
```

```
재고 추가: 바나나
```

import할 때 하위 폴더는 피리어드(.), 상위 폴더는 더블피리어드(..)로 호출합니다.

4 pip

pip(Package Installer for Python)는 파이썬에 기본적으로 설치된 패키지 매니저입니다. pip를 사용하면 PyPI(Python Package Index)에 올려져 있는 파이썬 모듈이나 패키지를 다운로드해서 사용할 수 있습니다.

새로운 패키지를 설치할 때는 'pip install'이라는 명령어를 사용합니다. colab에서는 '!pip install'로 사용합니다. 넘파이(Numpy)라는 패키지를 'pip install'로 설치해 보겠습니다.

```
!pip install numpy
```

```
Requirement already satisfied: numpy in /usr/local/lib/python3.10/dist-
packages (1.23.5)
```

코랩에서는 이미 Numpy 패키지가 설치되어 있기 때문에 위와 같이 나타납니다.

pip에서 자주 사용하는 명령어는 다음과 같습니다.

- pip install 패키지명 == 버전: 특정 버전의 패키지 설치
- pip install --upgrade 패키지명: 패키지 업그레이드
- pip uninstall 패키지명: 패키지 삭제
- pip list: 설치된 패키지 확인
- pip search 패키지명: 패키지 검색
- pip freeze 〉 requirements.txt: 설치된 패키지를 requirements.txt로 저장
- pip install -r requirements.txt: requirements.txt로 저장된 패키지 설치

파일 입출력

9-1 사용자 입출력

1 input

헤이마트의 신규 고객 데이터를 직접 입력할 때 코드를 수정하기에는 번거롭습니다. 그래서 직접 키보드로 입력하는 값을 입력받을 수 있도록 할 때 사용하는 함수가 input입니다. 다음 예제를 실행해 input 함수의 사용법을 익혀 보겠습니다.

```python
name = input("이름을 입력하세요: ")
print(name)
```

다음은 기본 사용법을 사용한 출력 결과입니다.

```
이름을 입력하세요: 김마트
김마트
```

타입을 지정해서 입력받을 수도 있습니다.

```python
age = int(input("나이를 입력하세요: "))
print(age)
```

```
나이를 입력하세요: 25
25
```

이때 입력받는 값은 기본적으로 str형입니다. int()를 해 줌으로써 정수형의 형태로 입력값을 변환할 수 있습니다. 파이썬에서 데이터의 형태를 변환하는 것을 '형 변환'이라고 합니다.

입력받는 데이터는 구분자로 여러 개를 동시에 받을 수 있습니다. 다음은 이름과 나이, 전화번호를 빈칸을 기준으로 동시에 입력받는 예제입니다.

```
name, age, phone=input("이름과 나이, 핸드폰 번호를 빈칸으로 구분해서 입력해 주세요: ").split() print(name, age, phone)
```

다음은 그 결과입니다.

```
이름과 나이, 핸드폰 번호를 빈칸으로 구분해서 입력해 주세요: 김마트 25 010-0000-0000
김마트 25 010-0000-0000
```

input을 이용해 여러 개의 입력값을 받고자 할 때는 input을 여러 개 사용해도 되지만, 이렇게 빈칸이나 그밖의 값을 기준으로 입력받을 수 있습니다.

2 print 기본 사용법

```
name="김마트"
age=25
phone="010-0000-0000"
print(name)
print(age)
print(phone)
print(name, age, phone)
```

```
김마트
25
010-0000-0000
김마트 25 010-0000-0000
```

기본적으로 print할 때 제일 뒤에 줄바꿈이 있습니다. 그래서 한 줄씩 출력하게 될 경우, 줄바꿈이 일어납니다. 만약 한 줄에 전부 출력하고 싶다면, 위와 같이 콤마(,)로, 여러 변수를 빈칸으로 구분해서 출력합니다.

+ 기호를 이용해 여러 변수를 한 줄에 출력할 수 있습니다. 다음은 그 예제입니다.

```
name = "김마트"
phone = "010-0000-0000"
print(name+" : " + phone)
```

```
김마트 : 010-0000-0000
```

두 변수를 + 기호를 이용해서 출력할 때 문자열 처리 방식과 동일하게 출력됩니다.

◆ sep 사용법

sep 옵션을 통해 여러 변수의 구분자를 다르게 처리할 수 있습니다.

```
name = "김마트"
age = 25
phone = "010-0000-0000"
print(name, age, phone, sep=', ')
print(name, age, phone, sep=' / ')
```

기본적으로 콤마(,)로 연결된 값은 띄어쓰기를 출력하게 됩니다. 각각의 사이에 추가하려는 값이 있다면 sep= 값을 추가하면 됩니다. 실행 결과는 다음과 같습니다.

```
김마트, 25, 010-0000-0000
김마트 / 25 / 010-0000-0000
```

sep= 이후 값으로 구분되어 있는 결과를 얻을 수 있습니다.

◆ end 사용법

print 실행 시 기본적으로 줄바꿈이 일어난다고 했습니다. 이는 print의 가장 끝에 줄바꿈 기호가 있기 때문입니다. end를 이용하면 가장 끝을 다른 기호로 바꿀 수 있습니다. 다음 예제를 실행해 보겠습니다.

```
name = "김마트"
age = 25
phone = "010-0000-0000"
print(name)
print(age)
print(phone)
print(name, end=' ')
print(age, end=', ')
print(phone, end=' ')
```

기본적으로 print 실행 시 끝에 \n이 들어가서 줄바꿈이 일어납니다. 이때, end= 값으로 끝의 값을 정해 줄 수 있습니다. 실행 결과는 다음과 같습니다.

```
김마트
25
010-0000-0000
김마트 25, 010-0000-0000
```

name, age, phone을 그냥 출력할 때는 줄바꿈이 일어납니다. 즉, print(name)은 김마트\n인 결과입니다. end를 이용해서 자동으로 붙게 되는 \n을 다른 것으로 바꿔 준 결과입니다.

9-2 파일 읽고 쓰기

헤이마트에서는 매달 물건의 전체 목록을 파일로 따로 저장해 두기도 합니다. 또한 가입 고객들의 주문 기록을 보관해 두기도 합니다. 이밖에도 고객들의 요청이나 항의 내용, 특정 이벤트 등에 대하여 문서로 저장해 두기도 합니다. 이렇게 여러 데이터를 문서로 저장하기 위해서는 파일을 생성한 후 그 파일에 기록들을 보관해야 합니다. 이번에는 새로운 파일을 생성하거나 파일에 여러 데이터를 저장하는 방법을 알아보겠습니다. 기본 형식은 다음과 같습니다.

```
file = open("파일명", "모드", encoding="인코딩 방법")
```

기본적으로 open을 통해 열고 파일명, 모드(r: 읽기 모드, w: 쓰기 모드, a: 추가 모드), 인코딩 방법으로 파일을 열며(또는 생성하며) 그 파일을 변수로 지정해야 합니다.

1 파일 열고 닫기

```
file=open("새파일.txt", "w", encoding='utf8')
file.close()
```

현재 경로에 새파일.txt라는 파일을 생성하게 됩니다. .close( )하게 되면 열려 있는 파일 객체를 닫아 주는 역할을 합니다. 가장 기본적인 파일 생성 방법입니다.

2 파일에 쓰기

```
file = open("가격표.txt", "w", encoding="utf8")
file.write("콜라 : 1600원\n") # 가격표.txt 파일에 "콜라 : 1600원" 쓰기
file.write("사이다 : 1500원") # 가격표.txt 파일에 "사이 : 1500원" 쓰기
file.close()
```

"가격표.txt"라는 파일을 생성하고 모드를 쓰기 모드 w로 설정하였습니다. 처음 파일을 생성한 후에 write( ) 함수를 통해 그 내용을 하나씩 기록할 수 있습니다. write( )를 이용해 저장할 경우, 줄바꿈 기호가 포함되지 않기 때문에 줄을 바꾸기 위해서 \n을 추가했습니다. 저장이 끝난 후에는 close( )를 통해 사용하고 있는 파일을 닫아야 합니다.

3 파일 읽기

파일을 읽는 방법에는 read, readline, readlines이 있습니다. 파일을 불러올 때는 모드를 r로 설정합니다.

◆ read

다음과 같이 read로 읽었을 때는 파일 전체 내용을 한 번에 읽을 수 있습니다.

```
file=open("가격표.txt", 'r')
print(file)
result=file.read()
```

```
print(result)
```

실행 결과는 다음과 같습니다.

```
<_io.TextIOWrapper name='가격표.txt' mode='r' encoding='UTF-8'>
콜라 : 1600원
사이다 : 1500원
```

file 변수에는 파일 객체가 담겨 있으므로 파일의 여러 가지 속성이 출력됩니다. TextIOWrapper
에는 텍스트 모드라는 내용이 담겨 있고 파일의 이름과 현재 모드 상태, 인코딩 내용이 포함됩니다.
만약, 파일 자체의 내용을 모두 읽어오려면 .read( )를 통해 파일 전체 내용을 읽어올 수 있습니다.

◆ readline

read와는 달리, readline으로 파일을 읽을 때는 한 줄씩 읽게 됩니다. 그래서 while문을 이
용해 더 이상 읽을 라인이 없을 때까지 출력하면 됩니다. 모든 내용을 불러오기보다 한 줄씩 읽어
서 그 내용을 확인할 때는 readline을 이용하는 것이 좋습니다.

```
file=open("가격표.txt", 'r')
while 1:
    line=file.readline()
    if not line:
        break
    print(line)
```

```
콜라 : 1600원
사이다 : 1500원
```

위에서 만든 "가격표.txt"에는 두 줄의 기록이 있습니다. 일반적으로 파일의 전체 줄 수를 알
지 못하는 경우가 대부분이기 때문에 for문이 아닌 while을 통해 파일을 한 줄씩 읽었습니다.
readline( )을 통해 한 줄씩 읽고 line 변수로 저장하였습니다. 만약, 더 이상 읽을 line이 없
다면, break를 사용하여 반복문을 끝나도록 하였습니다.

♦ readlines

파일의 크기가 크지 않을 때는 **readlines**로 한 줄씩 읽은 전체 결과를 리스트의 형태로 받을 수 있습니다. 결과를 한 줄씩 출력하고자 할 때는 다음과 같이 for문을 활용합니다.

```
file=open("가격표.txt", 'r')
lines=file.readlines()
print(lines)
for line in lines:
    print(line)
```

```
['콜라 : 1600원\n', '사이다 : 1500원']
콜라 : 1600원
사이다 : 1500원
```

4 파일에 새로운 내용 쓰기

이미 만들어진 파일에 추가로 저장해야 하는 경우가 있습니다. 이때 모드를 a로 설정하면 데이터를 추가로 저장할 수 있습니다. 기존 파일 내용의 마지막에 이어서 저장됩니다. 다음 예제를 실행해 보겠습니다.

```
file=open("가격표.txt", 'a')
file.write("생수 : 1000원")
file.close()
file=open("가격표.txt", 'r')
lines=file.readlines()
for i in lines:
    print(i)
```

파일을 open할 때 두 번째 인자값에 "a"를 넣어 추가하기 모드로 파일을 불러왔습니다. 불러온 파일에 "생수 : 1000원"을 저장하고 다시 불러와서 출력하였습니다. 실행 결과는 다음과 같습니다.

```
콜라 : 1600원
사이다 : 1500원
생수 : 1000원
```

⑤ with를 이용해 파일 읽고 쓰기

파일을 열고 나면 반드시 파일을 닫아야 합니다. 파일을 열고 닫는 것을 자동으로 처리할 때는 with문을 이용할 수 있습니다. with문의 기본 형식은 다음과 같습니다.

```
with open("파일명", "모드") as 변수명:
    실행할 명령어1
    실행할 명령어2
```

위 예제를 with를 이용해 변경해 보겠습니다.

```
with open("가격표_with 예제.txt", "w") as file:
    file.write("콜라 : 1600원\n")
    file.write("사이다 : 1500원\n")
with open("가격표_with 예제.txt", "r") as file:
    print(file.read())
```

실행 결과는 다음과 같습니다.

```
콜라 : 1600원
사이다 : 1500원
```

파일을 w 모드로 실행하고 각각의 값을 기록할 수 있습니다. as 변수명으로 파일을 지정하였으므로 변수명.write로 기록할 수 있습니다. 모두 기록한 후에는 읽기 모드로 파일을 읽을 수 있습니다. 이때 read, readline, readlines 모두 가능합니다.

10

내장 함수와 표준 라이브러리

10-1 내장 함수

파이썬에서는 별도로 설치할 필요 없이 기본적으로 사용 가능한 함수를 '내장 함수(Bulit-in fuctions)'라고 합니다. 우리가 무심코 사용해 왔던 print(), del()이 파이썬에 내장되어 있는 함수입니다. 자주 쓰이는 내장 함수에 대해 알아보겠습니다.

1 type

객체의 타입이 어떤 것인지 확인할 때 사용하는 함수입니다. 예를 들어, 문자열끼리 더하기를 하면 문자열끼리 합쳐지고 숫자형끼리 더할 때는 계산이 일어납니다. 하지만 서로 다른 타입의 값을 더하게 되었을 때는 오류가 발생하므로 이때 타입을 확인해야 합니다. 다음 예제를 이용해 type()의 사용법을 알아보겠습니다.

```python
int_value=42
str_value="42"
print("int_value는 : ", type(int_value))
print("str_value는 : ", type(str_value))
```

```
int_value는 : <class 'int'>
str_value는 : <class 'str'>
```

42와 "42"는 각각 int(정수형)와 str(문자열)로 타입이 다릅니다. 이렇게 타입을 확인할 때 사용하는 내장 함수입니다.

2 max, min

주어진 리스트나 튜플 등에서 가장 큰 값을 찾거나 가장 작은 값을 찾을 때 사용하는 내장 함수입니다.

```
prices = [1000, 2000, 5000, 10000]
print("가장 큰 값은 : ", max(prices))
print("가장 작은 값은 : ", min(prices))
```

```
가장 큰 값은 :  10000
가장 작은 값은 :  1000
```

이때 max는 가장 큰 값, min은 가장 작은 값을 반환합니다.

3 enumerate

리스트나 튜플 등에서 각 요소에 인덱스와 값을 포함하는 객체로 생성할 수 있습니다. 각 요소뿐만 아니라 인덱스도 필요한 상황에서 사용하는 함수입니다. 사용 형식은 다음과 같습니다.

```
enumerate(리스트 or 튜플 등, start=0)
```

기존 for문을 사용하듯이 사용할 수 있습니다. 단순 for문에서 products의 각 요솟값만 가져왔다면, 이번에는 인덱스 값까지 함께 가져오는 것이 enumerate입니다. 다음 예제를 실행해 보겠습니다.

```
products = ["콜라", "사이다", "과자"]
for product in enumerate(products, start=1):
    print(product)
```

실행 결과는 다음과 같습니다.

```
(1, '콜라')
(2, '사이다')
(3, '과자')
```

enumerate는 인덱스와 요솟값을 튜플의 형태로 가져오게 됩니다. 따라서 보통 enumerate는 다음과 같이 사용합니다.

```python
products=["콜라", "사이다", "과자"]
for idx, product in enumerate(products, start=1):
    print(f"순서 {idx}: {product}")
```

```
순서 1: 콜라
순서 2: 사이다
순서 3: 과자
```

위와 같이 enumerate는 for 인덱스, 요소 in enumerate 형태로 많이 사용하며, 인덱스와 요소를 한꺼번에 처리할 수 있다는 장점이 있습니다.

4 sorted

리스트나 튜플, 딕셔너리 등을 key 값을 기준으로 정렬할 수 있습니다. 이때 key 값을 어떻게 설정하느냐에 따라 정렬이 달라질 수 있으므로 원하는 형식에 맞춰 코드를 작성해야 합니다. 형식은 다음과 같습니다.

```python
sorted(iterable, key=None, reverse=False)
```

products 리스트에 튜플 형태로 되어 있는 데이터를 저장해 두었습니다. 만약, 숫자를 기준으로 정렬하려면 key에 x[0]를 기준으로 정렬하면 됩니다. 물건 목록을 기준으로 정렬하려면 x[1]을 기준으로 정렬할 수 있습니다.

```python
products=[(2, "콜라"), (3,"사이다"), (1,"과자")]
sorted_prd_0=sorted(products, key=lambda x: x[0])
sorted_prd_1=sorted(products, key=lambda x: x[1])
print(sorted_prd_0)
print(sorted_prd_1)
```

실행 결과는 다음과 같습니다.

```
[(1, '과자'), (2, '콜라'), (3, '사이다')]
[(1, '과자'), (3, '사이다'), (2, '콜라')]
```

sorted_prd_0은 튜플의 첫 번째 값을 기준으로 정렬한 결과이므로 1, 2, 3의 순서로 정렬되었습니다. sorted_prd_1은 두 번째 값을 기준으로 정렬한 결과로 두 번째 문자열 기준으로 과자, 사이다, 콜라 순서로 정렬되었습니다. 이렇게 기본 정렬뿐만 아니라 여러 개의 값을 가지고 있는 리스트를 정렬하고자 할 때 sorted를 사용할 수 있습니다.

5 map

헤이마트의 물건 가격을 전체적으로 10% 인상해야 하는 상황에 놓였을 때와 같이 리스트의 전체 요소들을 한꺼번에 적용해야 하는 경우가 있습니다. 이때는 for문을 이용해 새로운 리스트를 만든 후 각 요소를 변환시키고 다시 append하여 완성했습니다. 하지만 map 함수를 사용해 전체 가격을 쉽게 업데이트할 수 있습니다. 기본 사용 형식은 다음과 같습니다.

```
map(function, iterable, ...)
```

예를 들어 원래 가격표가 1600, 1600, 1500원인 명단이 있습니다. 이 가격들을 for문을 이용한 방법과 map 함수를 이용한 방법으로 10% 인상한 가격 리스트로 업데이트해 보고 그 차이를 비교해 보겠습니다.

```
prices=[1600, 1600, 1500]
# for 문을 이용한 방법
prices_up_for=[]
for price in prices:
    new_price=int(price * 1.1) # 10퍼센트 상승이므로, 1.1 곱하기
    prices_up_for.append(new_price)
# map함수를 이용한 방법
prices_up_map=list(map(lambda x: int(x*1.1), prices)) # 10퍼센트 상승이므로,
1.1 곱하기
print(prices_up_for)
print(prices_up_map)
```

실행 결과는 다음과 같습니다.

```
[1760, 1760, 1650]
[1760, 1760, 1650]
```

이렇게 map 함수를 이용하면 for문을 이용해 하나씩 변환해서 넣어야 하는 것을 쉽게 일괄 처리할 수 있습니다. 이 밖에 파이썬의 판다스와 같은 데이터 프레임에도 많이 쓰이는 함수입니다.

이 밖에 다른 내장 함수들은 파이썬 기본 문서에 자세하게 나와 있습니다. 파이썬 공식 문서 사이트(https://docs.python.org/3/library/functions.html)를 참고하면 필요한 내장 함수의 사용법을 익힐 수 있습니다.

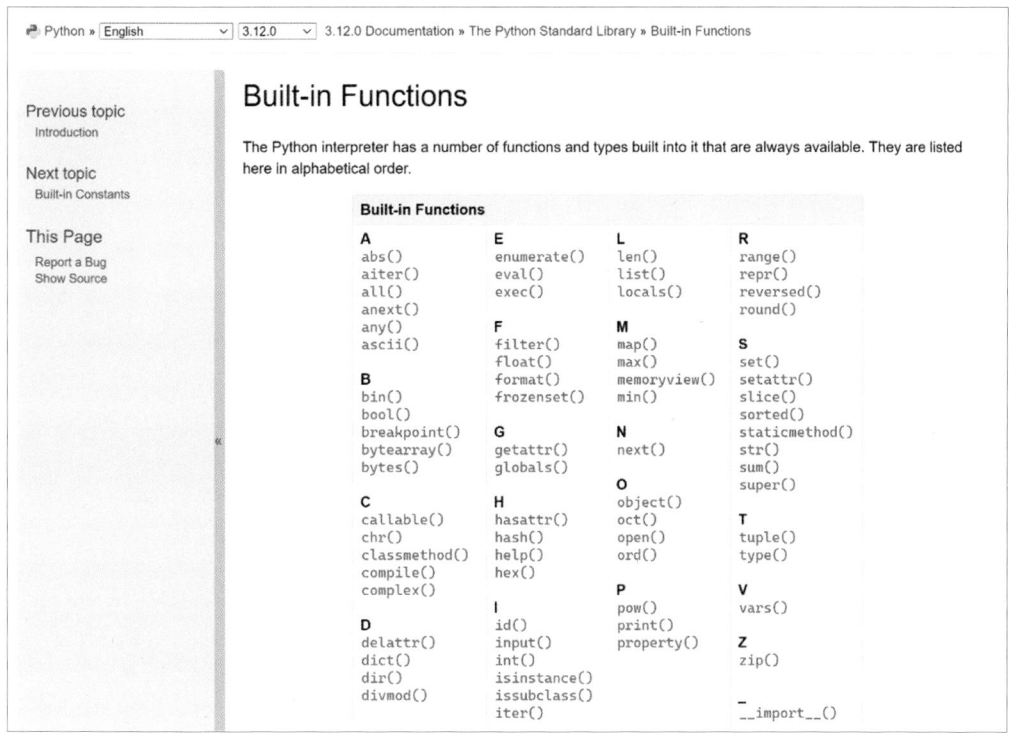

[그림 1-53] 파이썬 내장 함수

10-2 표준 라이브러리

파이썬에 기본적으로 포함되어 있는 라이브러리이지만, 사용하기 위해서는 import를 해야 하는 라이브러리를 '표준 라이브러리'라고 합니다. 파일 관리, 문자열 처리, 날짜 및 시간, 수학 및 통계 등의 관련 라이브러리가 있습니다. 그중 자주 쓰이는 몇 가지 표준라이브러리에 대해 알아보겠습니다.

1 random

랜덤으로 나온 숫자를 '난수'라고 합니다. random 함수는 난수 생성 및 관련 함수를 제공하는 모듈입니다. 특정 범위의 정수나 소수를 가져올 수 있습니다. 또한 리스트에서 무작위로 선택하는 것도 가능하며 리스트 요소를 무작위로 섞을 수도 있습니다. 다음 예제를 실행해 보겠습니다.

◆ 난수 가져오기

```
import random
# 정수 난수 가져오기
random_int=random.randint(1, 10)
print("정수 난수 가져오기 : ", random_int)
# 소수 난수 가져오기
random_float=random.random()
print("소수 난수 가져오기 : ", random_float)
```

실행 결과는 다음과 같습니다.

```
정수 난수 가져오기 : 2
소수 난수 가져오기 : 0.8659075394721022
```

1과 10 사이의 정수를 랜덤으로 가져오기 때문에 결과는 다를 수 있습니다. 이와 마찬가지로 0과 1 사이의 소수도 랜덤으로 가져올 수 있습니다. 랜덤으로 선택할 필요가 있을 때 사용합니다.

◆ 랜덤 섞기 및 선택

shuffle은 리스트를 무작위로 섞는 함수입니다. 기존의 리스트를 랜덤으로 섞어버립니다. choice는 리스트 안의 요소를 무작위로 선택하여 반환합니다. 경품 추첨이나 당첨자 선택에 유용하게 쓰이는 함수입니다.

```python
import random
products = ["자전거", "과자", "샴푸", "음료수"]
# 랜덤으로 섞기
random.shuffle(products)
print("무작위로 섞인 리스트 : ", products)
# 랜덤으로 선택하기
random_product = random.choice(products)
print("무작위로 선택 : ", random_product)
```

실행 결과는 다음과 같습니다.

```
무작위로 섞인 리스트 : ['과자', '자전거', '샴푸', '음료수']
무작위로 선택 : 과자
```

2 datetime

시간 관련 모듈입니다. 날짜, 시간에 관련된 다양한 클래스와 함수가 있습니다. datetime 모듈의 몇 가지 예제를 다뤄 보면서 날짜와 시간에 관련된 기능을 익혀 보겠습니다.

◆ 현재 날짜 및 시간 얻기

datetime.now()는 현재 시간을 가져올 수 있는 함수입니다.

```python
from datetime import datetime
current_datetime = datetime.now()
print("현재 날짜와 시간:", current_datetime)
```

실행 결과는 다음과 같습니다.

```
현재 날짜와 시간: 2023-11-02 11:52:08.644540
```

◆ 날짜 포맷팅

날짜 및 시간 데이터는 strtime을 통해 다룰 수 있습니다. strtime을 이용해서 %Y에는 연도, %m은 월, %d는 일, %H, %M, %S는 각각 시간, 분, 초로 그 값을 가져올 수 있습니다. 날짜 및 시간의 형태를 다르게 표현하고자 할 때 편리하게 이용할 수 있습니다. 다음 예제를 실행해 보겠습니다.

```python
from datetime import datetime
current_datetime=datetime.now()
formatted_now=current_datetime.strftime("%Y-%m-%d %H:%M:%S")
print(current_datetime)
print("현재 날짜 및 시간(형식 지정):", formatted_now)
```

실행 결과는 다음과 같습니다.

```
2023-11-15 02:19:47.468591
현재 날짜 및 시간(형식 지정): 2023-11-05 02:19:47
```

◆ 날짜 계산

특정 날짜와 특정 날짜 사이의 기간을 계산하려고 할 때는 두 날짜를 빼면 됩니다. 다음 예제를 실행해 보겠습니다.

```python
from datetime import datetime, timedelta
# 크리스마스 날짜 생성
christmas=datetime(2023, 12, 25)
# 특정 날짜 생성
days_ago=datetime(2023, 9, 16)
# 두 날짜 사이의 기간 계산
between_days=christmas - days_ago
# 크리스마스로부터 50일 전 계산
fifty_days_ago=christmas - timedelta(days=50)

print("크리스마스 :", christmas)
print("두 날짜 사이의 간격 :", between_days.days)
print("크리스마스로부터 50일 전 :", fifty_days_ago)
```

datetime(2023, 12, 25)를 통해 크리스마스 날짜 객체, datetime(2023, 9, 16)을 통해

9월 16일 객체를 만들었습니다. 이때 두 객체를 서로 빼면 두 날짜 사이의 기간을 알 수 있습니다. 또한 크리스마스로부터 50일 전의 날짜를 알 수 있도록 `timedelta`를 이용하여 50일 이전의 날짜를 얻을 수 있었습니다. 이렇게 며칠 전이나 후를 알고자 한다면 `timedelta`를 이용해 날짜를 계산할 수도 있습니다. 실행 결과는 다음과 같습니다.

```
크리스마스 : 2023-12-25 00:00:00
두 날짜 사이의 간격 : 100
크리스마스로부터 50일 전 : 2023-11-05 00:00:00
```

3 glob

파이썬에서 디렉터리를 관리할 때 사용하는 함수입니다. 디렉터리에서 원하는 파일 목록을 가져올 때 유용합니다. 파일 목록을 '*.확장자'의 형태로 가져올 수 있습니다. 다음 예제를 실행해 보겠습니다.

```python
import glob
# 현재 디렉터리에서 모든 파일 목록 얻기
all_files=glob.glob('*')
# 현재 디렉터리에서 확장자가 .txt인 파일 목록 얻기
txt_files=glob.glob('*.txt')
print("모든 파일 목록: ", all_files)
print("txt 파일 목록: ", txt_files)
```

현재 디렉터리에는 임의로 저장해 둔 'example1.txt', 'example2.csv', 'example3.txt', 'example4.png' 파일들이 있습니다. glob.glob('*')을 통해 현재 디렉터리의 모든 파일 목록을 가져올 수 있습니다. 실행 결과는 다음과 같습니다.

```
모든 파일 목록: ['example1.txt', 'example2.csv', 'example3.txt', 'example4.png']
txt 파일 목록: ['example1.txt', 'example3.txt']
```

4 pickle

파이썬에는 객체를 그대로 저장하는 기능이 있습니다. 이러한 기능을 pickle을 통해 실행할 수 있습니다. 즉, 딕셔너리나 데이터 프레임을 그대로 저장할 수 있습니다. 다음 예제를 실행해 보겠습니다.

```python
import pickle

# 저장할 객체 생성
data_to_save={'콜라': 1600, '사이다': 1500, '생수': 1000}
# 객체를 파일에 저장
with open('data.pkl', 'wb') as file:
    pickle.dump(data_to_save, file)
```

data_to_save 딕셔너리를 피클로 저장할 수 있습니다. 그리고 이렇게 저장한 것은 다시 로드해서 그대로 사용할 수 있습니다. 다음 예제는 저장한 피클을 불러오는 예제입니다.

```python
with open('data.pkl', 'rb') as file:
    loaded_data=pickle.load(file)

print("로드된 데이터:", loaded_data)
```

```
로드된 데이터: {'콜라': 1600, '사이다': 1500, '생수': 1000}
```

이렇게 pickle로 저장해 두면, 바로 그 객체를 불러들여 그대로 사용할 수 있습니다.

5 JSON(JavaScript Object Notation)

JSON을 사용하기에 앞서 통신에 대해 이해할 필요가 있습니다. 통신이란, 서로 데이터를 주고받는 과정을 의미합니다. 웹에서는 주로 클라이언트(브라우저)와 서버 간의 통신이 많이 일어납니다. 이때 통신은 HTTP나 HTTPS를 통해 이뤄집니다. 기본적으로 HTTP 요청(request), HTTP 응답(response)이 있습니다. 즉, 브라우저에서 서버에 요청을 보냈을 때 서버에서는 이 요청에 대한 결과를 응답하게 되는데, 이때 주로 응답의 형태가 JSON입니다. 즉, 데이터 교환을 위한 경량의 데이터 형식 중 하나가 JSON입니다. 파이썬에서는 이렇게 받은 JSON 데이터를 JSON 모듈을 통해 파이썬 데이터로 쉽게 변환할 수 있습니다.

기본적인 JSON 파일 형태는 다음과 같습니다. 다음과 같이 중괄호로 둘러싸인 데이터 형식입니다.

각각 키-값의 쌍으로 되어 있는 문자열 데이터의 형태입니다.

```
{
  "고객정보": [
    {
      "name": "김마트",
      "age": 25,
      "phone": "010-0000-0000"
    }
  ],
  "물품정보": {
    "콜라": {
      "가격": 1600,
      "수량": 10
    },
    "사이다": {
      "가격": 1500,
      "수량": 8
    },
    "생수": {
      "가격": 1000,
      "수량": 20
    }
  }
}
```

위 JSON 데이터는 고객 정보 key 값에 리스트의 값을 value로 가지게 됩니다. 그리고 물품 정보에는 딕셔너리를 value로 가지게 됩니다. 이렇게 다양한 데이터를 key, value의 형태로 주어지게 되어 필요한 정보를 다룰 수 있게 됩니다. 기본적으로 JSON 형태의 문자열 데이터로 파이썬의 딕셔너리처럼 보이지만 문자열입니다. 따라서 파이썬에서 딕셔너리처럼 사용하려면 JSON 형태의 문자열을 파이썬 딕셔너리 데이터로 변환해야 합니다. 그리고 필요에 따라 딕셔너리를 JSON 문자열 데이터로 변환할 수 있습니다. 다음 예제를 실행해 보겠습니다.

```
import json

# 파이썬 딕셔너리를 JSON 문자열로 변환
data={'콜라': 1600, '사이다': 1500, '생수': 1000}
json_data=json.dumps(data, ensure_ascii=False)
```

```
decoded_data = json.loads(json_data)

print("인코딩:", json_data)
print("디코딩:", decoded_data)
```

실행 결과는 다음과 같습니다.

```
인코딩: {'콜라': 1600, '사이다': 1500, '생수': 1000}
디코딩: {'콜라': 1600, '사이다': 1500, '생수': 1000}
```

json.dumps(data) 함수는 파이썬의 딕셔너리 데이터를 JSON 파일 형식의 문자열로 변환합니다. 이때 ensure_ascii = False로 지정하면 문자를 그대로 유지할 수 있도록 설정합니다. json.loads(json_data)는 JSON 파일 형식을 불러들여 파이썬 딕셔너리로 변환하는 역할을 합니다. 이렇게 딕셔너리를 문자열로 변환하는 것을 '인코딩'이고, 문자열 데이터를 딕셔너리로 변환하는 것을 '디코딩'이라고 합니다.

◆ 파이썬 객체 저장 및 JSON 파일 로드

파이썬 객체를 JSON 파일로 저장하고 with open()을 통해 data.json 파일을 쓰기 모드로 열게 됩니다. 그리고 json.dump(data, file)을 통해 data 변수에 할당되어 있는 딕셔너리를 json.dump()를 통해 JSON 파일 형식으로 변환하여 파일에 쓰게 됩니다. 이렇게 data.json 파일이 생성되고 딕셔너리가 JSON 파일 형식으로 저장됩니다. json.load(file)을 통해 저장되어 있는 JSON 파일을 읽어올 수 있습니다.

```
import json
# 파이썬 객체를 파일에 json 형식으로 저장
data={'콜라': 1600, '사이다': 1500, '생수': 1000}
with open('data.json', 'w') as file:
    json.dump(data, file)

# 파일에서 json 데이터를 읽어와 파이썬 객체로 디코딩
with open('data.json', 'r') as file:
    loaded_data=json.load(file)

print("로드된 파이썬 객체:", loaded_data)
```

다음과 같이 딕셔너리로 출력되는 것을 확인할 수 있습니다.

> 로드된 파이썬 객체: {'콜라': 1600, '사이다': 1500, '생수': 1000}

6 re

`re`는 정규 표현식(Regular Expressions)을 지원하는 모듈로, 문자열에서 패턴을 찾거나 조작하는 데 사용됩니다. 대표적으로 re.match, re.search, re.findall, re.sub 함수가 많이 사용됩니다. `re` 모듈을 사용하기에 앞서 정규 표현식에 대해 알아야 re를 제대로 사용할 수 있습니다.

◆ 정규 표현식

정규 표현식은 특정한 규칙을 가진 문자열의 패턴을 표현하는 데 사용되며 문자열에서 원하는 정보를 추출하거나 검색하는 데 유용합니다. 정규 표현식의 기본 문법은 크게 패턴 그대로 매칭하는 방법, 특별한 의미를 가진 메타 문자를 활용하여 패턴을 매칭하는 방법, 특정 패턴의 앞이나 뒤에 조건을 지정하여 매치하는 방법으로 나눌 수 있습니다. 우선 가장 기본이 되는 메타 문자에 대해 알아보겠습니다.

표현식	의미
^x	문자열 시작을 나타내며 문자 x로 시작되는 것을 의미합니다.
^$	문자열의 끝을 나타내며 문자 x로 끝나는 것을 의미합니다.
.x	임의의 한 문자의 자릿수를 표현하며 문자열이 x로 끝나는 것을 의미합니다.
X+	문자가 한 번 이상 반복되는 것을 의미합니다.
X?	문자의 존재 여부를 나타내며 문자가 존재할 수도, 존재하지 않을 수도 있다는 것을 의미합니다.
X*	문자가 0번 또는 그 이상 반복되는 것을 의미합니다.

◆ 정규 표현식에서 많이 쓰이는 함수

re.match(pattern, string)	문자열의 시작 부분부터 패턴이 일치하는지 검사합니다
re.search(pattern, string)	문자열 전체에서 패턴이 일치하는 부분이 있는지 검사합니다.
re.findall(pattern, string)	문자열에서 패턴과 일치하는 모든 부분을 찾아 리스트로 반환합니다.
re.sub(pattern, repl, string)	문자열에서 패턴과 일치하는 부분을 다른 문자열로 대체합니다.

◆ re.match( )

헤이마트의 상품들은 각각의 고유 코드를 가지고 있습니다. 각각의 고유 코드를 저장한 문서에서 찾고자 하는 상품을 검색해 보려고 할 때 고유 코드들의 패턴을 나누어서 관리한다면 편리할 수 있습니다. 예를 들어 과자가 snack_1234와 같은 snack으로 분류된 코드를 가지고 있다면, 찾을 때 편리할 수 있습니다. 다음은 사용 예제입니다.

```
import re
product_code='snack_1234'
if re.match('^snack_\d{4}$', product_code):
    print('유효한 상품 코드입니다.')
else:
    print('유효하지 않은 상품 코드입니다.')
```

패턴이 일치하므로 다음과 같은 결과가 출력됩니다.

```
유효한 상품 코드입니다.
```

◆ re.search( )

콜라나 그 밖 다른 물건을 찾을 때 문구가 다를 수 있습니다. 이때 핵심 단어인 '콜라'가 있는지 유무를 판단할 때 좋습니다.

```
import re
user_input='콜라를 찾고 있어요.'
if re.search('콜라', user_input):
    print('콜라를 찾았습니다. 상품을 표시합니다.')
else:
    print('찾으시는 상품이 없습니다.')
```

콜라를 찾는다는 사용자의 입력값이 있으므로 콜라 상품을 표시할 수 있습니다. 실행 결과는 다음과 같습니다.

```
콜라를 찾았습니다. 상품을 표시합니다.
```

◆ re.findall( )

상품 설명에서 다양한 숫자 정보를 찾아볼 수도 있습니다. 다음 코드를 실행해 보겠습니다.

```python
import re
product_description = '콜라 상품은 2500원에 판매되며, 현재 500개가 재고가 있습니다.'
numbers = re.findall('\d+', product_description)
print(f'가격: {numbers[0]}원, 재고: {numbers[1]}개')
```

여기에서 숫자 정보는 가격 정보와 재고이므로 그런 패턴을 모두 찾아서 출력할 수 있습니다. 실행 결과는 다음과 같습니다.

```
가격: 2500원, 재고: 500개
```

◆ re.sub( )

상품 설명에서 특정 단어를 다른 단어로 바꿀 수 있습니다. 예를 들어, 상품 정보에 대한 설명을 할 때 기본 템플릿을 설정해 둔 후 물건명만 변경해서 사용할 때 사용할 수 있습니다.

```python
import re
product_description = '상품은(는), 2500원에 판매되며, 현재 500개의 재고가 있습니다.'
new_description = re.sub('상품', '콜라', product_description)
print(new_description)
```

상품이라는 단어가 콜라로 변경돼 출력됩니다. 실행 결과는 다음과 같습니다.

```
콜라은(는), 2500원에 판매되며, 현재 500개의 재고가 있습니다.
```

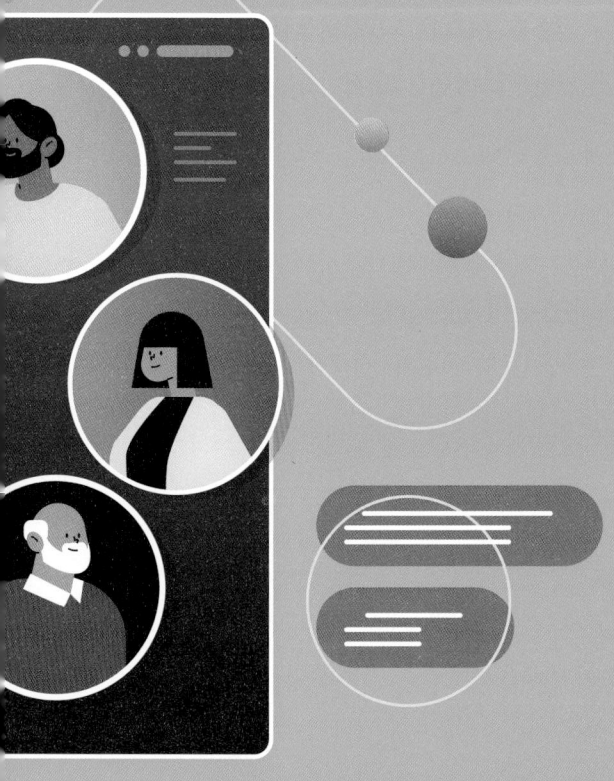

Part 2

생성형 AI를 활용한 인공지능 챗봇 제작

Part 2에서는 생성형 AI 서비스를 구현하기 위한 기초 지식과 실습을 통한 구현을 진행하겠습니다. 이 과정 동안 여러분은 생성형 인공지능 중 언어 모델에 속하는 OpenAI의 Chat Completions API 를 사용하는 방법과 간단히 인터페이스를 구성할 수 있게 도와 주는 Gradio 라이브러리를 활용할 수 있게 되고 허깅 페이스(Hugging Face)에 직접 만든 챗봇을 업로드하여 서비스할 수 있게 됩니다.

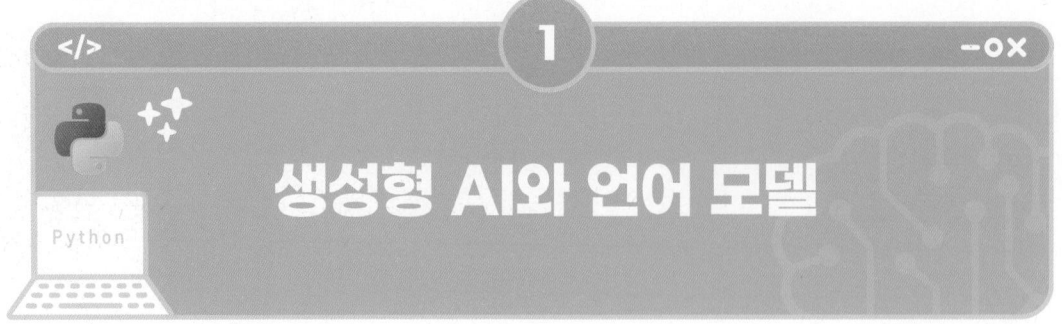

1-1 생성형 AI란?

생성형 AI(Generative Artificial Intelligence)란, 대화, 이미지, 동영상, 음악에 이르는 다양한 콘텐츠와 창의적인 아이디어를 만들어 내는 인공지능 기술을 뜻합니다. 생성형 AI는 방대한 데이터를 기반으로 학습되고 이렇게 학습된 대규모 모델을 기반으로 작동하고, 서비스됩니다.

대중에 잘 알려진 유명한 생성형 AI 서비스에는 대화형 생성 AI 서비스인 챗GPT(ChatGPT), 코파일럿(Bing Copliot), 제미나이(Gemini), 아숙업(AskUp), 클로바 X(CLOVA) 등이 있으며, 이미지 생성 서비스에는 달리(DALL-E), 미드저니(Midjourney), 스테이블 디퓨전 온라인(Stable Diffusion Online), 어도비 파이어플라이(Adobe Firefly) 등이 있습니다. 생성형 AI 서비스는 단순히 콘텐츠를 만드는 것뿐만 아니라 디지털 이미지 향상, 동영상 편집, 신속한 프로토타입 제작 등 다른 분야에서도 활용되고 있습니다.

1-2 챗GPT란?

챗GPT란, OpenAI에서 서비스하는 대화형 인공지능 챗봇입니다. 대화형 인공지능 챗봇이란, 대화 형태의 상호 작용으로 마치 사람과 대화하는 듯한 반응을 제공하는 기능을 뜻합니다. 챗GPT는 대규모 언어 모델인 GPT-3.5와 GPT-4를 기반으로 서비스되고 있습니다.

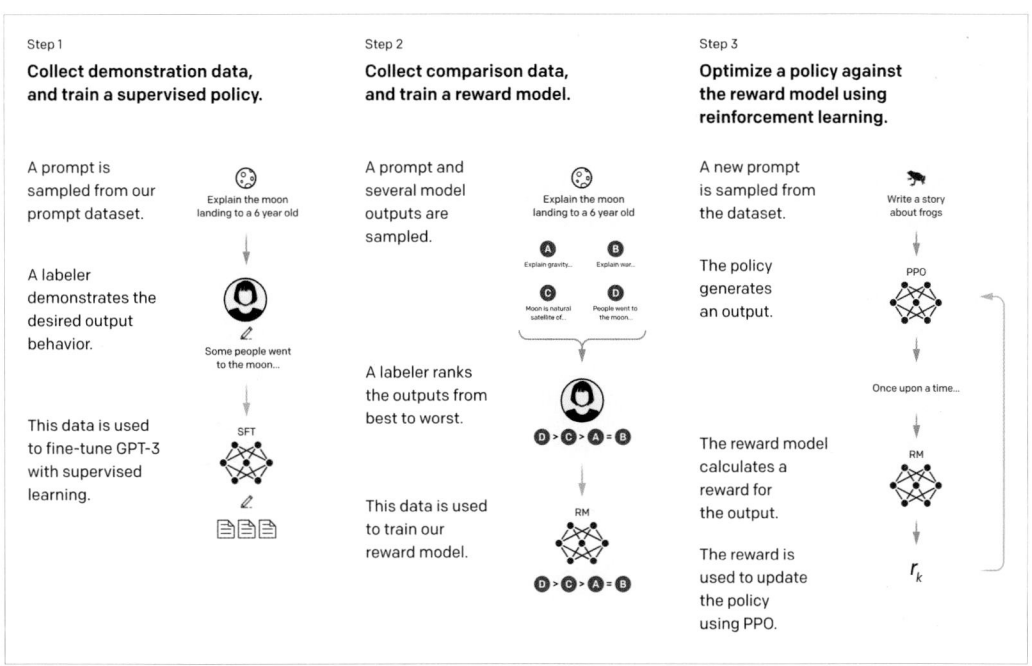

[그림 2-1] 챗GPT 생성 단계

또한 챗GPT는 인간 피드백형 강화학습(RLHF, Reinforcement Learning from Human Feedback)을 통해 품질을 끌어올렸습니다. RLHF란, 언어 모델이 학습할 데이터를 사람이 직접 선별하고 어떤 답변이 좋은 답변인지 순위를 매겨 점수화한 데이터셋을 수집하며, 챗GPT를 사용한 유저들의 평가를 통해 모델이 어떤 답변이 좋은 답변인지에 대한 보상 체계로 행동을 강화하는 학습을 뜻합니다.

1-3 챗GPT와 OpenAI

챗GPT는 샌프란시스코의 인공지능 회사인 OpenAI에서 만들었습니다. OpenAI는 인공지능 연구 및 개발을 목표로 하는 비영리 조직으로, 2015년에 설립되었으며 설립된 이유는 빅테크 기업이 AI를 독점하는 것에 대응하기 위해서입니다. 초기 공동 설립자로는 일론 머스크, 샘 알트만, 그렉 브록먼, 일리야 수츠케버, 존 슐먼, 보이시에크 자렘바가 있습니다. 이들의 주된 목표는 인류에 도움이 될 인공 일반 지능(AGI)을 개발하는 것입니다. AGI는 인공지능 기술이 인간과 동등한 능력을 갖춘 것을 의미합니다.

OpenAI는 현재 제한적 영리 회사로 탈바꿈했습니다. 샘 알트만을 주축으로 마이크로소프트의 지원을 받으며 다양한 생성 인공지능 기술을 서비스 중입니다. 비영리 단체로 출발했지만, 수익을 창출하며 설립 목표가 퇴색되었다는 비판도 많이 받습니다. 초기 설립자였던 일론 머스크는 2018년 2월 OpenAI의 이사에서 물러났습니다. 운영 방향이 자신의 뜻과 다르고 자신이 운영하는 회사들과도 문제가 될 것을 알았기 때문입니다. 또한 AGI 개발을 목표로 한 비영리 회사로 출발했는데 제한적 영리 추구 회사로 바뀌는 것에도 불만을 품었습니다. OpenAI의 창립 멤버였던 일론 머스크는 OpenAI를 나온 후 2023년 7월 우주의 진정한 본질을 이해하는 것을 목표로 한다는 새로운 인공지능 기업 'XAI'를 공식 출범시켰습니다.

2023년 11월 샘 알트만은 이사회를 통해 해임당한 후 사흘 만에 마이크로소프트의 인공지능 리서치팀에 합류한다는 뉴스가 등장했다가 OpenAI 직원들이 샘 알트만을 따라 마이크로소프트로 이직하겠다는 성명을 내면서 5일 만에 이사회가 백기를 들고 항복해 샘 알트만이 OpenAI의 최고 경영자(CEO)로 복귀하는 사건도 발생합니다.

OpenAI는 여러 생성형 인공지능 API를 서비스 중입니다. 달리(Dall-E)를 이용한 이미지 생성 서비스, 위스퍼(Whisper)를 이용한 TTS(Text To Speech), STT(Speech To Text), 챗GPT를 이용한 언어 생성 서비스 및 이미지와 음성 관련 서비스를 통합한 챗GPT Plus가 있습니다.

1-4 챗GPT의 기본 원리

챗GPT는 GPT-3.5와 GPT-4를 기반으로 서비스하는 모델의 이름입니다. GPT란, 'Generative Pre-trained Transformer'의 약자로, 사전 훈련된 생성형 변환기라는 뜻인데, 여기서 'Transformer'란 대규모 언어 모델(LLM)을 뜻합니다.

◆ 언어 모델(LM)

언어 모델(LM)은 인간의 언어 패턴을 이해하고 구조 및 관계를 학습한 후 이를 바탕으로 언어를 생성하도록 훈련된 인공지능 모델입니다. 이러한 모델은 텍스트 번역과 같은 특정한 AI 작업에 활용됩니다.

◆ 대규모 언어 모델

대규모 언어 모델(LLM)이란, 이름에서도 알 수 있듯이 '대용량의 언어 모델'을 의미합니다. 이러한 대규모 모델은 막대한 양의 텍스트 데이터를 학습하므로 자연어 처리(NLP) 작업에서 탁월한 성능을 보여 줍니다. 이는 대규모의 데이터를 통해 문장의 구조, 문법 그리고 의미를 깊이 이해하고 그에 맞게 언어를 생성하도록 학습되었기 때문입니다. 거대 언어 모델의 종류에는 GPT, 버트(BERT), 라마(LlaMA), 클로드(Claude), 팜(PaLM) 등이 있습니다.

◆ 트랜스포머

대규모 언어 모델인 트랜스포머(Transformer)는 현재 가장 활발하게 사용되는 딥러닝 아키텍처 중 하나입니다. 2017년 구글에서 「*Attention is all you need*」라는 제목의 논문을 발표합니다. 이 논문의 핵심은 '어텐션 메커니즘(Attention Mechanism)'으로, 이는 모델이 입력된 텍스트의 각 부분을 독립적으로 고려하고 중요한 부분에 더 많은 '주의(attention)'를 기울이게 하는 기능을 합니다. 이 메커니즘 덕분에 모델은 문장의 전체적인 맥락을 더 잘 이해하여 더욱 정확하고 자연스러운 언어를 생성할 수 있습니다.

◆ GPT

GPT는 트랜스포머(Transformer) 계열의 모델, 트랜스포머에서 일부 기능을 제외해 특정 역할만을 하도록 만들었습니다. GPT는 문장의 흐름대로 다음 단어를 학습 및 예측하도록 되어 있습니다. 이전에 문장에서 쓰인 단어들을 바탕으로 다음에 올 단어를 예측해 생성하고 생성된 단어를 다시 문장에 포함시켜 그 다음에 올 단어를 예측하는 방법을 반복합니다. 이러한 과정을 거치기 때문에 문장을 자연스럽게 생성하는 데 강점을 가집니다.

◆ GPT 시리즈

OpenAI에서 개발한 GPT는 계속 발전 중입니다. GPT는 발전 순서에 따라 번호가 붙어 있으며 현재는 크게 GPT-1, GPT-2, GPT-3, GPT-3.5, GPT-4로 구분합니다.

GPT는 버전이 올라갈수록 매개변수의 개수가 증가합니다. 매개변수란, 신경망 모델을 학습할 때 사용되는 내부 변수를 뜻합니다. 매개변수가 증가할수록 모델은 더 복잡한 정보를 자세히 이해할 수 있게 되고 더 정교한 작업을 처리할 수 있는 능력이 올라가게 됩니다.

GPT는 GPT-3부터 인간과 가까운 언어를 구사하게 되었다는 평을 받습니다. 그에 힘입어 GPT-3.5부터는 RLHF(인간 피드백형 강화학습)을 적용하여 서비스를 이용할 사람들의 니즈를 충족시켜 주는 방향으로 발전시켰습니다. 이 GPT-3.5를 기반으로 서비스되는 모델을 챗GPT라고 부릅니다.

사람처럼 대화하고 문장을 입력하면 요약 및 분석, 코딩, 글쓰기 등을 하는 GPT는 현재 GPT-4까지 개발되었습니다. GPT-4는 GPT-3.5에 비해 비약적으로 많은 매개변수를 이용해 학습하였기 때문에 매우 정교한 언어를 구사합니다.

GPT-4부터는 이미지를 이해할 수 있게 되어 사진을 보고 물건의 사용법을 알려 주거나 수리 방법, 요리 재료를 보고 음식을 추천하는 등 다양한 분야에 사용 수 있게 되었습니다. 또한 OpenAI는 GPT-4를 이용한 챗GPT 서비스에서 자사의 다른 서비스를 결합하여 간단한 명령만으로 이미지를 생성하거나 음성을 입력받아 음성으로 대답해 주는 서비스를 추가했으며 이러한 기능을 특정한 목적에 맞춰 구성할 수 있도록 GPTs라는 서비스를 추가했습니다.

챗GPT 사용해 보기

2-1 챗GPT 시작하기

1 유의 사항

챗GPT 팁 화면(https://chat.openai.com)으로 바로 접속합니다. 처음 접속하는 사람은 [그림 2-2]와 같은 팁 화면을 볼 수 있습니다.

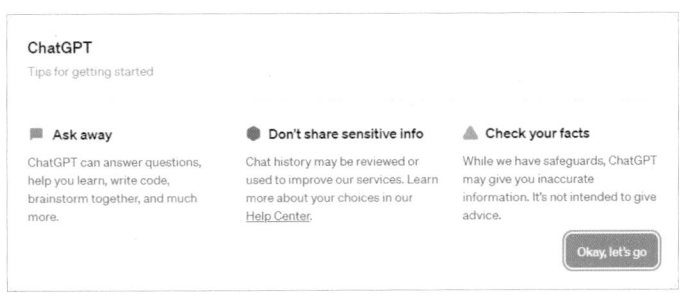

[그림 2-2] 챗GPT 팁 화면

팁 화면을 살펴보면 개인 정보나 기업의 비밀 같은 민감한 정보의 입력을 권장하지 않는다는 항목이 보입니다. 민감한 정보 입력을 조심해야 하는 이유는 사용자의 채팅 내역을 수집해 챗GPT의 성능을 올리는 학습 데이터로 사용하기 때문입니다.

챗GPT는 민감한 정보를 발설하지 않도록 훈련받았지만, 그럼에도 완벽히 비밀을 보장을 할 수 없는 기술적인 문제를 안고 있습니다. 반드시 민감한 정보를 입력하지 않도록 유의해서 사용하길 권장드립니다.

2 대화하기

팁 화면을 충분히 읽어봤으면 [OKay, let's go] 버튼을 클릭해 채팅 환경에 진입합니다.

[그림 2-3] 챗GPT 메인 화면

챗GPT의 사용법은 매우 간단합니다. 아래의 채팅 입력 공간을 선택한 후 원하는 질문을 적습니다. 질문을 모두 적었으면 Enter 를 누르거나 채팅란 우측의 녹색으로 활성화된 버튼을 클릭해 메시지를 전송합니다.

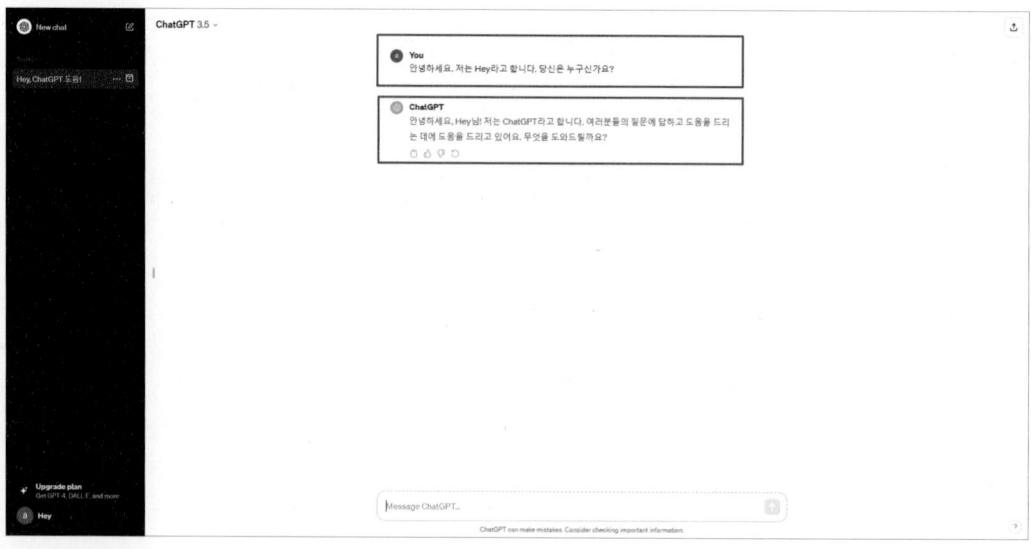

[그림 2-4] 챗GPT 채팅 내역 1

첫째 줄에는 자신이 보낸 메시지, 둘째 줄에는 GPT의 응답 메시지가 출력되었습니다. 연속으로 메시지를 보내 보겠습니다.

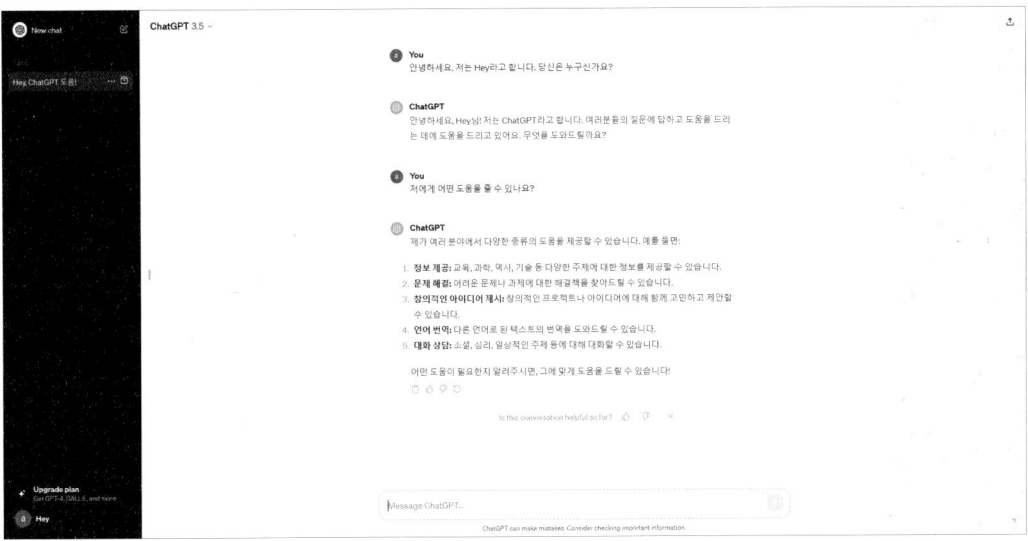

[그림 2-5] 챗GPT 채팅 내역 2

두 번의 질의 응답을 통해 챗GPT가 마치 사람처럼 자연스럽게 대답하는 것을 확인할 수 있습니다.

2-2 챗GPT 사용법

1 영어로 질문하기

챗GPT는 한글로 질문하는 것보다 영어로 질문하는 것이 더 좋습니다. 영어로 질문해야 더욱 구체적으로 답변하고 답변의 속도도 빨라집니다. 한글로 학습된 데이터보다 영어로 학습된 데이터가 압도적으로 많기 때문입니다.

챗GPT가 사용자와의 대화 내용을 기억하는 분량도 더 많아집니다. 챗GPT는 대화가 계속되면 과거의 대화 내용을 잊는 특징이 있습니다. 무료 버전인 챗GPT 3.5의 경우, 4096 토큰(token)을 기억할 수 있는데, 여기서 토큰이란, 문장에서의 의미 있는 단어 또는 문자를 나타냅니다. 한글은 영어와 문장 구조가 달라서 일반적으로 영어에 비해 4배 정도 더 많은 토큰을 사용합니다. 그렇기 때문에 영어로 질문하는 것이 더 효율적이라고 할 수 있습니다. 영어로 질문하는 것이 어려울 때는 크롬 웹스토어에서 한글을 영어로 번역하여 질문해 주는 챗GPT 전용 확장 프로그램을 설치하여 사용하는 방법을 권장합니다.

[그림 2-6] 챗GPT 확장 프로그램

② 하나의 세션에서는 하나의 주제만

챗GPT를 사용할 때는 하나의 세션에서 하나의 주제에 대해서만 대화하는 것이 좋습니다. 챗GPT는 사용자와의 대화 내용을 세션으로 나누어 관리하고 기억합니다. 앞서 설명했던 토큰을 하나의 세션에서 효율적으로 사용하기 위해서는 여러 주제에 대한 질문이 아닌, 하나의 주제에 대해서만 이야기하는 것이 좋습니다.

> **Tip**
>
> 세션이란, 화면의 좌측 탭에 있는 사이드바(Side bar)에 나열되어 있는 제목을 말합니다. 새로운 대화 창을 열어 대화를 시작할 때마다 새로운 세션을 생성합니다. 세션은 사이드바의 제일 위에서부터 가장 최근에 생성된 순서대로 나열됩니다. 세션의 제목은 첫 질문을 요약해 자동으로 생성됩니다.

③ 명령문 사용

프롬프트를 작성할 때는 명령문으로 끝나는 것이 좋습니다. 명령문이 아닌 방식으로 끝날 경우,

그 의미를 잘못 해석할 여지가 있고 특히 프로그래밍 언어와 같이 기술적 환경에서는 명령문이 기본적인 커뮤니케이션 방식이기 때문입니다. 명령문을 사용하면 사용자의 의도가 명확해지고 챗GPT도 더욱 정확한 답변을 제공할 수 있게 됩니다.

> **잘못된 예:** 봄에 파는 마트의 할인 품목은 무엇이 있을까?
> **올바른 예:** 봄에 파는 마트의 할인 품목을 알려 줘.

4 간결한 질문

챗GPT와 같은 언어 모델은 단어와 단어 사이의 중요도를 측정해서 어떤 답을 할지 정하는 구조를 가지고 있습니다. 그렇기 때문에 중요하지 않은 단어가 많이 포함되어 있을수록 더 많은 생각을 해야 하고 필수적인 단어의 중요도가 낮아져 원하는 답을 얻기 힘들어집니다. 가능한 한 중요한 단어만 사용해 프롬프트를 작성하는 것이 효율적입니다.

> **잘못된 예 1:** 슈퍼마켓에서 소비자들의 구매 패턴과 동기를 심리학적 관점에서 분석하여 마케팅 전략에 어떻게 활용할 수 있는지에 대한 자세한 설명을 해 줄 수 있니? 마트의 배열에서 특정 상품 배치가 소비자의 구매 결정에 미치는 영향도 포함해서 말이야.
> **올바른 예 1:** 마트에서 사람들이 왜 물건을 사는지 간단히 설명해 봐.
> **잘못된 예 2:** 대형 마트들이 지역 상권에 미치는 경제적 영향에 대해 다양한 경제 이론을 적용하여 그 영향을 분석하고 이를 통해 지역 상인들이 어떻게 대응할 수 있을지에 대한 구체적인 전략을 제시해 줄 수 있어?
> **올바른 예 2:** 대형 마트가 작은 가게에 어떤 영향을 주는지 설명해 봐.

5 구체적으로 작성

챗GPT로부터 원하는 답변에 가까운 정보를 얻기 위해서는 구체적인 프롬프트 작성이 필요합니다. 모호한 정보를 구체적으로 제공하면 챗GPT가 임의로 생각할 여지를 줄일 수 있기 때문입니다.

> **잘못된 예:** 사과란 무엇이야?
> **올바른 예:** 과일 사과의 품종에 대해 다섯 가지 소개해 줘.

6 출력 예시

원하는 출력 형태로 결과물이 나와야 한다면 프롬프트에 예제를 작성해서 알려 주는 것이 좋습니다. 예제를 보고 문맥의 중요성을 판단해 챗GPT가 그대로 모사하기 때문입니다.

잘못된 예: 마트에서 무작위의 상품 품목과 가격을 3개 작성해 줘.
올바른 예: 다음 예시처럼 마트에서 무작위의 상품 품목과 가격을 3개 작성해 줘.
닭: 한 마리당 5400원
지우개: 개당 1000원

2-3 챗GPT 활용법

챗GPT의 사용법은 알게 되었지만, 구체적으로 어디에서, 어떻게 활용하지를 알아야 챗봇의 능력을 제대로 활용할 수 있습니다. 이번에는 몇 가지 챗GPT 활용 사례를 소개해 드리겠습니다.

1 생활 정보 검색

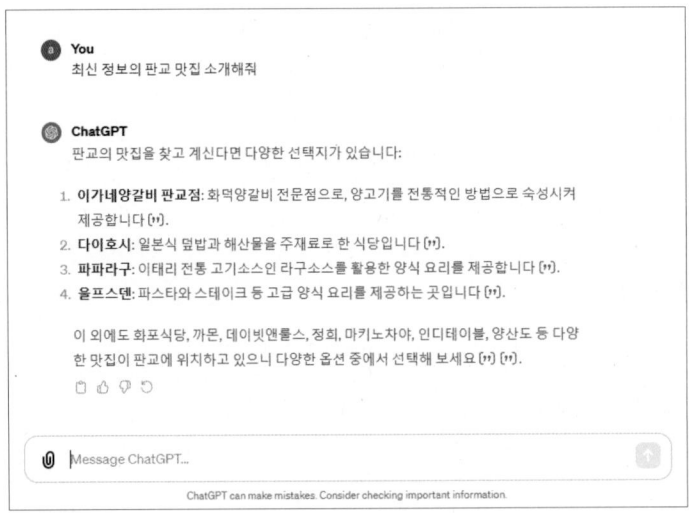

[그림 2-7] 챗GPT 확장 프로그램

일상 속에서 필요한 정보를 쉽고 빠르게 얻고 싶을 때 챗GPT가 강력한 도구가 될 수 있습니다. 만약, 특정 요리법이나 가까운 커피숍, 운영 시간 등을 알고 싶다면, 챗GPT에게 물어보기만 하면 됩니다(챗GPT Plus만 가능). 웹사이트를 검색할 필요 없이 챗GPT는 사용자가 원하는 정보를 몇 초 안에 제공해 주므로 시간과 노력을 절약할 수 있습니다. 또한 챗GPT는 사용자가 요청한 사항에 대해 상세한 정보를 제공하며 전문적인 지식이 필요한 질문에도 응답하여 풍부한 데이터를 통해 더 깊은 이해를 도와줍니다. 그럴듯하고 자세한 대답을 통해 사용자의 호기심이나 질문을 충족시켜 줍니다. 다만 알려 주는 정보가 확실하지 않을 수 있으므로 사용자는 제공받는 정보의 진위를 잘 판단해야 합니다.

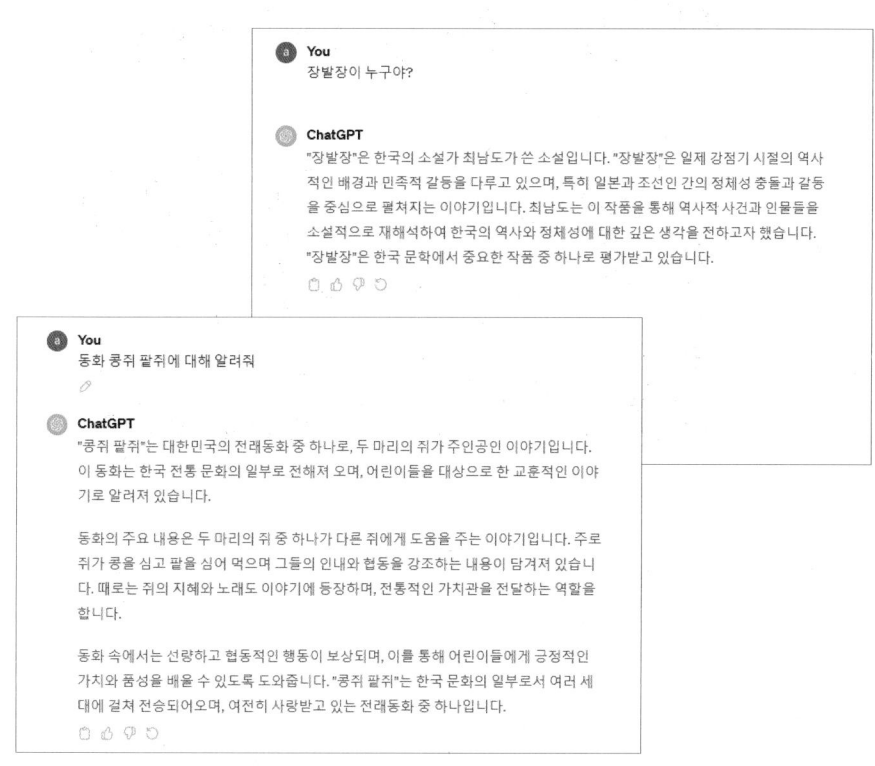

[그림 2-8] 챗GPT 할루시네이션

이러한 오류는 '할루시네이션(Hallucination)'이라 불리는데, 이는 인공지능이 때때로 사실이 아닌 정보를 자신 있게 제시하는 현상을 뜻합니다. 따라서 챗GPT를 정보원으로 활용할 때는 정보를 검증하는 지혜가 필요합니다. 할루시네이션만 조심한다면 챗GPT는 사용자가 일상의 다양한 질문과 궁금증을 해소하는 데 도움을 줄 수 있는 강력한 보조 수단이 될 수 있습니다.

② 코드 작성 도우미

[그림 2-9] 챗GPT 코드 작성 도우미

챗GPT는 프로그래밍 입문자부터 숙련된 개발자에 이르기까지 코드 작성에 대한 도움을 제공합니다. 프로그래밍 언어의 기본 문법, 객체지향 프로그래밍, 함수형 프로그래밍 등 여러 프로그래밍 패러다임에 대한 설명부터 오픈소스 라이브러리나 프레임워크의 사용법까지 다양한 정보를 제공합니다. 사용자가 작성한 코드에 대해 리뷰해 주고 발생한 버그나 오류를 해결하는 방법도 상세히 안내해 주므로 개발 과정의 효율성을 높이고 학습률을 개선하는 데 큰 도움이 됩니다.

3 창의적인 글쓰기

챗GPT는 창의적인 글쓰기 분야에서도 사용자에게 놀라운 도구가 될 수 있습니다. 단순히 콘텐츠를 생성하는 것을 넘어 특정 문체나 작가의 스타일을 모방하여 글을 쓰는 요청에도 응답할 수 있습니다. 이를 통해 인간 작가가 쓴 것처럼 들리는 독창적인 이야기, 시나리오, 장편 소설의 초안 또는 포맷팅된 시 등을 생성할 수 있습니다. 또한 서정적인 언어로 자연의 아름다움을 묘사하는 시에서부터 사회적인 문제에 대한 비평적인 글까지 범위 또한 매우 광범위합니다.

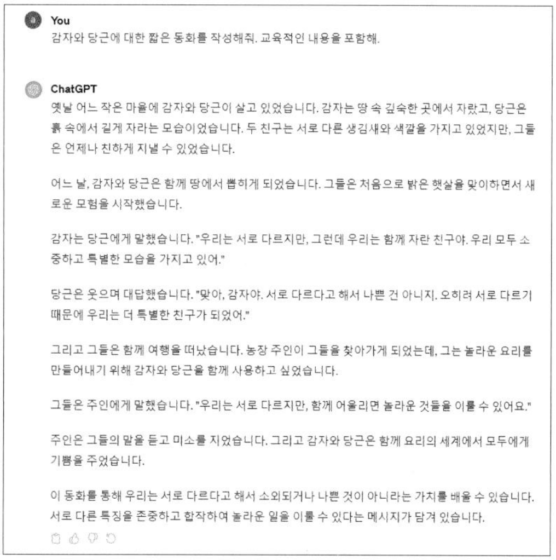

You
감자와 당근에 대한 짧은 동화를 작성해줘. 교육적인 내용을 포함해.

ChatGPT
옛날 어느 작은 마을에 감자와 당근이 살고 있었습니다. 감자는 땅 속 깊숙한 곳에서 자랐고, 당근은 흙 속에서 길게 자라는 모습이었습니다. 두 친구는 서로 다른 생김새와 색깔을 가지고 있었지만, 그들은 언제나 친하게 지낼 수 있었습니다.

어느 날, 감자와 당근은 함께 땅에서 뽑히게 되었습니다. 그들은 처음으로 밝은 햇살을 맞이하면서 새로운 모험을 시작했습니다.

감자는 당근에게 말했습니다. "우리는 서로 다르지만, 그런데 우리는 함께 자란 친구야. 우리 모두 소중하고 특별한 모습을 가지고 있어."

당근은 웃으며 대답했습니다. "맞아, 감자야. 서로 다르다고 해서 나쁜 건 아니지. 오히려 서로 다르기 때문에 우리는 더 특별한 친구가 되었어."

그리고 그들은 함께 여행을 떠났습니다. 농장 주인이 그들을 찾아가게 되었는데, 그는 놀라운 요리를 만들어내기 위해 감자와 당근을 함께 사용하고 싶었습니다.

그들은 주인에게 말했습니다. "우리는 서로 다르지만, 함께 어울리면 놀라운 것들을 이룰 수 있어요."

주인은 그들의 말을 듣고 미소를 지었습니다. 그리고 감자와 당근은 함께 요리의 세계에서 모두에게 기쁨을 주었습니다.

이 동화를 통해 우리는 서로 다르다고 해서 소외되거나 나쁜 것이 아니라는 가치를 배울 수 있습니다. 서로 다른 특징을 존중하고 합작하여 놀라운 일을 이룰 수 있다는 메시지가 담겨 있습니다.

[그림 2-10] 챗GPT 글 창작

4 문서 요약

챗GPT는 사용자가 입력한 긴 문서나 콘텐츠의 주요 내용만을 간추려 소개할 수 있습니다. 사람이 복잡하고 방대한 정보를 단 시간 내에 이해하기는 어렵기 때문에 챗GPT를 이용하여 중요한 정보만을 효과적으로 추출하여 사용자가 시간을 절약하고 빠르게 결론에 도달할 수 있도록 도와줍니다. 예를 들어, 새로 발표된 연구 논문이나 장편 서적, 다양한 뉴스 기사 등의 요약이 필요할 때 특히 유용합니다.

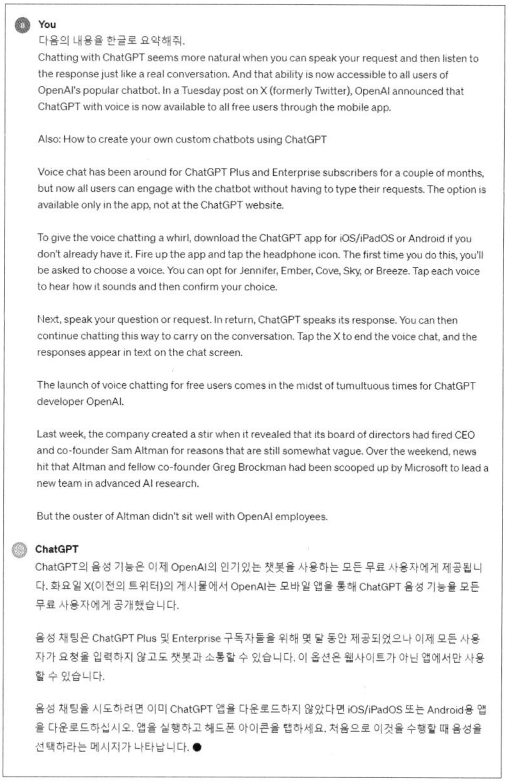

You
다음의 내용을 한글로 요약해줘.
Chatting with ChatGPT seems more natural when you can speak your request and then listen to the response just like a real conversation. And that ability is now accessible to all users of OpenAI's popular chatbot. In a Tuesday post on X (formerly Twitter), OpenAI announced that ChatGPT with voice is now available to all free users through the mobile app.

Also: How to create your own custom chatbots using ChatGPT

Voice chat has been around for ChatGPT Plus and Enterprise subscribers for a couple of months, but now all users can engage with the chatbot without having to type their requests. The option is available only in the app, not at the ChatGPT website.

To give the voice chatting a whirl, download the ChatGPT app for iOS/iPadOS or Android if you don't already have it. Fire up the app and tap the headphone icon. The first time you do this, you'll be asked to choose a voice. You can opt for Jennifer, Ember, Cove, Sky, or Breeze. Tap each voice to hear how it sounds and then confirm your choice.

Next, speak your question or request. In return, ChatGPT speaks its response. You can then continue chatting this way to carry on the conversation. Tap the X to end the voice chat, and the responses appear in text on the chat screen.

The launch of voice chatting for free users comes in the midst of tumultuous times for ChatGPT developer OpenAI.

Last week, the company created a stir when it revealed that its board of directors had fired CEO and co-founder Sam Altman for reasons that are still somewhat vague. Over the weekend, news hit that Altman and fellow co-founder Greg Brockman had been scooped up by Microsoft to lead a new team in advanced AI research.

But the ouster of Altman didn't sit well with OpenAI employees.

ChatGPT
ChatGPT의 음성 기능은 이제 OpenAI의 인기있는 챗봇을 사용하는 모든 무료 사용자에게 제공됩니다. 화요일 X(이전의 트위터)의 게시물에서 OpenAI는 모바일 앱을 통해 ChatGPT 음성 기능을 모든 무료 사용자에게 공개했습니다.

음성 채팅은 ChatGPT Plus 및 Enterprise 구독자들을 위해 몇 달 동안 제공되었으나 이제 모든 사용자가 요청을 입력하지 않고도 챗봇과 소통할 수 있습니다. 이 옵션은 웹사이트가 아닌 앱에서만 사용할 수 있습니다.

음성 채팅을 시도하려면 이미 ChatGPT 앱을 다운로드하지 않았다면 iOS/iPadOS 또는 Android용 앱을 다운로드하십시오. 앱을 실행하고 헤드폰 아이콘을 탭하세요. 처음으로 이것을 수행할 때 음성을 선택하라는 메시지가 나타납니다. ●

[그림 2-11] 챗GPT 문서 요약

5 자연스러운 번역

기계 번역이 때때로 문맥을 무시하거나 어색한 표현을 사용할 수 있는데 반해, 챗GPT는 더욱 매끄럽고 정확하고 풍부한 어휘를 사용하여 자연스러운 번역을 제공합니다. 대화체, 공식 문서, 문학 작품처럼 다양한 문체와 주제에 적합한 번역을 요청할 수 있으며 문화적 뉘앙스나 이디엄(idiom)의 번역에 있어서도 세심함을 발휘합니다. 이를 통해 번역의 품질과 의미 전달의 정확성을 크게 향상시킬 수 있습니다.

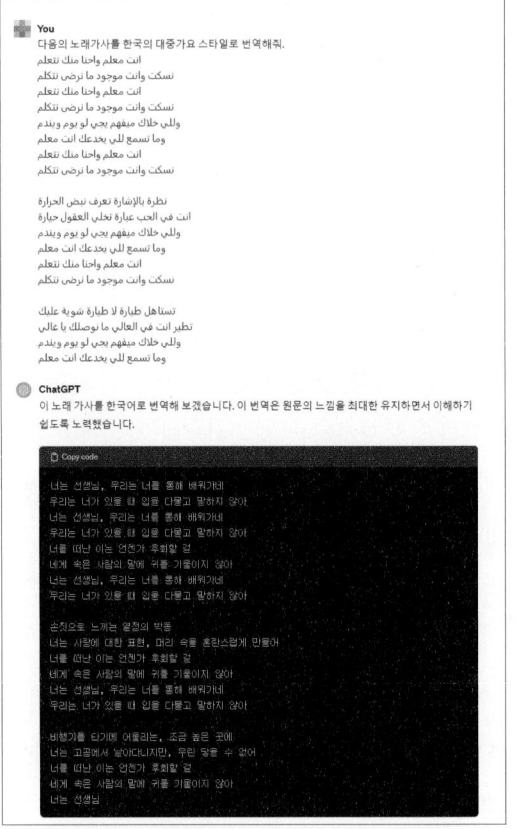

[그림 2-12] 챗GPT 번역

6 외국어 선생님

You
hi! 어떤 식으로 인사를 해야 미국에서 좋은 인사로 통할까?

ChatGPT
Hello! In the United States, a common and friendly greeting is to say "Hi" or "Hello." You can also use expressions like "Hey" in casual situations. If you want to be a bit more formal, you can say "Hi, how are you?" or "Hello, nice to meet you." It's always good to accompany your greeting with a smile for a positive impression. Is there a specific context or situation you have in mind for the greeting? Let me know if you have any other questions! 안녕하세요! 미국에서 흔한 친근한 인사는 "Hi" 또는 "Hello"입니다. 비교적 정중한 상황에서는 "Hi, how are you?"나 "Hello, nice to meet you"와 같은 표현을 사용할 수도 있습니다. 언제든지 긍정적인 인상을 주기 위해 웃음을 더해 보세요. 특정한 맥락이나 상황이 있는 경우 알려주세요! 다른 질문이나 도움이 필요하면 말씀해주세요!

[그림 2-13] 챗GPT 외국어 선생님

챗GPT는 사용자 언어 학습에도 탁월한 도우미가 될 수 있습니다. 기초 회화부터 전문적인 언어 사용에 이르기까지 다양한 수준과 상황에 맞는 대화를 연습할 수 있습니다. 문법 교정 및 새로운 어휘나 표현을 배우는 데도 큰 도움이 됩니다. 사용자가 외국어로 글을 직접 쓰면 챗GPT는 그것을 교정하고 개선할 수 있는 제안을 해 줄 것입니다.

7 추천받기

무엇을 결정하는 데 있어 어려움을 겪을 때 챗GPT는 여러분의 취향과 상황을 고려하여 최적의 추천을 제공합니다. 맛집, 여행지, 도서, 영화 등 생활의 다양한 분야에서 선택을 해야 할 때 고민을 덜어 주고 새로운 경험을 시도할 수 있도록 맞춤형 조언을 해 줍니다. 부가 기능을 사용하면 사용자의 선호도, 이전의 선택, 평가 등을 바탕으로 개인화된

> **You**
> 5월에 서울에서 즐길 수 있는 재밌는 장소는 어디가 있을까?
>
> **ChatGPT**
> 서울은 다양한 문화와 역사적인 장소, 현대적인 명소 등이 있어 다양한 활동을 즐길 수 있는 도시입니다. 하지만 구체적인 일정이나 관심사를 알지 못하므로, 일반적으로 5월에 서울에서 즐길 수 있는 몇 가지 활동과 장소를 소개해 드리겠습니다.
>
> 1. **광화문 광장과 경복궁:**
>   5월에는 날씨가 따뜻해져 야외에서 산책하기 좋습니다. 광화문 광장과 경복궁은 역사적이면서도 아름다운 장소로, 봄꽃이 만개하는 시기에 방문하면 더욱 아름다울 것입니다.
> 2. **남산 서울타워:**
>   남산은 서울의 전망을 감상할 수 있는 좋은 장소입니다. 서울타워에서는 서울의 도심을 한눈에 볼 수 있으며, 해질녘에 방문하면 멋진 일몰을 감상할 수 있습니다.
> 3. **한강공원:**
>   한강은 산책, 자전거 타기, 피크닉 등 다양한 활동을 즐길 수 있는 장소입니다. 5월에는 날씨가 따뜻해져 야외에서 시간을 보내기 좋은 시기입니다.

[그림 2-14] 챗GPT 장소 추천

맞춤형 추천 서비스를 제공하여 만족스러운 결정을 내릴 수 있도록 지원합니다.

8 건강 진단

챗GPT는 일상생활에서 겪을 수 있는 다양한 신체 증상에 대해 대략적인 정보를 제공받고자 할 때 간단한 자가 진단 정보를 제공합니다. 예를 들어, 사용자가 두통, 발열, 근육통 등의 증상에 대해 설명하면 챗GPT는 이러한 증상이 가질 수 있는 일반적인 원인을 알려 줄 수 있습니다. 하지만 중요한 것은 이러한 정보가 전문의의 진단이나 치료를 대체할 수 없으며 정확한 의료 정보와 처치를 위해서는 항상 전문 의료 기관을 방문해야 한다는 점입니다.

> **You**
> 눈이 침침하고 한 쪽 눈밑이 자꾸만 떨려. 어떤 증상이고 어떻게 해결해야할까?
>
> **ChatGPT**
> 눈이 침침하고 눈밑이 자주 떨리는 증상은 다양한 원인이 있을 수 있습니다. 그러나 저는 의사가 아니므로 전문적인 의학적 조언을 제공할 수는 없습니다. 그럼에도 불구하고 몇 가지 일반적인 원인과 조언을 제시할 수 있습니다. 하지만 이는 참고용으로만 삼고, 실제로 의사와 상담하는 것이 가장 좋습니다.
>
> 1. **피로 또는 스트레스:** 눈이 침침하고 눈밑이 떨리는 경우, 피로 또는 스트레스가 원인일 수 있습니다. 충분한 휴식과 스트레스 관리가 도움이 될 수 있습니다.
> 2. **안구 건조증:** 눈이 건조한 경우 눈이 침침할 수 있습니다. 특히 화면을 오래 보거나 공기가 건조한 환경에서 작업하는 경우 눈 건조증이 발생할 수 있습니다. 정기적으로 눈을 쉬게 하고, 인공 눈물을 사용하여 눈을 적절히 유지할 수 있습니다.
> 3. **안면신경통 또는 매독:** 안면신경통이나 매독과 같은 의료 상태도 눈의 불편한 증상을 유발할 수 있습니다. 이러한 경우에는 의료 전문가의 도움이 필요합니다.
> 4. **불규칙한 눈 거동:** 가끔은 눈의 불규칙한 거동으로 인해 눈이 떨리거나 침침해질 수 있습니다. 이 경우에도 의료 전문가에게 상담하는 것이 좋습니다.
>
> 만약 이러한 증상이 계속되거나 악화된다면, 지역의 의료 전문가와 상담하여 정확한 진단과 치료를 받는 것이 중요합니다.

[그림 2-15] 챗GPT 건강 진단

⑨ 계획 작성

[그림 2-16] 챗GPT 계획 작성

여행 계획부터 개인 일정에 이르기까지 챗GPT는 사용자가 필요로 하는 계획을 수립하는 데 필요한 정보를 제공합니다. 여행 계획의 경우, 목적지에 대한 자세한 정보, 관광지 추천, 교통편 안내, 숙소 예약 방법 등을 안내할 수 있으며, 이를 바탕으로 하루하루의 세부 일정을 짜는 데 도움을 받을 수 있습니다. 또한 미팅 일정, 체육 활동, 학습 시간 등을 포함한 개인 생활 일정을 효과적으로 관리하는 데 도움을 주며 필요한 경우 준비물 목록과 체크리스트를 생성하여 준비 과정의 누락을 방지해 줍니다.

⑩ 말동무

챗GPT는 단순히 정보 검색이나 작업의 도우미가 되는 것을 넘어 사람들에게 정서적인 지지와 동반자의 역할을 할 수도 있습니다. 혼자 있을 때, 대화가 필요할 때, 새로운 관점을 이해하고 싶을 때 챗GPT는 사용자와 실시간으로 대화를 나누며 말벗이 됩니다. 특정 시나리오나 역할극을 요청하면 챗GPT는 가상의 캐릭터로 변신하여 상호 작용을 더욱 흥미롭고 재미있게 만들어 줄 것입니다. 다양한 주제를 논의하며 인공지능과의 깊고 흥미진진한 대화를 경험할 수 있습니다.

[그림 2-17] 챗GPT 계획 작성

2-4 챗GPT 웹 서비스 알아보기

1 인터페이스

[그림 2-18] 챗GPT 인터페이스 1

1 프롬프트 입력

2 프롬프트 보내기

3 GPT 버전 설정(GPT-3.5, GPT-4)

4 슬라이드 접기/펼치기

5 새 채팅 세션 생성

6 이전 채팅 리스트

7 GPT Plus

8 도움말

[그림 2-19] 챗GPT 인터페이스 2

① 맞춤 지침 설정

② 옵션

③ 로그아웃

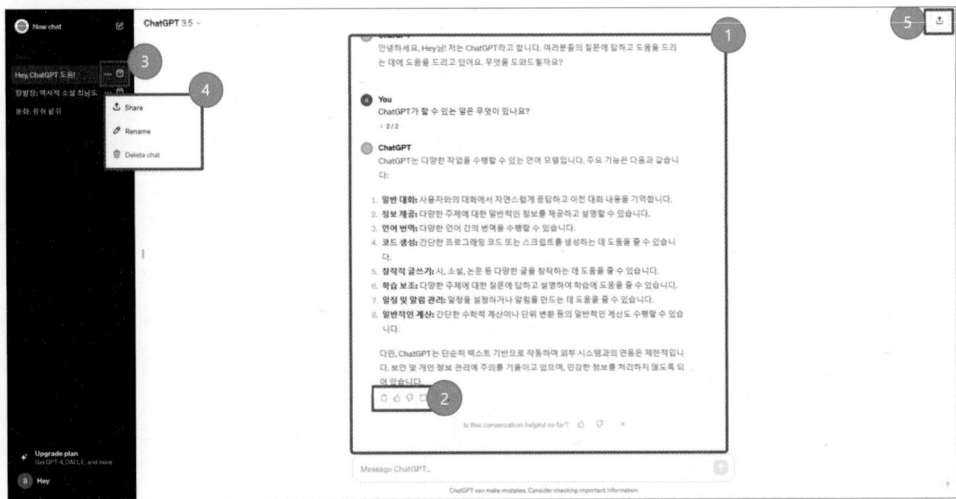

[그림 2-20] 챗GPT 인터페이스 3

① 채팅 내역

② 복사 / 평가(추천/비평) / 새로운 답변 생성

③ 세션 관련 옵션 / 아카이브에 해당 세션 보관

④ 세션 공유 / 세션 이름 재설정 / 세션 삭제

⑤ 세션 공유

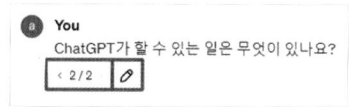

[그림 2-21] 챗GPT 인터페이스 4

❻ 해당 셀에서의 질문 이력 확인하기 / 해당 셀에서부터 질문 새로 하기

[그림 2-22] 챗GPT 인터페이스 5

❼ 채팅 재입력 / 재생성 버튼 / 수정 취소

2 단축키

Keyboard shortcuts   ✕

Open new chat	Ctrl	Shift	O	Set custom instructions	Ctrl	Shift	I
Focus chat input		Shift	Esc	Toggle sidebar	Ctrl	Shift	S
Copy last code block	Ctrl	Shift	;	Delete chat	Ctrl	Shift	⌫
Copy last response	Ctrl	Shift	C	Show shortcuts		Ctrl	/

[그림 2-23] 챗GPT 단축키

[표 2-1] 챗GPT 세부 기능과 단축키

기능	세부 기능	단축키
특수 기능	단축키 확인	Ctrl + /
	메시지바로 커서 이동	Shift + Esc
	사이드바 숨기기/보이기	Ctrl + Shift + S
	맞춤 지침 설정 열기	Ctrl + Shift + I
세션	새 세션 생성	Ctrl + Shift + O
	현재 세션 삭제	Ctrl + Shift + Backspace
복사	마지막 응답 복사	Ctrl + Shift + C
	마지막 코드 블록 복사	Ctrl + Shift + ;

③ Custom instructions

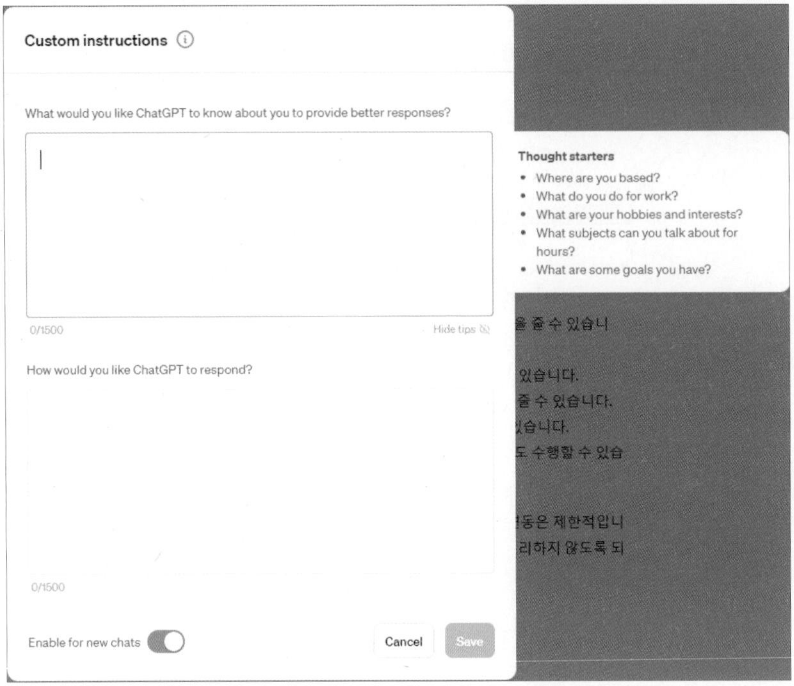

[그림 2-24] 챗GPT Custom instruction 기능

　　Custom instructions(맞춤형 명령) 기능은 특정 작업이나 명령을 수행하기 위해 모델에 대한 지시 사항을 미리 정의할 수 있게 해 주는 기능입니다. 이를 통해 사용자는 특정한 결과나 반응을 얻기 위해 모델의 동작 방식을 미세 조정할 수 있습니다. 예를 들어, 사용자가 블로그에 작성할 형식의 텍스트를 생성하고 싶거나 특정 주제 위주로 정보를 요청할 때 이 기능을 사용할 수 있습니다.

　　이 기능은 특히 전문 분야나 특정 주제에 대한 깊이 있는 대화를 원하는 사용자에게 유용합니다. 예를 들어, 특정 분야의 전문 용어를 사용하여 모델에 질문을 하거나 특정 형식의 콘텐츠 생성을 요청할 수 있습니다. 이를 통해 사용자는 자신의 목적에 맞는 보다 정확하고 전문적인 대답이나 콘텐츠를 얻을 수 있습니다.

④ GPT-3.5와 GPT-4

　　GPT-3.5와 GPT-4는 OpenAI에서 개발한 대규모 인공지능 언어 모델입니다. 이 모델들은 자연어 처리 분야에서의 중요한 발전을 대표하며 다양한 언어 관련 작업에서 인상적인 성능을 보여 줍니다. 두 모델 모두 인터넷에서 수집한 방대한 텍스트 데이터를 기반으로 학습되었으며 이를 통해 다양한 주제와 상황에 대한 지식을 습득했습니다.

GPT-3.5는 GPT-3의 개선된 버전으로, GPT-3에 비해 더 정교한 언어 이해 능력과 언어 생성 능력을 가지고 있습니다. 이 모델은 보다 정확한 문맥 이해와 더 자연스러운 대화 생성 능력을 갖추고 있으므로 이전 모델에 비해 향상된 성능을 보여 줍니다. GPT-3.5는 특히 다양한 언어 스타일과 주제에 대한 더 나은 적응력을 보여 주며 복잡한 질문에 대한 답변, 창의적인 글쓰기, 코드 생성 등 다양한 작업에서 우수한 성능을 발휘합니다.

GPT-4는 GPT-3.5의 후속 모델로, 더욱 큰 규모와 향상된 알고리즘을 통해 인간과 유사한 언어 이해 및 생성 능력을 제공합니다. 이 모델은 GPT-3.5보다 정교한 추론, 더 깊은 문맥 이해, 그리고 더 복잡한 정보 처리 능력을 갖추고 있으므로 이전 모델보다 훨씬 정확하며 복잡한 질문에 보다 효과적으로 대응할 수 있습니다.

⑤ 챗GPT Plan 차이(요금제)

[표 2-2] 챗GPT 무료 3.5 버전과 유료 플러스 버전 비교

기능	Free	Plus
모델	GPT-3.5	GPT-4
응답 속도	상대적으로 느림	상대적으로 빠름
사용량에 따른 접속 제한	있음	없음
입력 토큰 제한	4096	8192
Beta 체험	불가능	가능
Plugin 추가	불가능	가능
이미지 인식 및 생성	불가능	가능
GPTs 생성 및 사용	불가능	가능

Tip

GPTs란, 특정 목적을 수행하기 위한 챗GPT의 맞춤형 버전입니다. 누구나 일상생활, 특정 작업, 직장 또는 집에서 더욱 유용하게 사용할 수 있는 맞춤형 챗GPT 버전을 만들 수 있고 그 버전을 다른 사람과 공유할 수 있습니다. 예를 들어, 보드 게임의 규칙을 배우는 데 도움을 주거나, 기초 수학을 가르치거나, 컬러링북을 디자인하는 데 도움을 줄 수 있습니다. 또한 제작한 GPTs를 GPT 스토어에 공유하여 수익을 창출할 수도 있습니다.

OpenAI API 활용하기

챗GPT같은 챗봇 기능을 사용하는 데는 크게 웹 브라우저를 통해 접근하여 사용하는 방법과 OpenAI의 API를 활용하는 방법이 있습니다.

웹 브라우저를 통해 챗GPT 서비스 사용 방법은 별다른 비용이 들지 않고 접근성이 높으며 편리하게 사용할 수 있지만, 이것을 활용하여 서비스를 구축하기에는 한계가 있습니다. 웹 브라우저를 통한 접근은 사용자의 특정 요구사항이나 맞춤형 기능을 구현하는 데 제약이 있기 때문입니다. 이러한 상황에서 OpenAI API를 활용하는 것이 바람직합니다.

3-1 OpenAI API 키 발급하기

OpenAI의 API를 사용하기 위해서는 먼저 API 키를 발급받아야 합니다. API 키는 API를 요청하기 위한 인증 번호와 같은 역할을 하며 요청하는 사용자의 고유 번호를 관리함과 동시에 무분별한 요청으로 자원이 낭비되는 것을 방지하기 위한 보안 목적으로 사용됩니다. OpenAI의 API를 사용하기 위해 다음 절차를 걸쳐 API 키를 발급해 보겠습니다.

1 OpenAI 가입하기

1 먼저 OpenAI API 공식 페이지(https://openai.com/blog/openai-api)에 접속하여 [Sign up]을 클릭합니다.

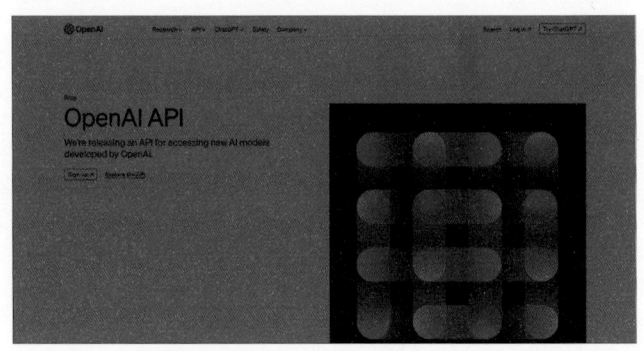

[그림 2-25] 챗GPT 커스텀 인스트럭션(Custom instruction) 기능

2 이메일 주소를 입력한 후 [Continue] 버튼을 클릭해 가입을 진행합니다. 구글, MS, Apple의 계정이 있는 분은 아래의 [계정 연동] 버튼을 클릭한 후 **3**을 건너뛰고 **4**번부터 진행하기 바랍니다.

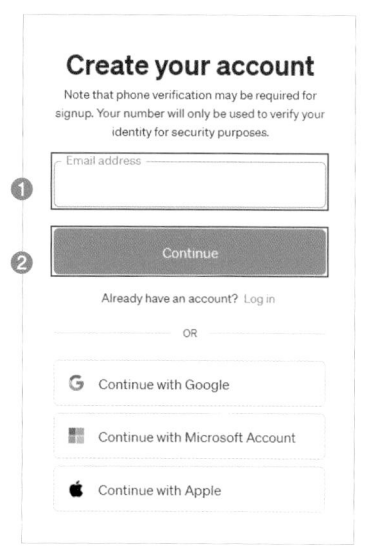

[그림 2-26] 계정 생성 옵션

3 패스워드(Password)를 설정한 후 [Continue] 버튼을 클릭해 계속 진행합니다.

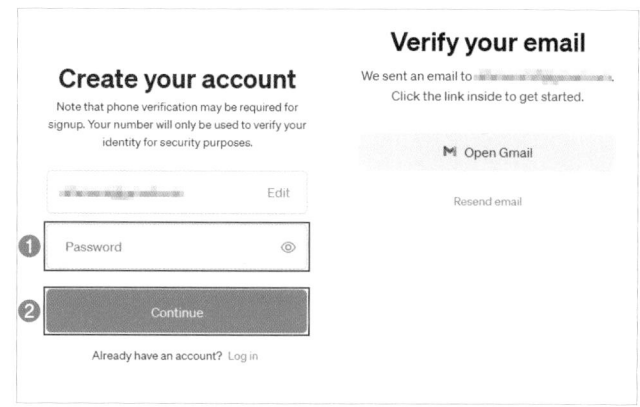

[그림 2-27] 계정 설정/이메일 인증

4 이메일 인증을 완료했으면 이제 계정 설정을 진행합니다. Organization name을 제외한 나머지 공간은 반드시 작성하셔야 합니다. 이 후 [Continue] 버튼을 클릭해 계속 진행합니다.

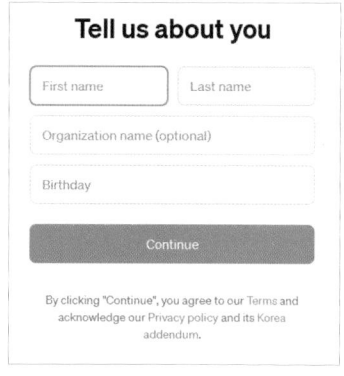

[그림 2-28] 전화번호 인증을 위한 양식

5 전화번호 인증을 진행합니다. '01012345678'처럼 본인의 전화번호 11자리를 입력한 후 [Send code] 버튼을 클릭하면 휴대전화로 인증번호가 발송됩니다.

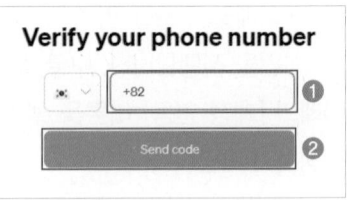

[그림 2-29] 전화번호 인증

6 휴대전화로 발송된 코드 여섯 자리를 입력하면 인증이 완료됩니다.

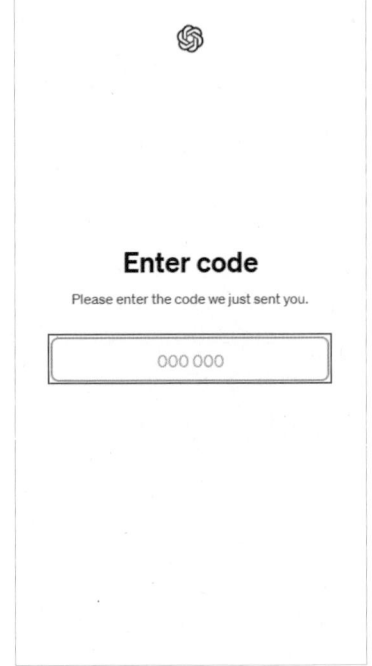

[그림 2-30] 인증 번호 입력

2 API 키 발급받기

1 계정 생성을 완료했거나 이미 계정이 있는 분들은 다음의 이미지와 같은 화면으로 이동했을
것입니다. 만약, 다른 페이지가 출력되는 경우에는 https://platform.openai.com/docs/
overview를 입력하여 이동하기 바랍니다.

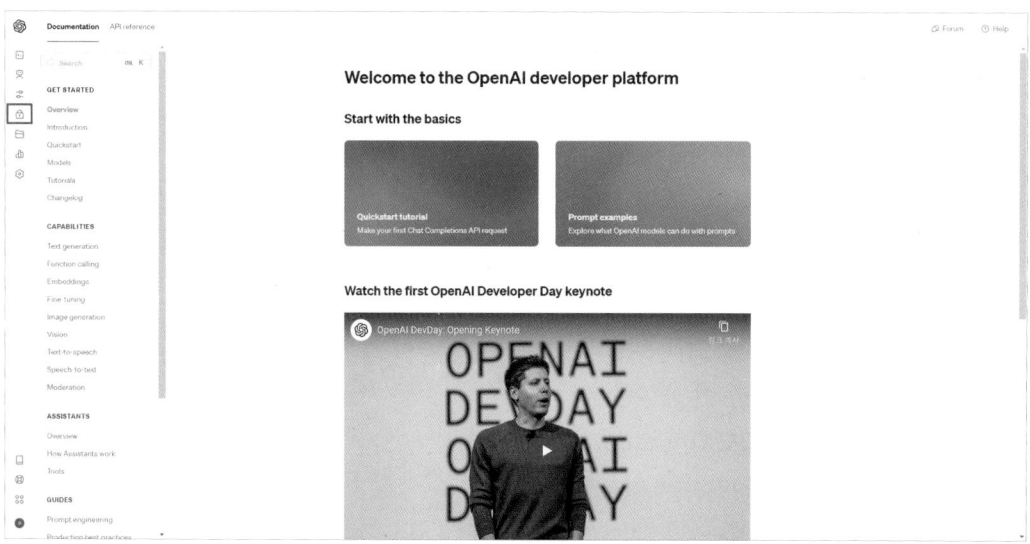

[그림 2-31] OpenAI API 메인 페이지

OpenAI API 메인 페이지로 이동했으면 [그림 2-32] 좌측의 자물쇠 모양 아이콘(API 키s)을 클
릭하여 페이지를 이동합니다.

2 [+ Create new secret key]
를 클릭해 API 키를 발급받
습니다.

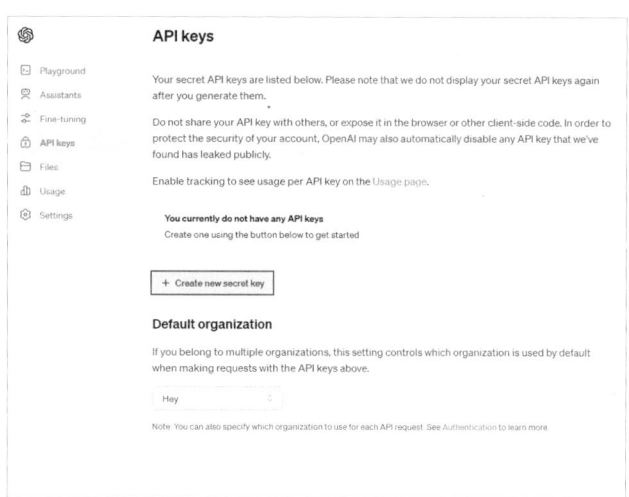

[그림 2-32] API 키 발급 페이지

3 입력 란에 'My First OpenAI API 키'
라고 입력합니다. 시크릿 키의 이름
은 중복해서 만들 수 있습니다.
[Create secret key] 버튼을 클릭해 생성
합니다.

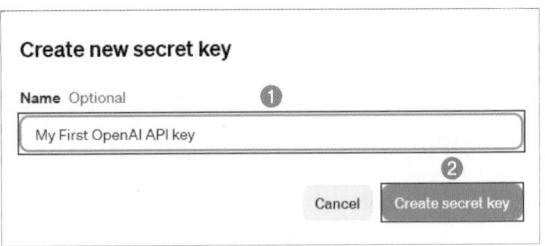

[그림 2-33] API 키 이름 입력 창

4 여기서 주의할 점은 생성된 secrete
key를 지금 바로 복사한 후 안전한
장소에 백업해야 한다는 것입니다.
OpenAI에서의 secrete key는 보안상의
이유로 다시 복사하거나 확인할 수 없도
록 되어 있기 때문입니다. 한 번 생성된 키
는 다시 복구되거나 재발급되지 않습니다.
만약 secrete key를 잊어버렸다면 새로운
키를 발급받아야 합니다.

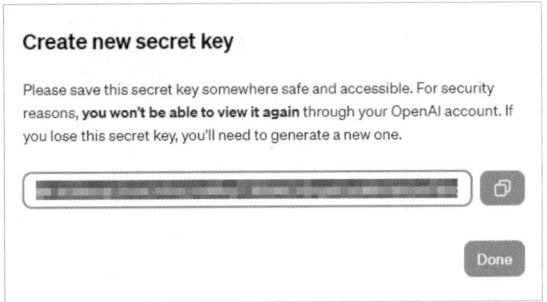

[그림 2-34] API 키 복사 및 저장

3 크레딧

1 OpenAI API를 호출하기 위해서는
크레딧(Credit)이 필요합니다. 초기
크레딧으로 주어지는 5달러만으로도 다음
단계를 진행하기에 충분하기 때문에 크레
딧을 충전하는 이 단계는 진행하지 않아도
됩니다. 크레딧을 추가로 결제할 예정인 경
우는 다음 안내에 따라 진행하면 됩니다.
메뉴에서 [Settings]를 선택한 후 [Billing]을
클릭해 [그림 2-36]으로 이동합니다.
크레딧은 결제를 통해 충전할 수 있으며 결
제 수단 등록이 선행되어야 합니다. [그림
2-36]의 [Add payment details] 버튼을
클릭해 결제 수단 등록을 진행합니다.

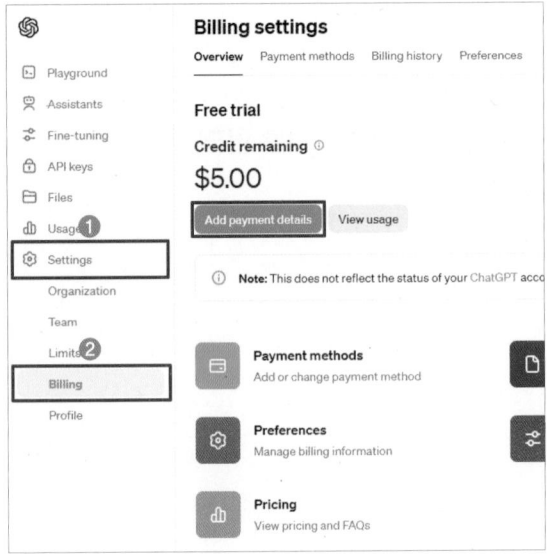

[그림 2-35] API 키 복사 및 저장

2 자신의 소속에 맞춰 선택합니다. 회사 소속 계정인 경우에는 [Company], 개인 계정인 경우에는 [Individual]을 선택합니다.

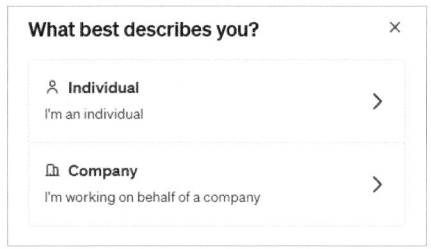

[그림 2-36] Company 또는 Individual 중 소속 선택

3 결제 수단으로 사용할 카드의 정보를 입력한 후 [Continue] 버튼을 클릭해 등록을 마칩니다.

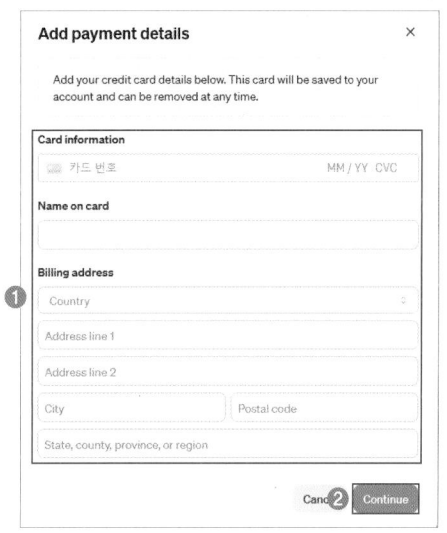

[그림 2-37] 카드 정보 입력

4 카드 정보 입력이 완료되면 오른쪽과 같은 화면이 출력됩니다.

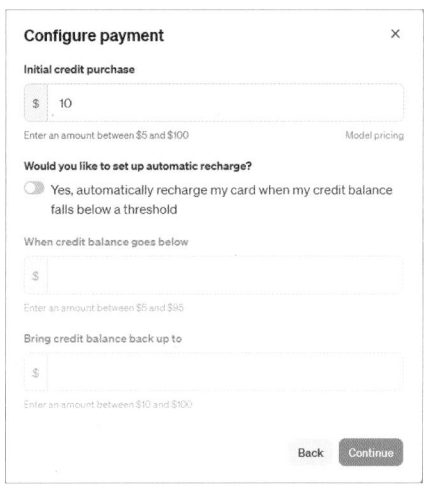

[그림 2-38] 카드 등록 후 첫 결제 화면

5 초기 충전 금액은 5달러 부터이며 100달러까지 충전 가능합니다. 카드 정보 입력과 첫 결제까지 완료해야만 OpenAI에 카드 정보가 저장됩니다. [Confirm] 버튼을 클릭하고 추가로 확인 절차를 완료하면 카드 등록과 결제가 완료됩니다.

[그림 2-39]의 크레딧이 8.31달러인 이유는 API를 몇 번 호출했던 계정이기 때문입니다. 추가로 크레딧을 충전할 때는 [Add to credit balance] 버튼을 클릭해 진행하면 됩니다.

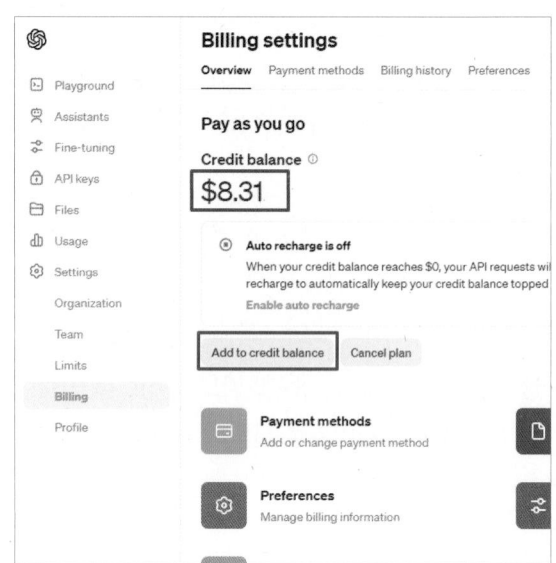

[그림 2-39] 결제 완료 화면

4 사용량 확인

사용한 크레딧과 API 호출 횟수를 확인할 때는 좌측 메뉴의 [Usage]를 클릭해 [그림 2-40]과 같은 페이지로 이동합니다.

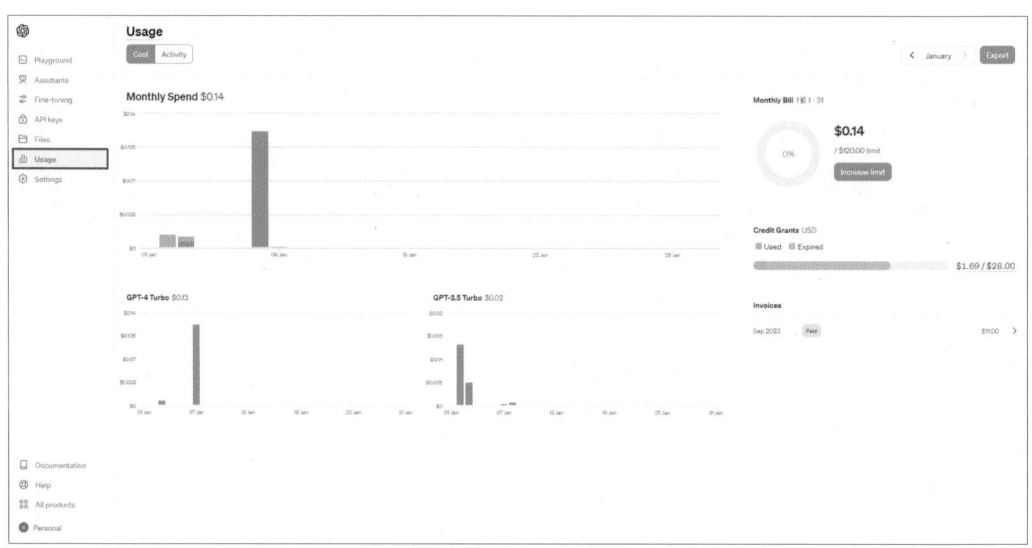

[그림 2-40] API 사용량 확인

사용한 GPT 모델별로 사용량을 체크할 수 있고 월별, 일별 지출량 또한 확인할 수 있습니다.

5 비용

OpenAI API는 사용하는 모델과 토큰 수에 따라 비용을 측정합니다. 좋은 모델을 사용할수록 높은 품질의 답변을 얻을 수 있지만, 그만큼 비용이 높아지기 때문에 적절한 모델을 선택해 사용하는 것을 추천드립니다.

다음은 2023-11-17일자의 GPT 모델 비용입니다. 가격 정책 사이트(https://openai.com/pricing)의 링크를 따라 이동하면 비용에 대한 자세한 설명을 확인할 수 있습니다.

[표 2-3] GPT 버전별 이용 가격

	Model	Input	Output
GPT-3.5	gpt-3.5-turbo-1106	$0.0010 / 1K tokens	$0.0020 / 1K tokens
	gpt-3.5-turbo-instruct	$0.0015 / 1K tokens	$0.0020 / 1K tokens
GPT-4	gpt-4	$0.03 / 1K tokens	$0.06 / 1K tokens
	gpt-4-32k	$0.06 / 1K tokens	$0.12 / 1K tokens
GPT-4 Turbo	gpt-4-1106-preview	$0.01 / 1K tokens	$0.03 / 1K tokens
	gpt-4-1106-vision-preview	$0.01 / 1K tokens	$0.03 / 1K tokens

3-2 플레이그라운드

챗GPT의 API를 사용하는 가장 간단한 방법은 OpenAI의 플레이그라운드(Playground)를 이용하는 것입니다. OpenAI Playground는 프롬프트를 쉽게 테스트하고 API 작동 방식을 익힐 수 있는 웹 기반 서비스입니다. API를 호출하여 수행할 수 있는 대부분의 작업을 플레이그라운드에서 사용해 볼 수 있습니다.

[그림 2-41] Playground 처음 접속 화면

2023년 11월 6일 업데이트로 인해 플레이그라운드에 어시스텐트(Assistants) 기능이 추가되었습니다. 추가된 어시스텐트(Assistants)와 챗(Chat) 기능을 하나씩 살펴보겠습니다. 먼저 OpenAI API 페이지에 접속하여 [Playground]를 선택하거나 https://platform.openai.com/playground를 주소 창에 입력하여 접속합니다.

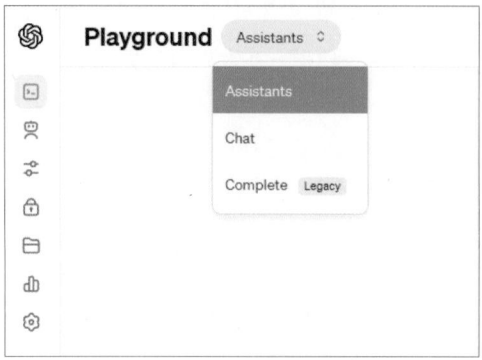

[그림 2-42] Playground 모드 선택

상단 [Playground] 옆의 드롭다운 버튼을 선택하면 세 가지 기능이 표기됩니다. 각 기능은 다음과 같습니다.

- **Assistants**: AI 도우미를 직접 구축하는 모드
- **챗**: ChatGPT와 같은 대화 테스트 모드
- **Complete**: 여러 기능이 통합된 예전 모드

우리는 새로 추가된 어시스턴트와 챗을 사용해 챗GPT API에 대한 감을 익혀보겠습니다.

◆ Assistants

어시스턴트(Assistants)를 사용하면 AI 도우미를 직접 구축할 수 있습니다. 어시스턴트에는 맞춤 지침 설정 기능이 있고 모델을 선택할 수 있으며 몇 가지 도구를 사용하여 사용자의 쿼리에 응답할 수 있습니다. 어시스턴트는 현재 함수 호출, 코드 인터프리터, 검색이라는 도구를 제공하고 있습니다. 자세한 설명은 플레이그라운드에서 직접 생성하며 설명하겠습니다.

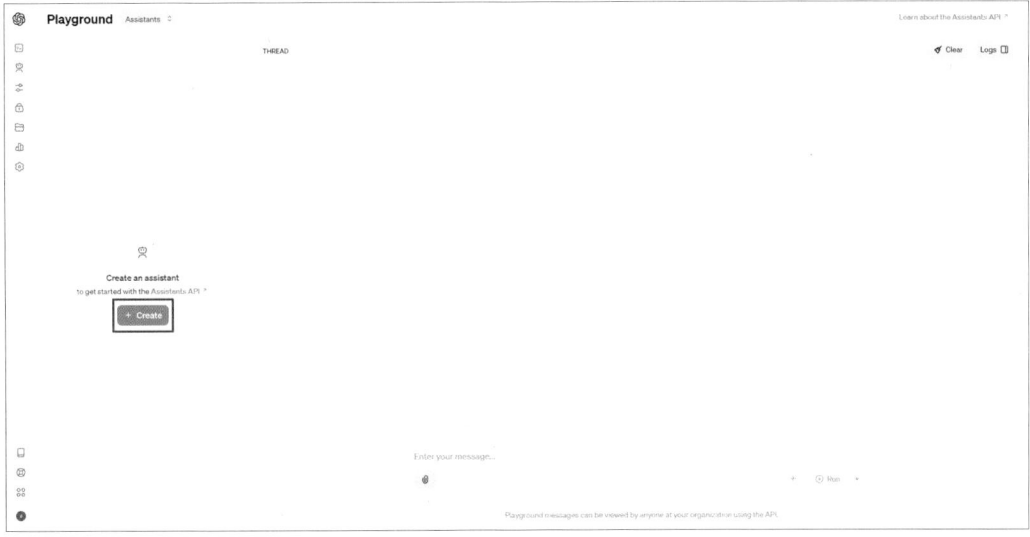

[그림 2-43] Assistants 기본 화면

[그림 2-44]는 Playground의 Assistants 화면입니다. 좌측의 [+ Create] 버튼을 클릭해 어시스턴트를 생성할 수 있습니다. 버튼을 눌러 봅시다.

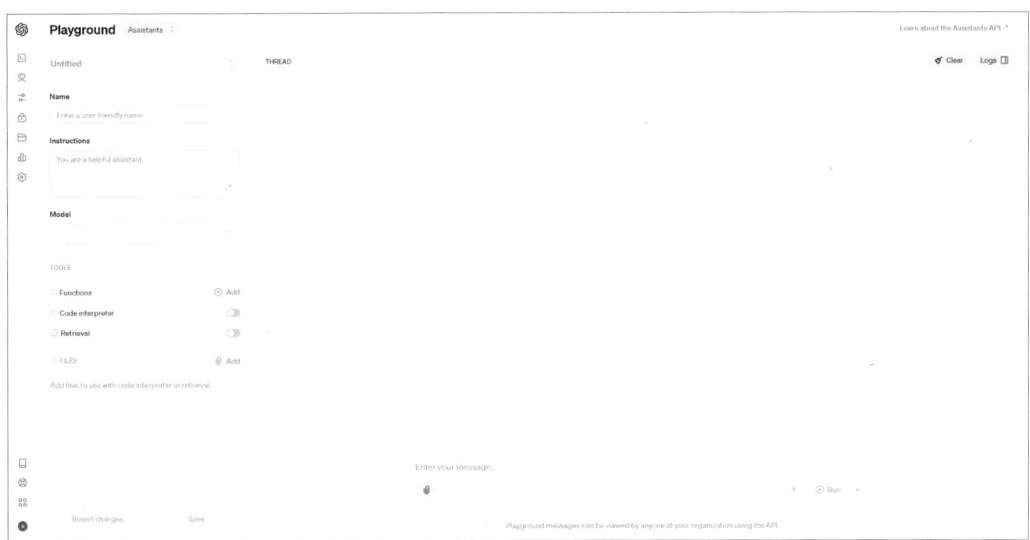

[그림 2-44] Assistants 생성

Assistants를 만들 때 몇 가지 설정이 필요합니다. 다음 설정을 통해 Assistants의 이름과 목적, 특성을 정의하고 응답에 사용할 도구를 지정할 수 있습니다.

- **Name**: Assistants의 이름 또는 목적을 명시합니다.
- **Instructions**: Assistants의 정체성, 목적, 패턴 등 지시 사항을 적어 둡니다.
- **Model**: 어떤 GPT 모델을 사용할 것인지를 선택합니다.
- **TOOLS**: 특정 양식의 답변을 생성하는 Functions, 코드를 작성해 주는 Code interpreter, 웹에서 검색을 대신해 주는 Retrieval이 있습니다.
- **FILES**: 파일을 업로드하면 TOOLS를 이용하여 분석, 해석 및 결과를 출력할 수 있습니다.

우선 간단하게 Name과 Instructions, Model만을 설정하여 [그림 2-46]처럼 Assistants를 작성합니다. 작성을 마치면 [Save] 버튼을 눌러 어시스턴트를 등록합니다.

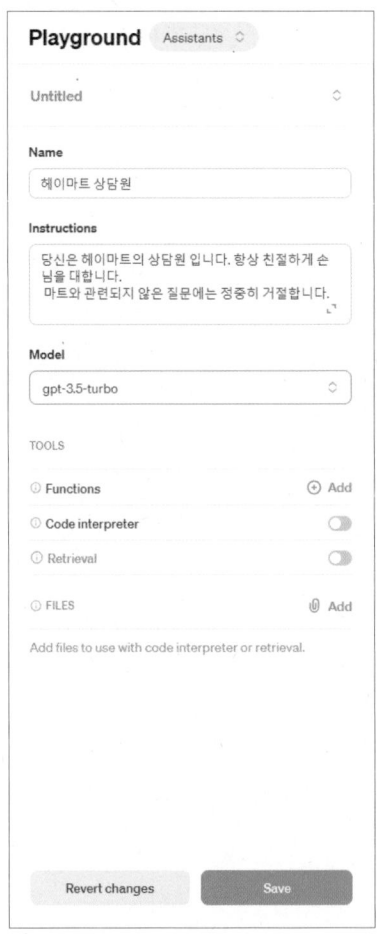

[그림 2-45] 어시스턴트 설정

등록을 마치면 [그림 2-46]의 채팅 입력 창으로 넘어가 메시지를 전송합니다. 간단한 인사말을 작성하고 [Run] 버튼을 클릭해 내용을 전달합니다.

[그림 2-46] Assistants 채팅 입력 창

[클립] 버튼을 누르면 파일을 첨부할 수 있습니다. 첨부된 파일을 GPT가 분석하여 답변을 생성하는 데 참고합니다. [+(더하기)] 버튼은 GPT가 답변을 생성하지 않도록 채팅 내용을 추가할 수 있습니다. [Run] 오른쪽의 화살표를 이용하여 GPT에게 추가적인 지침사항을 내릴 수 있습니다.

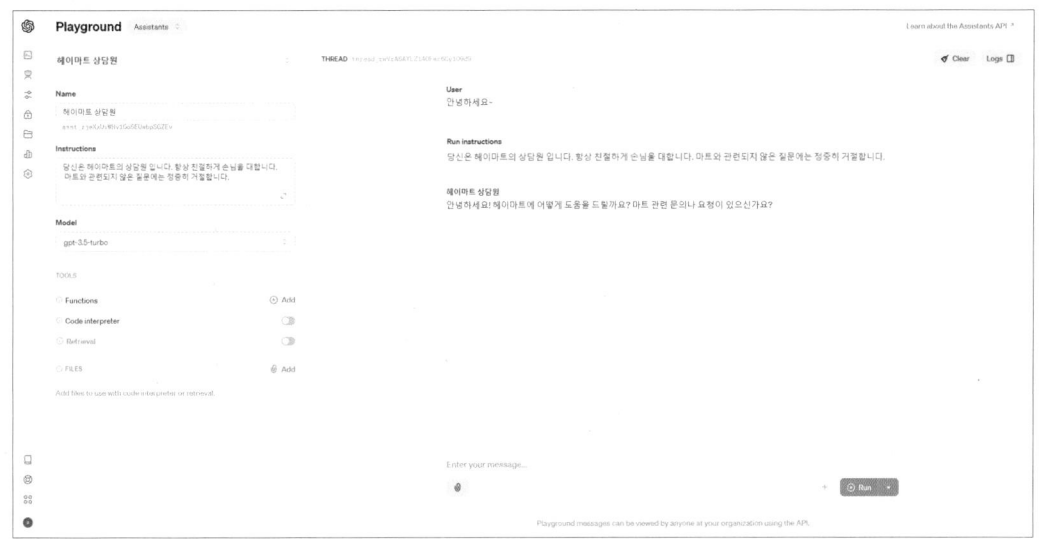

[그림 2-47] Assistants 답변 생성

◆ Chat

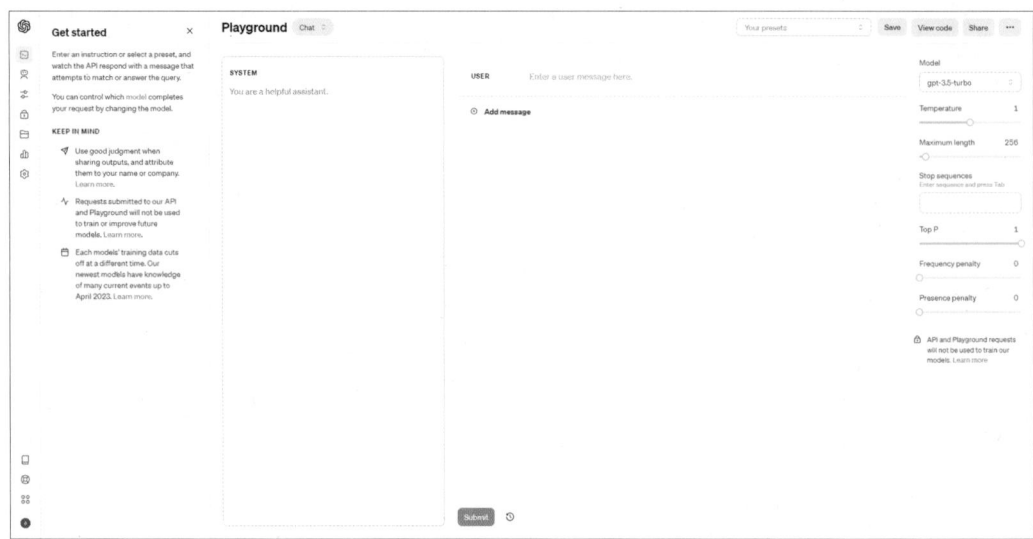

[그림 2-48] 챗 기본 화면

기본적인 챗GPT API를 테스트할 수 있는 공간입니다. SYSTEM에는 챗GPT가 어떤 식으로 행동해야 하는지에 대한 지침을 적을 수 있습니다. USER에는 유저의 입장에서 챗GPT에게 질문할 내용을 작성할 수 있습니다. 우측의 옵션에서는 챗GPT 모델의 기계적인 동작을 컨트롤할 수 있습니다.

- **Model**: 서비스 중인 챗GPT의 모델을 선택할 수 있습니다. 모델에 따라 대화의 품질이 달라지고 비용 또한 다르게 청구됩니다.
- **Temperature**: 숫자가 커질수록 창의적인 대답, 작아질수록 정형적인 대답을 합니다.
- **Maximum length**: 챗GPT가 대답할 문장의 길이입니다. 길이는 토큰 단위로 측정합니다.
- **Stop sequences**: 특정 단어가 등장하면 대답을 멈춥니다.
- **Top P**: 응답의 다양성을 제어합니다. 일반적으로 이 수치는 조작하지 않습니다.
- **Frequency penalty**: 이미 언급했던 내용에 대해 반복하는 것에 대한 패널티를 부여합니다.
- **Presence penalty**: 자주 나타나는 단어나 구절을 반복하는 것에 대한 패널티를 부여합니다.

이제 자신이 원하는 옵션값을 세팅하고 어떤 결과가 나오는지 확인해 봅시다. SYSTEM에 [그림 2-49]와 같이 상담원을 설정하겠습니다. 옵션으로는 [maximum length]를 '10'자로 제한하고, 정형적인 대답을 하도록 [Temperature]를 '0.3' 정도로 낮춥니다. 모델은 비교적 성능이 높은 GPT-4를 사용했습니다. 이제 인사를 하고 챗GPT가 어떻게 대답하는지 확인해 봅시다.

[그림 2-49] 채팅 입력

최대 토큰 수를 제한했기 때문에 정상적으로 답변하지 못하고 대화가 중간에 멈춘 것을 확인할 수 있습니다. 멈춘 대화를 재개하기 위해 [Add message] 버튼을 클릭 후 프롬프트를 작성합니다.

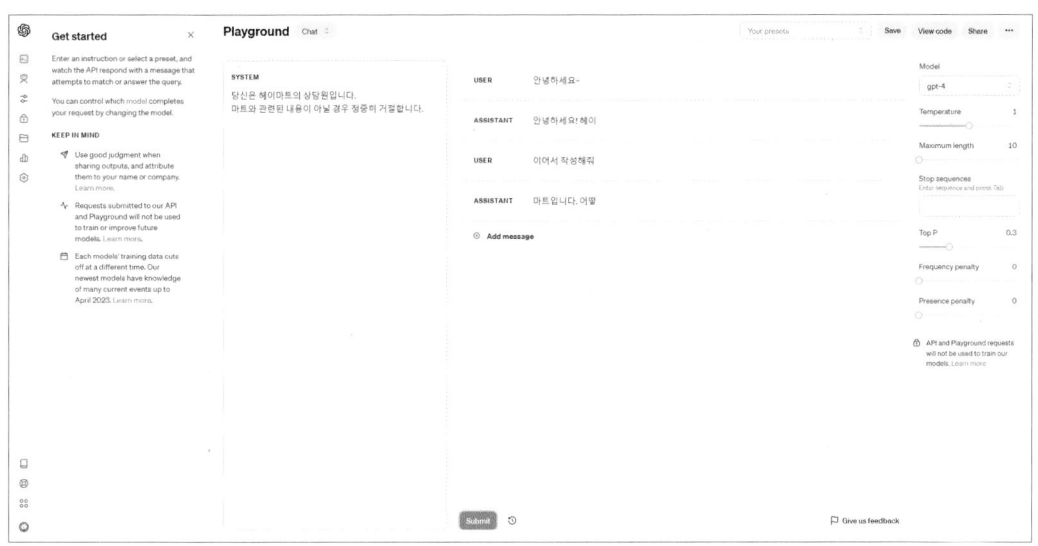

[그림 2-50] 이어서 작성

이전 대화를 이어서 작성해 주는 것을 확인할 수 있습니다. 이렇게 Playground를 이용해 웹에서 편하게 API를 사용 및 테스트해 보았습니다. 다음에는 파이썬을 활용하여 API를 직접 호출해서 사용해 보겠습니다.

3-3 챗GPT API 사용해 보기

지금까지 Playground에서 챗GPT API의 동작 방식을 연습해 보았습니다. 이제 본격적으로 OpenAI의 API를 사용하여 챗GPT를 사용해 봅시다. 챗GPT API는 공식적으로 파이썬, Node.js 라이브러리 등 모든 언어의 HTTP 요청을 통해 상호 작용할 수 있습니다. 우리는 파이썬 언어를 사용하며 코랩에서 진행합니다.

1 openai 패키지 설치하기

코랩에 새 노트북을 하나 생성하고 다음 코드를 실행하여 openai 패키지를 설치합니다.

```
!pip install openai
```

2 민감한 정보 처리 방법 1

민감한 정보가 포함된 코드를 작성할 경우, 이러한 정보들은 환경 변수에 등록하여 사용합니다. 개인정보, API 키 등 민감한 정보를 서비스 구현하는 코드에 포함시킬 경우, 소스 코드에 접근 가능한 누군가가 해당 코드를 악의적으로 사용할 수 있기 때문입니다.

새로운 셀에 다음과 같은 코드를 작성하고 실행하여 코랩의 환경 변수에 API 키를 등록합니다.

```
import os
from getpass import getpass

os.environ['OPENAI_API_KEY']=getpass()
```

OS는 운영 체제 인터페이스를 다룰 수 있는 모듈입니다. OS에는 환경 변수를 불러오는 os.environ 코드가 있고 이는 dict 타입의 구조처럼 key와 value 쌍으로 이루어져 있으므로 dict처럼 key와 value 값을 지정하고 삭제할 수 있습니다.

getpass는 입력한 값을 감추는 모듈입니다. `getpass( )` 함수는 실행 시 `Input( )` 함수처럼 사용자의 입력을 받을 때까지 기다렸다가 사용자의 입력이 완료되면 그 값을 변수에 대입하는 기능을 가졌습니다. 하지만 `Input( )`과는 달리 작성 중인 입력값을 볼 수 없도록 감추었으며 또한 출력 창(output)에 입력한 값을 표기하지 않습니다.

네 번째 줄처럼 `os.environ`과 getpass를 조합해 실행하면 출력 창에 기록을 남기지 않으며 환경 변수를 등록할 수 있습니다. 등록된 API 키 값을 확인하고 싶으면 새로운 셀에 `os.environ['OPENAI_API_KEY']` 또는 `os.getenv('OPENAI_API_KEY')`를 입력하고 실행합니다. 환경 변수에 등록된 OPENAI_API_KEY의 값이 자신의 API 키와 일치하는 것을 확인했다면 해당 셀을 반드시 삭제해서 기록이 남지 않도록 합니다.

③ 민감한 정보 처리 방법 2

지난 2023년 11월 8일 코랩이 업데이트되면서 민감한 정보를 처리할 수 있도록 관리해 주는 기능이 업데이트되었습니다. 이는 코랩의 출시 노트를 통해 확인할 수 있습니다.

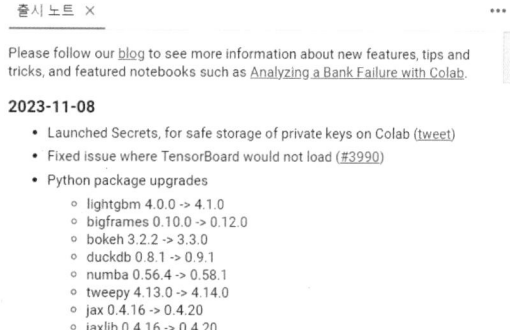

[그림 2-51] Colab 민감한 정보 처리 업데이트

코랩 화면의 좌측 메뉴를 살펴보면 열쇠 모양의 아이콘이 있습니다. 이 아이콘을 클릭하면 보안 비밀 창을 불러올 수 있습니다.

[그림 2-53]을 보면 상단에 보안 비밀에 관련된 유의 사항과 비밀 추가 버튼, 비밀 키에 액세스하는 방법에 대한 설명을 확인할 수 있습니다.

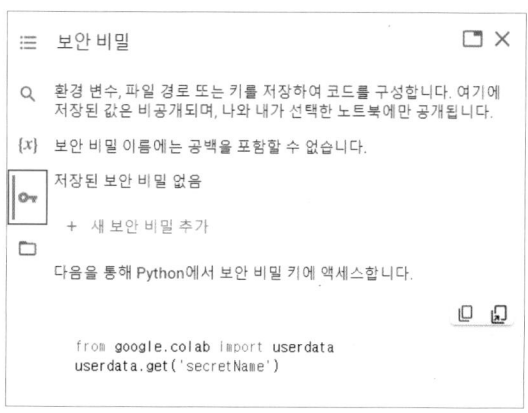

[그림 2-52] 보안 비밀 창

API 키를 등록하기 위해 [그림 2-52]에서 [+ 새 보안 비밀 추가]를 클릭해 보안 비밀을 작성해 보겠습니다.

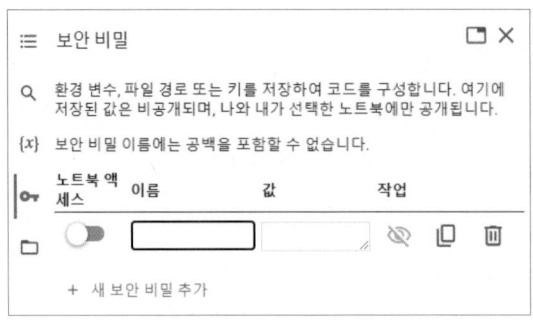

[그림 2-53] 보안 비밀 추가하기

'이름'에는 OPENAI_API_KEY, '값'에는 OpenAI를 발급받은 API 키의 값을 입력합니다. '값' 을 입력할 때는 띄어쓰기 또는 Enter를 입력하지 않도록 주의하기 바랍니다. 작성이 완료되었으면 '작업' 밑의 눈 모양 아이콘을 눌러 [그림 2-54]와 같이 등록을 완료합니다.

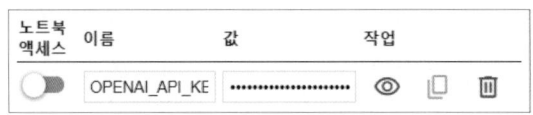

[그림 2-54] 보안 비밀 입력 완료

보안 비밀값에 접근하기 위해서는 반드시 [그림 2-55]처럼 '노트북 액세스' 토글을 활성화해야 합니다.

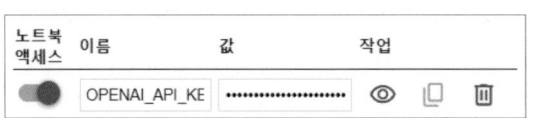

[그림 2-55] 보안 비밀 키 활성화

혹시 '이름'을 잘못 입력하지는 않았는지, '값'을 잘못 입력하지는 않았는지 확인해야 합니다. 새 로운 셀을 만든 후 [그림 2-53] 하단의 예제를 따라 코드를 작성하여 보안 비밀 키를 출력해 보겠 습니다. 출력된 값이 API 키와 일치하는지 확인한 후 반드시 출력한 셀을 삭제하기 바랍니다.

```
from google.colab import userdata

userdata.get('OPENAI_API_KEY')
```

3 API 키 설정하기

openai 모듈을 사용하기 위해서 다음과 같이 `client` 객체를 생성합니다.

```
from openai import OpenAI
client=OpenAI()
```

환경 변수에 API 키를 등록한 경우에는 4 API 호출하기로 넘어가면 됩니다. 그렇지 않은 경우에는 이전 과정을 따라 환경 변수를 등록하거나 다음과 같이 코드를 수정하여 API 키를 등록합니다.

```
from openai import OpenAI
from google.colab import userdata
client=OpenAI(api_key=userdata.get('OPENAI_API_KEY'))
```

4 API 호출하기

다음은 챗GPT의 API를 호출하는 가장 기본적인 형태를 가진 코드입니다.

```
completion=client.chat.completions.create(
    model="gpt-3.5-turbo",
    messages=[
        {"role": "system", "content": "당신은 헤이마트의 상담원입니다."},
        {"role": "user", "content": "안녕하세요!"}
    ]
)
```

API를 호출하기 위해 `client.chat.completions.create` 함수를 작성해야 합니다. `create` 함수의 매개변수로는 `model`에는 gpt-3.5-turbo, messages에는 리스트와 딕셔너리 형태로 값을 할당해 줍니다.

model에 할당할 값으로 다른 모델을 사용하고 싶으면 gpt-3.5-turbo-16k, gpt-3.5-turbo-1106, gpt-4, gpt-4-1106-preview 등을 사용하면 됩니다. 이 모델을 확인하려면 다음 주소로 이동하여 확인할 수 있습니다.

- [GPT-3.5] https://platform.openai.com/docs/models/gpt-3-5
- [GPT-4] https://platform.openai.com/docs/models/gpt-4-and-gpt-4-turbo

이 밖에도 Playground의 Chat 모드에서 확인할 수 있는 Model의 종류를 보고 이와 동일한 이름을 사용하는 방법이 있습니다.

messages에 값을 할당할 때는 반드시 딕셔너리를 담은 리스트를 작성해야만 합니다. 또한 딕셔너리를 작성할 때는 다음과 같이 "role"과 "content"로 이루어진 2개의 키가 포함되어 있어야 합니다.

```
{"role": "...", "content": "..."}
```

"role"의 값으로 들어갈 수 있는 문자열은 "system", "user", "assistant", "tool" 네 가지로 제한되어 있지만, 이 책에서는 "tool"을 사용하지 않겠습니다. "content"에는 "role"에 들어간 규칙에 맞는 지침 또는 메시지를 작성해 주면 됩니다.

이제 코드를 실행하고 다음으로 넘어가 출력값을 확인해 봅시다.

5 출력값 확인

다음 코드를 작성하면 간단히 챗GPT의 응답 내용을 확인할 수 있습니다.

```
completion.choices[0].message
```

```
ChatCompletionMessage(content='안녕하세요! 헤이마트에 오신 것을 환영합니다. 도와드릴
일이 있나요?', role='assistant', function_call=None, tool_calls=None)
```

출력 결과를 확인해 보면 "system" 규칙으로 지정해 준 지침처럼 챗GPT가 자신을 상담원으로 인식해 대답하는 것을 확인할 수 있습니다. 출력 결과에서 `content` 내용만 출력하고 싶다면 `completion.choices[0].message.content`를 입력하면 됩니다.

6 API 호출 세부 설정

API를 호출할 때 매개변수로 반드시 포함되어야 하는 `model`과 `messages` 외에 몇 가지 추가할 수 있는 매개변수가 존재합니다.

max_tokens	챗GPT가 답변할 수 있는 최대 토큰 수 모델마다 최대 토큰 수가 다름 기본 값: 무한
temperature	답변에 대해 창의적일지, 정확할지 결정 값이 높을수록 창의적 범위: 0 ~ 2 기본 값: 1
top_p	토큰의 확률 분포 제한 응답의 다양성을 제어 일반적으로 건드리지 않는 것이 좋음 범위: 0 ~ 1 기본 값: 1
presence_penalty	이미 나온 내용을 반복하는 것에 대한 패널티 부여 값이 높을수록 이미 언급된 내용을 피하고 새로운 내용을 생성 범위: -2 ~ 2 기본 값: 0
frequency_penalty	자주 나타나는 단어나 구절을 반복하는 것에 대한 패널티 부여 값이 높을수록 흔한 단어나 구절을 피하고 독창적인 내용 생성 범위: -2 ~ 2 기본 값: 0
n	생성할 응답의 개수 기본 값: 1
stop	특정 문자열이나 문자열 목록을 만나면 응답을 중단 `['.', 'END', 'end of text', '\n']` 같은 값을 할당 기본 값: null

이 매개변수들은 직접 코드를 작성하지 않아도 기본값으로 존재하며 적용되고 있습니다. 그렇기 때문에 따로 적어 주지 않아도 괜찮지만, 서비스를 구현하다 보면 필요에 따라 수정해야 할 때가 있습니다. 어떻게 작동하는지 모든 매개변수를 활용해 코드를 작성해 봅시다.

```
completion=client.chat.completions.create(
    model="gpt-3.5-turbo-1106",
    messages=[
        {"role": "system", "content": "당신은 헤이마트의 상담원입니다."},
        {"role": "user", "content": "저녁으로 무엇을 먹을까요? 짧게 설명해주세요."}
    ],
    temperature=1.8,
    max_tokens=100,
    top_p=1,
    presence_penalty=0,
    frequency_penalty=0,
    n=2,
    stop=None
)

for choice in completion.choices:
    print(choice.index, choice.message.content)
```

---

0 음식 선정에는 본인의 취향과 영양 밸런스를 고려해야 합니다. 단백질과 식이섬유가 풍부한 레인보우 샐러드나 그릴된 채소와 닭고기 구이를 포함한 Balanced 캘리포니아 불고
1 저녁으로는 단백질과 식이섬유가 풍부한 요리가 좋습니다. 그러므로 닭가슴살 샐러드나 훈제연어, 채소구이 등 건강한 옵션을 고려해 보세요. 적당한 탄수화물과 지방,

---

Tempereture 값을 '1.8'로 주어 다소 이상해 보이는 단어가 조합된 창의적인 답변이 돌아왔습니다. 또한 max_tokens의 수를 '100'으로 제한했기 때문에 미처 생성되지 않은 문장이 전송된 것을 확인할 수 있습니다. 응답 개수 n을 2로 설정했기 때문에 2번의 for문을 돌아 응답이 생성된 것도 확인할 수 있습니다.

그라디오(Gradio)

지금까지 우리는 챗GPT 사용법을 살펴보았습니다. 이제 챗GPT를 활용하여 챗봇을 제작해야 하는데 실제 챗봇앱을 웹에서 구현하려면 HTML, CSS, 웹서버 등 많은 지식이 있어야 합니다. 이러한 지식들이 있다고 하더라도 실제 웹앱을 구현하려면 많은 시간이 걸립니다. 파이썬에서 는 이러한 웹앱을 개발할 수 있는 오픈소스들이 있습니다. 대표적 예로는 우리가 배울 그라디오 (Gradio)와 스트림릿(Streamlit) 등이 있습니다. 이러한 오픈 소스를 사용하면 짧은 시간에 사용 가능한 웹앱을 만들 수 있습니다. 이번 장에서는 우리가 웹앱을 제작할 때 자주 사용하는 그라디오 (Gradio) 기능을 살펴보겠습니다.

4-1 그라디오란?

그라디오(Gradio)는 사용자가 UI를 빠르게 제작하여 ML이나 API 등을 사용할 수 있도록 해 주는 파이썬 오픈소스 패키지입니다. 많은 AI 개발자가 모델을 빠르게 사용할 수 있는 환경을 만들 때 사용합니다. 그라디오 사용 시 외부에서 접근할 수 있는 URL도 제공해 주기 때문에 간단한 모델 배포에 사용하기 좋습니다. 또한 뒷부분에서 나올 허깅 페이스(Hugging face) 사이트의 모델을 바 로 사용할 수도 있습니다. 그라디오의 공식 사이트의 주소는 https://www.gradio.app/입니다.

[그림 2-56] 그라디오 사이트

4-2 그라디오 사용하기

1 설치하기

코랩에 새 노트를 하나 생성한 후 그라디오를 설치해 보겠습니다.

```
!pip install gradio
```

2 그라디오 실행하기

그라디오로 간단히 고객 이름을 넣으면 인사를 해 주는 애플리케이션을 만들어 보겠습니다. 다음과 같이 셀에 입력해 보겠습니다.

```python
import gradio as gr

def user_greeting(name):
    return "안녕하세요! " + name + "고객님 헤이마트에 오신걸 환영합니다."

app= gr.Interface(fn=user_greeting, inputs="text", outputs="text")
app.launch()
```

위 코드가 의미하는 것이 무엇인지는 차차 알아보고 일단 코드를 실행해 보겠습니다. 셀을 실행하면 다음과 같은 화면을 볼 수 있습니다.

Setting queue=True in a Colab notebook requires sharing enabled. Setting `share=True` (you can turn this off by setting `share=False` in `launch()` explicitly).

Colab notebook detected. To show errors in colab notebook, set debug=True in launch()
Running on public URL: https://e675ff058760a06114.gradio.live

This share link expires in 72 hours. For free permanent hosting and GPU upgrades, run `gradio deploy` from Terminal to deploy to Spaces (https://huggingface.co/spaces)

name	output

| Clear | Submit | Flag |

[그림 2-57] 그라디오 예제

단 다섯 줄의 코드로 위와 같이 그럴 듯한 애플리케이션이 완성되었습니다. name 창에 이름을 넣고 [Submit] 버튼을 클릭해 실행해 보겠습니다.

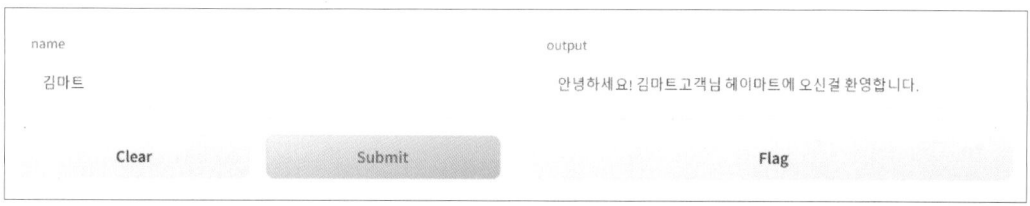

[그림 2-58] 그라디오 예제 실행 화면

[그림 2-58]처럼 output 창의 name에서 입력받은 이름을 변수로 받아 환영 글이 출력되는 것을 확인할 수 있습니다. 이번에는 그라디오로 만든 결과를 웹 브라우저에 띄워 보겠습니다.

```
Colab notebook detected. To show errors in colab notebook, set debug=True in launch()
Running on public URL: https://e675ff058760a06114.gradio.live
```

[그림 2-59] 그라디오 실행 주소 화면

크롬 브라우저에 [그림 2-60]에서 나오는 주소를 복사, 붙여넣기해서 접속해 보겠습니다. 이 주소는 매번 바뀌므로 여러분의 실행 화면에서는 그림의 주소와는 다른 주소가 보일 것입니다. 위에 나오는 주소는 그라디오에서 자동으로 만들어 주는 것이며 3일 정도 유지됩니다. 크롬에서는 다음과 같이 실행됩니다.

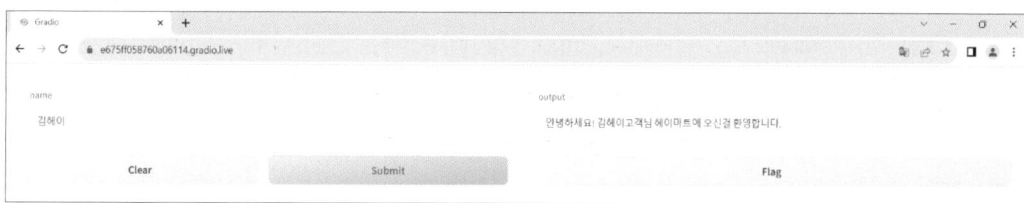

[그림 2-60] 그라디오 예제 브라우저 실행 화면

본인이 만든 애플리케이션을 빠르게 배포할 때 유용합니다.

③ 인터페이스

인터페이스(Interface)는 그라디오의 주요 클래스로, 파이썬으로 작성한 함수를 미리 설정된 UI
와 함께 제공하는 역할을 합니다.

인터페이스를 사용할 때는 다음 3개의 매개변수를 반드시 입력하여야 합니다.

- **fn**: 그라디오에서 매핑된 함수명(호출할 함수명)
- **inputs**: 입력에 사용할 컴포넌트(text, image, mic)
- **outputs**: 출력에 사용할 컴포넌트(text, image, label)

◆ Single input, output

다음 예제는 하나의 컴포넌트를 입력받고 출력하는 그라디오 예제입니다.

```python
import gradio as gr

def display(name):
    return name

app=gr.Interface(fn=display, inputs="text", outputs="text")
app.launch()
```

app = gr.Interface(fn=display, inputs="text", outputs="text") 코드
로 Gradiointerface를 생성하였습니다. [Submit] 버튼을 클릭하면 fn 매개변수에 있는
display() 함수가 실행됩니다. Display 함수의 name 매개변수로 전달되는 값은 inputs에
입력된 text 값이 name으로 전달됩니다. text "헤이마트"라는 글이 입력되면 name 매개변수에
"헤이마트"가 저장됩니다. display 함수에서 return되는 name은 outputs의 텍스트로 결과
가 전달되어 텍스트 창에 출력됩니다. 실행 결과는 다음과 같습니다.

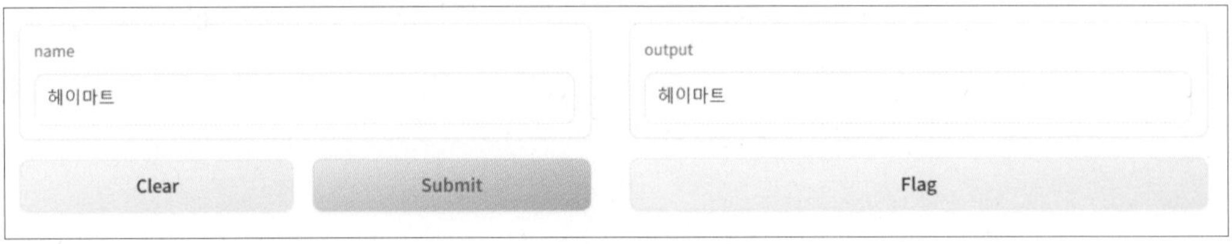

[그림 2-61] Gradio Single Input, Output

◆ Multiple input, output

다음은 여러 개의 컴포넌트를 입력받고 출력하는 예제입니다.

```python
import gradio as gr

def display(text1, text2, image):
    return text1 + text2, image

app=gr.Interface(fn=display,
                inputs=["text", "text", gr.Image(height=200, width=200)],
                outputs=["text", gr.Image(height=200, width=200)]
                )
app.launch()
```

여러 개의 컴포넌트를 사용할 때는 컴포넌트를 리스트에 넣어 사용합니다. inputs에는 두 개의 text 컴포넌트와 이미지의 width, height를 '200'으로 설정한 gr.Image() 컴포넌트를 사용했습니다. inputs에서 입력된 두 개의 컴포넌트는 fn 매개변수에 설정된 display 함수로 전달됩니다. display 함수에는 text1, text2, image라는 매개변수가 있으므로 inputs에서 사용된 컴포넌트에서 입력된 데이터들이 차례대로 들어가게 됩니다. outputs에는 display 함수에서 리턴된 값 첫 번째와 두 번째 text inputs 값을 더한 값을 출력한 text 컴포넌트와 inputs에서 입력된 이미지를 그대로 출력하게 한 gr.Image() 컴포넌트를 리스트로 넣었습니다. 실행결과는 다음과 같습니다.

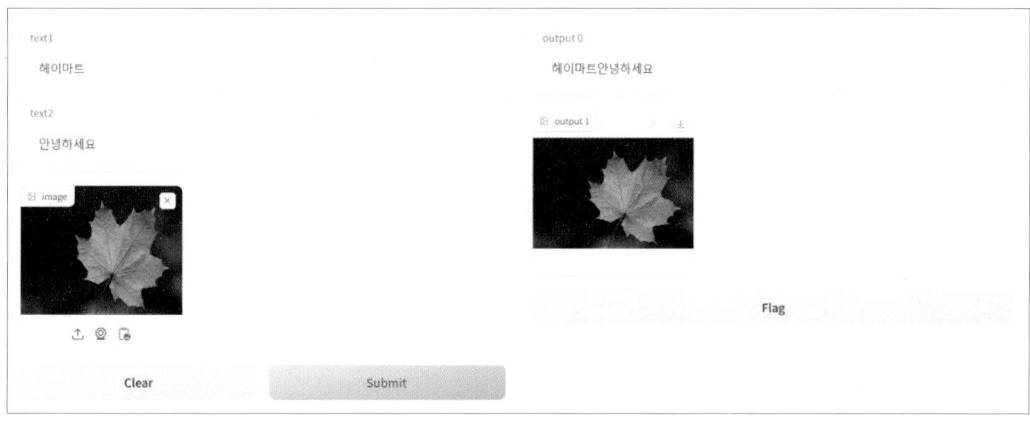

[그림 2-62] Gradio Multiple Input, Output

◆ Tabbed Interface

그라디오에서 여러 개의 인터페이스를 사용할 경우, 인터페이스 결합을 위해 사용하는 클래스 (class) 중 하나입니다. 다음 예제를 실행해 보겠습니다.

```python
import gradio as gr

def display(text):
    return text

def display1(text):
    return text

app1=gr.Interface(fn=display, inputs='text', outputs='text')
app2=gr.Interface(fn=display1, inputs='text', outputs='text')

app=gr.TabbedInterface([app1, app2],["Tap1", "Tap2"])

app.launch()
```

위 예제는 두 개의 Interface app1과 app2를 gr.TabbedInterface()를 사용하여 각각 Tap1과 Tap2에 입력한 예제입니다. Tap1에는 app1 인터페이스, Tap2에는 app2 인터페이스가 들어가게 됩니다. 실행하면 다음 화면처럼 두 개의 탭이 생성되는 것을 확인할 수 있습니다.

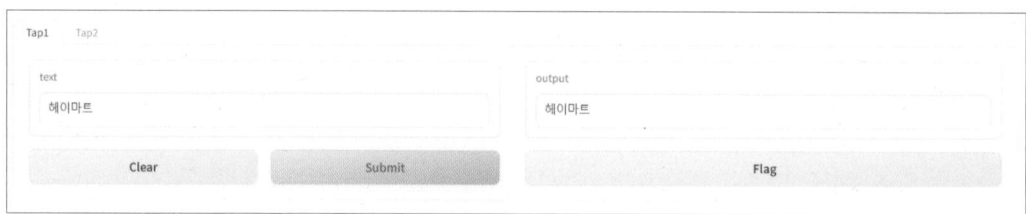

[그림 2-63] Gradio Tabbed Interface

◆ 블록스

블록스(Blocks)는 그라디오에서 보다 유연하게 레이아웃을 구성하는 데 사용됩니다. 인터페이스에서는 버튼 등이 자동으로 생성되었다면 블록스를 사용하면 보다 복잡한 UI 및 데이터 처리 등을 할 수 있습니다. 다음 예제를 실행해 보겠습니다.

```
import gradio as gr

def display(text):
    return text

with gr.Blocks() as app:
    text1 = gr.Textbox(label="Name")
    text2 = gr.Textbox(label="Output")
    btn = gr.Button(value="Submit")
    btn.click(fn=display, inputs=text1, outputs=text2)

app.launch()
```

블록스를 생성할 때는 다음과 같은 명령어를 사용해야 합니다.

```
with gr.Blocks() as 앱변수:
    코드
앱변수.launch()
```

위 코드를 보면 btn.click( )에서 fn, inputs, outpus 매개변수 값들이 입력된 것을 확인할 수 있습니다. text1 컴포넌트가 inputs, text2 컴포넌트가 outputs로 되어 있고 실행하면 [그림 2-64]와 같은 화면이 나타나는 것을 확인할 수 있습니다.

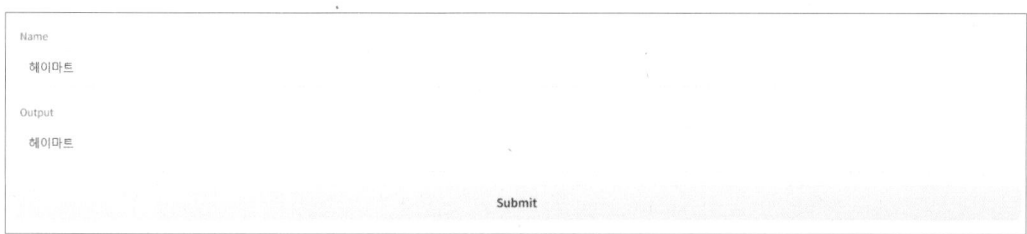

[그림 2-64] Gradio Blocks

◆ 챗인터페이스

그라디오에서 챗봇을 구현할 때 사용합니다. 챗봇을 만들 때는 대화를 보여 주는 디스플레이와 대화를 입력하는 창 그리고 대화를 전송하는 창 등 많은 레이아웃 및 컴포넌트를 구성해야 합니다. 이러한 것을 한꺼번에 지원해 주는 것이 챗인터페이스(ChatInterface)입니다. 채팅 대화를 입력하고 전달받은 대화를 화면에 표시할 수 있습니다. 화면에 마크다운(MarkDown)으로 지원하는 bold, italics, code, tables 등을 지원하고 audio, video, image 등의 파일도 챗봇에서 표현할 수 있습니다. 챗인터페이스는 기본 기능이 있는 간단한 챗봇을 빠르게 만들수 있습니다. 좀 더 복잡하거나 다른 형태로 챗봇을 개발할 때는 다음에 다룰 챗봇 컴포넌트를 이용합니다. 다음 예제를 통해 챗봇을 구현해 보겠습니다.

```python
import gradio as gr

def display(message, history):
    return message

app=gr.ChatInterface(fn=display, title="헤이마트 Bot")

app.launch()
```

gr.ChatInterface()에서 fn 매개변수는 [Submit] 버튼을 클릭하였을 때 호출되는 함수로, 예제에서는 display()를 호출하도록 하였습니다. title은 "헤이마트 Bot"으로 챗봇 상단에 다음과 같이 출력됩니다. display 함수를 보면 두 개의 매개변수를 사용하는 것을 알 수 있습니다. message는 사용자가 입력한 내용입니다. 실행하면 [그림 2-65]와 같은 화면을 볼 수 있습니다.

[그림 2-65] 그라디오 챗인터페이스

챗인터페이스에는 다양한 매개변수를 사용할 수 있습니다.

- **fn**: [Submit] 버튼 클릭 시 호출되는 함수
- **textbox**: 대화 입력 창 설정
- **title**: 챗봇의 제목 설정
- **description**: 챗봇의 설명 설정
- **theme**: 테마 설정, gr.themes.*
- **retry_btn**: 마지막에 물어본 대화 다시하기 설정
- **undo_btn**: 마지막 대화 삭제
- **clear_btn**: 대화전체 삭제
- **additional_inputs**: 추가 블록 정의

위 매개변수를 사용하여 챗인터페이스를 생성해 보겠습니다. 다음 예제를 실행해 보겠습니다.

```
import gradio as gr

def display(message, history , additional_input_info):
    return message

app=gr.ChatInterface(
        fn=display,
        textbox=gr.Textbox(placeholder="대화를 입력해 주세요", scale=7),
        title="헤이마트 챗봇",
        description="마트이용에 대한 모든 것을 알려드립니다.",
        theme="soft",
        examples=[["세일 물품"], ["물건 위치"], ["XX 가격 알려 줘"]],
        retry_btn="재전송",
        undo_btn="이전 대화 삭제",
        clear_btn="모든 대화 삭제",
        additional_inputs=[
            gr.Textbox("관리자 호출", label="긴급 시 사용하세요")
        ]
)

app.launch()
```

다음 그림을 보면 매개변수가 어떻게 적용되었는지 확인할 수 있습니다.

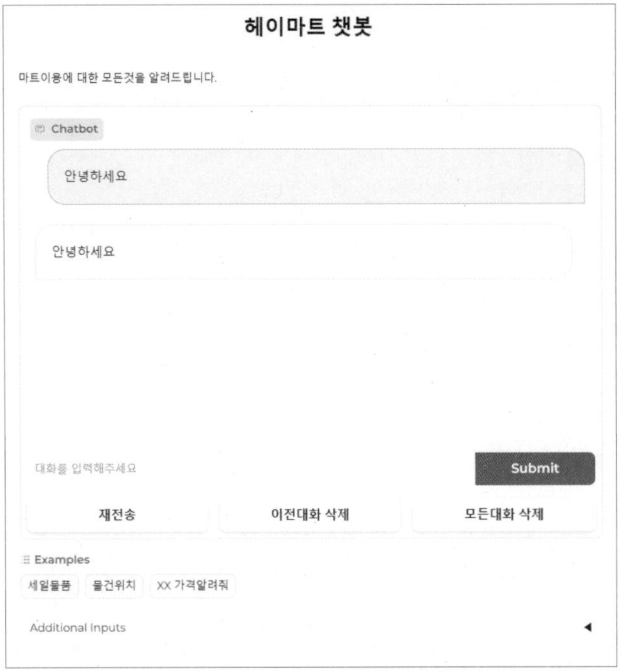

[그림 2-66] 헤이마트 챗봇

4 블록 레이아웃

그라디오의 블록스를 사용하여 앱을 제작하고자 할 때 레이아웃에 대해 많은 고민을 하게 됩니다. 레이아웃이란, 앱을 제작할 때 앱이 실행되는 화면 안에서 버튼, 입력 창 같은 것을 효과적으로 배치하는 것을 말합니다. 그라디오에서는 다음에 다룰 컴포넌트를 효율적으로 배치하는 것을 뜻합니다. 블록 안에 레이아웃을 구성할 때 사용할 요소들을 살펴보겠습니다.

◆ 로

로(Row)는 앱 안에서 컴포넌트를 수평적으로 배치할 때 사용합니다. 사용 방법은 다음과 같습니다.

```
with gr.Blocks() as 이름:
    with gr.Row():
            배치할 컴포넌트1
            배치할 컴포넌트2
```

다음 예제를 실행해 보겠습니다.

```
import gradio as gr

with gr.Blocks() as app:
    with gr.Row():
        btn1 = gr.Button("1층 이동")
        btn2 = gr.Button("2층 이동")

app.launch()
```

블록을 생성하고 그 아래에 `with gr.Row()`를 사용하여 수평으로 배치하는 레이아웃을 생성했습니다.

`gr.Row()` 안에는 두 개의 버튼을 생성하였습니다. 실행해 보면 다음 그림처럼 두 개의 버튼이 수평으로 나열되는 것을 확인할 수 있습니다.

1층이동	2층이동

[그림 2-67] 그라디오 로

만약, 두 개의 컴포넌트 높이가 다른 경우에는 다음 예제처럼 `gr.Row()` 안에 `equal_height=True`를 넣어 주면 높이가 자동으로 맞춰집니다. 예제를 실행해 보겠습니다.

```
import gradio as gr

with gr.Blocks() as app:
    with gr.Row(equal_height=True):
        text = gr.Textbox()
        btn2 = gr.Button("입력")
app.launch()
```

실행 결과를 확인해 보면, [그림 2-68]처럼 텍스트 박스와 버튼의 높이가 일정하게 맞춰진 것을 볼 수 있습니다.

[그림 2-68] Gradio Row 자동 높이 맞춤

레이아웃을 구성할 때 다음 예제처럼 여러 개의 **gr.Row( )**를 사용할 수도 있습니다.

```python
import gradio as gr

with gr.Blocks() as app:
    with gr.Row(equal_height=True):
        text1=gr.Textbox()
        text2=gr.Textbox()
    with gr.Row():
        btn1=gr.Button("입력")
        btn2=gr.Button("취소")

app.launch()
```

실행 결과는 다음과 같이 두 개의 **Row Rayout**이 구성되고 위 레이아웃에는 텍스트박스 두 개, 아래 레이아웃에는 버튼 두 개가 생성됩니다.

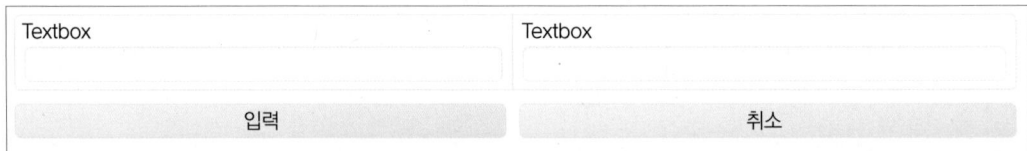

[그림 2-69] 그라디오 두 개 로(Row) 구성 화면

◆ 칼럼

칼럼(Column)은 앱 안에서 수직으로 컴포넌트를 배치할 때 사용합니다. 사용 방법은 다음과 같습니다.

```python
import gradio as gr

with gr.Blocks() as app:
    with gr.Column():
```

```
        text1=gr.Textbox()
        text2=gr.Textbox()

app.launch()
```

실행하면 [그림 2-70]처럼 텍스트 박스가 수직으로 두 개 나열되는 것을 볼 수 있습니다.

```
Textbox

Textbox
```

[그림 2-70] 그라디오 칼럼

여러 개의 칼럼을 사용할 때 각 칼럼의 width 비율을 조절할 수 있습니다. 즉, 어떤 칼럼의 넓이는 더 크게 가져갈 지를 지정할 수 있습니다. 이때 사용하는 변숫값이 scale입니다.

gr.Column(scale=2)와 같이 입력하며 칼럼을 다른 것보다 2배 크게 만들겠다는 뜻입니다. 다음 예제를 통해서 레이아웃의 width를 조절해 보겠습니다.

```
import gradio as gr

with gr.Blocks() as app:
    with gr.Row():
        with gr.Column(scale=2):
            text1=gr.Textbox()
            text2=gr.Textbox()
        with gr.Column(scale=1):
            btn1=gr.Button("1층")
            btn2=gr.Button("2층")

app.launch()
```

결과를 보면 textbox가 있는 칼럼의 넓이가 버튼이 있는 칼럼보다 2배 더 큰 것을 확인할 수 있습니다. 아무런 옵션이 없는 결과와 두 개를 놓고 비교해 보면 확연하게 다르다는 것을 알 수 있습니다.

Textbox	1층
	2층
Textbox	

Textbox	1층
	2층
Textbox	

[그림 2-71] 그라디오 칼럼 스케일 적용 결과 비교

그림에서 위는 스케일 옵션을 넣지 않은 결과이고 아래는 스케일을 넣은 결과입니다. 두 개의 칼럼 넓이가 달라진 것을 확인할 수 있습니다.

◆ 탭

탭(Tab)은 레이아웃을 탭으로 구성할 때 사용하는 요소입니다. 다음과 같이 사용됩니다.

```
with gr.Block() as 앱이름:
    with gr.Tab("탭 이름1"):
        컴포넌트 1
        컴포넌트 2
    with gr.Tab("탭 이름2"):
        컴포넌트 1
        컴포넌트 2
```

gr.Tab()을 사용하여 탭 레이아웃을 구성하고 탭 안에 넣을 컴포넌트를 입력하면 됩니다. 다음 예제를 통해 탭을 구성해 보겠습니다.

```
import gradio as gr

with gr.Blocks() as app:
    with gr.Tab('구매'):
        text1=gr.Textbox()
        btn1=gr.Button("구매하기")
```

```
    with gr.Tab('환불'):
        text2 = gr.Textbox()
        btn2 = gr.Button("환불하기")

app.launch()
```

블록 안에 구매와 환불 두 개의 탭을 구성한 예제입니다. 구매 탭에 [textbox]와 [구매하기] 버튼, 판매 탭에 [textbox]와 [환불 하기] 버튼 컴포넌트를 구성하였습니다. 실행 결과는 다음과 같습니다.

```
구매  환불
Textbox


                              구매하기
```

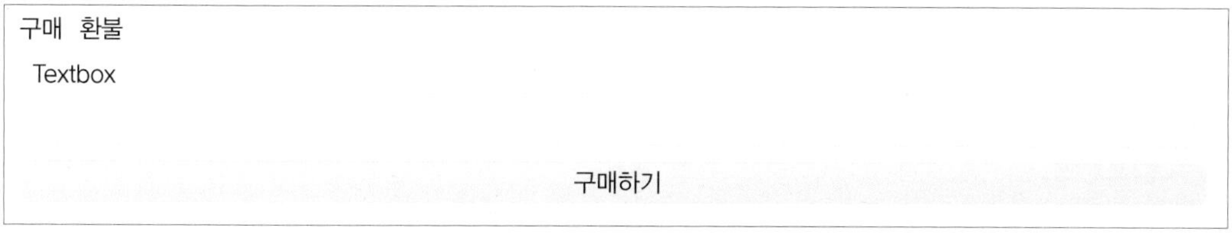

[그림 2-72] 그라디오 탭 예제

◆ 그룹

그룹(group)은 레이아웃을 구성할 때나 컴포넌트들을 여백 없이 결합할 때 사용합니다. 사용 방법은 gr.Group()을 사용하고 결합할 컴포넌트를 입력하면 됩니다. 다음 예제를 실행해 보면 여백이 없다는 의미를 알 수 있습니다.

```
import gradio as gr

with gr.Blocks() as app:
    with gr.Group():
        text1 = gr.Textbox()
        btn1 = gr.Button("구매하기")
    with gr.Group():
        text2 = gr.Textbox()
        btn2 = gr.Button("환불하기")

app.launch()
```

위 예제에서 두 개의 그룹으로 각각 textbox와 버튼을 자식으로 넣었습니다. 실행 결과는 다음과 같습니다.

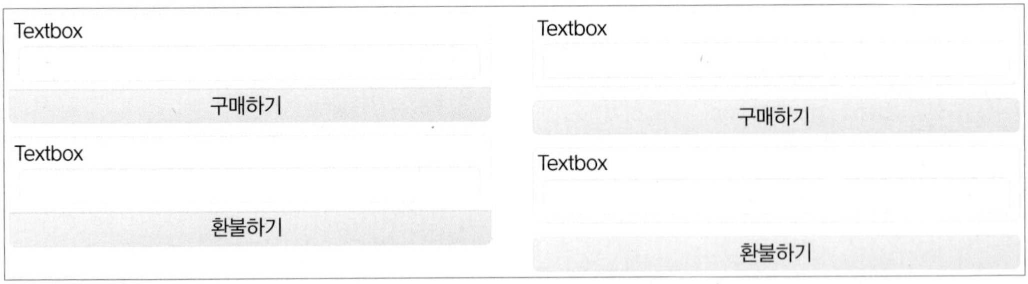

Textbox	Textbox
구매하기	구매하기
Textbox	Textbox
환불하기	
	환불하기

[그림 2-73] 그라디오 그룹 예제 결과

위 그림의 왼쪽이 group 레이아웃을 사용한 결과, 오른쪽이 사용하지 않은 결과입니다. 두 개를 보면 group을 사용한 컴포넌트들이 여백 없이 버튼과 텍스트 박스가 붙어 있는 것을 확인할 수 있습니다.

5 컴포넌트

inputs, outputs에 다양한 컴포넌트를 사용할 수 있습니다. 그라디오에서 지원하는 컴포넌트들을 알아보겠습니다.

◆ **텍스트**

텍스트(Text)는 gr.Text나 gr.Textbox를 사용합니다. 텍스트를 입력하거나 출력할 수 있는 창이 생성됩니다. 다음 코드를 실행해 보겠습니다.

```
import gradio as gr

def display(text):
    return text

app=gr.Interface(fn=display, inputs=gr.Text(), outputs=gr.Textbox())

app.launch()
```

gr.Interface에서 inputs에는 gr.Text() 컴포넌트, outputs에는 gr.Textbox()를 사용하였습니다. 다음 화면과 같이 inputs과 outputs에 text display 창이 생성되는 것을 확인할 수 있습니다.

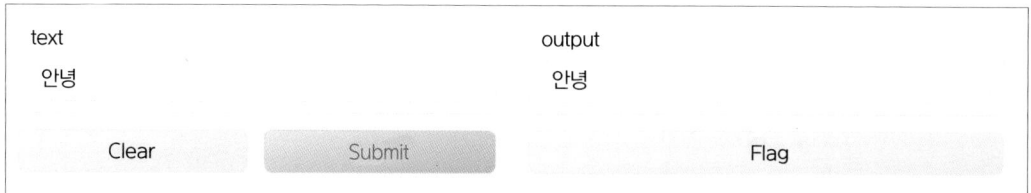

[그림 2-74] 그라디오 텍스트 컴포넌트 예제 결과

◆ 데이터

데이터(Data) 컴포넌트는 "str","number","bool","date","markdown"등을 사용할 수 있습니다. 판다스(Pandas)의 데이터프레임(DataFrame)을 기본으로 사용합니다. 출력 데이터 타입은 `numpy array` 타입이나 파이썬의 array로 출력할 수 있습니다. 다음 예제를 실행해 보겠습니다.

```python
import gradio as gr

def display(data):
    return data

demo=gr.Interface(fn=display, inputs=gr.Dataframe(), outputs="dataframe")
demo.launch()
```

`Data` 화면에서 숫자, 문자 데이터를 입력할 수 있습니다.

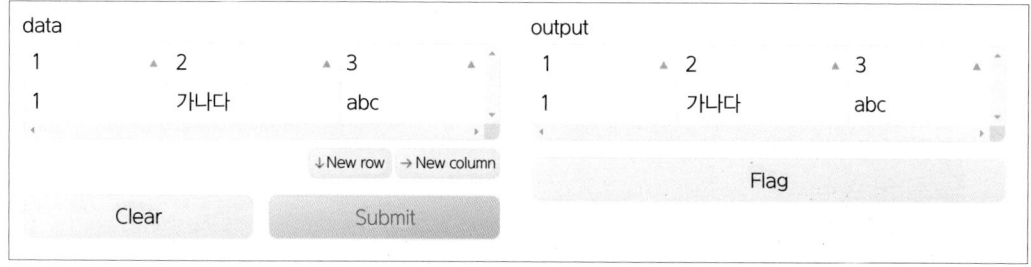

[그림 2-75] 그라디오 데이터 컴포넌트 예제 결과

◆ 미디어

그라디오에서는 image, video, audio, file 등의 파일을 media 컴포넌트를 통해 사용할 수 있습니다. 다음은 이미지를 입력하는 예제입니다.

```python
import gradio as gr

def display(image):
    return image.rotate(90)

demo=gr.Interface(fn=display,
                  inputs=gr.Image(type="pil"), outputs="image")
demo.launch()
```

실행 화면은 다음과 같습니다.

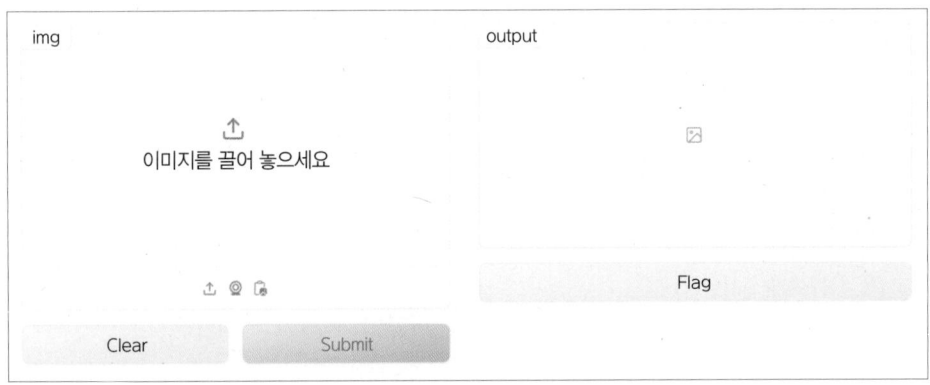

[그림 2-76] 그라디오 이미지 입출력 실행 화면

[그림 2-77]에서 이미지 입력 아이콘을 클릭하여 이미지를 업로드하거나 웹캠을 사용하여 이미지를 입력할 수도 있습니다.

[그림 2-77] 그라디오 이미지 입력 예시

display 함수에서는 이미지를 90° 회전하는 코드를 입력하였습니다. 결과 창에 inputs로 입력된 이미지가 90° 회전되어 출력됩니다.

gr.Image(type="pil")에서 type은 image의 type으로, "numpy", "pil", "filepath"를 넣을 수 있습니다. 예제에서는 type을 PIL.Image type으로 입력하였습니다. 이미지를 입력한 후 [Submit]을 클릭합니다. 입력된 이미지가 PIL.image type로 입력되어 display 함수에서 이미지가 90° 회전하여 결과를 전달합니다. outputs 창에 다음과 같이 출력되는 것을 확인할 수 있습니다.

[그림 2-78] 그라디오 이미지 90° 회전 실행 화면

gr.Image( ) 컴포넌트를 사용할 때 미리 예제 등을 넣어 호출할 수도 있습니다. 예제를 미리 넣으면 사용자들이 앱을 사용하는 데 있어 좀 더 직관적으로 다가갈 수 있습니다. 다음 예제를 통해 예제 이미지를 입력하는 방법을 살펴보겠습니다. 먼저 예제를 실행하기에 앞서 샘플로 사용할 이미지 3장을 코랩에 images 폴더를 생성하여 넣고 이름을 hey_exam_1.jpg, hey_exam_2.jpg, hey_exam_3.jpg로 변경하여 업로드하겠습니다. 폴더명과 파일의 위치는 어디든지 상관없습니다.

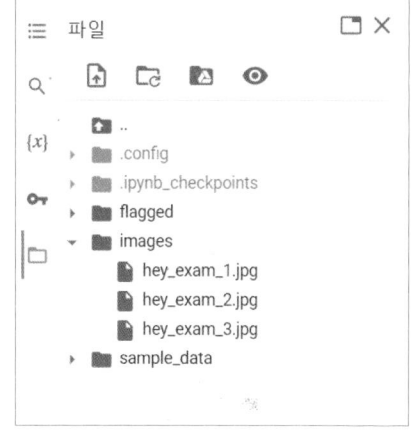

[그림 2-79] 코랩 예제 이미지 업로드

```
import gradio as gr
import os

def display(image):
    return image.rotate(45)

app = gr.Interface(
    display,
    gr.Image(type = "pil",width = 400,height = 300),
    gr.Image(type = "pil",width = 400,height = 300),
    examples = [
        "images/hey_exam_1.jpg",
        "images/hey_exam_2.jpg",
        "images/hey_exam_3.jpg"
    ],
)

app.launch()
```

위는 이미지를 입력받아 45° 회전해서 출력하는 코드입니다. gr.Interface( )에 4번째 매개
변수를 보면 examples를 사용한 것을 볼 수 있습니다. examples 매개변수에 리스트로 예제
이미지의 경로를 입력하면 됩니다. 예제 이미지를 클릭하면 inputs에 예제 이미지가 입력되고
[Submit]을 클릭하면 display 함수가 호출되고 함수의 결괏값이 결과 창에 이미지가 45° 회전
한 결과물이 출력됩니다.

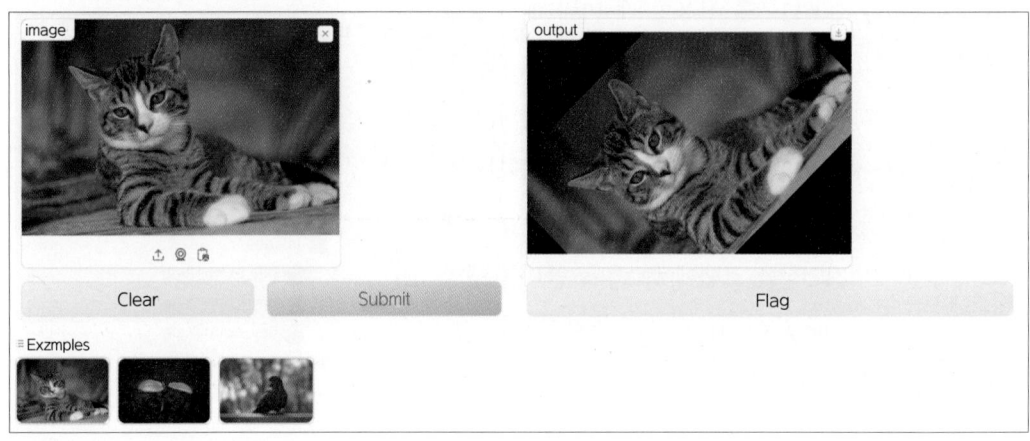

[그림 2-80] 그라디오 이미지 예시: 이미지 등록 화면

다음은 inputs에 기본값으로 이미지를 입력하는 방법을 알아보겠습니다. 다음 예제를 실행해 보겠습니다.

```python
import gradio as gr
import os

def display(image):
    return image.rotate(45)

app=gr.Interface(
    display,
    gr.Image(type="pil",width=400,height=300,value="images/hey_exam_1.jpg"),
    gr.Image(type="pil",width=400,height=300)
)

app.launch()
```

gr.Interface( )에 inputs 인수로 들어가는 gr.Image( ) 컴포넌트에 value = "기본 이미지 경로"를 넣으면 앱이 실행될 때 inputs에 value에 해당하는 이미지가 [그림 2-81]과 같이 출력됩니다.

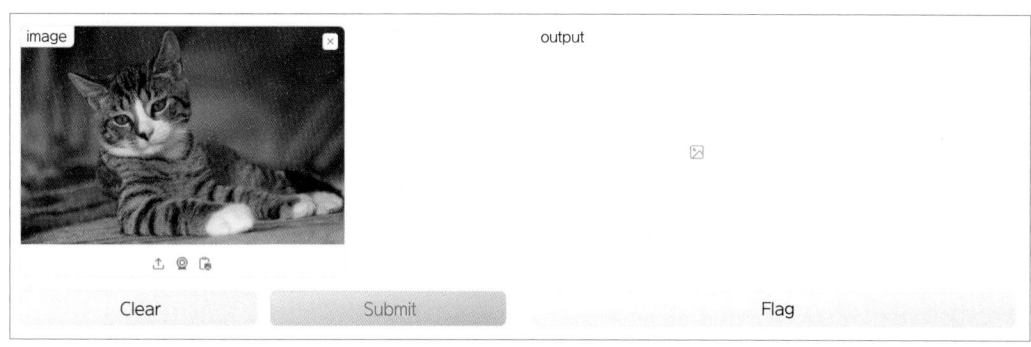

[그림 2-81] 그라디오 이미지 밸류 설정 실행 화면

다음은 비디오를 사용해 보겠습니다. 비디오를 사용할 때는 gr.video( ) 컴포넌트를 사용합니다. 다음 예제를 실행해 보겠습니다.

```
import gradio as gr

def display(video):
    return video

app = gr.Interface(display, gr.Video(), "video")
app.launch()
```

실행하면 [그림 2-82]와 같이 나타납니다. 이미지와 같이 파일로 직접 올리거나 웹캠으로 촬영한 영상을 업로드할 수 있습니다.

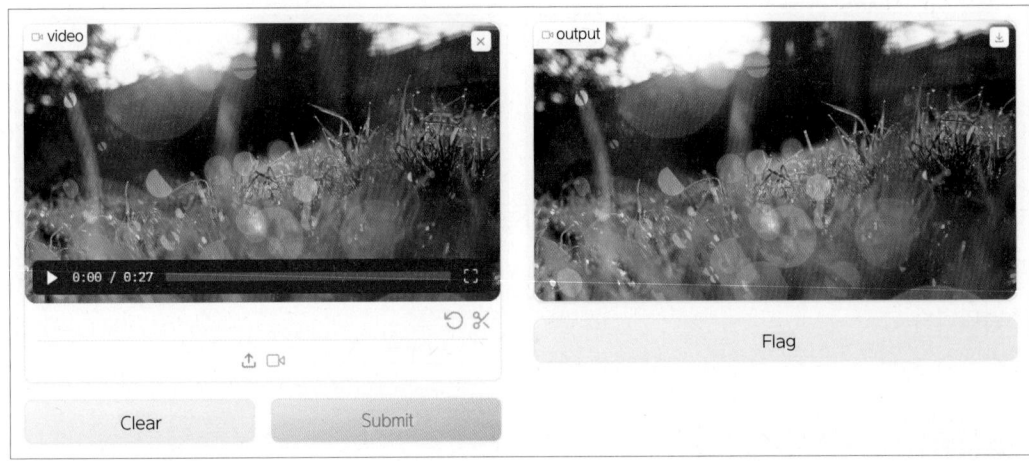

[그림 2-82] 그라디오 영상 업로드 화면

다음은 오디오를 사용해 보겠습니다. 오디오를 사용할 때는 gr.audio() 컴포넌트를 사용합니다. 다음 예제를 실행해 보겠습니다.

```
import gradio as gr

def display(audio):
    return audio

app = gr.Interface(display, gr.Audio(), "audio")
app.launch()
```

실행 결과는 다음과 같습니다. 사운드 파일을 직접 업로드하거나 마이크 모양의 아이콘을 클릭하면 마이크를 통해 오디오 파일을 입력할 수 있습니다.

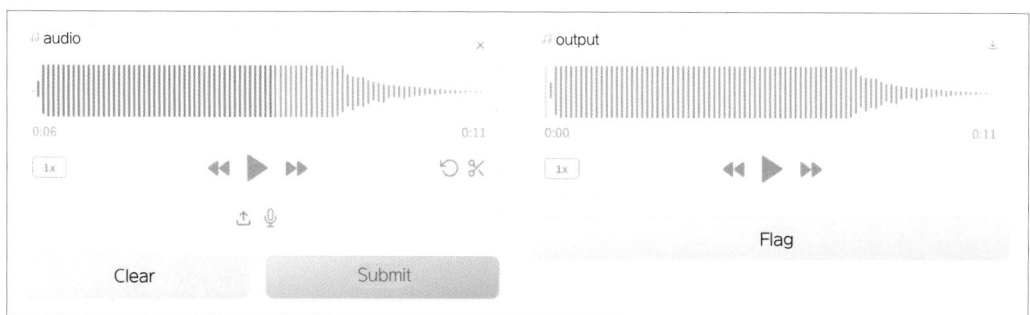

[그림 2-83] 그라디오 사운드 업로드 화면

사운드 입력 시 사운드 속도를 조절하거나 특정 부분을 편집해서 업로드할 수 있습니다.

◆ 체크 박스

체크 박스(Check box)를 사용할 때는 `gradio.Checkbox()` 컴포넌트를 사용합니다. 결괏값은 `True`, `False`로 확인 가능합니다. 다음 예제를 실행해 보겠습니다.

```
import gradio as gr

def display(check):
    if check==True:
        return "Vip입니다."
    elif check==False:
        return "일반 고객입니다."

app=gr.Interface(display,gr.Checkbox(label="VIP 유무"),"text")
app.launch()
```

실행 결과는 다음과 같습니다.

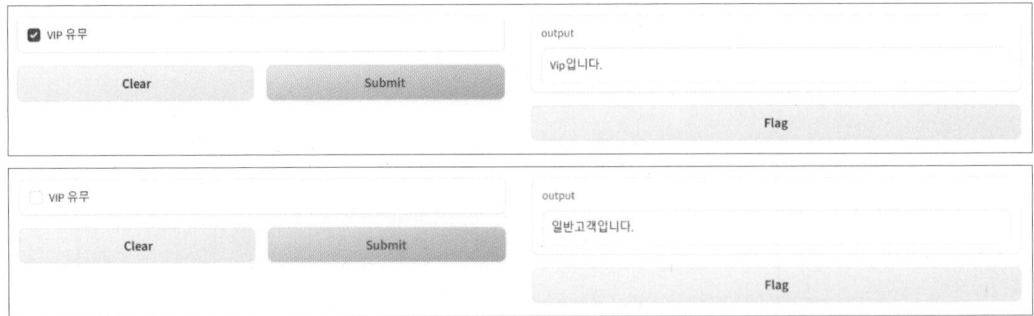

[그림 2-84] 그라디오 체크 박스 실행 화면

체크 박스 클릭 유무에 따라 outputs에 다른 결괏값이 나타나는 것을 확인할 수 있습니다.

◆ 셀렉트 박스

셀렉트 박스(Select box)는 여러 개의 체크 박스를 하나로 묶어 사용할 수 있는 컴포넌트입니다.
결괏값은 리스트 형태로 전달됩니다.

```python
import gradio as gr

def display(cart):
    text='장바구니 : '
    for temp in cart:
        text += temp
        text += ' '
    return text

app=gr.Interface(
    display,
    gr.CheckboxGroup(["사과", "딸기", "바나나", "수박"]),
    "text")

app.launch()
```

위 예제를 실행한 후 inputs cart 입력 창에 "사과", "수박"을 입력하고 [Submit] 버튼을 클
릭하면 outputs에 다음처럼 출력됩니다. display( ) 함수의 cart 매개변수에 결괏값이 list
로 전달되므로 for문을 이용하여 list에 있는 데이터를 하나씩 가져와 한 문장으로 만들어 출력
하였습니다.

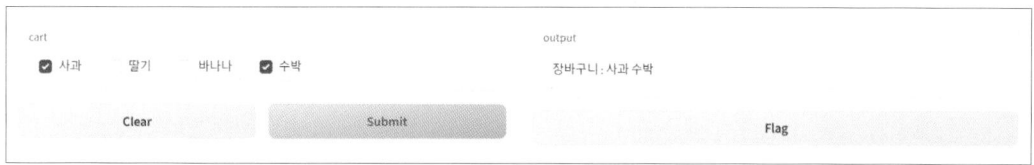

[그림 2-85] 그라디오 셀렉트 박스 실행 화면

◆ 슬라이더

슬라이더(slider) 컴포넌트는 슬라이더 바를 만들 때 사용하는 컴포넌트입니다. 슬라이더 바를 생성할 때 최솟(minimum)값과 최댓(maximun)값을 입력하고 슬라이더 바 이동 시 변경되는 값을 step으로 조절합니다. 다음 예제를 실행해 보겠습니다.

```python
import gradio as gr

def display(value):
    return "구매 개수 : "+str(value)

app=gr.Interface(
    display,
    gr.Slider(minimum=0,maximum=100,step=1),
    "text")

app.launch()
```

그라디오 앱에서 inputs에 슬라이더 바를 사용한 예제입니다. slider는 최솟값이 '0', 최댓값이 '100'이고 슬라이더 바를 움직일 때마다 1씩 증가 또는 감소하도록 step을 '1'로 설정하였습니다. [Submit] 버튼을 클릭하면 display( ) 함수가 호출되고 매개변수로 slider의 값이 숫자형 데이터의 형태로 value 매개변수에 전달됩니다. 실행 결과는 다음과 같습니다.

[그림 2-86] 그라디오 슬라이더 실행 화면

◆ 드롭다운

드롭다운(dropdown) 메뉴를 구현할 때 사용하는 컴포넌트입니다. `gr.Dropdown( )`을 사용하며, 다음 예제를 통해 구현해 보겠습니다.

```python
import gradio as gr
import os

def display(dropmenu):
    return dropmenu + "으로 이동합니다."

app = gr.Interface(
    display,
    gr.Dropdown(['1층','2층','3층'],label='이동 층',
                info='이동할 층을 골라 주세요'),
    gr.Text()
)

app.launch()
```

`inputs`에 `gr.Dropdown( )`을 사용하였습니다. 첫 번째 인수에 리스트 형태로 드롭다운에 들어갈 값을 입력합니다. 두 번째 인수(label)는 드롭다운 메뉴 위에 표시될 라벨, 세 번째 인수(info)에는 정보를 입력할 수 있습니다. 실행 결과는 다음과 같습니다.

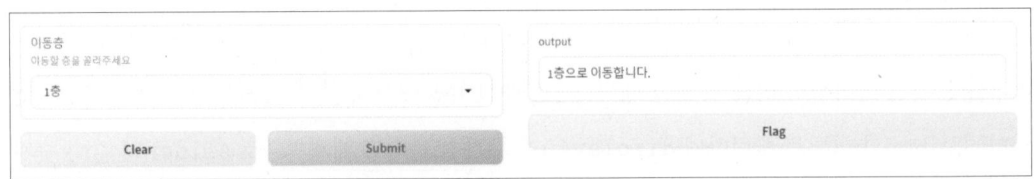

[그림 2-87] Gradio Dropdown 실행 화면

드롭다운에서 층을 선택한 후 [Submit] 버튼을 클릭하면 결과 창에 선택된 층으로 이동한다는 텍스트가 출력됩니다.

◆ 버튼

버튼(Button) 컴포넌트는 `Blocks class`에서 사용 가능합니다. 버튼을 클릭할 때 특정 이벤트를 수행할 수 있습니다. 버튼을 클릭하면 입력된 데이터를 사용하여 함수를 호출해서 `outputs`에 출력 가능합니다. `gradio.Button()` 컴포넌트를 사용하고 인수에 `value = "Submit"`을 입력합니다. `gradio.Button.click()` 이벤트를 추가하여 버튼 클릭 시 이벤트를 추가합니다. 다음 버튼 사용 예제를 실행해 보겠습니다.

```python
import gradio as gr

def display(text):
    return text

with gr.Blocks() as app:
    text1 = gr.Textbox(label = "Name")
    text2 = gr.Textbox(label = "Output")
    btn = gr.Button(value = "Submit")
    btn.click(fn = display, inputs = text1, outputs = text2)

app.launch()
```

`btn.click(fn = display, inputs = text1, outputs = text2)`에서 버튼을 클릭하면 `inputs`에는 `text1`, `outputs`에는 `text2`를 사용하고 `display` 함수가 실행되는 예제입니다. 실행 결과는 [그림 2-88]과 같습니다.

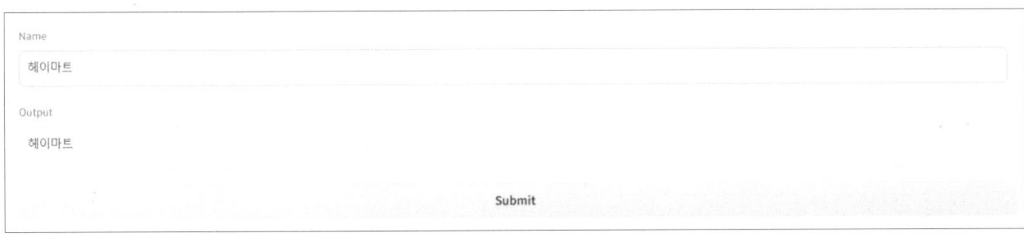

[그림 2-88] 그라디오 버튼 실행 화면

`name`에 "헤이마트"를 입력하고 [Submit] 버튼을 클릭하면 결과 창에 `name`에 입력된 텍스트가 출력됩니다.

◆ **클리어버튼**

컴포넌트를 사용하다 보면 값을 잘못 입력하였거나 출력 창을 다시 삭제해야 하는 경우들이 있습니다. 이때 사용할 수 있는 것이 클리어버튼(ClearButton) 컴포넌트입니다. `gr.ClearButton( )`을 사용합니다. 다음 예제를 실행해 보겠습니다.

```python
import gradio as gr

def display(text):
    return text

with gr.Blocks() as app:
    text1 = gr.Textbox(label="Name")
    text2 = gr.Textbox(label="Output")
    btn = gr.Button(value="Submit")
    btn.click(fn=display, inputs=text1, outputs=text2)
    gr.ClearButton([text1, text2])

app.launch()
```

앞에서 실행했던 `Button` 예제에 `ClearButton`을 추가한 코드입니다. `gr.ClearButton( )`의 첫 번째 인수에 내용을 지우고 싶은 컴포넌트를 입력하여 사용합니다. 여러 개의 컴포넌트를 초기화하고 싶을 때는 형태로 리스트 컴포넌트를 입력하면 됩니다. 위 예제를 실행한 후 `inputs`에 이름을 입력하고 [Submit] 버튼을 클릭하여 실행한 다음 [Clear] 버튼을 클릭하면 [그림 2-89]처럼 내용이 초기화되는 것을 확인할 수 있습니다.

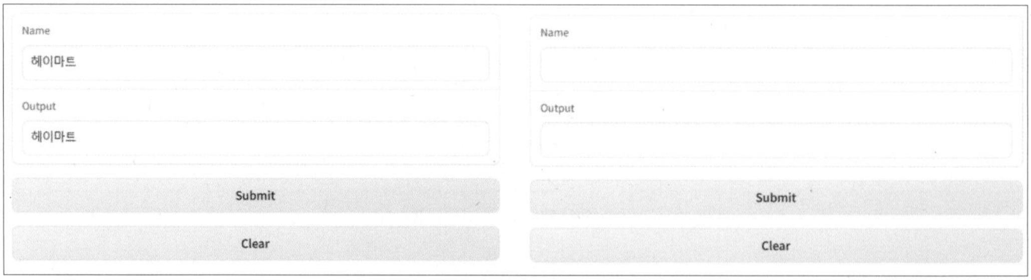

[그림 2-89] 그라디오 버튼 실행 화면

[Clear] 버튼 클릭 시 `text1`, `text2` 컴포넌트가 초기화되도록 되어 있으므로 `inputs`과 `outputs` 모두 초기화되는 것을 확인할 수 있습니다.

5-1 챗봇 디자인

프로젝트를 진행하기 전에 어떤 기능이나 화면 구성으로 서비스할 것인지 미리 구상하는 것이 매우 중요합니다. 이 과정에서 몇 가지 핵심적인 사항을 고려해 봅시다.

1 사용자 인터페이스 설계

사용자 인터페이스(UI)는 챗봇과 사용자 간의 상호 작용을 결정하는 중요한 요소입니다. 이는 직관적이고 사용하기 쉬워야 하며 사용자의 요구를 효과적으로 반영할 수 있어야 합니다. 사용자에게 친숙한 UI를 변형하여 사용하는 경우가 일반적입니다.

2 기능성

챗봇의 핵심 기능을 결정하는 것은 프로젝트의 방향을 정하는 데 중요합니다. 챗봇 서비스로 사용자에게 어떠한 도움을 주기를 원하는지 목적을 명확히 한 후 구현해야 할 목록을 작성해 봅시다.

3 기술적 구현

챗봇의 기술적 구현은 프로젝트에 결정적인 역할을 합니다. 구현할 플랫폼을 선정하고 그에 맞는 기술적 요구사항을 파악해야 합니다. 또한 사용자의 요구에 부합하는 알고리즘을 개발하여 챗봇의 효율성을 높여야 합니다.

위 세 가지 사항을 고려하여 각기 다른 레이아웃과 기능을 가진 챗봇을 구현해 봅시다. 첫 번째로는 상담을 해 주는 챗봇, 두 번째로는 번역을 도와주는 챗봇, 세 번째로는 소설을 작성해 주는 챗봇을 만들어 보겠습니다.

5-2 레이아웃 구성

레이아웃을 구성할 때는 사용자가 편의성을 중시해야 합니다. 직관적으로 사용할 기능들이 보이면서 순차적으로 작업할 수 있도록 불필요한 동선을 줄여 사용자의 피로감을 덜어 주도록 구성하는 것이 좋습니다.

다음은 첫 번째로 만들어 볼 상담봇의 레이아웃입니다. 상담봇을 이용할 사용자의 편의성을 위해 친숙한 형태의 레이아웃을 구성해 봤습니다. 상단에는 메시지를 주고받는 듯한 메시지 화면을 구성했고, 하단에는 문의를 위한 입력 창, 문의 내용을 보내기 위한 버튼, 답변 삭제, 채팅 내역 초기화 기능들을 배치했습니다.

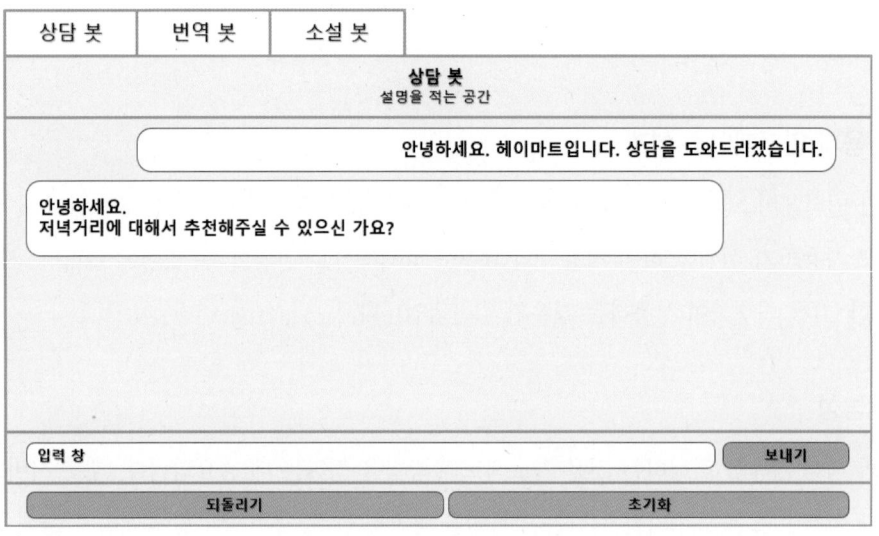

[그림 2-90] 상담봇 레이아웃 전체

두 번째는 번역봇입니다. 번역에 필요한 핵심 기능 만으로 구성했습니다. 번역 스타일과 번역할 언어를 설정하고 [번역] 버튼을 상단에 두어 상시 사용할 수 있다는 것을 알려 줍니다. 그 밑에는 번역할 내용을 입력할 공간과 출력할 공간으로 나누어 배치했습니다.

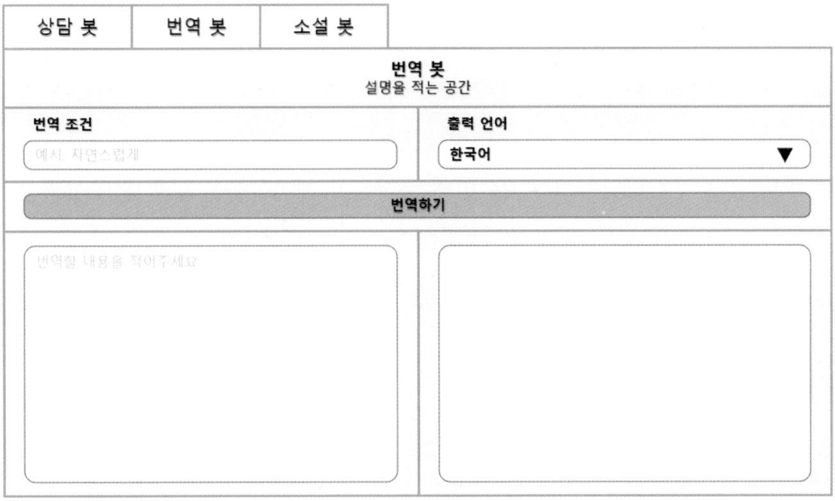

[그림 2-91] 번역봇 레이아웃

세 번째는 소설봇입니다. 상단에는 소설을 작성하기 위한 옵션을 담도록 구성하였습니다. 글자 수의 범위는 어디까지 할 것인지, 얼마나 창의적으로 작성할 것인지, 소설의 세부 설정을 어떻게 할 것인지 등 필요한 옵션을 설정할 수 있는 기능을 모았습니다. 세부 설정을 너무 길게 입력하면 기본 화면 구성을 해치기 때문에 아코디언 기능을 이용해 해당 옵션을 감출 수 있도록 구성했습니다.

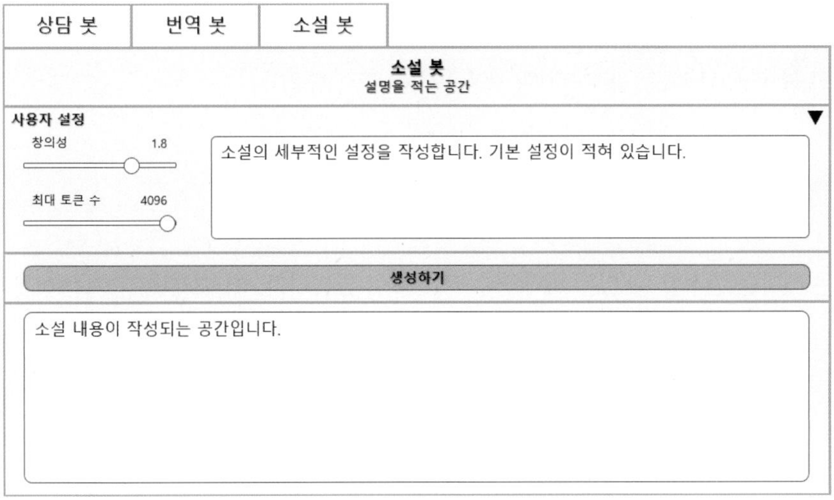

[그림 2-92] 소설봇 레이아웃 전체

제일 상단에 공통적으로 등장하는 상담봇, 번역봇, 소설봇은 탭으로, 각 탭을 클릭하면 해당 탭과 일치하는 기능을 가진 메인 화면으로 레이아웃이 변경됩니다.

5-3 챗봇 기능 추가

레이아웃 구성이 완료되었으면 이제 기능을 추가할 차례입니다. 기능을 추가할 때는 크게 두 단계로 작업을 진행합니다. 첫 번째로 레이아웃을 구성하는 코드를 작성하고, 두 번째로 각 레이아웃에 존재하는 기능들을 구현합니다. 기능을 먼저 구현하고 레이아웃을 구현해도 상관없지만, 그라디오는 레이아웃을 쉽게 구성하고 기능을 쉽게 연결할 수 있도록 만들어진 라이브러리이기 때문에 작성한 코드가 화면에 어떻게 보일 것인지를 먼저 확인하며 진행하는 것이 좋습니다.

1 상담봇 기능 추가

미리 기획해 둔 레이아웃 구성의 이미지를 참고하여 코드를 작성해 봅시다. 먼저 코랩에서 새 노트북을 생성하고 그라디오 패키지를 설치합니다.

```
!pip install gradio==4.10
```

설치가 끝나면 새 셀을 생성한 후 레이아웃을 구성하기 위한 토대인 블록을 사용하여 다음과 같이 코드를 작성합니다.

```
import gradio as gr

with gr.Blocks(theme=gr.themes.Default()) as app:
    pass

app.launch()
```

블록에는 테마를 지정할 수 있는 매개변수 **theme**이 있습니다. 이 매개변수 **theme**에 기본 테마인 **gr.themes.Default()**를 작성합니다.

그라디오에는 기본적으로 제공되는 테마가 몇 가지 있습니다. 각 테마는 매개변수 **theme**에 다음과 같은 코드를 입력하여 사용할 수 있습니다.

- gr.themes.Base( )
- gr.themes.Default( )
- gr.themes.Glass( )

- gr.themes.Monochrome( )
- gr.themes.Soft( )

theme에는 또한 사용자가 직접 만든 테마를 적용할 수 있습니다. huggingface에 올라온 테마의 상대 주소를 입력(예 theme="freddyaboulton/test-blue")해 주면 별다른 설치 없이 자동으로 테마가 적용됩니다. 사용자 지정 테마는 다음 주소로 접속하면 확인할 수 있습니다

- https://huggingface.co/spaces/gradio/theme-gallery

아직 블록만으로는 어떠한 버튼이나 창을 나타내는 UI를 확인할 수 없습니다. 블록은 형태를 가지고 있지 않기 때문입니다. 블록이 아닌 레이아웃 또는 컴포넌트를 구성하는 코드를 추가해야만 눈으로 직접 확인할 수 있습니다.

미리 계획했던 레이아웃에 따라 세 가지 기능을 구현할 것입니다. pass를 삭제하고 다음 코드를 블록 아래에 추가하여 세 가지의 탭을 구성해 봅시다.

```python
import gradio as gr

with gr.Blocks(theme=gr.themes.Default()) as app:
    with gr.Tab("상담봇"):
        pass
    with gr.Tab("번역봇"):
        pass
    with gr.Tab("소설봇"):
        pass
app.launch()
```

코드를 실행해 보면 다음과 같이 테마가 적용된 세 개의 탭을 확인할 수 있습니다. 각 탭을 눌러 정상적으로 작동하는지도 확인할 수 있습니다.

◆ 레이아웃 구현하기

상담봇의 레이아웃을 구현하는 코드를 작성해 보기 전에 레이아웃 구성을 살펴보겠습니다.

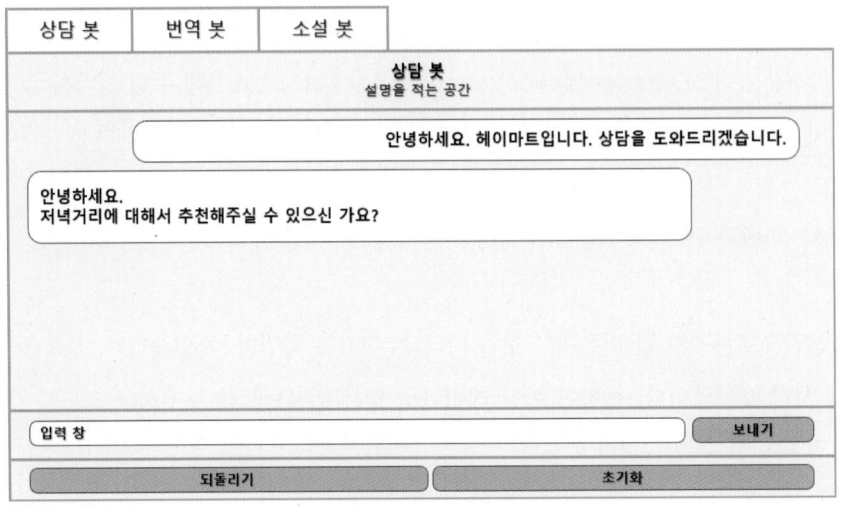

[그림 2-93] 상담봇 레이아웃 전체

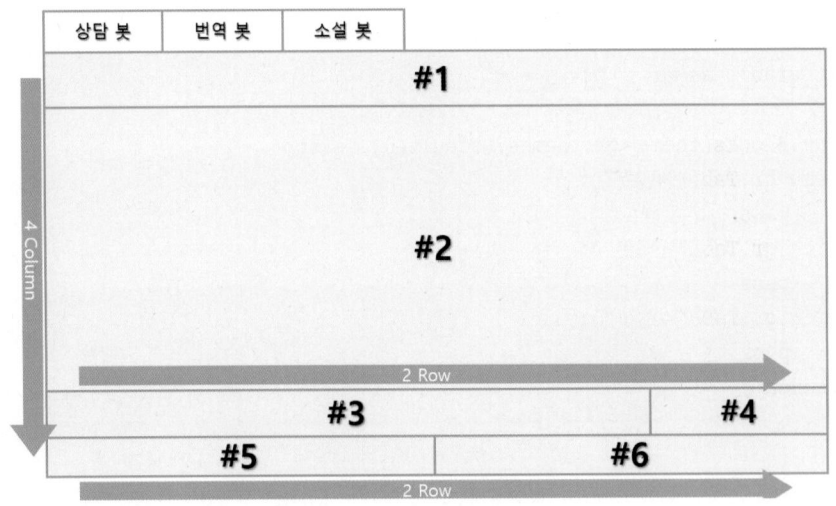

[그림 2-94] 상담봇 레이아웃 구성

탭을 제외한 상담봇의 레이아웃은 [그림 2-94]와 같이 나누어져 있습니다. 세로로 4블록이 쌓여 있고 3번째와 4번째 블록에는 가로로 2블록씩 나누어져 있습니다. 이 레이아웃에 맞춰 코드를 작성해 블록을 쌓아 봅시다. pass를 삭제하고 다음과 같이 코드를 작성합니다.

```
with gr.Tab("상담봇"):
    #1
    gr.Markdown()
    #2
    gr.Chatbot()
    with gr.Row():
        #3
        gr.Text()
        #4
        gr.Button()
    with gr.Row():
        #5
        gr.Button()
        #6
        gr.Button()
```

gr.Column()은 세로로 블록을 쌓을 때, gr.Row는 가로로 블록을 쌓을 때 사용합니다. gr.Tab() 아래에 gr.Column()을 만들고 #1에 들어갈 gr.Markdown()과 #2에 들어갈 Chatbot을 작성해 줍니다. 정석대로라면 with문으로 gr.Column()을 만들고 #1과 #2를 작성해야 하지만 그라디오는 기본값으로 블록을 세로로 쌓는 것을 지원하기 때문에 gr.Column()을 생략할 수 있습니다.

#3, #4는 가로로 블록을 쌓아야 하기 때문에 with문으로 gr.Row( )를 작성한 후 gr.Text( )와 gr.Button( )을 작성해 주었습니다. #5, #6번도 위와 마찬가지로 작성합니다.

완성한 후에 실행하면 다음과 같은 화면이 출력됩니다.

[그림 2-95] 상담봇 레이아웃 구현

다음으로 각각의 컴포넌트에 다음과 같이 구체적인 매개변수를 작성하여 레이아웃을 구성해 봅시다.

◆ #1 레이아웃 구현 - 타이틀 및 설명

상담 봇
설명을 적는 공간

[그림 2-96] 상담봇 레이아웃 구현

[그림 2-96]과 같이 역할을 알려 주는 타이틀 레이아웃을 구현해 보겠습니다.

```python
with gr.Tab("상담봇"):
    #1
    gr.Markdown(
        value="""
        # <center>상담봇</center>
        <center>헤이마트 상담봇입니다. 마트에서 판매하는 상품과 관련된 질문에 답변드립니다.</center>
        """)
    #2
    ...(중략)
```

- value="""
  # ⟨center⟩상담봇⟨/center⟩
  ⟨center⟩헤이마트 상담봇입니다. 마트에서 판매하는 상품과 관련된 질문에 답변드립니다.⟨/center⟩
  """

value의 값에는 일반적인 마크다운(Markdown) 문법을 바탕으로 작성합니다. 마크다운이 아닌 단순 텍스트만 입력해도 정상적으로 출력할 수 있지만, 마트다운 문법에 비해 다양한 형태로 표현하기가 어렵습니다.

다음은 코드에 사용된 마크다운 기능의 예시입니다.

Title 크기	#제목	#제목
	# 제목	제목
	## 제목	제목
	#### 제목	제목
가운데 정렬	⟨center⟩글자⟨/center⟩	글자

실행 결과는 다음과 같습니다.

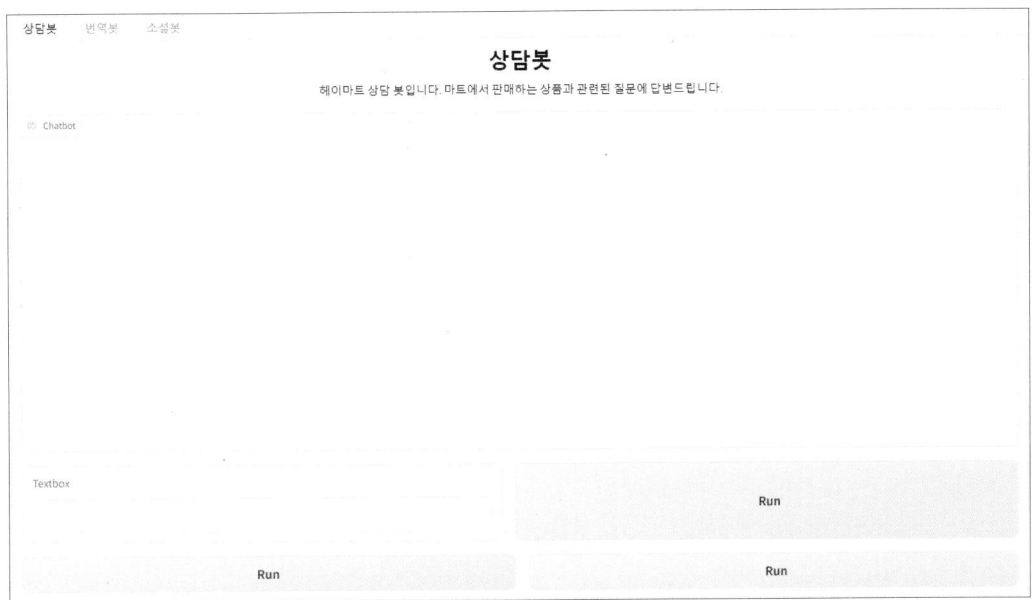

[그림 2-97] 상담봇 타이틀 및 설명 구현

◆ #2 레이아웃 구현 – 채팅 화면

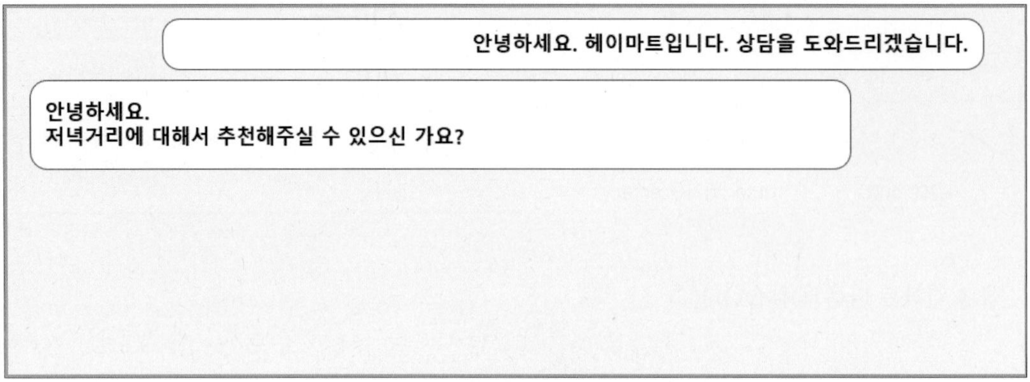

[그림 2-98] 상담봇 채팅 화면

상담봇과의 채팅 내역이 나타나는 채팅 화면 레이아웃을 구현해 보겠습니다. 다음과 같이 코드를 작성합니다.

```
with gr.Tab("상담봇"):
    #1
    gr.Markdown(
    ...(중략)
    #2
    gr.Chatbot(
        value=[[None, "안녕하세요, 헤이마트입니다. 상담을 도와드리겠습니다."]],
        show_label=False
    )
    with gr.Row():
        #3
        ...(중략)
```

- value = [[None, "안녕하세요, 헤이마트입니다. 상담을 도와드리겠습니다."]]
- show_label = False

value는 채팅 내역을 저장하는 역할을 합니다. 다음은 value가 가지는 데이터의 예시입니다.

```
value=[[사용자 입력 데이터, 챗봇 입력 데이터]]
value=[["user input 0", "chatbot input 0"]]
value=[
    ["user input 0", "chatbot input 0"],
    ["user input 1", "chatbot input 1"]
    ]
```

value에 들어갈 값의 형태는 [[,], [,], …]와 같이 리스트 안에 크기 2의 리스트를 필요한 만큼 넣는 형태입니다. 안에 들어가는 크기 2의 리스트에서 첫 번째 원소는 사용자가 입력한 채팅 내용, 두 번째 원소는 챗봇의 채팅 내용을 가집니다.

다음으로 show_label을 False로 설정하여 채팅 레이아웃 좌측 상단의 작은 Chatbot 라벨을 제거합니다. 수정 후 실행한 화면은 다음과 같습니다.

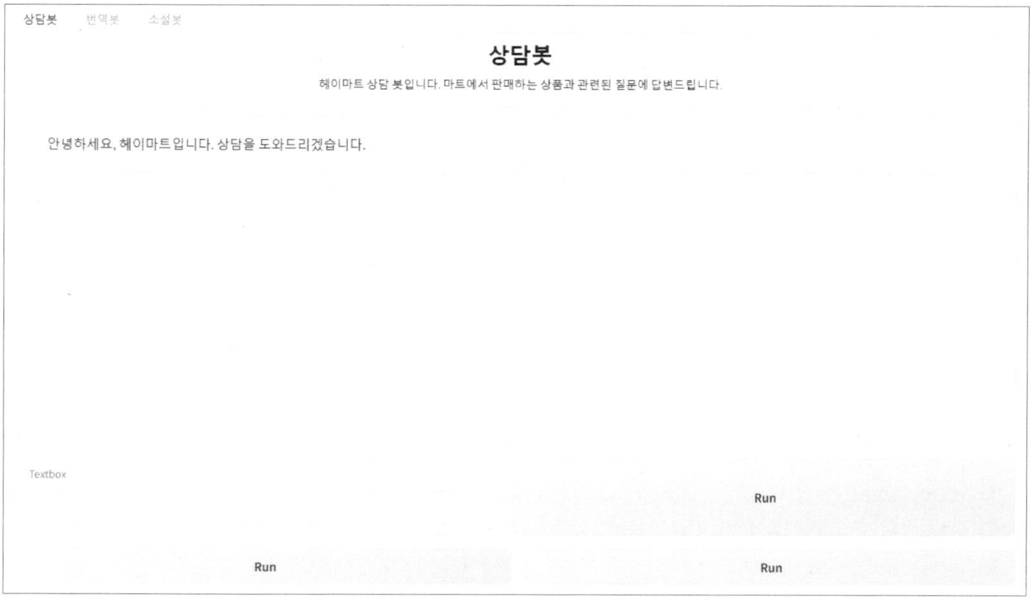

[그림 2-99] 상담봇 채팅 화면 구현

◆ #3 레이아웃 구현 – 입력 창

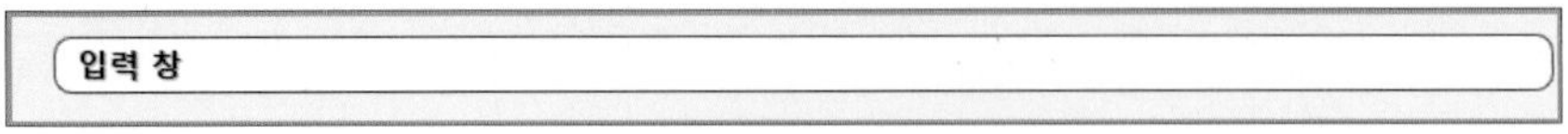

┌───┐
│ **입력 창**   │
└───┘

[그림 2-100] 상담봇 입력 창

채팅 내용을 작성하는 입력 창을 구현해 보겠습니다. 다음과 같이 코드를 작성합니다.

```python
with gr.Tab("상담봇"):
    ...(중략)
    with gr.Row():
        #3
        gr.Text(
            lines=1,
            placeholder="입력 창",
            container=False,
            scale=9
        )
        #4
        ...(중략)
```

- lines=1
- placeholder="입력 창"
- container=False
- scale=9

lines는 화면에 표시할 입력칸의 행의 개수를 뜻합니다. 개수를 1개로 설정하여 한 줄만 표시되도록 합니다.

placeholder는 입력 칸에 예시로 표시할 텍스트를 뜻합니다. '입력 창'이라고 적어 입력하는 영역이라는 것을 알려 주었습니다. '입력 창' 대신 다른 텍스트를 작성해도 좋습니다.

container는 텍스트 박스의 테두리 표시 여부를 뜻합니다. 기본값은 True이며 False로 설정 시 Textbox의 바깥 테두리와 Label(Textbox라고 표시된 텍스트 영역)을 제거합니다.

[그림 2-101] 텍스트 박스 레이아웃

scale은 같은 레이아웃 영역 안의 컴포넌트들 사이에서 차지할 공간의 비중을 나타냅니다. 이 코드에서 scale은 with gr.Row( ) 하위에 추가된 컴포넌트 간의 영역 비중을 설정하며 9의 크기를 가지게 됩니다. 이후 추가할 gr.Button( )의 scale 매개변수의 값을 1로 설정하면 최종적으로 같은 gr.Row( ) 영역 내의 두 컴포넌트는 9:1의 비중을 가지게 됩니다.

실행 결과는 다음과 같습니다.

[그림 2-102] 상담봇 입력 창 구현

◆ #4 레이아웃 구현 – [보내기] 버튼

보내기

[그림 2-103] 상담봇 보내기 버튼

작성된 내용을 보낼 수 있는 [보내기] 버튼의 레이아웃을 구현해 보겠습니다. 다음과 같이 코드를 작성합니다.

```
with gr.Tab("상담봇"):
    ...(중략)
        #4
        gr.Button(
            value="보내기",
            scale=1,
            variant="primary",
            icon="https://cdn-icons-png.flaticon.com/128/12439/12439334.png"
        )
    ...(중략)
```

- value="보내기"
- scale=1
- variant="primary"
- icon="https://cdn-icons-png.flaticon.com/128/12439/12439334.png"

value는 버튼에 들어갈 글자의 값을 나타냅니다. "보내기"로 설정하겠습니다. 보내기 이외에도 "전송", "입력" 등 다르게 적어도 상관없습니다.

scale은 앞에서 설명했듯이 gr.Text( )의 매개변수 scale의 내용처럼, 같은 with 블록 안에서 컴포넌트가 차지하는 공간 비중을 나타냅니다. 여기서는 scale = 1이기 때문에 9:1의 비중을 갖습니다.

variant는 gr.Blocks()에서 사전 정의된 테마의 설정값을 참조하여 버튼의 스타일을 변경합니다. [보내기] 버튼의 중요성을 강조하기 위해 "primary"를 참조했습니다. 참조할 수 있는 키워드는 "primary", "secondary", "neutral", "stop"입니다. 각각의 키워드를 참조하면 Default 테마에서 버튼이 어떤 스타일로 변경되는지 [그림 2-104]를 통해 확인할 수 있습니다.

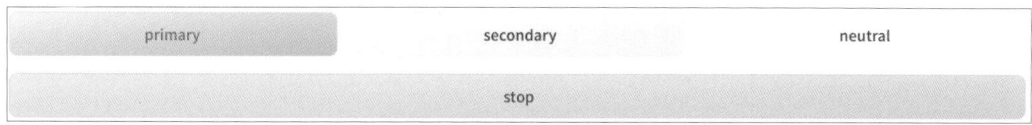

[그림 2-104] 그라디오 버튼 스타일

`icon`은 버튼의 텍스트 앞에 이미지를 입력할 수 있게 합니다. 프로젝트 내의 이미지 경로나 웹에서 탐색할 수 있는 이미지의 URL을 입력하면 됩니다. 웹에서 이미지 주소를 가져와 입력했습니다.

실행 결과는 다음과 같습니다.

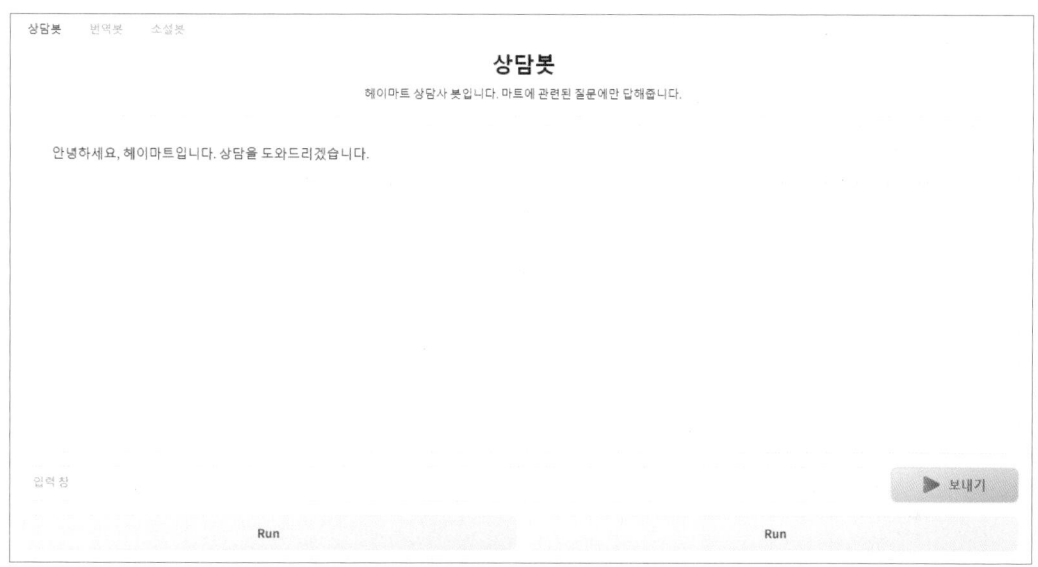

[그림 2-105] 상담봇의 [보내기] 버튼 구현

◆ #5, #6 레이아웃 구현 – 되돌리기, 초기화 버튼

[그림 2-106] 상담봇 되돌리기, 초기화 버튼

채팅 내역을 순차적으로 삭제하는 [되돌리기] 버튼과 채팅 내역을 처음으로 되돌리는 [초기화] 버튼 레이아웃을 구현해 보겠습니다. 다음과 같이 코드를 작성합니다.

```
with gr.Tab("상담봇"):
    ...(중략)
    with gr.Row():
        #5
        gr.Button(value="↩ 되돌리기")
        #6
        gr.Button(value="↻ 초기화")
```

- value="↩ 되돌리기"
- value="↻ 초기화"

#5, #6에서는 이모지를 활용하여 value에 값을 추가하였습니다. 4번 블록에서 사용한 매개변수 icon을 사용하여 외부 이미지를 사용해도 되지만, 간편하게 이모지를 활용할 수도 있습니다.

실행 결과는 다음과 같습니다.

[그림 2-107] 상담봇 [되돌리기], [초기화] 버튼 구현

◆ 채팅 기능 구현하기

레이아웃 구현을 완료했으므로 이번에는 상담봇의 채팅 및 답변 기능을 구현해 보겠습니다. 채팅 및 답변 기능이란, 입력 창에 상담하고 싶은 내용을 입력한 후 Enter 또는 [보내기] 버튼을 클릭하면 챗봇의 답변이 채팅 화면에 출력되는 기능입니다.

먼저 함수를 다음과 같은 위치에 작성합니다.

```python
import gradio as gr


# 상담봇 - 채팅 및 답변
def counseling_bot_chat(message, chat_history):
    return "", chat_history

# 레이아웃
with gr.Blocks(theme=gr.themes.Default()) as app:
    with gr.Tab("상담봇"):
        ...(중략)
```

레이아웃 위에서 함수를 미리 정의하여 레이아웃 코드에서 사용할 수 있도록 합니다.

채팅 및 답변 함수의 이름은 counseling_bot_chat으로 정의하였습니다.

매개변수로는 사용자의 입력 내용(#3)을 받을 message, 채팅 내역(#2)을 받을 chat_history를 정의하였습니다.

출력값으로는 입력 창(#3)에 반환할 빈 문자열과 채팅 화면(#2)에 반환할 chat_history를 정의하였습니다.

이제 함수의 기능을 작성해 보겠습니다.

```python
import gradio as gr


# 상담봇 - 채팅 및 답변
def counseling_bot_chat(message, chat_history):
```

```
    if message == "":
        return "", chat_history
    else:
        completion=client.chat.completions.create(
            model="gpt-3.5-turbo",
            messages=[
                {"role": "system", "content": "당신은 헤이마트의 상담원입니다. 마트
상품과 관련되지 않은 질문에는 정중히 거절하세요."},
                {"role": "user", "content": message}
            ])
        chat_history.append([message, completion.choices[0].message.content])
        return "", chat_history

# 레이아웃
```

- if message == "":
  return "", chat_history

사용자가 아무 입력도 넣지 않았을 경우, 입력받은 매개변수를 그대로 돌려 줍니다.

- else:
  completion = client.chat.completions.create(
      model = "gpt–3.5–turbo",
      messages = [
          {"role": "system", "content": "당신은 헤이마트의 상담원입니다. 마트 상품과 관련되지 않은 질문에는
정중히 거절하세요."},
          {"role": "user", "content": message}
      ])
  chat_history.append([message, completion.choices[0].message.content])
  return "", chat_history

사용자의 입력이 빈 값이 아닐 경우, 위 코드와 같이 OpenAI API를 호출해 데이터를 받습니다.
받은 데이터는 chat_history에 리스트를 추가하여 return해 줍니다.

◆ 되돌리기 기능 구현하기

[되돌리기] 버튼을 클릭하면 채팅 내역을 하나씩 삭제하는 되돌리기 기능을 구현해 보겠습니다.
코드는 다음과 같이 '채팅 및 답변' 기능 아래에 작성합니다.

```
import gradio as gr


# 상담봇 - 채팅 및 답변
def counseling_bot_chat(message, chat_history):
    ...

# 상담봇 - 되돌리기
def counseling_bot_undo(chat_history):
    if len(chat_history) > 1:
        chat_history.pop()
    return chat_history

# 레이아웃
```

- if len(chat_history) > 1:
    chat_history.pop()
    return chat_history

if문을 통해 chat_history의 값이 1개보다 많은지 체크합니다. [그림 2-108]의 챗봇 대화 내역이 삭제되는 것을 방지하기 위해서입니다.

안녕하세요, 헤이마트입니다. 상담을 도와드리겠습니다.

[그림 2-108] 챗봇 대화 내역

이후 pop( ) 함수를 호출해 chat_history 리스트의 가장 마지막 요소를 제거하고 수정된 chat_history를 return해 줍니다.

◆ 초기화 기능 구현하기

[초기화] 버튼을 클릭하면 대화 내역을 초기화하는 초기화 기능을 구현해 보겠습니다. 코드는 다음과 같이 '상담봇 – 되돌리기' 기능 아래에 작성합니다.

```
# 상담봇 - 채팅 및 답변
def counseling_bot_chat(message, chat_history):
    ...
```

```
# 상담봇 - 되돌리기
def counseling_bot_undo(chat_history):
    ...

# 상담봇 - 초기화
def counseling_bot_reset(chat_history):
    chat_history=[[None, "안녕하세요, 헤이마트입니다. 상담을 도와드리겠습니다."]]
    return chat_history

# 레이아웃
```

- chat_history = [[None, "안녕하세요, 헤이마트입니다. 상담을 도와드리겠습니다."]]
  return chat_history

counseling_bot_reset 함수의 코드는 간단합니다. gr.Chatbot의 매개변수 value의 기본값을 다시 정의해 주면 됩니다. 그리고 재정의된 chat_history를 반환해 줍니다.

◆ 변수에 컴포넌트 바인딩하기

앞에서 작성한 함수들을 컴포넌트에 연결하기 위해 #2, #3, #4의 컴포넌트를 다음 코드처럼 변수를 생성하고 바인딩해 줍니다.

```
...(중략)
    #2
    cb_chatbot=gr.Chatbot(
        value=[[None, "안녕하세요, 헤이마트입니다. 상담을 도와드리겠습니다."]],
        show_label=False
    )
    with gr.Row():
        #3
        cb_user_input=gr.Text(
            lines=1,
            placeholder="입력 창",
            container=False,
            scale=9
        )
        #4
        cb_send_btn=gr.Button(
```

```
                      value="보내기",
                      scale=1,
                      variant="primary",
                      icon="https://cdn-icons-png.flaticon.com/128/12439/12439334.png"
              )
      ...(중략)
```

- cb_chatbot
- cb_user_input
- cb_send_btn

컴포넌트가 변수에 바인딩되어야 다른 함수나 변수에서 해당 기능을 호출할 수 있습니다. 참고로 변수명에서 cb는 counseling_bot의 줄임말입니다.

◆ 이벤트 리스너 추가하기

#5, #6 컴포넌트와 cb_user_input, cb_send_btn 변수에 다음과 같이 이벤트 리스너를 추가해 줍니다.

```
with gr.Tab("상담봇"):
    ...(중략)
    with gr.Row():
        #5
        gr.Button(value="↩ 되돌리기").click(fn=counseling_bot_undo,
inputs=cb_chatbot, outputs=cb_chatbot)
        #6
        gr.Button(value="🔄 초기화").click(fn=counseling_bot_reset,
inputs=cb_chatbot, outputs=cb_chatbot)
    # 보내기1
    cb_send_btn.click(fn=counseling_bot_chat, inputs=[cb_user_input, cb_
chatbot], outputs=[cb_user_input, cb_chatbot])
    # 보내기2
    cb_user_input.submit(fn=counseling_bot_chat, inputs=[cb_user_input, cb_
chatbot], outputs=[cb_user_input, cb_chatbot])
```

이벤트 리스너 click은 버튼을 클릭했을 때 해당하는 컴포넌트의 이벤트 리스너에서 정의한 함수를 실행하는 기능을 가지고 있습니다.

- **fn**: 실행할 함수를 참조합니다.
- **inputs**: fn에서 참조한 함수가 필요로 하는 매개변수의 값을 받습니다.
- **outputs**: fn에서 참조한 함수가 return하는 값을 다룹니다.

#5, #6에는 이벤트 리스너 click을 추가하고 다음처럼 매개변수에 값을 전달했습니다.

- gr.Button(value = "⟲ 되돌리기").click(fn = counseling_bot_undo, inputs = cb_chatbot, outputs = cb_chatbot)
- gr.Button(value = "🔃 초기화").click(fn = counseling_bot_reset, inputs = cb_chatbot, outputs = cb_chatbot)

각각의 이벤트 리스너인 `click`의 매개변수 `fn`에는 `counseling_bot_undo`와 `counseling_bot_reset`을 대입합니다. `inputs`에는 두 함수에서 공통적으로 사용하는 챗봇 컴포넌트를 입력해주었고 `outputs`에도 출력한 값을 적용할 챗봇 컴포넌트를 입력해 주었습니다.

- **# 보내기 1**
  cb_send_btn.click(fn = counseling_bot_chat, inputs = [cb_user_input, cb_chatbot], outputs = [cb_user_input, cb_chatbot])

보내기 1은 보내기 버튼을 클릭한 경우에 발생할 이벤트를 정의합니다.

`cb_send_btn` 변수에 이벤트 리스너 `click`을 추가했습니다.

`fn`에는 `counseling_bot_chat` 함수, `inputs`에는 `fn`에 들어갈 인자값으로 `cb_user_input`과 `cb_chatbot` 변수, `outputs`에 `cb_user_input`과 `cb_chatbot`을 참조해 줍니다.

- **# 보내기 2**
  cb_user_input.submit(fn = counseling_bot_chat, inputs = [cb_user_input, cb_ chatbot], outputs = [cb_user_input, cb_chatbot])

보내기 2는 입력 창에 글을 쓴 후 키보드의 Enter를 눌렀을 때 발생할 이벤트를 정의합니다.

`cb_send_btn` 변수에 이벤트 리스너 `submit`을 추가했습니다.

fn에는 counseling_bot_chat 함수, inputs에는 fn에 들어갈 인자값으로 cb_user_input과 cb_chatbot 변수, outputs에 cb_user_input과 cb_chatbot을 참조해 줍니다.

◆ 실행하고 확인해 보기

이제 코드를 실행하고 메시지를 보내 보겠습니다.

[그림 2-108] 상담봇 구현 결과

[그림 2-109]처럼 요리 재료에 대해 추천해 주는지 확인해 보겠습니다. 마트와 관련없는 질문에도 상담봇이 대답을 하는지 확인해 보고 문제가 있다면 OpenAI API를 사용한 통신 코드에서 system 메시지를 좀 더 디테일하게 수정하기 바랍니다. 또한 되돌리기와 초기화 기능도 정상적으로 동작하는지 확인해 보기 바랍니다. 만약 오류가 발생한다면 오타가 있는지, OpenAI 크레딧은 충분한지, OpenAI API 키를 추가했는지, 환경 변수에 OPENAI_API_KEY를 등록했는지, openai 모듈을 설치했는지 등을 확인하기 바랍니다. 다음은 상담봇의 전체 코드입니다.

```python
import gradio as gr

# 상담봇
def counseling_bot_chat(message, chat_history):
    if message == "":
```

```python
            return "", chat_history
        else:
            completion=client.chat.completions.create(
                model="gpt-3.5-turbo",
                messages=[
                    {"role": "system", "content": "당신은 헤이마트의 상담원입니다. 마트
상품과 관련되지 않은 질문에는 정중히 거절하세요."},
                    {"role": "user", "content": message}
                ])
            chat_history.append([message, completion.choices[0].message.content])
            return "", chat_history

# 상담봇 - 되돌리기
def counseling_bot_undo(chat_history):
    if len(chat_history) > 1:
        chat_history.pop()
    return chat_history

# 상담봇 - 초기화
def counseling_bot_reset(chat_history):
    chat_history=[[None, "안녕하세요, 헤이마트입니다. 상담을 도와드리겠습니다."]]
    return chat_history

#레이아웃
with gr.Blocks(theme=gr.themes.Default()) as app:
    with gr.Tab("상담봇"):
        #1
        gr.Markdown(
            value="""
            # <center>상담봇</center>
            <center>헤이마트 상담봇입니다. 마트에서 판매하는 상품과 관련된 질문에 답
변드립니다.</center>
            """)
        #2
        cb_chatbot=gr.Chatbot(
            value=[[None, "안녕하세요, 헤이마트입니다. 상담을 도와드리겠습니다."]],
            show_label=False
        )
        with gr.Row():
            #3
            cb_user_input=gr.Text(
                lines=1,
                placeholder="입력 창",
```

```
                container=False,
                scale=9
            )
            #4
            cb_send_btn=gr.Button(
                value="보내기",
                scale=1,
                variant="primary",
                icon="https://cdn-icons-png.flaticon.com/128/12439/12439334.png"
            )
        with gr.Row():
            #5
            gr.Button(value="⟲ 되돌리기").click(fn=counseling_bot_undo,
inputs=cb_chatbot, outputs=cb_chatbot)
            #6
            gr.Button(value="⟳ 초기화").click(fn=counseling_bot_reset,
inputs=cb_chatbot, outputs=cb_chatbot)
        # 보내기1
        cb_send_btn.click(fn=counseling_bot_chat, inputs=[cb_user_input,
cb_chatbot], outputs=[cb_user_input, cb_chatbot])
        # 보내기2
        cb_user_input.submit(fn=counseling_bot_chat, inputs=[cb_user_
input, cb_chatbot], outputs=[cb_user_input, cb_chatbot])

    with gr.Tab("번역봇"):
        pass

    with gr.Tab("소설봇"):
        pass

# 실행
app.launch()
```

② 번역봇 기능 추가

사용자가 입력 텍스트를 원하는 국가의 텍스트로 번역하는 번역봇의 기능을 추가해 보겠습니다.
번역봇 코드는 번역봇 탭에서 작성하겠습니다.

```
import gradio as gr
```

```
# 상담봇 -
...(중략)


# 레이아웃
with gr.Blocks(theme=gr.themes.Default()) as app:
    with gr.Tab("상담봇"):
        ...(중략)

    with gr.Tab("번역봇"):
        pass

    with gr.Tab("소설봇"):
        pass


app.launch()
```

◆ 레이아웃 구현하기

번역봇의 레이아웃 구성을 살펴보겠습니다.

상담봇	번역봇	소설봇

번역봇
설명을 적는 공간

번역 조건	출력 언어
예시: 자연스럽게	한국어 ▼

번역하기

번역할 내용을 적어주세요.	

[그림 2-109] 번역봇 레이아웃 전체

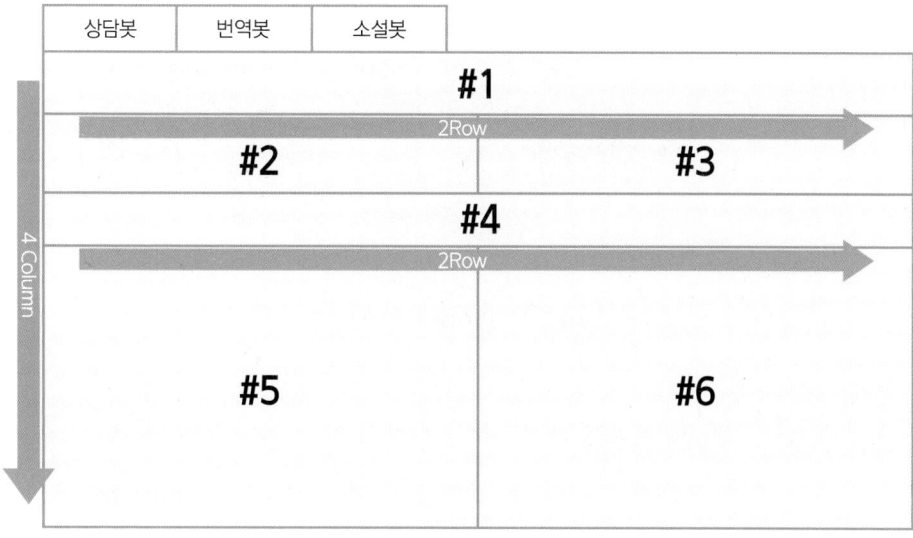

[그림 2-110] 번역봇 레이아웃 구성

탭을 제외한 번역봇의 레이아웃은 위와 같은 구역으로 나뉘어 있습니다. 세로로 4블록이 쌓여 있고, 2번째와 4번째 블록에는 가로로 2블록씩 나뉘어 있습니다. 이 레이아웃에 맞춰 코드를 작성해 블록을 쌓아 봅시다. 번역봇 탭에 있는 pass를 삭제하고 다음과 같이 코드를 작성합니다.

```python
with gr.Tab("번역봇"):
    #1
    gr.Markdown()
    with gr.Row():
        #2
        gr.Text()
        #3
        gr.Dropdown()
    #4
    gr.Button()
    with gr.Row():
        #5
        gr.Text()
        #6
        gr.Text()
```

#2, #3과 #5, #6은 가로로 나뉘어 있기 때문에 Row 함수를 이용하여 레이아웃을 배치해야 합니다. 코드를 작성한 후 실행하면 다음과 같은 결과를 볼 수 있습니다.

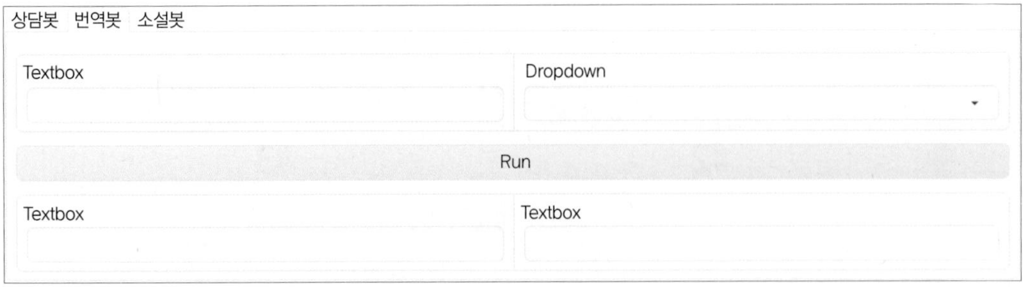

[그림 2-111] 번역봇 레이아웃 구현

◆ #1 레이아웃 구현 – 타이틀 및 설명

[그림 2-112] 번역봇 타이틀 및 설명

어떤 역할을 하는지 나타내는 타이틀 레이아웃을 구현해 보겠습니다. 다음과 같이 코드를 작성합니다.

```
Tab("번역봇"):
    #1
    gr.Markdown(
        value="""
        # <center>번역봇</center>
        <center>다국어 번역봇입니다.</center>
        """)
    with gr.Row():
        ...(중략)
```

여러 줄 문자열과 마크다운 문법을 사용하여 제목을 꾸며 줍니다. 작성 후 실행한 화면은 다음과 같습니다.

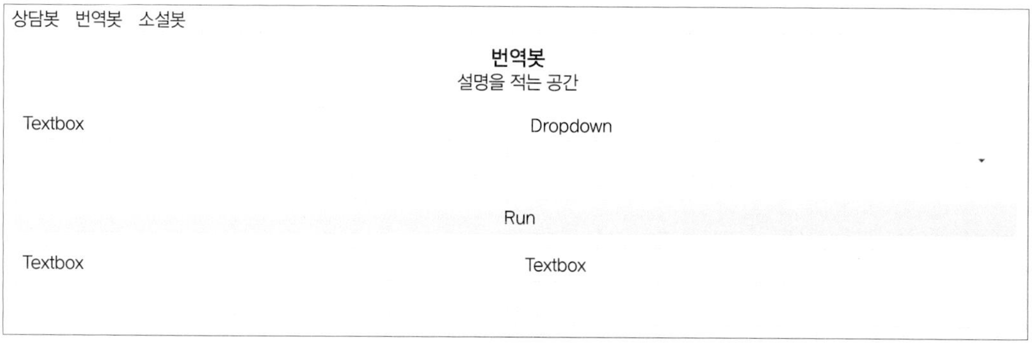

상담봇	번역봇	소설봇

번역봇
설명을 적는 공간

Textbox   Dropdown

                                           ▾

                        Run

Textbox   Textbox

[그림 2-113] 번역봇 타이틀 및 설명 구현

◆ #2 레이아웃 구현 – 번역 조건

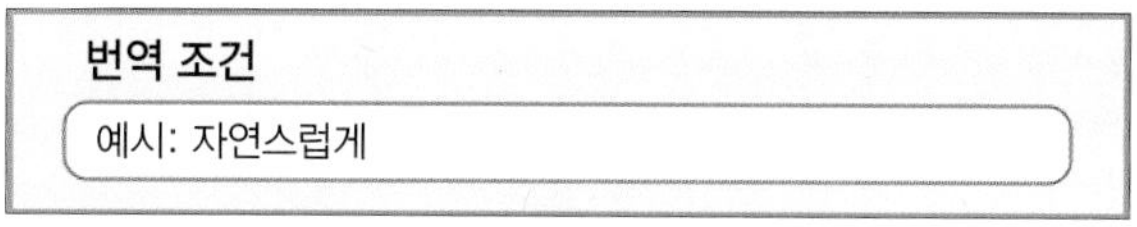

번역 조건
예시: 자연스럽게

[그림 2-114] 번역봇 번역 조건

챗GPT를 이용한 번역을 할 때 번역 스타일을 작성하는 레이아웃을 구현해 보겠습니다. 코드는 다음과 같이 작성합니다.

```python
with gr.Tab("번역봇"):
    #1
    ...(중략)
        #2
        gr.Text(
            label="번역 조건",
            placeholder="예시: 자연스럽게",
            lines=1,
            max_lines=3
        )
        #3
        ...(중략)
```

- Label = "번역 조건"
- Placeholder = "예시: 자연스럽게"
- Lines = 1
- max_lines = 3

번역봇의 레이아웃 구성과 같이 `label`과 `placeholder`를 지정했습니다.

`lines`는 1로 지정하되, `max_lines`를 3으로 하여 기본적으로 1줄로 표시되지만, 입력이 길어지면 최대 3줄까지 보이도록 설정합니다.

실행 화면은 다음과 같습니다.

상담봇 번역봇 소설봇

번역봇
다국어 번역봇입니다.

번역 조건	Dropdown
예시: 자연스럽게	▾

Run

Textbox	Textbox

[그림 2-115] 번역봇 변역 조건 구현

◆ #3 레이아웃 구현 – 출력 언어

[그림 2-116] 번역봇 출력 언어

챗GPT가 번역할 수 있는 언어는 현재 50개 이상으로 알려져 있지만, 일부만 선택할 수 있도록 제한하여 코드를 작성해 봅시다. 다음은 번역할 국가를 선택할 수 있는 드롭다운 코드입니다.

```
with gr.Tab("번역봇"):
    #1
    ...(중략)
        #3
        gr.Dropdown(
            label="출력 언어",
            choices=["한국어", "영어", "일본어", "중국어"],
            value="한국어",
            allow_custom_value=True,
```

```
            interactive=True
    )
    #4
    gr.Button()
    ...(이하 중략)
```

- label = "출력 언어"
- choices = ["한국어", "영어", "일본어", "중국어"]
- value = "한국어"
- allow_custom_value = True
- interactive = True

번역봇의 레이아웃 구성과 같이 label에 "출력 언어"라는 텍스트를 작성했습니다.

choices 값을 지정하여 번역 가능한 국가의 리스트를 제한했습니다. 필요에 따라 늘려도 좋습니다.

value로 초깃값을 지정합니다. 초깃값을 지정하면 상호 작용이 비활성화되기 때문에 interactive를 True로 하여 상호 작용을 활성화해 줍니다.

allow_custom_value를 True로 하여 번역 가능한 국가 리스트 외의 국가도 직접 설정 가능하도록 해 줍니다.

실행 화면은 다음과 같습니다.

상담봇 번역봇 소설봇		
	번역봇 다국어 번역봇입니다.	
번역 조건	**출력 언어**	
예시: 자연스럽게	한국어	▾
	Run	
Textbox	Textbox	

[그림 2-117] 번역봇 출력 언어 구현

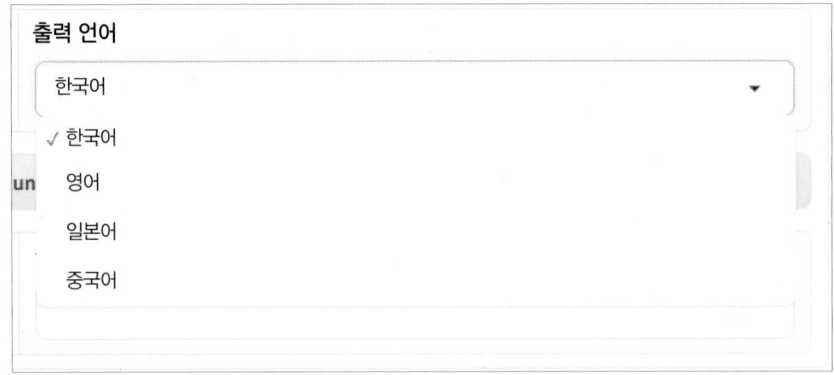

[그림 2-118] 번역봇 출력 언어 구현 확인

◆ #4 레이아웃 구현 – 번역하기 버튼

번역하기

[그림 2-119] 번역봇 [번역하기] 버튼

번역하기 버튼을 구현해 봅시다. 코드는 다음과 같이 작성합니다.

```
with gr.Tab("번역봇"):
    #1
    ...(중략)
    #4
    gr.Button(
        value="번역하기",
        variant="primary"
    )
    with gr.Row():
        #5
        gr.Text()
        #6
        gr.Text()
```

- value="번역하기"
- variant="primary"

`value` 값으로 버튼의 이름을 지정하고 `variant`로 버튼의 스타일을 지정합니다.

실행 화면은 다음과 같습니다.

상담봇   번역봇   소설봇

번역봇
다국어 번역봇입니다.

번역 조건   출력 언어
예시: 자연스럽게   한국어   ▾

번역하기

Textbox   Textbox

[그림 2-120] 번역봇 [번역하기] 버튼 구현

◆ #5 레이아웃 구현 – 입력 텍스트 필드

[그림 2-121] 번역봇 입력 텍스트 필드

번역하고 싶은 언어를 적는 입력 텍스트 필드를 구현해 봅시다. 코드는 다음과 같이 작성합니다.

```
with gr.Tab("번역봇"):
    ...(중략)
    with gr.Row():
        #5
        gr.Text(
            placeholder="번역할 내용을 적어 주세요.",
            lines=10,
```

```
            max_lines=20,
            show_copy_button=True,
            label=""
        )
        #6
        gr.Text()
```

- placeholder="번역할 내용을 적어 주세요.",
- lines=10,
- max_lines=20,
- show_copy_button=True,
- label=""

placeholder에 들어갈 값을 설정합니다.

lines는 '10'으로 설정하되, max_lines를 '20'으로 설정하여 유동적인 UI로 디자인합니다.

show_copy_button을 활성화하여 쉽게 내용을 복사할 수 있도록 설정합니다.

label은 굳이 필요 없어 빈 값을 할당했습니다.

실행 화면은 다음과 같습니다.

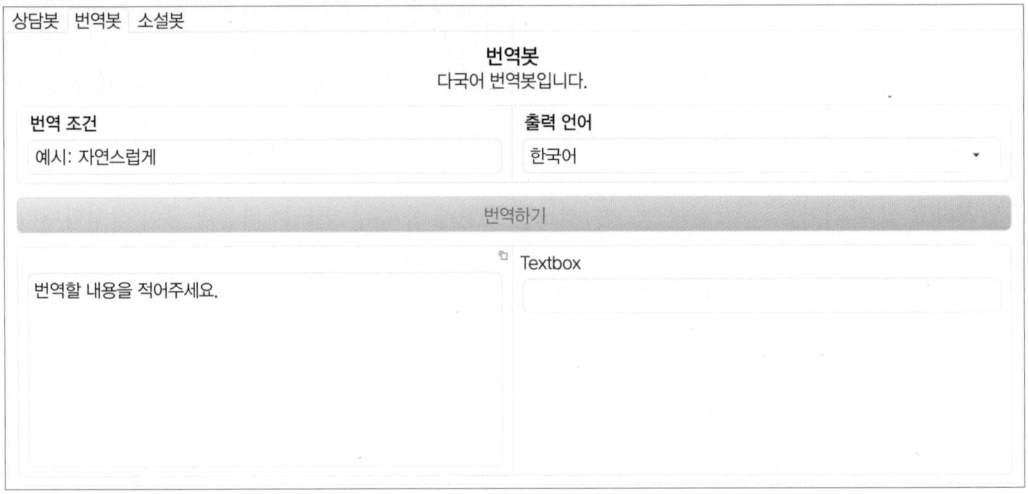

[그림 2-122] 번역봇 입력 텍스트 필드 구현

◆ #6 레이아웃 구현 – 출력 텍스트 필드

[그림 2-123] 번역봇 출력 텍스트 필드

번역된 내용을 보여 주는 출력 텍스트 필드를 구현해 봅시다. 코드는 다음과 같이 작성합니다.

```
with gr.Tab("번역봇"):
    ...(중략)
        #6
        gr.Text(
            lines=10,
            max_lines=20,
            show_copy_button=True,
            label="",
            interactive=False
        )
```

- lines = 10,
- max_lines = 20,
- show_copy_button = True,
- label = "",
- interactive = False

#5와 마찬가지로 매개변수 `lines`, `max_lines`, `show_copy_button`, `label`의 값을 설정해 줍니다. `interactive`는 `False`로 설정하여 실수로 번역된 내용을 편집하는 일이 없도록 방지합니다. 실행 화면은 다음과 같습니다.

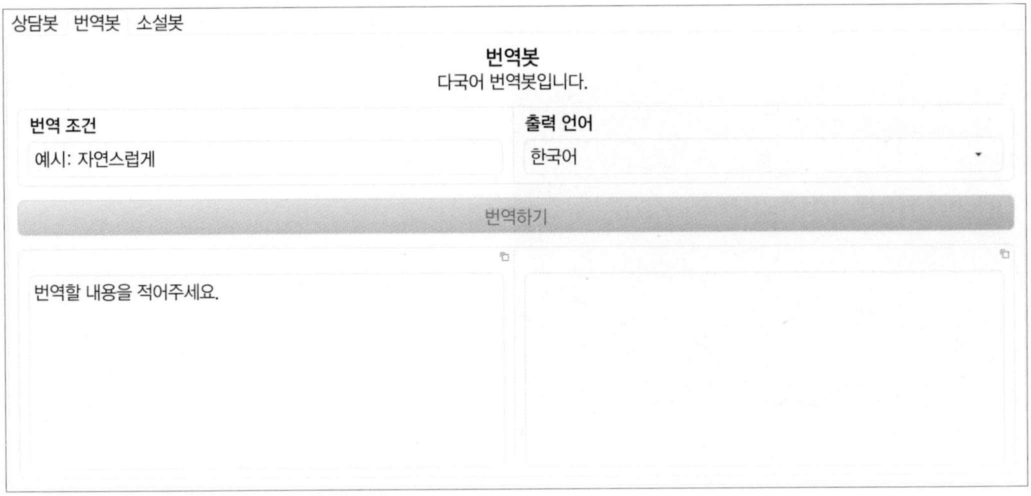

[그림 2-124] 번역봇 출력 텍스트 필드 구현

◆ 번역봇 기능 구현하기

[번역하기] 버튼을 클릭하면 '번역 조건'과 '출력 언어'를 참고해 챗GPT로 번역된 값을 받아 화면에 출력하는 기능을 구현해 봅시다. 기능을 구현하기 위해 다음의 함수를 #상담봇 코드와 #레이아웃 사이에 추가해 줍니다.

```python
# 상담봇 - ...

# 번역봇
def translate_bot(output_conditions, output_language, input_text):

# 레이아웃
with gr.Blocks(theme=gr.themes.Default()) as app:
    ...
```

translate_bot의 매개변수는 총 세 가지입니다. 각각의 매개변수가 받아올 값은 다음과 같습니다.

- **output_conditions**: 번역 조건에 대한 값
- **output_language**: 출력 언어에 대한 값
- **input_text**: 번역할 내용

translate_bot 함수의 기능을 작성해 봅시다.

```python
# 번역봇
def translate_bot(output_conditions, output_language, input_text):
    if input_text == "":
        return ""
    else:
        if output_conditions == "":
            output_conditions=""
        else:
            output_conditions="번역할 때의 조건은 다음과 같습니다. " + output_
conditions

        completion=client.chat.completions.create(
            model="gpt-3.5-turbo",
            messages=[
                {"role": "system", "content": "당신은 번역가입니다. 입력한 언어를
다른 설명 없이 곧바로 {0}로 번역해서 알려 주세요. 번역이 불가능한 언어라면 번역이 불가
능하다고 말한 후 그 이유를 설명해 주세요. {1}".format(output_language, output_
conditions)},
                {"role": "user", "content": input_text}
            ])

        return completion.choices[0].message.content
```

- **if input_text == "":**
  return ""

입력값이 없을 경우, 빈 값을 **return**하여 API를 호출하는 데 드는 비용을 절약합니다.

- **else:**
  if output_conditions == "":
    output_conditions = ""
  else:
    output_conditions = "번역할 때의 조건은 다음과 같습니다. " +
  output_conditions

번역 조건에 값이 있을 경우와 없을 경우로 나눕니다. API 호출 시 **system**에 입력할 값을 자연
스럽게 설정하기 위해서입니다.

```
• completion = client.chat.completions.create(
    model="gpt-3.5-turbo",
    messages=[
            {"role": "system", "content": "당신은 번역가입니다. 입력한 언어를 다른 설명 없이 곧바로 {0}로 번역
해서 알려 주세요. 번역이 불가능한 언어라면 번역이 불가능하다고 말한 후 그 이유를 설명해 주세요. {1}".
format(output_language, output_conditions)},
            {"role": "user", "content": input_text}
    ])

    return completion.choices[0].message.content
```

OpenAI API 통신 코드를 활용해 값을 전달받고 전달받은 값을 return합니다.

system 규칙의 content를 지정해 챗GPT가 번역을 할 수 있도록 역할을 부여합니다.

번역의 품질은 model의 값을 GPT-4와같은 상위 버전의 모델로 변경하여 높일 수 있습니다.

◆ 변수에 컴포넌트 바인딩하기

위에서 작성한 함수에 참조하기 위한 기능을 변수에 바인딩해 줍니다. #2, #3, #4, #5, #6의 컴
포넌트를 다음 코드처럼 변수를 생성하고 바인딩해 줍니다.

```
with gr.Tab("번역봇"):
    #1
    gr.Markdown(
        value="""
        # <center>번역봇</center>
        <center>다국어 번역봇입니다.</center>
        """)
    with gr.Row():
        #2
        tb_output_conditions=gr.Text(
            ...(중략)
        )
        #3
        tb_output_language=gr.Dropdown(
            ...(중략)
        )
    #4
    tb_submit=gr.Button(
        ...(중략)
```

```
        )
    with gr.Row():
        #5
        tb_input_text = gr.Text(
            ...(중략)
        )
        #6
        tb_output_text = gr.Text(
            ...(중략)
        )
```

◆ 이벤트 리스너 추가하기

#4의 **tb_submit** 변수에 클릭 이벤트 리스너를 추가해 클릭 이벤트를 받도록 다음과 같이 코드를 작성합니다.

```
with gr.Tab("번역봇"):
    #1
    ...(중략)
    with gr.Row():
        #5
        ...(중략)
    # 번역봇 내용 보내기
    tb_submit.click(
        fn=translate_bot,
        inputs=[tb_output_conditions,
                tb_output_language,
                tb_input_text],
        outputs=tb_output_text
    )
```

```
tb_submit.click(
    fn=translate_bot,
    inputs=[tb_output_conditions,
            tb_output_language,
            tb_input_text],
    outputs=tb_output_text
    )
```

버튼의 이벤트 리스너인 `click`을 추가하고 인수를 추가해 줍니다. `fn`에는 앞서 정의한 함수 `translate_bot`, `inputs`에는 함수에 입력할 3개의 참조 변수, `outputs`에는 최종 출력할 값을 바인딩했습니다.

◆ 실행하고 확인해 보기

작성한 코드를 실행하고 번역이 잘되는지 테스트해 봅시다.

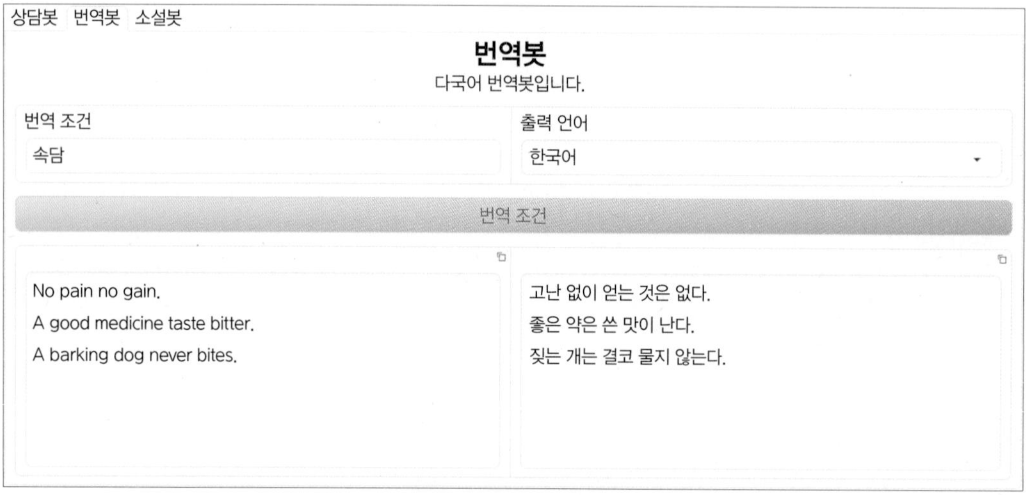

[그림 2-125] 번역봇 구현 결과

다양한 번역 조건과 출력 언어를 사용하여 번역을 사용해 보시기 바랍니다. 좀 더 세부적인 기능을 지정해 주고 싶으면 텍스트를 입력받는 번역 조건 대신 드롭다운 기능 또는 라디오 버튼을 추가해도 좋습니다.

기능이 작동하지 않거나 코드에서 오류가 발생한다면 다음의 전체 코드를 보면서 점검해 봅시다.

```python
import gradio as gr

# 상담봇 - ...(중략)


# 번역봇
def translate_bot(output_conditions, output_language, input_text):
    if input_text == "":
```

```
            return ""
    else:
        if output_conditions == "":
            output_conditions=""
        else:
            output_conditions="번역할 때의 조건은 다음과 같습니다. " + output_
conditions

        completion=client.chat.completions.create(
            model="gpt-3.5-turbo",
            messages=[
                {"role": "system", "content": "당신은 번역가입니다. 입력한 언어
를 다른 설명 없이 곧바로 {0}로 번역해서 알려 주세요. 번역이 불가능한 언어라면 번역이 불
가능하다고 말한 후 그 이유를 설명해 주세요. {1}".format(output_language, output_
conditions)},
                {"role": "user", "content": input_text}
            ])

        return completion.choices[0].message.content


# 레이아웃
with gr.Blocks(theme=gr.themes.Default()) as app:
    with gr.Tab("상담봇"):
        ...(중략)

    with gr.Tab("번역봇"):
        #1
        gr.Markdown(
            value="""
            # <center>번역봇</center>
            <center>다국어 번역봇입니다.</center>
            """)
        with gr.Row():
            #2
            tb_output_conditions=gr.Text(
                label="번역 조건",
                placeholder="예시: 자연스럽게",
                lines=1,
                max_lines=3,
            )
            #3
            tb_output_language=gr.Dropdown(
```

```python
                        label="출력 언어",
                        choices=["한국어", "영어", "일본어", "중국어"],
                        value="한국어",
                        allow_custom_value=True,
                        interactive=True
                    )
                #4
                tb_submit=gr.Button(
                    value="번역하기",
                    variant="primary"
                )
                with gr.Row():
                    #5
                    tb_input_text=gr.Text(
                        placeholder="번역할 내용을 적어 주세요.",
                        lines=10,
                        max_lines=20,
                        show_copy_button=True,
                        label=""
                    )
                    #6
                    tb_output_text=gr.Text(
                        lines=10,
                        max_lines=20,
                        show_copy_button=True,
                        label="",
                        interactive=False
                    )

                tb_submit.click(
                    fn=translate_bot,
                    inputs=[tb_output_conditions,
                            tb_output_language,
                            tb_input_text],
                    outputs=tb_output_text
                )

        with gr.Tab("소설봇"):
            pass


app.launch()
```

③ 소설봇 기능 추가

몇 가지 설정만 잡아 주면 자동으로 소설을 작성해 주는 소설봇의 기능을 추가해 보겠습니다. 코드는 소설봇 탭에서 작성하겠습니다.

```python
import gradio as gr

# 상담봇
...(중략)

# 레이아웃
with gr.Blocks(theme=gr.themes.Default()) as app:
    with gr.Tab("상담봇"):
        ...(중략)

    with gr.Tab("번역봇"):
        ...(중략)

    with gr.Tab("소설봇"):
        pass

app.launch()
```

◆ 레이아웃 구현하기

소설봇의 레이아웃 구성을 살펴봅시다.

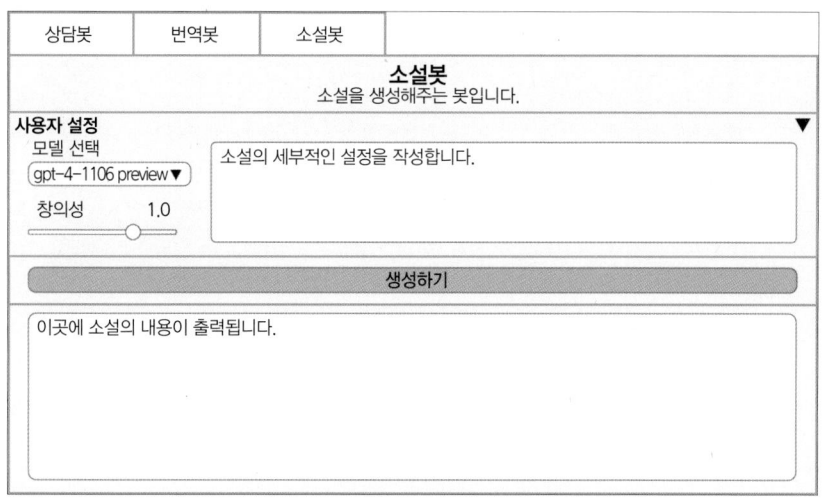

[그림 2-126] 소설봇의 레이아웃 전체

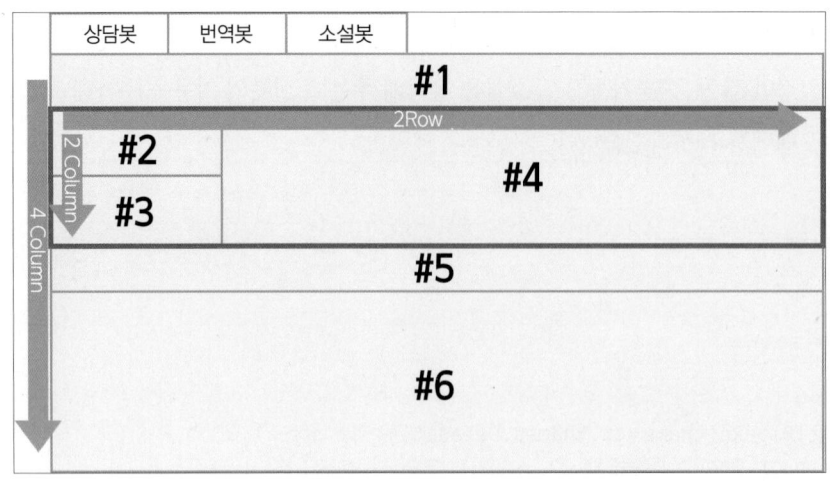

[그림 2-127] 소설봇의 레이아웃 구성

탭을 제외한 소설봇의 레이아웃은 위와 같은 구역으로 나뉘어 있습니다. 세로로 4블록이 쌓여 있고 2번째 블록에는 가로로 2블록이 나뉘어 있습니다. 또한 그 안에서 첫 번째 블록이 2개로 나뉘어 있습니다. 이 레이아웃에 맞춰 코드를 작성해 블록을 쌓아 봅시다. pass를 삭제하고 다음과 같이 코드를 작성합니다.

```
with gr.Tab("소설봇"):
    #1
    gr.Markdown()
    with gr.Accordion():
        with gr.Row():
            with gr.Column():
                #2
                gr.Dropdown()
                #3
                gr.Slider()
            #4
            gr.Text()
    #5
    gr.Button()
    #6
    gr.Text()
```

#2, #3, #4는 `Accordion`으로 묶여 있습니다. 해당 기능을 접었다 폈다 하면서 사용자 설정 기능을 숨길 수 있도록 하기 위해서입니다.

`Accordion`의 내부는 가로로 #2, #3 한 묶음과 #4로 나뉘어 있습니다. 가로로 나뉘어 있기 때문에 `Row`로 묶어 줍니다. 또한 #2와 #3은 세로로 나뉘어 있기 때문에 `Column`으로 묶어 줍니다.

배치를 완료하고 실행하면 다음과 같은 화면을 볼 수 있습니다.

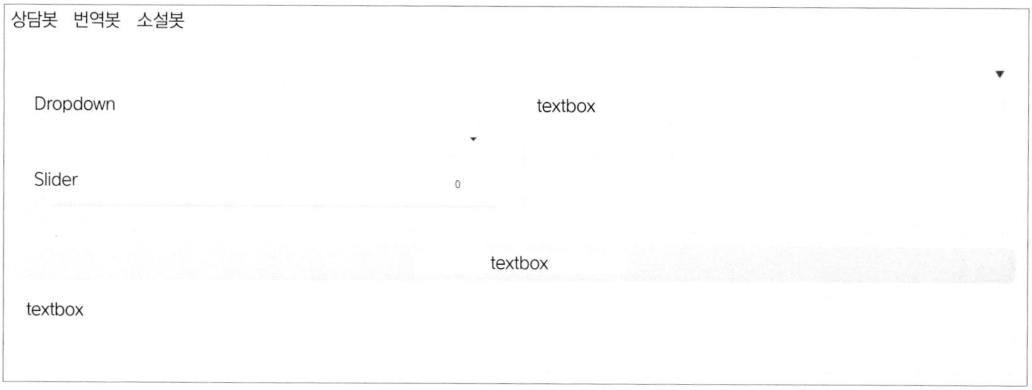

[그림 2-128] 소설봇의 레이아웃 구현

◆ #1 레이아웃 구현 – 타이틀 및 설명

[그림 2-129] 소설봇의 타이틀 및 설명

어떤 역할을 하는지 나타내는 타이틀 레이아웃을 구현해 보겠습니다. 다음과 같이 코드를 작성합니다.

```
with gr.Tab("소설봇"):
    #1
    gr.Markdown(
        value="""
        # <center>소설봇</center>
        <center>소설을 생성해 주는 봇입니다.</center>
        """)
```

```
with gr.Accordion():
    with gr.Row():
        with gr.Column():
            #2
            gr.Dropdown()
            #3
            gr.Slider()
        #4
        gr.Text()
    #5
    gr.Button()
    #6
    gr.Text()
```

여러 줄 문자열과 마크다운 문법을 사용하여 제목을 꾸며 줍니다. 작성한 후 실행한 화면은 다음과 같습니다.

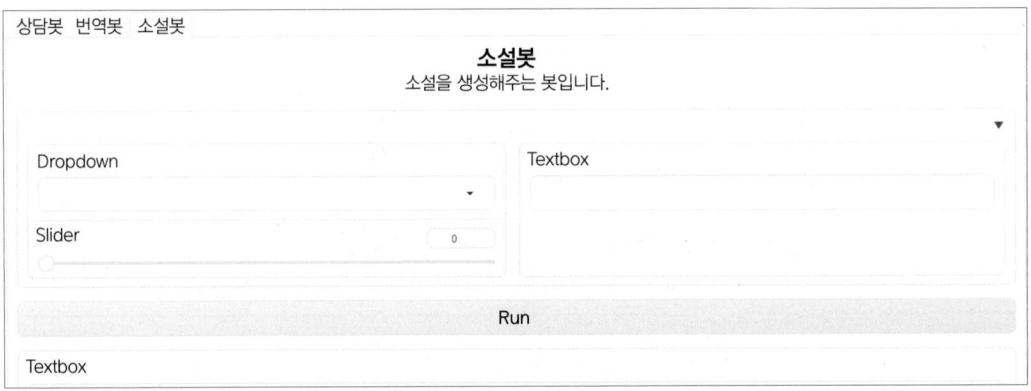

[그림 2-130] 소설봇의 타이틀 및 설명 구현

◆ Accordion과 #2 레이아웃 구현 – 모델 선택

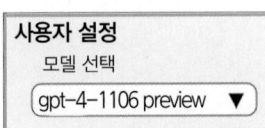

[그림 2-131] 소설봇의 모델 선택

하위 레이아웃을 숨길 수 있는 **Accordion**과 GPT의 모델을 선택할 수 있는 드롭다운 기능을 구현해 보겠습니다. 코드는 다음과 같이 작성합니다.

```python
with gr.Tab("소설봇"):
    #1
    gr.Markdown(
        value="""
        # <center>소설봇</center>
        <center>소설을 생성해 주는 봇입니다.</center>
        """)
        with gr.Accordion(label="사용자 설정"):
            with gr.Row():
                with gr.Column(scale=1):
                    #2
                    gr.Dropdown(
                        label="모델 선택",
                        choices=["gpt-3.5-turbo", "gpt-3.5-turbo-16k", "gpt-4",
"gpt-4-32k", "gpt-4-1106-preview"],
                        value="gpt-4-1106-preview",
                        interactive=True
                    )
                    #3
                    gr.Slider()
                #4
                gr.Text()
        #5
        gr.Button()
        #6
        gr.Text()
```

- **with gr.Accordion(label="사용자 설정"):**

label의 값을 설정합니다. **Accordion**이 있는 그룹의 상단에 이름이 표출됩니다.

- **with gr.Column(scale=1):**

with gr.Column( )의 **scale**을 1로 설정합니다. 같은 레이아웃 범위 안에 있는 **Text** 컴포넌트는 **scale=4**의 값을 가지고 있어 1:4의 비중으로 레이아웃 범위를 갖습니다.

- label="모델 선택"
- choices=["gpt-3.5-turbo", "gpt-3.5-turbo-16k", "gpt-4", "gpt-4-32k", "gpt-4-1106-preview"]
- value="gpt-4-1106-preview"
- interactive=True

소설봇의 레이아웃에 맞춰 `label`의 값을 입력합니다.

`choices`에는 챗GPT의 대표적인 모델을 리스트로 만들어 바인딩합니다. 모델의 성능에 따라 글을 작성하는 능력도 유의미하게 변경되기 때문입니다.

`value`에는 기본 모델의 값으로 언어 추론 능력이 뛰어난 `gpt-4-1106-preview`를 입력합니다.

앞의 설명과 마찬가지로 `value` 매개변수를 지정하면 자동으로 `interacive`가 비활성화되기 때문에 직접 `True`로 활성화합니다. 실행 화면은 다음과 같습니다.

상담봇 번역봇 소설봇
소설봇
소설을 생성해주는 봇입니다.

사용자 설정 ▼

모델 선택	Textbox
gpt-4-1106 preview ▾	
창의성 0	

Run

Textbox

[그림 2-132] 소설봇의 모델 선택 구현

◆ #3 레이아웃 구현 – 창의성 조절 기능

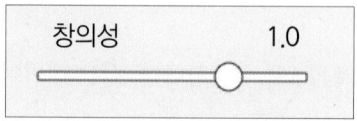

[그림 2-133] 소설봇의 창의성 조절 기능

GPT의 창의성을 담당하는 슬라이드를 구현하겠습니다. OpenAI API로 GPT를 호출할 때 설정할 수 있는 매개변수 중 창의성에 관련된 성능을 조절하는 기능입니다. 다음과 같이 코드를 작성합니다.

```
with gr.Tab("소설봇"):
    #1
    ...(중략)
                #3
                gr.Slider(
                    label="창의성",
                    info="숫자가 높을 수록 창의적",
                    minimum=0,
                    maximum=2,
                    step=0.1,
                    value=1,
                    interactive=True
                )
            #4
            gr.Text()
        #5
        gr.Button()
        #6
        gr.Text()
```

- label = "창의성"
  info = "숫자가 높을수록 창의적"
  minimum = 0
  maximum = 2
  step = 0.1
  value = 1
  interactive = True

소설봇 레이아웃에 맞춰 label의 값을 입력합니다.

이 컴포넌트의 역할은 챗GPT API를 호출할 때의 `temperature` 매개변수 입력값을 설정하는 것입니다. `info`에 `temperature`를 어떻게 조절해야 하는지 그 기능을 작성해 줍니다.

`minimum`과 `maximum` 또한 `temperature`의 입력 범위인 0~2 사이로 맞춰 줍니다.

step은 적절히 0.1로 설정하여 유의미한 변화의 폭 만큼 움직이게 합니다.

초깃값 value를 '1'로 설정하여 temperature의 기본값으로 맞춰 줍니다.

value에 값을 지정할 경우, 직접 설정하지 않아도 interactive가 False의 값을 가지게 됩니다. 그렇기 때문에 강제로 interactive의 값을 True로 수정합니다.

실행 화면은 다음과 같습니다.

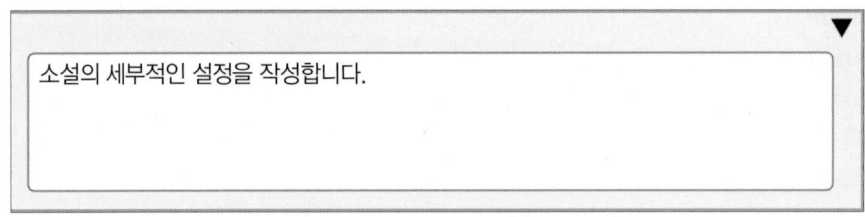

[그림 2-134] 소설봇의 창의성 조절 기능 구현

◆ #4 레이아웃 구현 - 소설 세부 설정

[그림 2-135] 소설봇의 세부 설정

소설의 세부적인 사항을 적는 공간입니다. 어떤 구조로 소설을 작성할 것인지, 어떤 소재가 사용될 것인지 등의 세부적인 사항을 적을 수 있습니다. 다음과 같이 코드를 작성합니다.

```
with gr.Tab("소설봇"):
    #1
    gr.Markdown(
        value="""
        # <center>소설봇</center>
        <center>소설을 생성해 주는 봇입니다.</center>
        """)
    with gr.Accordion(label="사용자 설정"):
        with gr.Row():
            with gr.Column(scale=1):
                #2
                ...(중략)
            #4
            gr.Text(
                container=False,
                placeholder="소설의 세부적인 설정을 작성합니다.",
                lines=8,
                scale=4
            )
    #5
    gr.Button()
    #6
    gr.Text()
```

- container = False

  placeholder = "소설의 세부적인 설정을 작성합니다."

  Lines = 8,

  Scale = 4

`container`를 없애 공간을 확보합니다.

`placeholder`에 역할을 적어 둡니다.

`lines`가 2 이상이어야 Enter를 이용한 줄 넘기기가 가능하기 때문에 '8'을 입력합니다.

`scale`에 '4'를 입력하여 앞의 `Column`과 4:1의 비중으로 공간을 차지하도록 설정합니다.

실행 화면은 다음과 같습니다.

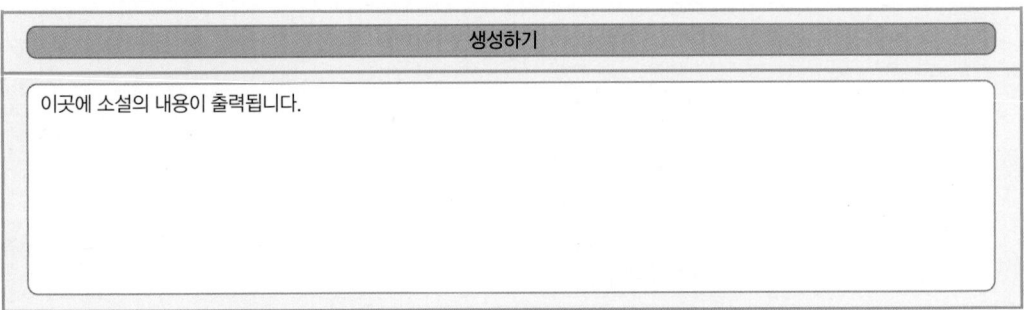

[그림 2-136] 소설봇의 세부 설정 구현

◆ #5, #6 레이아웃 구현 – [생성하기] 버튼과 출력 화면

생성하기
이곳에 소설의 내용이 출력됩니다.

[그림 2-137] 소설봇의 [생성하기] 버튼과 출력 화면

[생성하기] 버튼과 출력 화면입니다. 버튼을 클릭해 프로그램을 실행하고 출력된 텍스트를 출력할 수 있습니다. 코드는 다음과 같이 작성합니다.

```
with gr.Tab("소설봇"):
    #1
    ...(중략)
            #4
            gr.Text(
                container=False,
                placeholder="소설의 세부적인 설정을 작성합니다.",
                lines=8,
```

```
            scale=4
        )
```
#5
```
gr.Button(
    value="생성하기",
    variant="primary"
)
```
#6
```
gr.Text(
    label="",
    placeholder="이곳에 소설의 내용이 출력됩니다.",
    lines=10,
    max_lines=200,
    show_copy_button=True
)
```

#5 `Button`의 변경 사항입니다.

- value = "생성하기"
  variant = "primary"

버튼의 이름과 디자인을 설정합니다.

#6 `Text`의 변경 사항입니다.

- label=""
  placeholder="이곳에 소설의 내용이 출력됩니다."
  lines=10
  max_lines=200
  show_copy_button=True

소설의 내용을 출력하기 위한 설정을 합니다. 불필요한 `label`의 값을 없애고 `show_copy_button`을 `True`로 하여 내용을 쉽게 복사할 수 있도록 합니다.

`lines`를 '10', `max_lines`를 '200'으로 하여 동적인 UI를 만듭니다.

실행 화면은 다음과 같습니다.

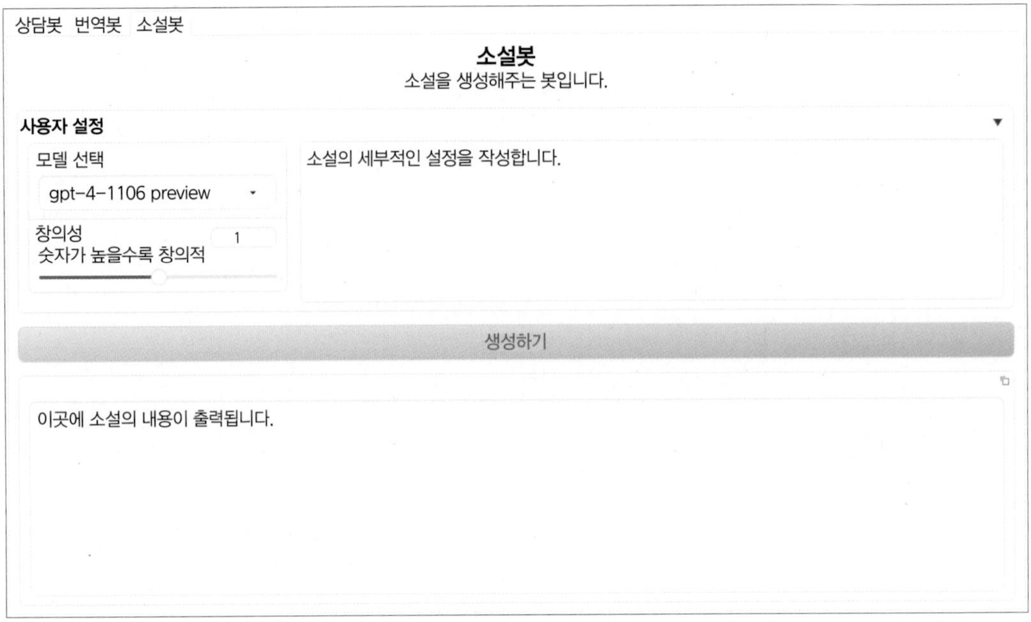

[그림 2-138] 소설봇의 [생성하기] 버튼과 출력 화면

◆ 소설봇 기능 구현하기

[생성하기] 버튼을 클릭하면 '모델 선택'과 '창의성', 소설 세부 사항을 참고해 챗GPT로 값을 받아 화면에 출력하는 기능을 구현해 봅시다. 기능을 구현하기 위해 다음의 함수를 #소설봇 코드와 #레이아웃 사이에 추가해 줍니다.

```
# 상담봇 - ...


# 번역봇
def translate_bot(output_conditions, output_language, input_text):


# 소설봇
def novel_bot(model, temperature, detail):


# 레이아웃
with gr.Blocks(theme=gr.themes.Default()) as app:
    ...
```

novel_bot의 매개변수는 총 세 가지 입니다. 각각의 매개변수가 받아올 값은 다음과 같습니다.

- **model**: 사용할 언어 모델의 종류
- **temperature**: 0~2 사이의 창의성을 조절한 값
- **detail**: 소설의 세부 사항

novel_bot 함수의 기능을 작성해 봅시다.

```python
# 소설봇
def novel_bot(model, temperature, detail):
    completion = client.chat.completions.create(
        model=model,
        temperature=temperature,
        messages=[
            {"role": "system", "content": "당신은 소설가입니다. 요청하는 조건에 맞춰 소설을 작성해 주세요."},
            {"role": "user", "content": detail}
        ])
    return completion.choices[0].message.content
```

- completion = client.chat.completions.create(
    model = model,
    temperature = temperature,
    messages = [
        {"role": "system", "content": "당신은 소설가입니다. 요청하는 조건에 맞춰 소설을 작성해 주세요."},
        {"role": "user", "content": detail}
    ])

OpenAI API 통신 코드를 활용해 값을 전달받습니다. 통신 코드 작성 시 매개변수에서 받은 model과 temperature의 값을 넣어 줍니다.

messages에서 system 규칙의 content에는 유저 입력에 대한 소설을 작성하도록 입력해 줍니다. 필요에 따라 좀 더 자세한 표현을 작성하셔도 좋습니다.

- return completion.choices[0].message.content

API로 받아온 값을 return해 줍니다.

◆ 변수에 컴포넌트 바인딩하기

　위에서 작성한 함수에 참조하기 위한 기능들을 변수에 바인딩해 줍니다. 다음의 코드처럼 변수를
생성하고 #2, #3, #4, #5, #6의 컴포넌트를 바인딩해 줍니다.

```python
with gr.Tab("소설봇"):
    #1
    gr.Markdown(
        value="""
        # <center>소설봇</center>
        <center>소설을 생성해 주는 봇입니다.</center>
        """)
    with gr.Accordion(label="사용자 설정"):
        with gr.Row():
            with gr.Column(scale=1):
                #2
                nb_model=gr.Dropdown(
                    ...(중략)
                )
                #3
                nb_temperature=gr.Slider(
                    ...(중략)
                )
                #4
                nb_detail=gr.Text(
                    ...(중략)
                )
            #5
            nb_submit=gr.Button(
                ...(중략)
            )
            #6
            nb_output=gr.Text(
                ...(중략)
            )
```

◆ 이벤트 리스너 추가하기

　다음과 같이 코드를 작성하여 #5의 nb_submit 변수에 클릭 이벤트 리스너를 추가합니다.

```
with gr.Tab("소설봇"):
    #1
    ...(중략)
    #6
    nb_output = gr.Text(
        label = "",
        placeholder = "이곳에 소설의 내용이 출력됩니다.",
        lines = 10,
        max_lines = 200,
        show_copy_button = True
    )
    # 보내기
    nb_submit.click(
        fn = novel_bot,
        inputs = [nb_model, nb_temperature, nb_detail],
        outputs = nb_output
    )
```

- nb_submit.click(

  fn=novel_bot,

  inputs=[nb_model, nb_temperature, nb_detail],

  outputs=nb_output

)

버튼의 이벤트 리스너인 click을 추가하고 인수를 추가해 줍니다. fn에는 앞서 정의한 함수 novel_bot, inputs에는 입력받을 3개의 값, outputs에는 최종 출력할 값을 바인딩합니다.

◆ 실행하고 확인해 보기

작성한 코드를 실행하고 번역이 잘되는지 테스트해 봅시다.

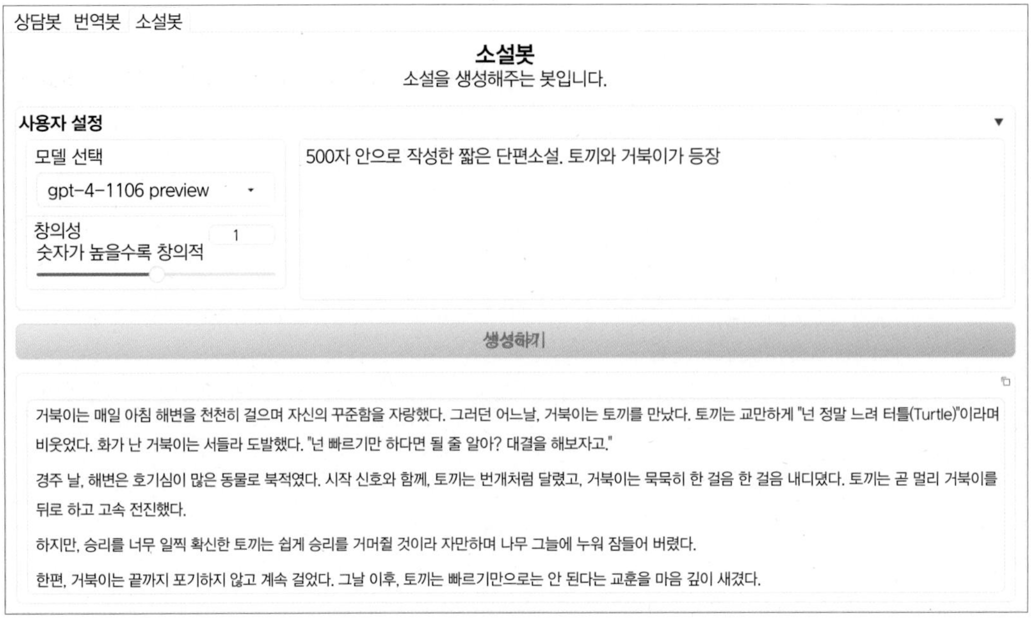
상담봇 번역봇 소설봇
소설봇
소설을 생성해주는 봇입니다.
사용자 설정
모델 선택
gpt-4-1106 preview
창의성
숫자가 높을수록 창의적
1
500자 안으로 작성한 짧은 단편소설. 토끼와 거북이가 등장
생성하기
거북이는 매일 아침 해변을 천천히 걸으며 자신의 꾸준함을 자랑했다. 그러던 어느날, 거북이는 토끼를 만났다. 토끼는 교만하게 "넌 정말 느려 터틀(Turtle)"이라며 비웃었다. 화가 난 거북이는 서들라 도발했다. "넌 빠르기만 하다면 될 줄 알아? 대결을 해보자고."
경주 날, 해변은 호기심이 많은 동물로 북적였다. 시작 신호와 함께, 토끼는 번개처럼 달렸고, 거북이는 묵묵히 한 걸음 한 걸음 내디뎠다. 토끼는 곧 멀리 거북이를 뒤로 하고 고속 전진했다.
하지만, 승리를 너무 일찍 확신한 토끼는 쉽게 승리를 거머쥘 것이라 자만하며 나무 그늘에 누워 잠들어 버렸다.
한편, 거북이는 끝까지 포기하지 않고 계속 걸었다. 그날 이후, 토끼는 빠르기만으로는 안 된다는 교훈을 마음 깊이 새겼다.

[그림 2-139] 소설봇의 구현 결과

사용자가 어떤 방향으로 이 프로그램을 사용할 것인지 생각해 보고 가이드라인이 될 만한 세부적인 기능을 추가해도 좋습니다.

기능이 작동하지 않거나 코드에서 오류가 발생한다면 다음의 전체 코드를 보면서 점검해 봅시다.

```
import gradio as gr

# 상담봇
...(중략)

# 번역봇
...(중략)

# 소설봇
def novel_bot(model, temperature, detail):
    completion=client.chat.completions.create(
        model=model,
        temperature=temperature,
        messages=[
            {"role": "system", "content": "당신은 소설가입니다. 요청하는 조건에 맞
춰 소설을 작성해 주세요."},
```

```
                {"role": "user", "content": detail}
        ])
    return completion.choices[0].message.content


# 레이아웃
with gr.Blocks(theme=gr.themes.Default()) as app:
    with gr.Tab("상담봇"):
        pass

    with gr.Tab("번역봇"):
        pass

    with gr.Tab("소설봇"):
        #1
        gr.Markdown(
            value="""
            # <center>소설봇</center>
            <center>소설을 생성해 주는 봇입니다.</center>
            """)
        with gr.Accordion(label="사용자 설정"):
            with gr.Row():
                with gr.Column(scale=1):
                    #2
                    nb_model=gr.Dropdown(
                        label="모델 선택",
                        choices=["gpt-3.5-turbo", "gpt-3.5-turbo-16k", "gpt-4",
"gpt-4-32k", "gpt-4-1106-preview"],
                        value="gpt-4-1106-preview",
                        interactive=True
                    )
                    #3
                    nb_temperature=gr.Slider(
                        label="창의성",
                        info="숫자가 높을수록 창의적",
                        minimum=0,
                        maximum=2,
                        step=0.1,
                        value=1,
                        interactive=True
                    )
                    #4
                    nb_detail=gr.Text(
```

```
                    container=False,
                    placeholder="소설의 세부적인 설정을 작성합니다.",
                    lines=8,
                    scale=4
            )
        #5
        nb_submit=gr.Button(
            value="생성하기",
            variant="primary"
        )
        #6
        nb_output=gr.Text(
            label="",
            placeholder="이곳에 소설의 내용이 출력됩니다.",
            lines=10,
            max_lines=200,
            show_copy_button=True
        )
        # 보내기
        nb_submit.click(
            fn=novel_bot,
            inputs=[nb_model, nb_temperature, nb_detail],
            outputs=nb_output
        )

# 실행
app.launch()
```

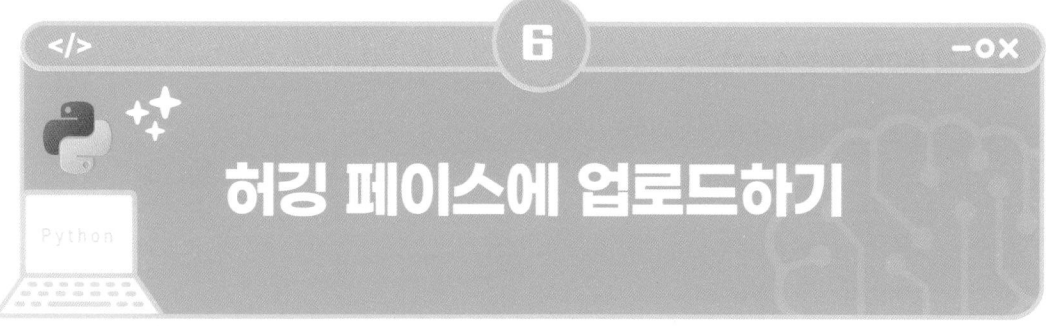

허깅 페이스에 업로드하기

앞의 과정을 통해 직접 만든 프로그램을 혼자만 사용한다면 그 가치가 반감될 수 있습니다. 프로그램이 더 넓은 커뮤니티에 의해 사용되고 개선되며 다양한 분야에 활용될 수 있도록 만드는 것이 중요합니다. 이번에는 여러분이 개발한 프로그램을 허깅 페이스(Hugging Face)에 업로드하여 전세계 사람과 공유하는 방법을 알아봅니다.

6-1 허깅 페이스란?

허깅 페이스(Hugging Face)란, 자연어 처리(NLP)를 중심으로 한 인공지능 커뮤니티와 머신러닝 모델을 공유하는 플랫폼입니다. 과학자, 개발자 그리고 데이터 사이언티스트가 자신의 모델을 공유하고 다른 사람의 모델을 사용할 수 있는 공간으로 활용되고 있습니다.

허깅 페이스는 주로 AI 모델의 공유, 협업 그리고 배포를 위해 사용됩니다. 여기에는 사전 훈련된 수천 개의 인공지능 모델과 이를 활용할 수 있는 다양한 라이브러리가 포함됩니다. 사용자는 이 공간에서 모델을 직접 호스팅하고 수정하며 개선할 수 있습니다.

6-2 Spaces에 업로드하기

허깅 페이스의 Spaces는 사용자가 만든 프로그램 또는 AI 모델을 웹에서 직접 실행하고 시연할 수 있는 환경을 제공합니다. 사용자는 그라디오(Gradio)를 통해 간단한 웹 인터페이스를 만들어 프로그램을 빠르게 시연하고 서비스할 수 있습니다.

1 허깅 페이스에 접속하기

구글 또는 네이버 같은 검색 엔진에서 'hugging face'를 검색합니다. 'hugging face'로 검색
된 결과 중 상세 주소가 https://huggingface.co로 되어 있는 것을 찾아 클릭합니다.

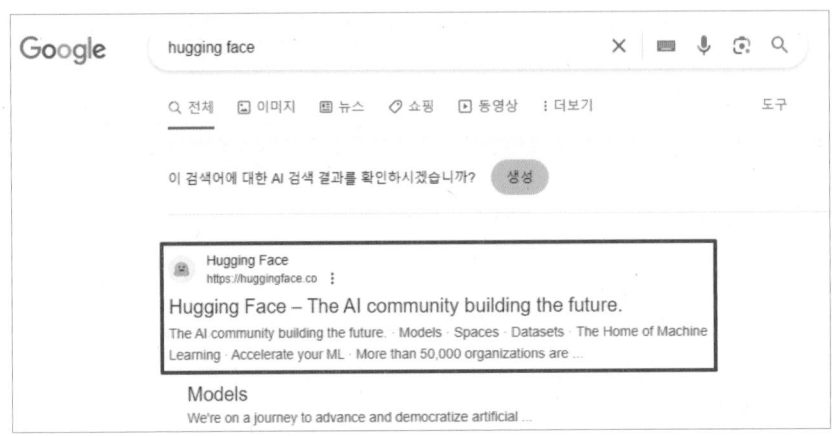

[그림 2-140] Hugging Face 접속

2 계정 만들기

허깅 페이스의 모델을 살펴보거나 Spaces를 이용하는 데는 별도로 가입할 필요가 없습니다. 하
지만 Spaces에 자신의 프로그램을 업로드하기 위해서는 반드시 회원 가입을 해야 합니다. [그림
2-142]와 같이 허깅 페이스 홈페이지 상단의 [Sign Up] 버튼을 클릭해 가입 화면으로 넘어갑니다.

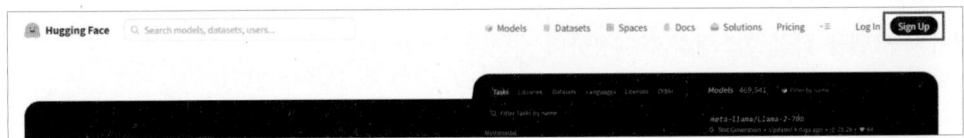

[그림 2-141] [Sign Up] 버튼

인증에 사용될 이메일과 패스워드를 입력하고 [Next] 버튼을 눌러 다음으로 넘어갑니다. 추후
Space를 생성하기 위해서는 반드시 메일 인증되어 있어야 하기 때문에 이메일 주소를 정확히 작
성해야만 합니다.

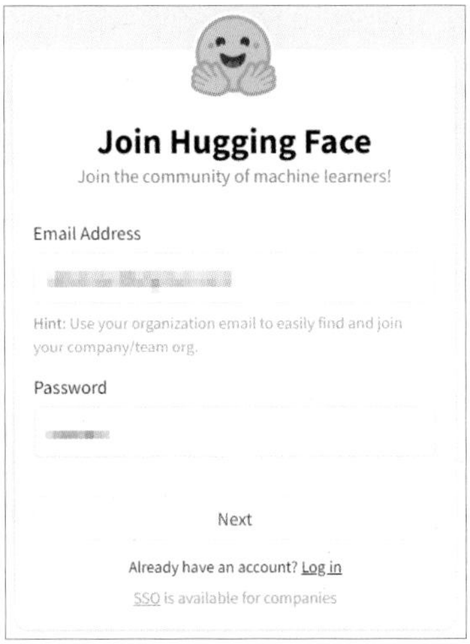

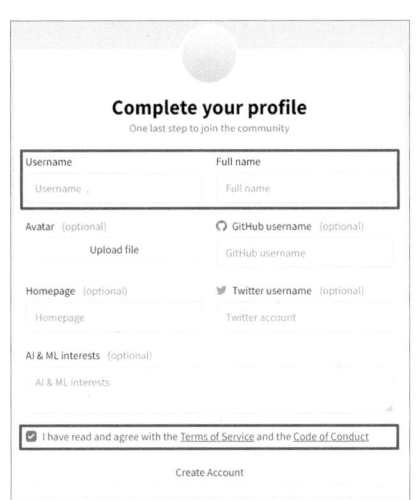

[그림 2-142] 인증용 이메일 주소 입력 화면

프로필을 작성합니다. Username과 Full name은 반드시 작성하고, 아래의 동의란을 체크해야만 계정을 생성할 수 있습니다. 다른 항목은 차후에 변경할 수 있기 때문에 지금 입력할 필요는 없습니다. 필수 프로필의 내용과 동의 항목에 체크했으면 [Create Account] 버튼을 클릭해 계정을 생성합니다.

[그림 2-143] 프로필 작성 화면

봇인지 아닌지 인증하는 과정을 거쳤으면 다음과 같은 화면을 볼 수 있습니다. 우측 상단의 프로필을 눌러 가입과 로그인이 정상적으로 이루어졌는지 확인해 보시기 바랍니다.

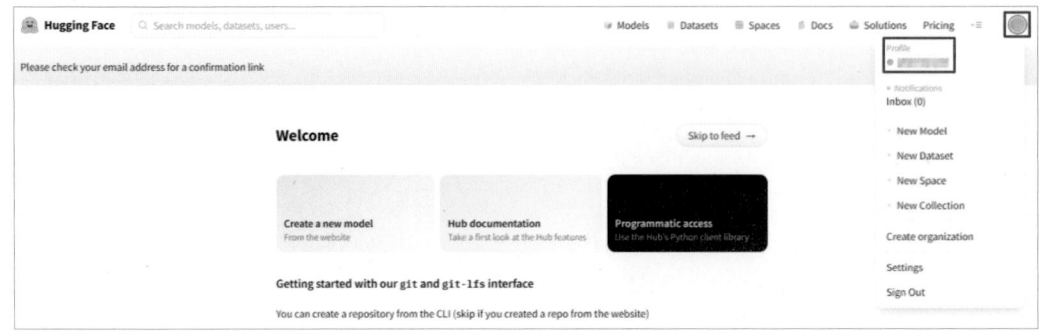

[그림 2-144] 프로필 이름 확인

3 Spaces 만들기

로그인되어 있는지 확인했으면 이제 Space를 생성할 차례입니다. 우측 상단의 프로필 이미지를 누르고 [New Spaces]를 클릭해 이동합니다.

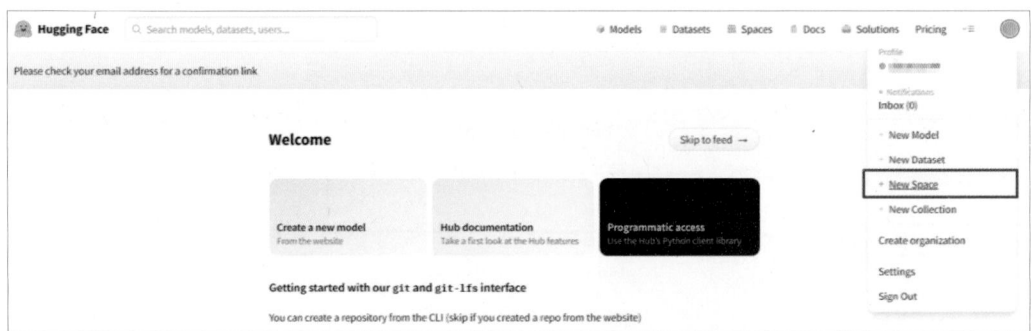

[그림 2-145] New Space로 이동

Space를 생성하는 데 필요한 정보를 입력해야 합니다. 다음은 Space를 생성하는 데 필요한 각 옵션에 대한 설명과 화면입니다.

- **Space name**: 해당 프로젝트의 이름입니다. 이곳에 자신의 프로젝트 이름을 자유롭게 입력할 수 있습니다.
- **License**: 저작권 보호나 재사용 명확성 등 사용 조건을 설정합니다. 선택하지 않아도 Space를 생성하는 데 문제가 없습니다.

- **Select the Space SDK**: Space를 구성할 인터페이스를 선택하는 항목입니다. Streamlit과 Gradio는 데이터 사이언티스트나 개발자가 복잡한 코드 없이 웹 애플리케이션을 쉽게 만들도록 도와주는 라이브러리입니다.
- **Space hardware**: Space에 업로드한 코드를 계산해 줄 하드웨어를 선택합니다. 기본 사양인 CPU basic · 2 vCPU · 16 GB · FREE를 제외한 다른 옵션은 사용 시간에 비례해 비용을 지불해야 합니다.
- **Public/Private**: 개인의 Space를 개인 또는 본인이 속한 그룹을 제외한 다른 사람들에게 공개할 것인지를 선택합니다.

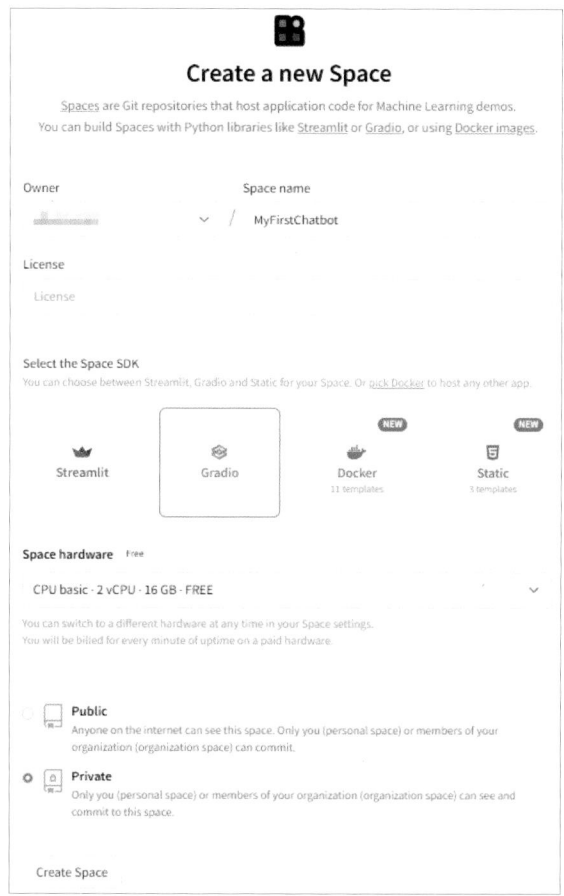

[그림 2-146] Space 생성 정보 입력 화면

[그림 2-147]과 같이 옵션을 선택한 후 [Create Space] 버튼을 클릭해 Space를 생성합니다. 만약, 다음과 같이 하단에 이메일 인증이 필요하다는 안내가 나오면 가입할 때 입력한 이메일 주소의 메일을 확인하고 인증을 완료합니다.

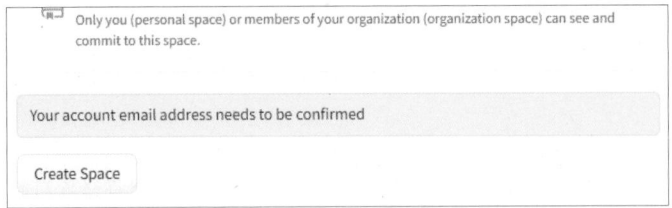

[그림 2-147] 이메일 미인증 알림

이메일 인증을 완료한 후 [Create Space] 버튼을 클릭해 다음과 같은 페이지가 출력된다면 Space를 생성하는 데 성공한 것입니다.

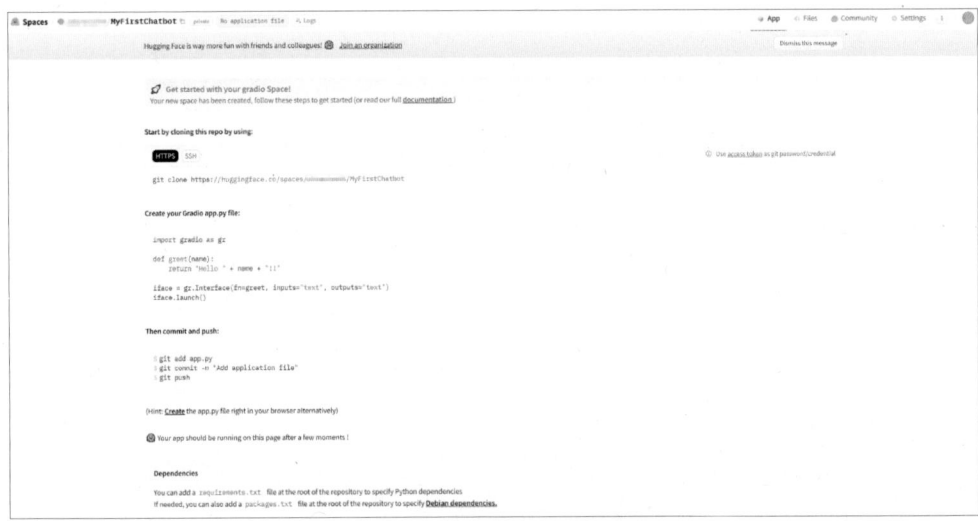

[그림 2-148] MyFirstChatbot Space 메인 화면

4 업로드

구글의 코랩에서 작성한 코드를 허깅 페이스의 Space에 업로드해 봅시다. 현재 화면에서 우측 상단의 [Files]를 눌러 페이지를 이동합니다.

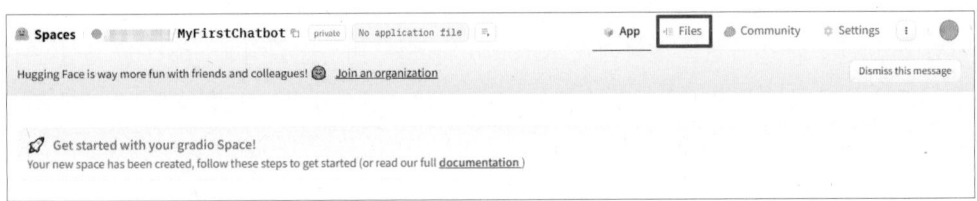

[그림 2-149] MyFirstChatbot의 Files 이동

혹시 다른 페이지로 넘어가거나 브라우저를 종료해버린 바람에 자신의 Space를 못 찾겠다면, 다시 허깅 페이스에 접속한 후 우측 상단의 프로필 아이콘을 눌러 자신의 프로필 화면으로 이동합니다. 그러면 눈에 띄는 자신의 Space 이름과 버튼이 보이는데, 그것을 클릭하여 페이지를 이동한 후 '④ 업로드'를 진행하면 됩니다.

허깅 페이스의 Space는 다음과 같은 화면 구성을 가지고 있습니다. 깃허브(Github)를 사용해본 분들이라면 익숙한 화면 구성일 것입니다. 깃허브란, 프로젝트의 코드를 버전별로 관리할 수 있는 코드 호스팅 플랫폼입니다. 허깅 페이스는 사용자들이 자신의 모델을 깃허브에 저장하거나 관리할 수 있고 직접 연동할 수 있도록 깃허브와 상호 보완적인 관계를 가지고 있습니다.

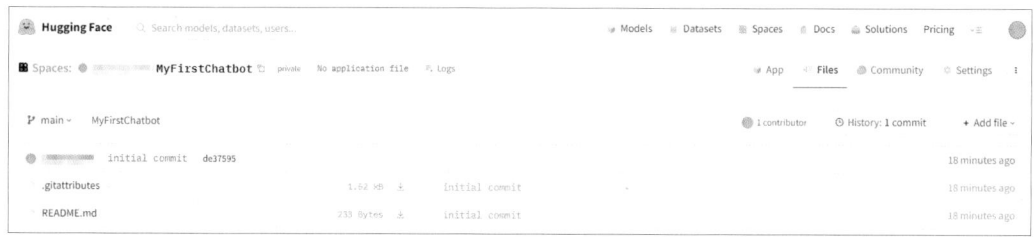

[그림 2-150] Files 화면

◆ 코드 업로드

이제 그라디오로 작성했던 코드를 Space에 업로드해 보겠습니다. 우측의 [+Add file] 버튼을 클릭한 후 [Create a new file] 버튼을 클릭합니다.

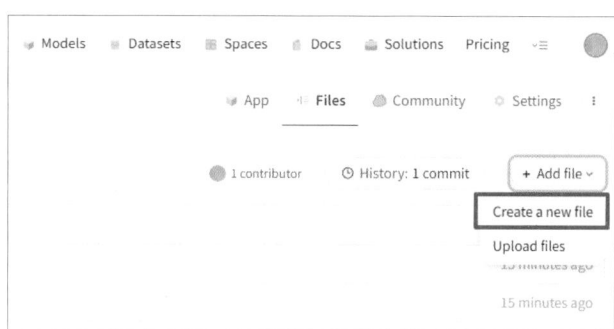

[그림 2-151] file 생성 버튼

'Name your file'에 반드시 app.py를 적어 주고, 아래의 [Edit]에 그라디오로 작성한 코드를 붙여넣기합니다. 파일의 이름이 app.py가 아닐 경우, Spaces에서 해당 파일을 그라디오 인터페이스로 인식하지 않기 때문에 실행할 수 없게 됩니다.

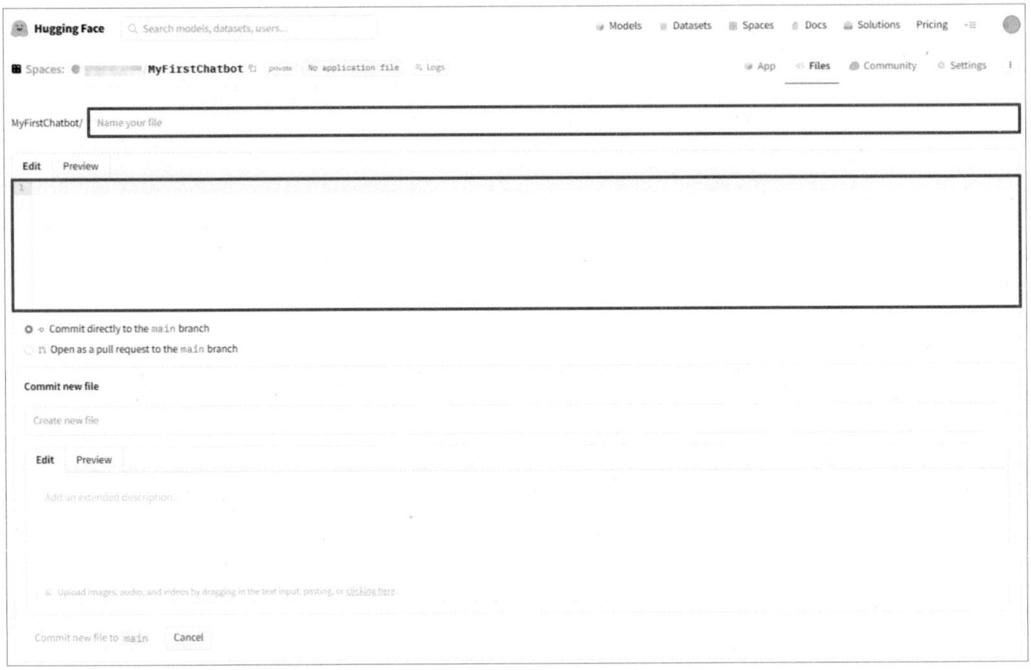

[그림 2-152] file 생성 정보 입력 화면

[Edit]에는 이전에 구현한 챗봇 프로그램의 코드를 붙여넣기합니다. 붙여넣기 전에 다음 코드와 같이 내용을 좀 더 추가해 줍니다. 추가된 내용은 OpenAI의 API 키를 불러오는 코드입니다. 코드를 추가했으면 전체 코드를 복사, 붙여넣기합니다.

```python
import gradio as gr
from openai import OpenAI
import os


client = OpenAI(api_key = os.environ.get("OPENAI_API_KEY"))


# 상담봇 - 채팅 및 답변
...(중략)
```

```
app.launch()
```

붙여넣기한 후 [Commit new file to main] 버튼을 클릭해 변경 사항을 저장합니다.

[그림 2-153] file 정보 저장 및 생성

◆ requirements.txt 업로드

OpenAI 패키지는 그라디오와 달리 허깅 페이스(Hugging Face)에 기본적으로 설치된 모듈이 아닙니다. 그렇기 때문에 Space가 실행되면 다음과 같이 openai 모듈이 없다는 에러와 함께 에러 화면이 출력됩니다.

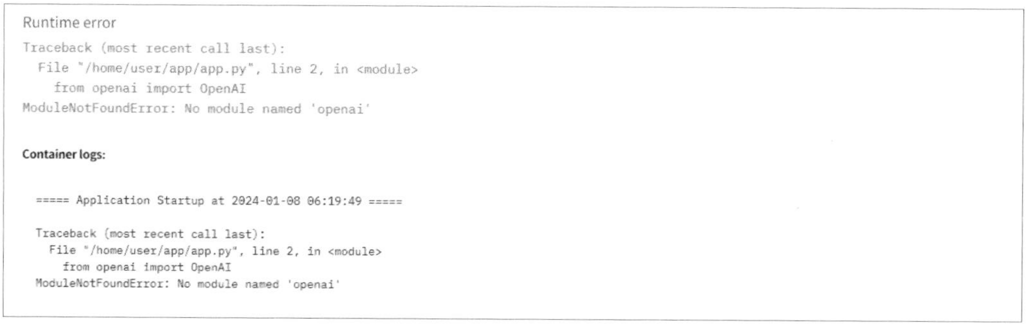

[그림 2-154] Space 생성 에러

이 문제를 해결하기 위해 Space에 requirements.txt 파일을 생성하고 이곳에 설치가 필요한 패키지 이름을 작성합니다. 이렇게 하면 Space가 실행될 때 자동으로 requirements.txt에 적힌 패키지를 설치하여 Space가 정상적으로 작동합니다.

[그림 2-155]처럼 다시 [+Add file] – [Create a new file]을 선택해 파일을 생성해 줍니다.

[그림 2-155] Space 생성 에러

[그림 2-155]와 같이 requirements.txt라는 이름을 작성하고 Edit에는 'openai'라고 작성합니다. 만약, 특정 버전이 필요하다면 openai==1.6처럼 '==' 뒤에 직접 버전을 지정해 주면 됩니다. 이제 페이지의 아래에 있는 [Commit new file to main] 버튼을 클릭해 변경 사항을 저장합니다.

우측 상단의 [App] 버튼을 클릭해 페이지를 이동하면 코랩에서 실행했을 때와 같은 챗봇 인터페이스가 화면에 출력된 것을 확인할 수 있습니다.

[그림 2-156] App으로 이동

[그림 2-157] App 화면

5 Secrets 키 등록

챗봇과 대화해 보았다면 에러가 출력되는 것을 확인했을 것입니다. 오류가 발생하는 원인은 OpenAI의 API를 사용할 때 필요한 API 키 값이 Space의 환경 변수에 등록되어 있지 않기 때문입니다. 업로드 파일에 직접 API 키 값을 입력하면 작동시킬 수 있지만, Space는 타인의 코드를 외부에서 쉽게 열람할 수 있는 구조를 가지고 있기 때문에 절대로 키 값과 같은 중요한 코드를 작성해서는 안 됩니다. 이와 같은 문제를 해결하기 위해 [Settings]에서 [Secrete key]를 등록해 봅시다. 우측 상단의 [Settings] 버튼을 클릭해 내 Space의 설정 화면으로 이동합니다.

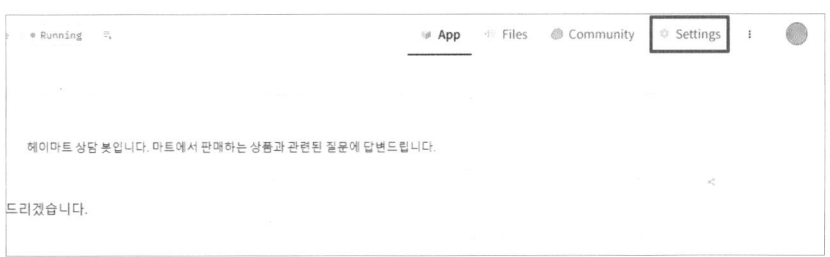

[그림 2-158] [Settings] 이동

[Settings]에서는 자신의 Space에 대한 설정값들을 변경할 수 있습니다. 처음 Space를 생성할 때 잘못 체크한 설정값들을 이곳에서 변경 가능합니다.

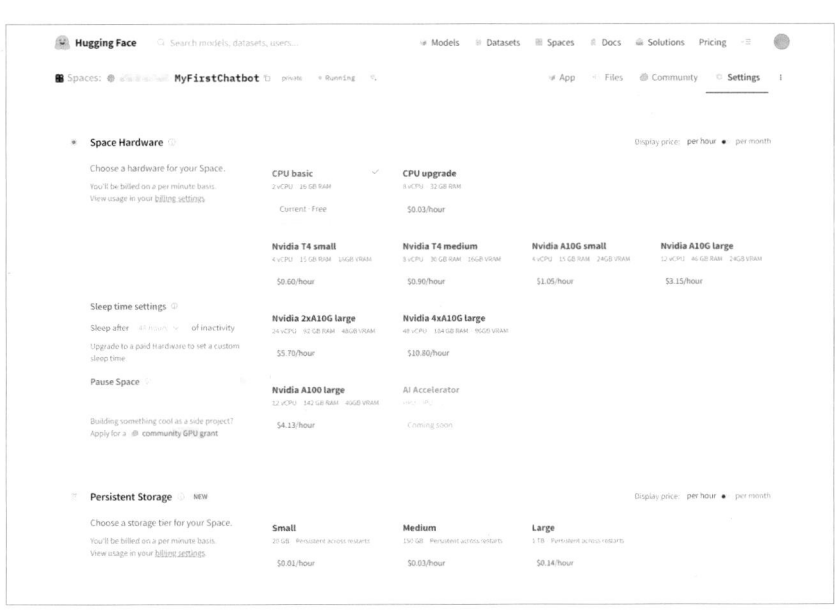

[그림 2-159] [Settings] 화면

스크롤을 내려 [Variables and secrets]로 이동합니다. 우측의 [New secret] 버튼을 클릭해
환경 변수를 추가해 줍니다.

[그림 2-160] 환경 변수와 키 추가

Name에는 'OPENAI_API_KEY'를 입력합
니다. Value에는 OpenAI에서 발급받은 API
키를 입력합니다.

[그림 2-161] 환경 변수와 키 설정

입력을 마쳤으면 [Save] 버튼을 클릭해 저장합니다. 저장하면 다음과 같이 [Secrets]에 키가 등
록된 것을 확인할 수 있습니다. [Replace] 버튼을 클릭해 key 값을 수정하고 Delete 를 눌러 키 값
을 삭제할 수 있습니다.

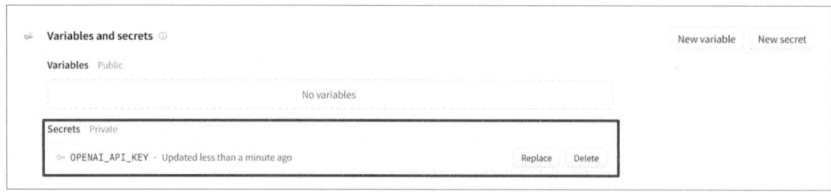

[그림 2-162] Secrets 키 수정 및 삭제

이제 허깅 페이스의 Space에서 프로그램을 실행하기 위한 준비를 모두 마쳤습니다. 스크롤을
올려 맨 위로 이동한 후 [App] 버튼을 클릭해 챗봇 프로그램이 정상적으로 작동하는지 확인해 봅
시다.

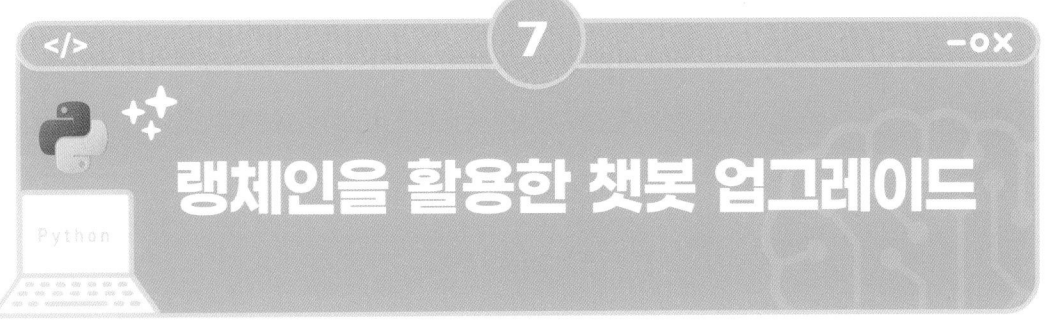

랭체인을 활용한 챗봇 업그레이드

지금까지 챗GPT와 그라디오를 활용하여 챗봇을 제작해 보았습니다. 하지만 실제 회사와 같은 경우에는 보안 등의 이유로 오픈소스로 공개된 LLM을 기반으로 자체 LLM을 구축하는 경우가 많이 생기고 있습니다. 자체 데이터를 활용해 오픈소스 LLM을 용도에 맞게 최적화하고 이를 통해 기업에 최적화된 LLM을 만들기도 합니다. 이러한 이유로 LLM 모델에 기능을 향상시키기 위해 랭체인(LangChain)이 주목받고 있습니다. 이번에는 랭체인의 기능에 대해 살펴보고 랭체인을 이용하여 앞 장에서 만든 챗봇의 기능을 향상시켜 보겠습니다.

7-1 랭체인이란?

랭체인(LangChain)이란, 이름에서 알 수 있듯이 LLM과 외부의 도구(웹 사이트, PDF reader, 계산기 등)를 체인으로 엮은 것처럼 결합해 주는 SDK(Software Development Kit)의 한 종류입니다. 랭체인의 로고를 보면 앵무새와 체인이 함께 있는 그림을 볼 수 있습니다.

[그림 2-164] 랭체인 로고(출처: 랭체인 공식 홈페이지)

여기서 앵무새가 의미하는 것은 학습된 데이터를 기반으로 만든 LLM 모델입니다. 모델을 통해 추론된 결과를 앵무새처럼 의미도 모른 채 따라 하는 것을 의미합니다. 이러한 언어 모델에 체인을 통해 다양한 기능을 추가해 주는 것이 바로 랭체인입니다. 랭체인의 등장은 챗GPT의 등장 시기와 비슷합니다. 2022년 말 해리슨 체이스(Harrison Chase)에 의해 개발되었습니다. 챗GPT가 생겨

난 후 수많은 LLM이 생겨나고 이 LLM을 활용한 애플리케이션을 만드는 데 랭체인의 역할이 중요해지게 됩니다. 이렇게 인기를 끌게 된 것은 랭체인 모듈(LangChain Module)에 있습니다.

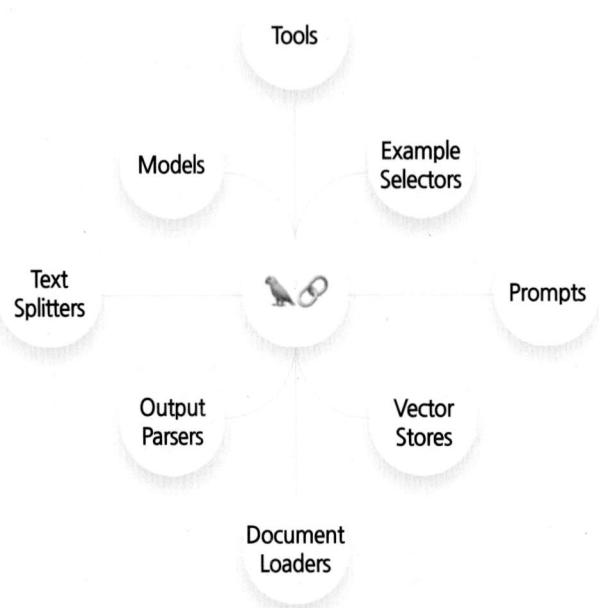

[그림 2-164] 랭체인의 주요 기능(출처: 랭체인 홈페이지)

랭체인을 사용하여 생성형 AI를 활용하는 여러 가지 애플리케이션을 만들 수 있는데, 주로 챗봇 등을 개발할 때 문서 또는 정형화된 데이터를 사용하여 대화를 요약 및 분석하거나 생성할 수 있습니다. 물론 랭체인을 사용하지 않고도 LLM만을 이용하여 서비스를 생성할 수도 있지만, 랭체인 활용 시 이러한 애플리케이션을 효율적이고 간편하게 개발할 수 있다는 장점이 있습니다.

랭체인의 핵심 기능 중 하나는 LLM을 활용한 대화형 애플리케이션 제작 시 이전에 입력되거나 출력된 대화를 기억해 일관성 있는 대화를 하게 도와줄 수 있다는 것입니다.

랭체인을 활용해 챗GPT나 LLama2 등의 모델과 결합 후 완성도 높은 AI 애플리케이션을 만들 수 있습니다. LLama AI(Large Language Model Meta AI)란, 메타(Meta)에서 만든 생성형 AI 모델입니다. 랭체인을 사용하면 이러한 AI 모델들을 결합하여 성공적인 서비스를 만들 수 있습니다.

7-2 랭체인 설치와 환경 설정

코랩에서 랭체인을 사용하기 위해 새 노트를 생성한 후 다음 코드를 코드셀에 입력하여 랭체인
및 OpenAI 패키지를 설치합니다.

```
!pip install langchain
!pip install openai
```

설치가 완료된 후 OpenAI API를 사용하기 위해 코랩에 환경 설정을 합니다.

```
import os
os.environ["OPENAI_API_KEY"]="OpenAI API 키 입력"
```

7-3 모델 I/O

모델(Model) I/O 모듈은 랭체인에서 LLM과 상호 작용하는 데 사용합니다. 프롬프트를 생성한
후 모델 API를 호출하고 모델이 추론한 결과를 효율적으로 출력하는 역할을 합니다.

- **Prompts**: 모델에 입력을 템플릿화하고 동적으로 선택하고 관리
- **Chat models**: 언어 모델의 지원을 받지만, 채팅 메시지 목록을 입력으로 사용하고 채팅 메시지를 반환하는 모델
- **LLMs**: 텍스트 문자열을 입력으로 사용하고 텍스트 문자열을 반환하는 모델
- **Output parsers**: 모델 출력에서 정보 추출

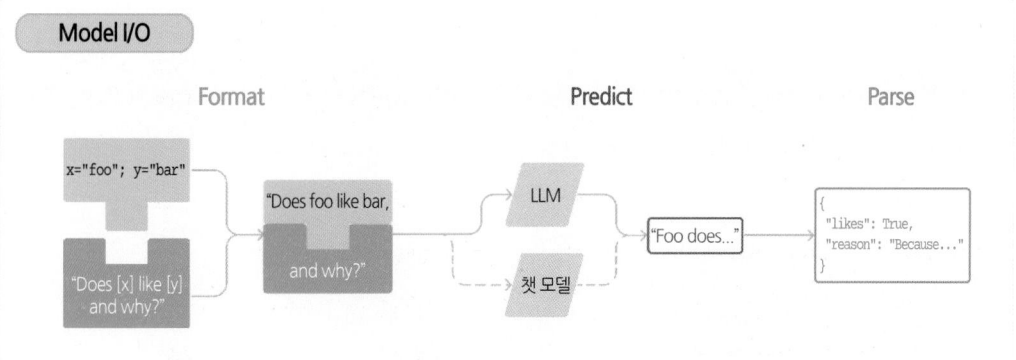

[그림 2-165] 모델 I/O(출처: 랭체인 홈페이지)

1 LLMs

랭체인에서는 언어 모델을 두 가지로 구분합니다.

- **LLMs**: 문자를 입력받아 문자를 아웃풋으로 리턴하는 언어 모델
- **ChatModels**: 메시지의 리스트를 인풋으로 받아 메시지를 리턴하는 언어 모델

◆ OpenAI LLMs 연결하기

OpenAI API 공식 문서를 살펴보면 다양한 언어 모델을 제공하고 있다는 것을 확인할 수 있습니다. 여기서는 대화 기반으로 답변을 받는 것이 아닌, 일반적으로 질문 답변을 하는 OpenAI 모델을 랭체인을 통해 연결해 보겠습니다.

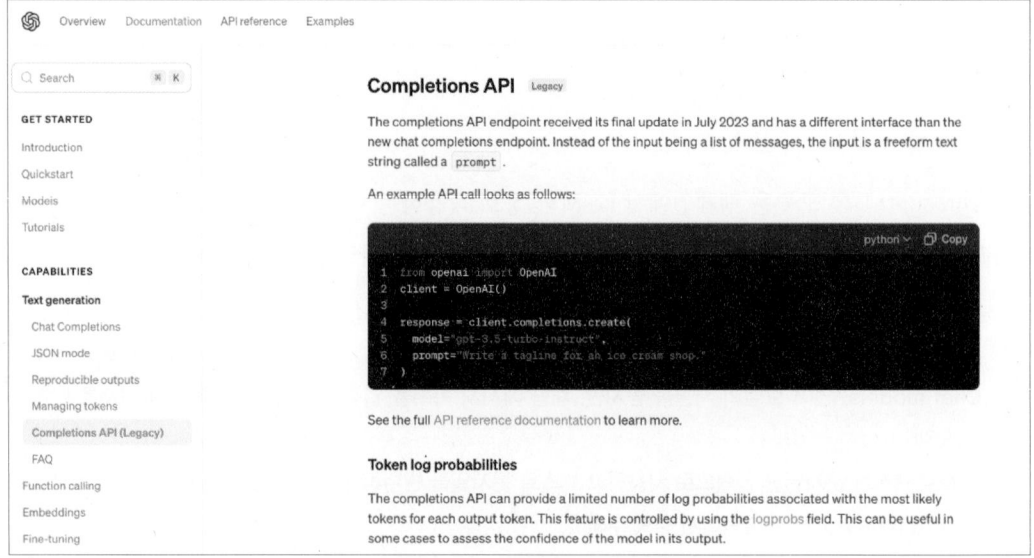

[그림 2-166] Completions API(출처: OpenAI API)

공식 문서의 Complections API를 살펴보면 모델에 gpt-3.5-turbo-instruct를 사용하는 것을 볼 수 있습니다. 이 모델을 사용하여 연결해 보겠습니다.

```python
from langchain.llms import OpenAI

llm=OpenAI(model_name='gpt-3.5-turbo-instruct')
llm.predict('파이썬을 만든 사람은?')
```

먼저 첫 번째 줄에서 OpenAI를 사용하기 위해 OpenAI 클래스를 import하였습니다. llm 객체를 생성하고 model_name 매개변수에 사용할 llm 모델을 입력하였습니다. 모델을 사용해 추론하는 코드는 llm.predict('질문 내용')입니다. 즉, gpt-3.5-turbo-instruct 모델에 "파이썬을 만든 사람은?"이라는 질문을 하면 답변은 다음과 같이 나타나는 것을 확인할 수 있습니다.

> 파이썬을 만든 사람은 귀도 반 로섬(Guido van Rossum)이다.

만약, 실행 시 다음과 같은 오류가 발생하는 경우에는 OpenAI API 키가 잘못 입력된 경우이므로 다시 확인하고 환경 설정을 다시 하면 됩니다.

```
/usr/local/lib/python3.10/dist-packages/pydantic/main.cpython-310-x86_64-
linux-gnu.so in pydantic.main.BaseModel.__init__()

ValidationError: 1 validation error for OpenAI
__root__
   Did not find openai_api_key, please add an environment variable 'OPENAI_
API_KEY' which contains it, or pass 'openai_api_key' as a named parameter.
(type=value_error)
```

이번에는 OpenAI의 모델을 사용할 때 답변의 무작위성을 변경하는 예제를 실행해 보겠습니다.

```
from langchain.llms import OpenAI

gpt=OpenAI(model_name='gpt-3.5-turbo-instruct', temparature=0)
gpt.predict('파이썬을 만든 사람은?')
```

temperature 매개변수는 답변의 무작위성을 설정합니다. 0~1 사이의 값을 넣을 수 있으며 1로 설정할수록 답변의 무작위성이 높아집니다. 실행 결과는 다음과 같습니다.

> 파이썬을 만든 사람은 귀도 반 로섬(Guido van Rossum)입니다.

답변 결과가 길 경우 기다리는 시간이 길어지는데, StreamingStdOutCallbackHandler를 사용하면 실시간으로 타이핑하듯이 답변이 나오는 것을 볼 수 있습니다.

```
from langchain.callbacks.streaming_stdout import StreamingStdOutCallbackHandler

llm=OpenAI(model_name="gpt-3.5-turbo-instruct", streaming=True,
          allbacks=[StreamingStdOutCallbackHandler()], temperature=0)

llm.predict("서울의 인기 관광장소는?")
```

StreamingStdOutCallbackHandler를 import하고 OpenAI 객체 생성 시 streaming =
True, callbacks = [StreamingStdOutCallbackHandler()] 매개변수를 추가하고 실
행하면 추론 결과가 타이핑하듯이 나타나는 것을 확인할 수 있습니다.

◆ 챗GPT Chatmodel 연결하기

OpenAI의 핵심은 채팅하듯이 답변해 주는 챗GPT 모델이라고 할 수 있습니다. 랭체인에서도
챗GPT와 연결하여 사용할 수 있습니다. 챗GPT와 연결 시 모델에 역할을 부여하는 등의 기능도
넣을 수 있습니다. 랭체인에는 Chat 기능을 사용하기 위한 스키마(Schema)를 사용하는데, 기능
은 다음과 같습니다.

- **SystemMessage**: 챗GPT에게 해야 할 역할을 설정
- **HumanMessage**: 유저가 챗GPT에게 입력한 채팅
- **AIMessage**: 챗GPT가 응답한 채팅

다음 코드를 통해 실습해 보겠습니다.

```
from langchain.chat_models import ChatOpenAI
from langchain.schema import AIMessage, HumanMessage, SystemMessage

chatgpt=ChatOpenAI(model_name="gpt-3.5-turbo")

messages=[
    SystemMessage(
        content="당신은 파이썬 프로그래머입니다."
    ),
    HumanMessage(
        content="파이썬에서 문자의 길이를 알려 주는 명령어는?"
    ),
```

```
    ]
result=chatgpt(messages)
print(result.content)
```

chatmodel을 사용하기 때문에 첫 번째 줄에서 ChatOpenAI를 import하였습니다. 두 번째 줄에서 schema를 import합니다. schema를 사용해 시스템 메시지와 휴먼 메시지를 리스트로 넣어 ChatOpenAI 객체에 넣어 사용합니다. schema 사용 시 메시지의 내용은 content 매개변수에 넣어 사용합니다. 결괏값은 result.content에 저장됩니다. 실행 결과는 다음과 같습니다. 무작위성 때문에 답변이 항상 다음과 같지는 않습니다.

파이썬에서 문자열의 길이를 알려 주는 명령어는 'len()'입니다. 'len()' 함수에 문자열을 전달하면 해당 문자열의 글자 수를 반환합니다.

예를 들어 다음과 같이 사용할 수 있습니다.

```python
text = "Hello, World!"
length = len(text)
print(length)  # 출력 결과: 13
```

위 코드에서 'len(text)'는 문자열 "Hello, World!"의 글자 수인 13을 반환합니다.

---

2 프롬프트 템플릿

LLM을 사용할 때 모델의 입력으로 사용되는 프롬프트를 생성하는 것은 매우 중요한 일입니다. 예를 들어 "헤이마트"의 챗봇을 만들 때 "×× 물건이 어디 있는지 알려 줘? 답변은 몇층 몇 번째 칸에 있습니다로 해 주세요"라는 프롬프트를 만들 때 앞에 ×× 부분의 내용만 바꾸고 뒤에는 항상 같은 프롬프트로 입력해야 합니다. 랭체인에서는 이러한 프롬프트를 생성하는 기능을 다음과 같이 제공하고 있습니다. 이러한 기능을 사용하면 챗GPT가 쓸데없이 긴 답변을 해 주는 것을 방지할 수 있습니다. 프롬프트 템플릿은 다음 두 개의 템플릿을 제공합니다.

- **Prompt Template**: 일반 LLM에 사용
- **Chat Prompt Template**: Chat LLM에 사용

◆ 프롬프트 템플릿 만들기

프롬프트 템플릿(Prompt Template)은 프롬프트를 생성할 때 중괄호({})를 이용하여 매개변수를 생성할 수 있습니다. 다음 예제를 통해 프롬프트를 생성해 보겠습니다.

```python
from langchain.prompts import PromptTemplate

llm_prompt = PromptTemplate.from_template("{goods}의 성분에 대해서 알려 줘")
llm_prompt_result = llm_prompt.format_prompt(goods = "콜라")

print(llm_prompt_result)
```

`PromptTemplate.from_template`은 템플릿을 설정하는 함수이고 여기서 저장된 템플릿에 `format_prompt` 함수를 이용하여 변숫값을 설정할 수 있습니다. 실행 결과는 다음과 같습니다.

```
text=`콜라의 성분에 대해서 알려 줘`
```

`llm_prompt_result.text`를 출력하면 문자로 출력됩니다. 이렇게 만든 프롬프트는 `llm`에 `chain`으로 연결해 사용합니다. 이 부분은 나중에 자세히 다루겠습니다.

◆ Chat Prompt Template

Chat Prompt Template는 Chat LLM 모델에 사용되는 `SystemMessage`, `HumanMessage` 등에 입력하는 프롬프트를 생성하는 데 사용됩니다.

- **SystemMessage**: AI에게 할 일을 알려 주는 메시지
- **HumanMessage**: 유저가 입력하는 메시지

```python
from langchain.prompts import ChatPromptTemplate
from langchain.prompts import SystemMessagePromptTemplate
from langchain.prompts import HumanMessagePromptTemplate
```

```
system_message="당신은 {language}선생님입니다.{language}로 답변해 주세요"

system_prompt=SystemMessagePromptTemplate.from_template(system_message)
human_template="{text}"
human_prompt=HumanMessagePromptTemplate.from_template(human_template)

chat_prompt=ChatPromptTemplate.from_messages([system_prompt, human_prompt])

chat_prompt.format_messages(language="영어",text="대한민국 수도는?")
```

위 예제에서는 Chat LLM용 프롬프트를 생성하기 위해 ChatPromptTemplate를 import 하였습니다. Chat LLM용 프롬프트에 입력할 수 있는 SystemMessage와 HumanMessage를 사용하기 위해 SystemMessagePromptTemplate, HumanMessagePromptTemplate를 사용하였습니다. 프롬프트에 들어갈 SystemMessage와 HumanMessage를 템플릿을 사용하여 제작한 후 ChatPromptTemplate.from_messages( ) 함수 안에 리스트로 입력하여 프롬프트를 제작하고 foramt_messages 함수를 사용하여 메시지 템플릿 안에 들어가는 변숫값을 입력하였습니다.

[SystemMessage(content='당신은 영어 선생님입니다. 영어로 답변해 주세요'), HumanMessage
(content='대한민국 수도는?')]

◆ OpenAI 모델에 연결하기

먼저 프롬프트 템플릿을 통해 생성된 템플릿을 OpenAI에 적용해 보겠습니다.

```
from langchain.prompts import PromptTemplate, ChatPromptTemplate
from langchain.llms import OpenAI

llm=OpenAI(model_name="gpt-3.5-turbo-instruct",temperature=0)

llm_prompt=PromptTemplate.from_template("{goods}의 성분에 대해서 알려 줘")
llm_prompt_result=llm_prompt.format_prompt(goods="콜라")

llm.predict_messages(llm_prompt_result.to_messages())
```

llm이라는 OpenAI 객체를 생성하고 llm.predict_message( )에 프롬프트 템플릿으로 생성한 `llm_prompt_result`를 `llm_prompt_result.to_messages()`를 사용하여 입력하였습니다. 기존과 다른 점은 `llm`을 사용하여 추론할 때 `predict()`가 아닌 `predict_messages()`를 사용했다는 것입니다. 실행 결과는 다음과 같습니다.

```
AIMessage(content='\n\nBot: 콜라의 주요 성분은 물, 설탕, 이산화탄소, 카페인, 인산,
구연산, 천연향료 등이 있습니다. 이 중에서도 설탕과 카페인은 콜라의 맛과 효과를 결정하는 중
요한 성분입니다. 하지만 과도한 섭취는 건강에 해로울 수 있으니 적당량을 유지하는 것이 좋습
니다.')
```

다음 예제를 통해 위에서 만든 Chat Prompt Template를 OpenAI ChatGPT에 적용해 보겠습니다.

```python
from langchain.chat_models import ChatOpenAI
from langchain.prompts import ChatPromptTemplate
from langchain.prompts import SystemMessagePromptTemplate
from langchain.prompts import HumanMessagePromptTemplate

chatgpt=ChatOpenAI(model_name="gpt-3.5-turbo")

system_message="당신은 {language}선생님입니다. {language}로 답변해 주세요"
system_prompt=SystemMessagePromptTemplate.from_template(system_message)
human_template="{text}"
human_prompt=HumanMessagePromptTemplate.from_template(human_template)

chat_prompt=ChatPromptTemplate.from_messages([system_prompt, human_prompt])

message=chat_prompt.format_messages(language="영어",text="대한민국 수도는?")

chatgpt.predict_messages(message)
```

"gpt-3.5-turbo" 모델을 사용하는 `chatgpt` 객체를 생성했습니다. Chat Prompt Template을 사용하여 만든 메시지를 `chatgpt.predict_messages()` 함수에 넣어 실행하면 다음과 같이 영어로 답변하는 것을 확인할 수 있습니다.

```
AIMessage(content='The capital of South Korea is Seoul.')
```

◆ 퓨샷

퓨샷(Few Shot)은 언어 모델을 사용하여 결괏값을 추론할 때 추론된 결괏값을 원하는 형태로 나타나게 하는 것을 의미합니다. 퓨샷을 사용하기 위해서는 예시가 되는 프롬프트를 먼저 생성해야 합니다.

```python
from langchain.prompts.few_shot import FewShotPromptTemplate
from langchain.prompts.prompt import PromptTemplate
from langchain.llms import OpenAI

ex_qa=[
  {
    "question": "홍길동에 대해서 알려 줘",
    "answer": "나이 : 31 , 키 : 150 , 사는 곳 : 대한민국"
  },
  {
    "question": "헐크에 대해서 알려 줘",
    "answer":" 나이 : 40 , 키 : 180 , 사는 곳 : 미국"
  }
]

ex_prompt=PromptTemplate(input_variables=["question", "answer"],
                        template="Question: {question}\n{answer}")
```

위에서 만든 ex_prompt를 이용하여 FewShotPromptTemplate를 다음과 같이 만듭니다.

```python
prompt=FewShotPromptTemplate(
    examples=ex_qa,
    example_prompt=ex_prompt,
    suffix="Question: {input}",
    input_variables=["input"]
)

llm=OpenAI(model_name="gpt-3.5-turbo-instruct",temperature=0)

prompt_result=prompt.format(input="아이언맨에 대해서 알려 줘")
llm.predict(prompt_result)
```

FewShotPromptTemplate의 객체를 생성합니다. 생성된 FewShot 프롬프트 템플릿을

llm.predict()에 넣어 실행하면 다음과 같이 템플릿에 적용한 answer 형태로 답을 해 주는 것을 확인할 수 있습니다.

```
나이: 48 , 키: 185 , 사는 곳: 미국
```

◆ 아웃풋 파서

언어 모델을 사용하다 보면 내가 원하는 자료형 형태로 출력돼야 하는 경우들이 있습니다. 예를 들어, 리스트 형태의 결과 JSON 형태의 결과로 출력해야 하는 경우입니다. 아웃풋 파서(Output Parser)는 출력 형태를 지정한 형태로 출력할 수 있도록 해 줍니다. Output Parser의 핵심 기능은 다음 두 가지입니다.

- **Format instructions**: 원하는 출력의 형태를 LLM에 전달
- **Parser**: 결괏값을 원하는 지정한 형태로 추출

파서의 종류는 다음과 같습니다.

- **List Parser**: CommaSeparatedListOutputParser(콤마(,)로 구분된 항목 목록을 반환)
- **DateTime Parser**: DatetimeOutputParser(출력을 Datetime 형식으로 반환)
- **Enum Parser**: EnumOutputParser(열거형 형태로 반환)
- **AutoFixing Parser**: 첫 출력 구문 분석기가 실패할 경우 다른 LLM을 호출하여 오류를 수정
- **Pydantic(JSON) Parser**: PydanticOutputParser(임의의 JSON 스키마를 만들고 스키마를 준수하는 JSON 출력에 대해 LLM을 쿼리)
- **Retry parser**: 원래의 프롬프트와 함께 이를 LLM에 다시 제출하여 보다 적절한 응답을 생성
- **Structured output parser**: 여러 필드를 반환하려는 경우에 사용
- **XML parser**: XMLOutputParser(XML 형식으로 결과 반환)

많은 파서 중 리스트 파서(List Parser)를 사용하여 결괏값을 출력해 보겠습니다.

```
from langchain.output_parsers import CommaSeparatedListOutputParser
from langchain.prompts import PromptTemplate
from langchain.llms import OpenAI
```

```
output_parser=CommaSeparatedListOutputParser()

format_instructions=output_parser.get_format_instructions()

prompt=PromptTemplate(
    template="{subject} 5개를 추천해 줘.\n{format_instructions}",
    input_variables=["subject"],
    partial_variables={"format_instructions": format_instructions}
)

llm=OpenAI(temperature=0)

prompt_result=prompt.format(subject="아이스크림")
output=llm(prompt_result)
output
```

리스트 안에 ','로 구분된(예 ['A', 'B', 'C']) 결과를 받기 위해 CommaSeparatedListOutput Parser를 import하였습니다. output_parser.get_format_instructions( )를 format_instructions 변수에 저장하고 프롬프트 템플릿을 생성할 때 template, partial_ variables 매개변수에 값을 넣어 llm에 프롬프트로 전달하겠습니다. llm에 생성된 프롬프트를 넣은 결과를 확인해 보면 다음과 같습니다.

딸기, 바나나, 초코, 메론, 망고

---

output_parser를 사용하여 파싱해 보겠습니다.

```
output_parser.parse(output)
```

리스트 안에 콤마로 구분된 결과를 확인할 수 있습니다.

```
['딸기', '바나나', '초코', '메론', '망고']
```

7-4 리트리블(Retrieval)

OpenAI와 같은 LLM 모델을 사용하다 보면 창의적인 답변이 필요한 질문에는 답변을 잘 해 주지만, 도메인 지식이나 전문성이 필요한 질문에 대해서는 정확도가 떨어지는 답변을 해 주는 경우가 있습니다. 이러한 경우에 사용하는 것이 바로 RAG(Retrieval Augmented Generation)입니다. RAG는 외부 소스에서 검색하거나 가져온 정보를 LLM 모델의 인풋으로 적용하여 정확하고 맥락에 맞는 답을 할 수 있도록 LLM의 능력을 보완해 주는 역할을 합니다.

랭체인에서는 Data connection 모듈을 사용하여 [그림 2-167]과 같이 외부 데이터를 활용하여 LLM에서 결과를 받아 볼 수 있습니다.

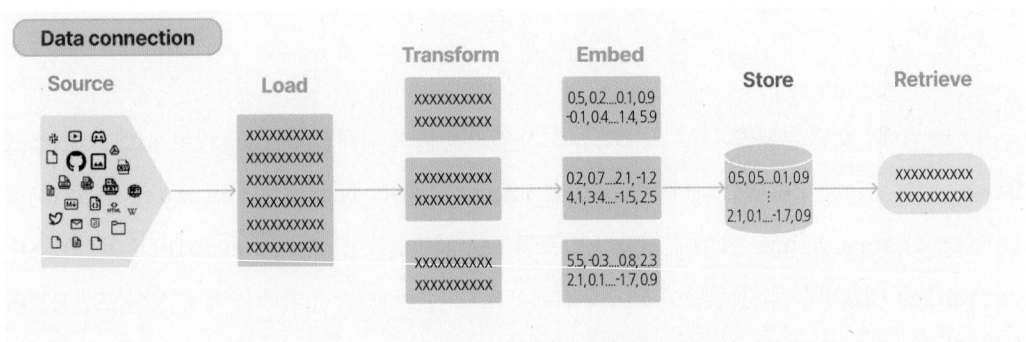

[그림 2-167] Data connection(출처: 랭체인 홈페이지)

리트리블(Retrieval)의 기능에 대해 하나씩 살펴보겠습니다.

1 Document Loading

문서 로더는 다양한 소스(문서)에서 데이터를 추출할 수 있습니다. 100개 이상의 로더를 사용할 수 있으므로 다양한 문서 유형, 앱 및 소스(공개 웹사이트, 데이터베이스)에서 데이터를 가져올 수 있습니다. 이 책에서는 대표적인 로더들만 살펴보겠습니다.

◆ Text File Loader

txt 파일을 불러올 때 사용합니다. 사용법은 다음 예제와 같습니다.

```
from langchain.document_loaders import TextLoader
```

```
loader = TextLoader("./hey.txt")
document = loader.load()

print(document[0].page_content)
```

langchain.document_loaders의 TextLoader를 import합니다. TextLoader(파일 경로)에 txt 파일의 경로를 입력하여 loader를 만들고 loader.load()로 불러올 수 있습니다. 실행 결과는 다음과 같습니다.

> 안녕하세요! 헤이마트는 신선한 과일과 다양한 물건을 판매하는 동네 마트입니다. 우리 마트는 고품질의 제품과 넓은 다양성을 자랑합니다.
> ...이하 생략...
> 신선하고 지역적인 맛을 즐길 수 있는 제품을 제공합니다.

◆ CSV Loader

csv 파일을 불러올 때 사용합니다. 다음 예제를 실행해 보겠습니다.

```
from langchain.document_loaders.csv_loader import CSVLoader

csv_loader = CSVLoader(file_path = './hey_csv.csv')
documents = csv_loader.load()
documents
```

실행 결과는 다음과 같습니다.

```
[Document(page_content='product_name: Apple\ncategory: fruits\nprice: 1.99'
, metadata={'source': './hey_csv.csv', 'row': 0}), Document(page_content='
product_name: Banana\ncategory: fruits\nprice: 0.99', metadata={'source'
: './hey_csv.csv', 'row': 1}), Document(page_content='product_name: Milk\
ncategory: dairy\nprice: 2.49', metadata={'source': './hey_csv.csv', 'row'
: 2}), Document(page_content='product_name: Bread\ncategory: bakery\nprice:
1.79', metadata={'source': './hey_csv.csv', 'row': 3}), Document(page_
content='product_name: Eggs\ncategory: dairy\nprice: 2.99', metadata={'
source': './hey_csv.csv', 'row': 4}), Document(page_content='product_
name: Carrot\ncategory: vegetables\nprice: 0.79', metadata={'source': '
```

```
./hey_csv.csv', 'row': 5}), Document(page_content='product_name: Chicken
Meat\ncategory: meat\nprice: 4.99', metadata={'source': './hey_csv.csv', '
row': 6}), Document(page_content='product_name: Orange Juice\ncategory:
beverages\nprice: 3.49', metadata={'source': './hey_csv.csv', 'row': 7}),
Document(page_content='product_name: Yogurt\ncategory: dairy\nprice: 1.29'
, metadata={'source': './hey_csv.csv', 'row': 8}), Document(page_content='
product_name: Potato\ncategory: vegetables\nprice: 0.69', metadata={'source'
: './hey_csv.csv', 'row': 9})]
```

◆ PDF Loaders

랭체인을 통해 PDF 파일에서 텍스트를 로드할 수 있습니다. 랭체인을 사용하기 위해서는 다음
과 같이 pypdf 라이브러리를 설치해야 합니다.

```
!pip install pypdf
```

pypdf를 설치한 후 다음 코드와 같이 PDF에서 내용을 불러올 수 있습니다.

```
from langchain.document_loaders import PyPDFLoader

loader = PyPDFLoader("hey_pdf.pdf")
pages = loader.load_and_split()
pages
```

PyPDFLoader('파일명')을 통해 PDF를 불러오고 load_and_split( ) 함수를 사용하여 내
용을 출력할 수 있습니다. 실행 결과는 다음과 같습니다.

```
[Document(page_content='안녕하세요 ! 헤이마트는 신선한 과일과 다양한 물건을 판매하는
동네 마트입니다. 우리 마트는 고\n품질의 제품과 넓은 다양성을 자랑합니다 . \n \n우리
… 생략 …
지역적인 맛을 \n즐길 수 있는 제품을 제공합니다 .', metadata={'source': 'hey_pdf.
pdf', 'page': 0})]
```

이 밖에도 피그마(Figma), 슬랙(Slack), 노션(Notion) 등을 로더를 통해 불러올 수 있습니다.

🄇 Document Transformers

문서를 사용할 때 대용량의 문서(책 등)는 한 번에 LLM에 입력할 수 없습니다. 문서 변환기(Document Transformers)는 문서 로더를 통해 불러온 긴 문서를 더 작은 묶음으로 쪼개거나 결합할 때 사용합니다. 이는 문서를 LLM 모델의 입력에 맞추거나 앱의 입력 크기에 맞추는 데 문서 변환기(Document Transformers)를 사용하는 것입니다. 다음 예제를 통해 긴 문장을 작은 단위로 불러와 보겠습니다.

```
from langchain.text_splitter import RecursiveCharacterTextSplitter
from langchain.document_loaders import TextLoader

text_loader = TextLoader("./hey.txt")
document = txt_loader.load()
document_content = document[0].page_content

text_splitter = RecursiveCharacterTextSplitter(
    chunk_size = 100,
    chunk_overlap = 0,
)

texts = text_splitter.create_documents([document_content])
print(len(texts))
```

문서를 불러오기 위해 `TextLoader`를 사용하여 `text_loader` 변수에 hey.txt 문서를 불러와 저장합니다. `text_splitter`는 `RecursiveCharacterTextSplitter` 클래스의 객체로 chunk의 크기를 100개로 쪼개도록 만듭니다. `RecursiveCharacterTextSplitter`는 문서를 chunk로 분할할 때 최대한 비슷한 의미를 가진 모든 단락을 길게 유지하려고 하는 특징을 가지고 있습니다. `text_splitter.create_documents()`에 불러온 문서를 넣어 실행합니다. 결과는 다음과 같이 총 6개의 단락으로 나누어졌습니다.

[Document(page_content='안녕하세요! 헤이마트는 신선한 과일과 다양한 물건을 판매하는 동네 마트입니다. 우리 마트는 고품질의 제품과 넓은 다양성을 자랑합니다.'), Document(page_content='우리 마트에서는 신선한 과일을 특별히 추천합니다. 매일 새로운 과일이 신선하게 도착하며, 다양한 종류와 풍부한 맛으로 고객님께 건강과 기쁨을 전해드립니다. 사과, 바나나, 포도,'), Document(page_content='딸기 등 다양한 과일을 저렴한 가격에 만나 보세요.'), Document(page_content='뿐만 아니라, 헤이마트는 생활 용품, 식료품, 주방 용품,

세제류, 건강 식품 등 다양한 물건도 판매하고 있습니다. 고객님의 생활에 필요한 다양한 제품을 한 곳에서 편리하게 구매할 수'), Document(page_content='있습니다. 또한, 친절하고 경험이 풍부한 직원들이 항상 고객님을 위해 최선을 다하며, 상담과 도움을 제공해드립니다.'), Document(page_content='헤이마트는 지역 사회와의 교류를 소중히 여기고, 지역 재료와 협력하여 신선하고 지역적인 맛을 즐길 수 있는 제품을 제공합니다.')]

◆ Text Embedding Models

텍스트 임베딩 모델은 OpenAI나 허깅 페이스와 같은 곳에서 제공하는 임베딩을 사용할 수 있도록 표준화된 인터페이스를 제공합니다. 텍스트 임베딩 모델로 텍스트를 벡터로 변환하면 벡터의 유사도 검색과 같은 작업을 할 수 있습니다. OpenAI에서 사용할 수 있는 벡터 임베딩을 해 보겠습니다.

```
!pip install tiktoken
```

OpenAI 임베딩을 하기 위해서는 먼저 OpenAI의 오픈소스 라이브러리인 틱토큰(tiktoken)을 설치하여야 합니다.

```python
from langchain.embeddings import OpenAIEmbeddings

openai_embedding = OpenAIEmbeddings()

embeddings = openai_embedding.embed_documents(
    ["안녕하세요", "무엇을 도와드릴까요?", "어서오세요?", "도움이 필요해요"]
)
print("임베딩 수: ", len(embeddings))
print("임베딩 차원: ", len(embeddings[0]))
print("임베딩 차원: ", len(embeddings[1]))
print("embeddings[0]: ",embeddings[0])
```

OpenAI 임베딩을 위해 **OpenAIEmbeddings**를 import한 후 객체를 생성합니다. **openai_embedding.embed_documents( )** 함수에 벡터로 변환할 텍스트를 리스트로 입력합니다. 출력 결과를 확인해 보면 임베딩으로 변환하는 문장은 4개이며, 문장당 벡터로 변환 시 차원을 확인해 보면 1,536차원으로 변환된 것을 볼 수 있습니다. "안녕하세요"라는 문장이 OpenAI에서 제공하는

LLM에서 이해할 수 있는 형태의 벡터로 변환한 것을 볼 수 있습니다. 참고로 챗GPT의 벡터임베딩(Vector embedding)의 차원은 1,536입니다. 두 번째 문장도 같은 차원으로 바뀐 것을 볼 수 있습니다. 실행 결과는 다음과 같습니다.

```
임베딩 수:  4
임베딩 차원: 1536
임베딩 차원: 1536
embeddings[0]:  [-0.01364517849546192,  -0.009453062514263541,
-0.0060033666644602095, -0.022989438312337074, -0.012281941028265287,
...이하 생략...
-0.008301030392741146,  -0.0045857273829080685,  0.024615082449350872,
-0.0009288258106659339, -0.021594199668305124, 0.007974621369253355,
0.01912373042330386]
```

벡터로 변환 시 단일 문장을 임베딩할 때는 openai_embedding.embed_documents()가 아닌 openai_embedding.embed_query()를 사용합니다.

```
embeddings = openai_embedding.embed_query('안녕')
embeddings[:5]
```

```
[-0.013780095432145983,  -0.010441072372679092,  0.008639059262657078,
-0.01668186537213623, -0.012216583769659641]
```

4 Vector store

벡터 스토어는 랭체인을 통해 생성된 벡터를 벡터 DB에 효율적으로 저장하고 검색하는 기능을 제공합니다. 랭체인은 50개 이상의 벡터 DB(Chroma, FAISS 등)를 지원하고 있습니다. 다음 예제는 Chroma 벡터 DB에 텍스트를 저장하는 코드입니다. 먼저 Chroma DB를 사용하기 위해 설치를 먼저 해야 합니다.

```
!pip install chromadb
```

Chroma DB를 설치한 후 런타임을 재실행합니다.

```
from langchain.embeddings import OpenAIEmbeddings
from langchain.vectorstores import Chroma

openai_embedding = OpenAIEmbeddings()

db = Chroma.from_texts(
        texts=['안녕','안녕하세요','반갑습니다.','반가워요'],
        embedding=openai_embedding
)
similar_texts = db.similarity_search("안녕")
similar_texts
```

Chroma DB에 텍스트 데이터를 벡터 데이터로 저장하기 위해서 `Chroma.from_texts()`를 사용하여 `texts` 매개변수에 저장할 텍스트 리스트를 입력하고 `embedding` 매개변수에 벡터 변환을 위해 사용한 임베딩을 인자값으로 넣어 Chroma DB에 벡터로 저장하였습니다. `db.similarity_search('검색어')`를 통해 입력한 검색어 벡터와 유사한 내용의 텍스트를 Chroma DB에서 가져와 출력하였습니다. 기본적으로 유사한 5개의 결과를 전달합니다. 실행 결과는 다음과 같습니다.

```
[Document(page_content='안녕'),
 Document(page_content='안녕'),
 Document(page_content='안녕하세요'), Document(page_content='안녕하세요')]
```

5 리트리버

사용자가 LLM 모델에 관한 질문을 하면 관련된 문서를 반환하는 인터페이스입니다. 즉, 리트리버(Retrievers)는 검색을 쉽게 할 수 있는 기능을 가진 모듈입니다.

7-5 에이전트(Agent)

에이전트(Agent)는 랭체인을 사용하여 LLM을 활용할 때 사용하는 중요한 모듈이라는 생각이 듭니다. 사용자가 입력한 프롬프트에 근거해서 다양한 Tool(도구)을 호출할 수 있으며, 반복적인 작업을 결정하거나 작업을 실행하며 지시가 완료될 때까지 결과를 관찰하는 체인으로, 우리가 알고 있는 챗GPT의 플러그인과 비슷한 역할을 합니다.

- **Agent**: LLM에서 Tool을 사용할 순서를 결정하는 역할
- **Tool**: 정해진 특정한 일을 수행(예 구글 검색, 수학적 계산, DB 사용)

1 에이전트

에이전트의 실행 사이클은 [그림 2-169]와 같습니다.

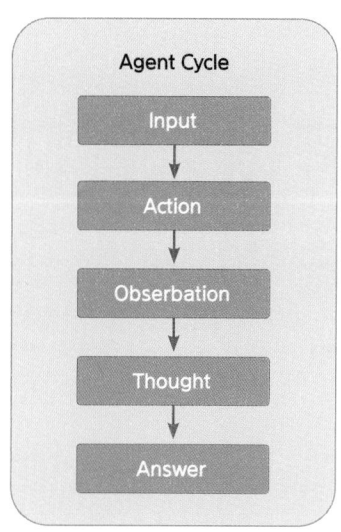

[그림 2-168] 에이전트 사이클

❶ **Input**: Agent에게 작업을 할당합니다.
❷ **Action**: 사용 툴을 결정합니다.
❸ **Observation**: 툴에서 출력된 결과를 확인합니다.
❹ **Thought**: Agent에 최종 답변을 얻기 위해 작업을 할당합니다.

에이전트는 최종 답변에 도달할 때까지 위 과정을 반복합니다. 랭체인에서 사용할 수 있는 에이전트 타입은 다음과 같습니다.

- **Zero-shot ReAct**: 작업과 도구 설명을 보고 사용할 도구를 결정합니다.
- **Structured input ReAct**: input이 여러 개인 툴을 사용할 때 사용합니다.
- **Conversational**: 대화 + ReAct로 대화를 저장하기 위한 메모리가 필요합니다.
- **Self-ask with search**: 인터넷 검색 후 답변하는 에이전트(Agent)로, 검색 툴이 필요합니다.
- **ReAct document store**: 문서 저장소 + 리액트(ReAct)로 문서 검색 툴이 필요합니다.

기본적으로는 Zero-shot ReAc를 사용합니다.

2 Tool

랭체인에서 지원하는 툴은 [그림 2-170]처럼 많은 툴을 지원하고 있습니다.

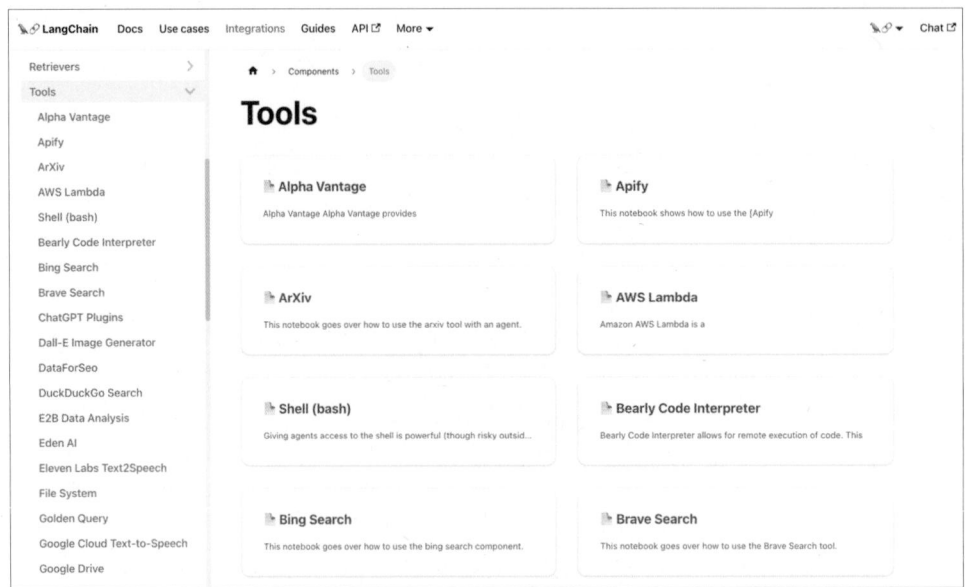

[그림 2-169] 랭체인 지원 Tools

■ 랭체인 지원 툴 목록: https://python.langchain.com/docs/integrations/tools

주요 사용 툴의 기능은 다음과 같습니다.

- **python_repl**: 파이썬 명령을 실행할 때 사용합니다.
- **Serpapi**: 검색 엔진. 입력값은 검색어를 사용합니다.
- **wolfram-alpha**: 수학, 과학, 기술 및 일상생활에 대한 질문에 답해야 할 때 유용합니다. 입력은 검색 쿼리를 사용합니다.
- **Requests**: 특정 사이트에서 정보를 가져와야 할 때 사용합니다. 입력은 URL이어야 하며 출력은 웹 페이지의 텍스트가 됩니다.
- **Terminal**: 터미널에서 명령을 실행합니다.
- **pal-math**: 수학 문제를 해결할 때 사용하는 언어 모델입니다.
- **llm-math**: 수학에 대한 질문에 답할 때 사용합니다.
- **open-meteo-api**: OpenMeteo API에서 날씨 정보를 얻고자 할 때 유용합니다. 입력은 이 API가 답변할 수 있는 자연어로 된 질문이어야 합니다.

- **news-api**: 뉴스 기사의 주요 헤드라인 정보를 가져올 때 사용합니다.
- **tmdb-ap**: 영화 정보를 얻고자 할 때 사용합니다.
- **google-search**: 구글 검색을 할 때 사용합니다.

3 Agent and Tool 사용법

구글 검색을 통해 미국 대통령의 현재 나이를 검색하고 나이를 '10'으로 나누는 것을 랭체인으로 실행해 보겠습니다. 먼저 구글 검색에 사용할 SerpApi 툴을 사용하기 위해 사이트에 가입하여 API 키를 발급받겠습니다. https://serpapi.com/에 접속하여 사이트에 가입합니다.

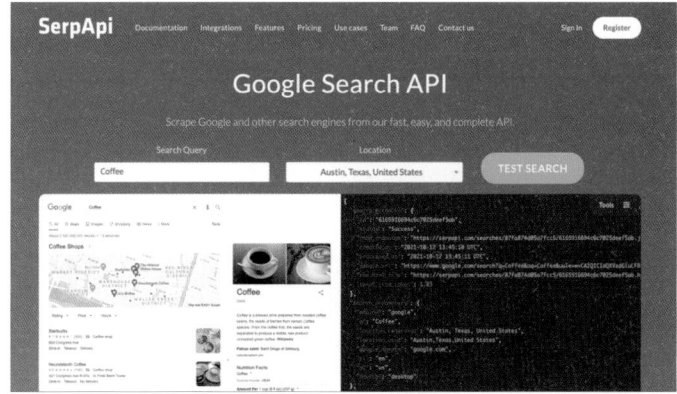

[그림 2-170] SerpApi 사이트

구글에 'SerpApi'를 검색한 후 사이트에 접속하여 회원 가입을 합니다.

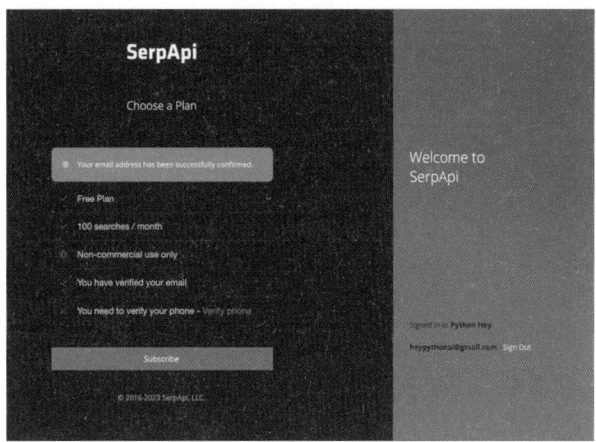

[그림 2-171] SerpApi 회원 가입

가입 후 메일 인증까지 진행합니다.

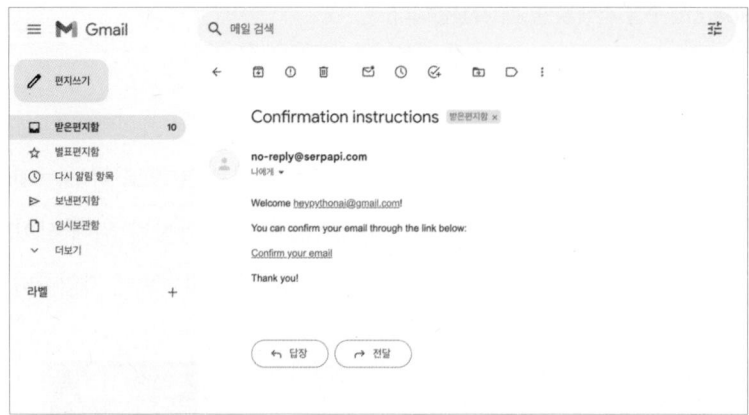

[그림 2-172] SerpApi 회원 가입 메일 인증

메일 인증이 끝나면 전화 인증을 진행합니다.

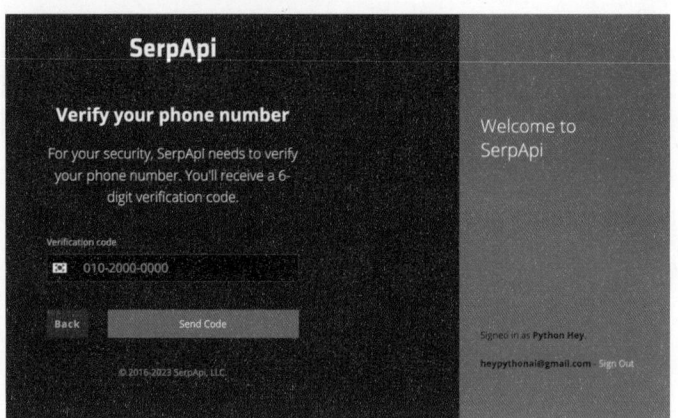

[그림 2-173] SerpApi 회원 가입 전화 인증

모든 인증이 끝나 후 대시보드에서 API 키를 발급받습니다.

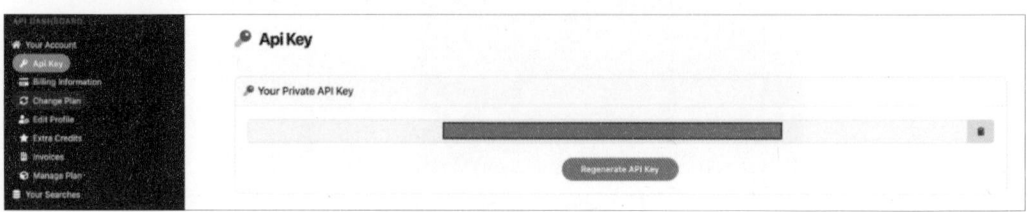

[그림 2-174] SerpApi API 키 발급

키를 입력받은 후 환경 변수에 등록합니다.

```
os.environ["SERPAPI_API_KEY"]="발급받은 키"
```

serpapi 툴을 사용하기 위해 **google-search-results** 라이브러리도 설치합니다.

```
!pip install google-search-results
```

이제 코드를 작성해 보겠습니다.

```
from langchain.agents import load_tools
from langchain.agents import initialize_agent
from langchain.agents import AgentType
from langchain.chat_models import ChatOpenAI

chat=ChatOpenAI(temperature=0)
tools=load_tools(['serpapi','llm-math'], llm=chat)

agent=initialize_agent(tools, llm=chat, agent=AgentType.ZERO_SHOT_REACT_
DESCRIPTION, verbose=True)

agent.run('미국 대통령의 나이를 10으로 나누면?')
```

툴을 사용하기 위해 langchain.agents의 load_tools,initialize_agent,AgentType을 import하였습니다. load_tools()에 사용할 툴을 리스트로 serpapi와 llm-math를 입력하고 llm을 설정합니다. llm-math는 수학적인 계산을 위한 툴입니다. initialize_agent()를 사용하여 agent를 설정합니다. verbose 옵션을 True로 하면 실행 결과를 실시간으로 확인할 수 있습니다. agent 매개변수는 주로 AgentType.ZERO_SHOT_REACT_DESCRIPTION를 사용합니다. agent.run()에 프롬프트를 입력한 후 실행하면 결과는 다음과 같습니다.

```
> Entering new AgentExecutor chain...
I need to find the age of the US president and divide it by 10.
Action: Search
Action Input: "current age of US president"
```

```
Observation: 81 years
Thought:I have the age of the US president, now I need to divide it by 10.
Action: Calculator
Action Input: 81 / 10
Observation: Answer: 8.1
Thought:I now know the final answer
Final Answer: 8.1

> Finished chain.

'8.1'
```

검색을 통해 미국 대통령 나이가 81세인 것을 찾고 이 값을 10으로 나누어 최종 결과로 8.1을 전달하였습니다.

이제 인터넷 검색과 유튜브 검색을 사용해 보겠습니다. API 키가 필요 없는 DuckDuckGo 툴을 사용하겠습니다. 두 개의 툴을 사용하기 위해 다음과 같이 라이브러리를 설치합니다.

```
!pip install youtube_search
!pip install duckduckgo-search
```

다음 예제는 검색을 통해 토토로 주제곡을 찾고 주제곡을 들려 주는 유튜브 링크를 찾는 예제입니다.

```
from langchain.tools import YouTubeSearchTool
from langchain.chat_models import ChatOpenAI
from langchain.agents import load_tools, initialize_agent
from langchain.agents import AgentType

llm=ChatOpenAI(temperature=0)

tools=load_tools(["ddg-search"]) + [YouTubeSearchTool()]

agent= initialize_agent(
        tools,
        llm,
        agent=AgentType.ZERO_SHOT_REACT_DESCRIPTION,
```

```
        verbose = True)

result = agent("영화 토토로의 주제곡을 찾아 유튜브 링크를 알려 줘")
```

load_tools( )을 통해 사용할 툴 ddg-search 와 YouTubeSearchTool( )을 리스트로 저장하였습니다. initialize_agent를 생성하고 agent에 프롬프트를 넣어 실행한 결과는 다음과 같습니다. DuckDuckGo 검색을 통해 토토로 주제곡을 찾고 YouTubeSearch를 통해 해당 주제곡이 있는 유튜브를 찾습니다.

```
> Entering new AgentExecutor chain... I need to find the theme song of the
movie "Totoro" and provide a YouTube link. Action: youtube_search Action
Input: Totoro theme song,1 Observation: ['https://www.youtube.com/watch?v
=RUnvkHZwDg4&pp=ygURVG90b3JvIHRoZW1lIHNvbmc%3D'] Thought:I have found the
YouTube link for the theme song of the movie "Totoro". Final Answer: Here
is the YouTube link for the theme song of the movie "Totoro": https://www.
youtube.com/watch?v=RUnvkHZwDg4&pp=ygURVG90b3JvIHRoZW1lIHNvbmc%3D > Finished
chain.
```

유튜브 링크를 클릭하면 다음과 같이 나타납니다.

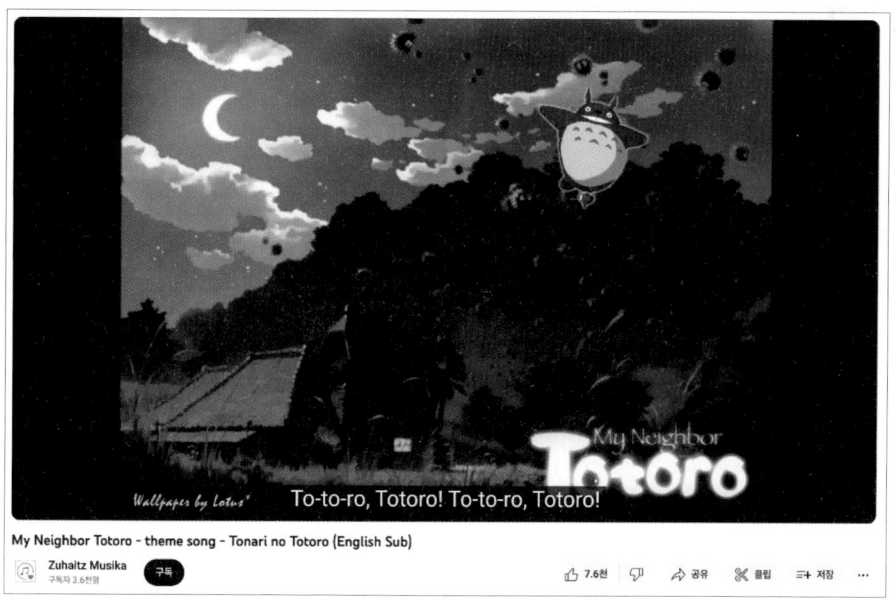

[그림 2-175] 유튜브 실행 화면

7-6 Chain

체인은 랭체인의 핵심 기능 중 하나입니다. LLM을 사용하여 서비스를 개발할 때 LLM의 자체 기능만을 사용해 개발할 수도있지만, 다른 기능을 제공하는 모듈 등을 LLM에 연결해 서비스하는 경우가 많습니다. 랭체인은 이러한 모듈을 체인으로 연결할 수 있는 인터페이스를 제공하여 모듈을 호출할 수 있도록 해 줍니다. [그림 2-177]은 가장 기본적인 체인이라고 할 수 있는 LLM 체인의 구조를 보여 주고 있습니다. 유저가 텍스트를 입력하면 프롬프트 템플릿을 사용하여 프롬프트로 변환한 후 체인을 사용하여 프롬프트와 LLM을 연결하여 출력값을 얻습니다.

[그림 2-176] Chain 구조도

다음 예제를 통해 LLM 체인을 사용해 보겠습니다.

```python
import langchain
import openai
from langchain.llms import OpenAI
from langchain.prompts import PromptTemplate
from langchain.chains import LLMChain

llm=OpenAI(temperature=0.9)
prompt=PromptTemplate(input_variables=["product"], template="{product}를 생성하는 회사 이름을 만들어 주세요.")

chain=LLMChain(llm=llm, prompt=prompt, verbose=True)
print(chain.run("컴퓨터"))
```

llm 변수에 랭체인에서 사용할 LLM인 OpenAI를 넣었습니다. 프롬프트 템플릿을 사용하여 product 변수명을 입력받아 "{product}를 생성하는 회사 이름을 만들어 주세요."라는 프롬프트를 생성할 수 있도록 하였습니다. LLMChain을 이용하여 llm과 프롬프트템플릿을 결합해서 결괏값을 얻도록 하였습니다. 즉, 프롬프트 템플릿으로 만든 템플릿을 llm과 체인으로 연결하여 결괏값을 얻습니다. 실행 결과는 다음과 같습니다.

```
> Entering new LLMChain chain...
Prompt after formatting: 컴퓨터를 생성하는 회사 이름을 만들어 주세요.
> Finished chain.
1. TechnoWiz
2. ExcelGenics
3. Robosys
4. Progineer
5. DigiTronika
6. CompuTrusts
7. IntelliUnit
8. LogicPlus
```

체인은 위 예제처럼 단일로 구성할 수 있으며 다음 예제처럼 연속되게 구성할 수도 있습니다. 다음 예제를 실행해 보겠습니다.

```python
from langchain.llms import OpenAI
from langchain.chains import LLMChain
from langchain.prompts import PromptTemplate
from langchain.chains import SimpleSequentialChain


llm=OpenAI(temperature=.7)
template="""당신은 신문기자입니다. 제목과 같은 기사를 작성해 주세요.
제목: {title}
"""
prompt_template=PromptTemplate(input_variables=["title"], template=
template)
article_chain=LLMChain(llm=llm, prompt=prompt_template)


llm=OpenAI(temperature=.7)
template="""신문기사를 짧게 줄여 주세요.
신문기사 :
{article}
"""
prompt_template=PromptTemplate(input_variables=["article"], template=
template)
review_chain=LLMChain(llm=llm, prompt=prompt_template)

overall_chain=SimpleSequentialChain(chains=[article_chain, review_chain],
verbose=True)

review=overall_chain.run("평화로운 대한민국")
```

위는 두 개의 체인을 순차적으로 생성하여 사용하는 예제입니다. 한 단계의 출력이 다음 단계의 입력으로 사용할 수 있도록 해 주는 `SimpleSequentialChain`을 import했습니다. `article_chain`은 제목을 입력받아 기사를 작성하는 기능을 가지고 있는 체인입니다. 두 번째 `review_chain`은 `article_chain`에서 출력된 결과를 article 변수에 입력받아 프롬프트로 "신문기사를 짧게 줄여 주세요 신문기사 : {article}"라는 프롬프트를 생성하고 `llm`에 체인으로 연결합니다. 두 개의 체인을 연결할 `overall_chain`을 생성하고 `SimpleSequentialChain`의 chains 매개변수에 리스트를 연속으로 실행한 체인을 입력하였습니다. `article_chain`으로 기사를 작성하고 그 결과를 `review_chain`의 입력값으로 전달합니다. 실행 결과는 다음과 같습니다.

```
> Entering new SimpleSequentialChain chain...
대한민국은 최근 미국과의 관계가 개선되자, 모든 사람들이 기쁨과 기대를 느끼고 있습니다. 평
화는 우리 국민들의 가장 귀중한 재산입니다. 언제나 평화라는 말이 다가오면 화합과 공존, 그리
고 인간관계의 새로 ...(중략)...
대한민국, 미국 관계 개선 여부에 따라 기쁨과 기대 느끼며, 평화는 우리 가장 귀중한 재산. 평
화라면 화합과 공존, 인간관계 새로움.
> Finished chain.
```

7-7 메모리(Memory)

챗GPT와 같은 LLM을 사용할 때 우리는 기존의 대화 내용을 기억해서 연속된 대답을 하는 것을 볼 수 있습니다. 하지만 Openai API를 사용하여 챗GPT를 사용할 때는 기존의 대화를 기억하지 못하고 호출할 때마다 새로운 대화처럼 답변하게 됩니다. 대화를 제대로 이어서 하려면 기존의 대화를 기억해야 합니다. Memory는 랭체인에서 기존의 대화를 저장하는 기능을 제공합니다. 랭체인에서 제공하는 메모리의 종류는 다음과 같습니다.

- ConversationBufferMemory
- ConversationBufferWindowMemory
- ConversationTokenBufferMemory
- ConversationSummaryBufferMemory

그럼 메모리의 사용법을 살펴보겠습니다.

1 ConversationBufferMemory

ConversationBufferMemory는 대화 내용을 그대로 저장합니다. 가장 일반적인 대화를 저장하는 메모리입니다. 다음 예제를 통해 실습해 보겠습니다.

```
from langchain.chat_models import ChatOpenAI
from langchain.chains import ConversationChain
from langchain.memory import ConversationBufferMemory

llm=ChatOpenAI(temperature=0.0)

memory=ConversationBufferMemory()

conversation=ConversationChain(
llm=llm,
memory=memory
)

conversation.predict(input="안녕, 난 헤이마트 주인이야.")
```

위 예제에서 대화 메모리로 `ConversationBufferMemory( )`를 사용하였고 `Conversation Chain`을 사용하여 `llm`과 메모리를 연결하였습니다. `conversation.predict( )`를 사용하여 프롬프트를 입력하였습니다. 실행 결과는 다음과 같습니다.

> 안녕하세요! 반갑습니다. 저는 OpenAI의 GPT-3 모델입니다. 헤이마트 주인님이라니, 멋진 일이시네요. 무엇을 도와드릴까요?

그럼 대화를 이어 나가도록 하겠습니다. 다음과 같이 다음 셀에서 대화를 진행합니다.

```
conversation.predict(input="내가 어디 주인이라고 했지?")
```

실행 결과는 다음과 같고 대화가 연결되는 것을 볼 수 있습니다.

> 죄송합니다, 제가 잘못 이해한 것 같습니다. 헤이마트 주인이 아니신가요? 저의 이해를 도와주실 수 있을까요?

지금까지의 대화 내용을 살펴 보려면 다음과 같이 코드를 작성하면 됩니다.

```
print(memory.buffer)
```

실행 결과를 살펴보겠습니다. 지금까지의 대화 내용이 저장된 것을 볼 수 있습니다.

```
Human: 안녕, 난 헤이마트 주인이야.
AI: 안녕하세요! 반갑습니다. 저는 OpenAI의 GPT-3 모델입니다. 헤이마트 주인님이라니, 멋진 일이시네요. 무엇을 도와드릴까요?
Human: 내가 어디 주인이라고 했지?
AI: 죄송합니다, 제가 잘못 이해한 것 같습니다. 헤이마트 주인이 아니신가요? 저의 이해를 도와주실 수 있을까요?
```

메모리에 직접 데이터를 입력할 수도 있습니다.

```
memory=ConversationBufferMemory()
memory.save_context({"input": "안녕, 나는 헤이마트 주인이야."},
{"output": "헤이마트 주인님 반갑습니다."})
print(memory.buffer)
```

② ConversationBufferWindowMemory

ConversationBufferWindowMemory는 지정한 개수만큼의 대화만 기억합니다. 다음 예제를 실행해 보겠습니다.

```
from langchain.memory import ConversationBufferWindowMemory
from langchain.chat_models import ChatOpenAI
from langchain.chains import ConversationChain

llm=ChatOpenAI(temperature=0.0)

memory=ConversationBufferWindowMemory(k=1)
memory.save_context({"input": "안녕, 나의 직업은 헤이마트 주인이야."},
{"output": "헤이마트 주인님 반갑습니다."})
memory.save_context({"input": "나는 서울에서 살고 있어"},
{"output": "참 좋은 곳에서 사시는군요"})
```

```
memory.load_memory_variables({})
```

ConversationBufferWindowMemory(k=1)로 메모리를 설정하였습니다. 마지막 1개의 대화만을 기억하도록 했습니다. 실행해 보면 다음처럼 마지막 대화만 기억된 것을 볼 수 있습니다.

```
{'history': 'Human: 나는 서울에서 살고 있어\nAI: 참 좋은 곳에서 사시는군요'}
```

첫 번째 대화 내용을 기억 못하는지 다음처럼 셀에 작성해 보겠습니다.

```
conversation=ConversationChain(
    llm=llm,
    memory=memory
)
conversation.predict(input="내 직업이 뭐라고 했지?")
```

결과는 다음처럼 출력됩니다. 즉, 첫 대화를 기억하지 못하기 때문에 다음과 같은 결과가 나타납니다.

```
죄송하지만, 당신이 직업에 대해 언급하지 않았습니다.
```

❸ ConversationTokenBufferMemory

ConversationTokenBufferMemory는 대화를 기억할 때 토큰의 수로 기억을 하도록 하는 함수입니다. ConversationTokenBufferMemory를 사용하기 위해서는 !pip install tiktoken을 해 주어야 합니다. 예제를 통해 사용법을 알아보겠습니다.

```
from langchain.memory import ConversationTokenBufferMemory
memory=ConversationTokenBufferMemory(llm=llm, max_token_limit=60)
memory.save_context({"input": "안녕, 나의 직업은 헤이마트 주인이야."},
{"output": "헤이마트 주인님 반갑습니다."})
memory.save_context({"input": "나는 서울에서 살고 있어"},
{"output": "참 좋은 곳에서 사시는군요"})
memory.load_memory_variables({})
```

ConversationTokenBufferMemory( )로 메모리를 생성할때 max_token_limit을 '60'
으로 설정하였습니다. 즉, 토큰을 60개 미만으로 기억하도록 하였습니다. 실행 결과는 다음과 같
이 토큰수에 맞춰 마지막 대화만 기억된 것을 확인할 수 있습니다.

```
{'history': 'Human: 나는 서울에서 살고있어\nAI: 참 좋은 곳에서 사시는군요'}
```

4 ConversationSummaryBufferMemory

ConversationSummaryBufferMemory는 이전의 대화 내용을 LLM을 이용해 요약해서 기
억합니다. 전대화를 요약해 기억하기 위해 최근 대화는 최대 토큰 범위 내에서 유지합니다. 다음
예제를 실행해 보고 대화가 요약 어떻게 요약되는지 살펴보겠습니다.

```python
from langchain.memory import ConversationSummaryBufferMemory
from langchain.chat_models import ChatOpenAI

llm=ChatOpenAI(temperature=0.0)

sale_info="헤이마트에서 세일 상품입니다. \
신선한 과일을 20% 할인 판매합니다. \
채소류는 15% 할인 판매합니다. \
그 외 다양한 제품을 할인 판매하니 방문해 주세요."

memory=ConversationSummaryBufferMemory(llm=llm, max_token_limit=100)
memory.save_context({"input": "헤이마트"}, {"output": "안녕하세요."})
memory.save_context({"input": "궁금한 게 있어."}, {"output": "무엇을 알려드릴까요?"})
memory.save_context({"input": "할인 상품 정보를 알려 줘."}, {"output": f"{sale_info}"})
memory.load_memory_variables({})
```

memory에 ConversationSummaryBufferMemory( )를 사용하여 llm과 max_token_limit을
설정했습니다. memory.load_memory_variables({}) 를 통해 memory.save_context( )를
사용하여 생성한 대화를 요약한 결과를 확인할 수 있습니다. 대화 내용의 결과는 다음과 같습니다.

```
{'history': 'System: The human greets the AI and expresses curiosity. The
AI asks what it can help with. The human requests information on discounted
products.\nAI: 헤이마트에서 세일 상품입니다. 신선한 과일을 20% 할인 판매합니다. 채소류
는 15% 할인 판매합니다. 그 외 다양한 제품을 할인판매하니 방문해 주세요.'}
```

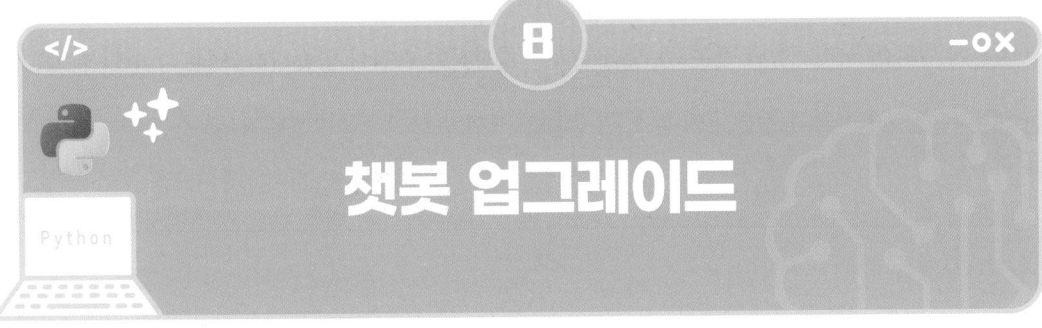

챗봇 업그레이드

지금까지 랭체인의 자주 사용되는 기능들과 사용법을 학습했습니다. 숙련된 개발자 분들은 랭체인을 LLM 앱 구축을 위한 통합 API 레이어로서 필요한 기능을 적재적소에 활용하겠지만, 앱 개발이 처음인 분에게는 수많은 기능이 오히려 부담으로 느껴질 수 있습니다. 이번에는 앞서 제작했던 챗봇 프로그램에 랭체인의 기능을 추가하여 챗봇의 성능을 좀 더 끌어올리며 배운 내용을 복습해 보겠습니다.

8-1 상담봇 업그레이드

상담봇

헤이마트 상담 봇입니다. 마트에서 판매하는 상품과 관련된 질문에 답변드립니다.

안녕하세요. 저는 김혜이 입니다. 오늘은 12월 24일인데 이런 날에는 무엇을 먹을까요? 추천부탁드립니다.

안녕하세요. 김혜이님. 크리스마스 전날인 오늘을 기준으로 추천해드릴게요. 크리스마스 이브에는 보통 터키나 햄과 같은 육류 요리, 포도주, 케이크 등 특별한 음식을 준비하는 경우가 많습니다. 하지만 실제로 무엇을 먹을지는 개인의 취향과 문화에 따라 달라질 수 있기 때문에, 저는 마트 상담원으로서 음식 추천을 드리는 것은 어렵다고 판단합니다. 그래도 매장에서 다양한 식재료와 음식을 제공하고 있으니까, 김혜이님의 특별한 음식 준비에 도움이 되는 많은 옵션이 있을 거에요. 마트에 방문하시면 좋은 선택지를 찾을 수 있을 것입니다.

제가 방금 어떤 질문을 했죠?

저는 당신이 방금 어떤 질문을 했는지 기억할 수 없습니다. 이해해 주십시오. 제가 도움을 드릴 수 있는 다른 질문이 있으면 말씀해 주세요.

[그림 2-177] 상담봇의 치명적인 단점

이전에 만들어 서비스했던 챗봇 중 상담봇에는 치명적인 단점이 있습니다. 바로 이전의 대화 내용을 기억하지 못한다는 것입니다. 상담사가 방금 전의 상담의 내용을 기억하지 못하면 고객의 요구사항을 제대로 반영하여 상담을 하지 못하는 상황이 발생합니다. 이러한 문제점을 보완하고자 상담봇에 랭체인의 ConversationBufferMemory를 추가하여 대화 내용을 기억하도록 업그레이드해 보겠습니다.

1 모듈 임포트

ConversationBuffermemory를 사용하기 위한 모듈을 불러옵니다. 모듈을 작성할 위치는 기존 챗봇 코드의 최상단입니다.

```
import gradio as gr

from langchain.chat_models import ChatOpenAI
from langchain.memory import ConversationBufferMemory
from langchain.chains import ConversationChain
from langchain.schema import AIMessage, HumanMessage, SystemMessage

# 상담봇 - 채팅 및 답변
...(중략)
```

- from langchain.chat_models import ChatOpenAI
- from langchain.memory import ConversationBufferMemory
- from langchain.chains import ConversationChain
- from langchain.schema import AIMessage, HumanMessage, SystemMessage

OpenAI API를 사용할 수 있는 ChatOpenAI, 메모리를 저장해 줄 ConversationBuffer Memory, llm 데이터와 메모리를 연결해 줄 ConversationChain, 채팅 메시지를 구분해 줄 AIMessage, HumanMessage, SystemMessage를 불러왔습니다.

만약, 작성한 코드에 에러 표시가 나타난다면 랭체인이 설치되지 않았다는 것입니다. 새로운 셀을 만들어 다음의 코드를 실행한 후 다시 확인해 보시기 바랍니다.

```
!pip install langchain
```

2 ConversationChain 초기화

ConversationChain을 사용하기 위한 값을 불러옵니다. 챗봇을 처음 실행할 때 한 번만 초기화하면 되는 과정이기 때문에 다음과 같이 코드의 상단에 작성합니다.

```
import gradio as gr

from langchain.chat_models import ChatOpenAI
from langchain.memory import ConversationBufferMemory
from langchain.chains import ConversationChain
from langchain.schema import AIMessage, HumanMessage, SystemMessage


# LLM과 메모리 초기화
llm=ChatOpenAI(temperature=0.0, model='gpt-3.5-turbo')
memory=ConversationBufferMemory()
conversation=ConversationChain(
    llm=llm,
    memory=memory)


# 상담봇 - 채팅 및 답변
...(중략)
```

- llm = ChatOpenAI(temperature=0.0, model='gpt-3.5-turbo')

  memory = ConversationBufferMemory()

  conversation = ConversationChain(

      llm = llm,

      memory = memory)

ChatOpenAI와 ConversationBufferMemory를 각각 변수에 바인딩합니다. 바인딩된 값들을 ConversationBufferMemory에 할당하여 대화 내용을 기억하기 위한 준비를 마칩니다.

③ 채팅 및 답변 수정

상담봇 – 채팅 및 답변 함수의 내용을 수정합니다. 기존의 코드 중 OpenAI API를 호출하는 코드를 삭제하고 랭체인을 활용한 코드를 작성해 줍니다.

```python
# 상담봇 - 채팅 및 답변
def counseling_bot_chat(message, chat_history):
    if message == "":
        return "", chat_history
    else:
        result_message = ""
        if len(chat_history) <= 1:
            messages = [
                SystemMessage(content="당신은 헤이마트의 상담원입니다. 마트 상품과 관련되지 않은 질문에는 정중히 거절하세요."),
                AIMessage(content="안녕하세요, 헤이마트입니다. 상담을 도와드리겠습니다."),
                HumanMessage(content=message)
            ]
            result_message = conversation.predict(input=messages)
        else:
            result_message = conversation.predict(input=message)

        chat_history.append([message, result_message])
        return "", chat_history
```

- result_message = ""
  chat_history에 저장할 값에 대한 변수를 미리 생성합니다.

- if len(chat_history) <= 1:
    messages = [
        SystemMessage(content="당신은 헤이마트의 상담원입니다. 마트 상품과 관련되지 않은 질문에는 정중히 거절하세요."),
        AIMessage(content="안녕하세요, 헤이마트입니다. 상담을 도와드리겠습니다."),
        HumanMessage(content=message)
    ]
    result_message = conversation.predict(input=messages)

chat_history의 길이가 1 이하인지 구분하여 코드를 실행합니다. 처음 OpenAI API를 호출할 때는 반드시 **SystemMessage**를 추가해 주어야 상담봇의 역할이 부여되기 때문입니다.

SystemMessage와 AIMessage 그리고 HumanMessage를 추가한 messages를 생성합니다.

그 후 messages를 conversation.predict에 입력하여 생성된 값을 앞에서 선언한 result_message에 바인딩합니다.

- else:
    result_message = conversation.predict(input=message)

chat_history의 길이가 1보다 클 경우, 이미 SystemMessage가 추가되어 있는 상태이기 때문에 곧바로 conversation.predict를 실행합니다. input 값에는 해당 함수의 매개변수인 message를 입력합니다. messages와 헷갈리지 않게 주의하세요.

- chat_history.append([message, result_message])

chat_history에 사용자의 질문과 랭체인으로 얻은 챗GPT의 값을 입력해 줍니다.

대화 기억 기능이 추가된 챗봇을 테스트하면 다음과 같이 이전의 대화 내용을 기억하는 것을 확인할 수 있습니다. 대화 내용이 너무 길어져 다량의 OpenAI API의 크레딧 소모가 많아질 경우에 대비해 랭체인의 다른 Memory 기능을 활용해 보는 것도 좋습니다.

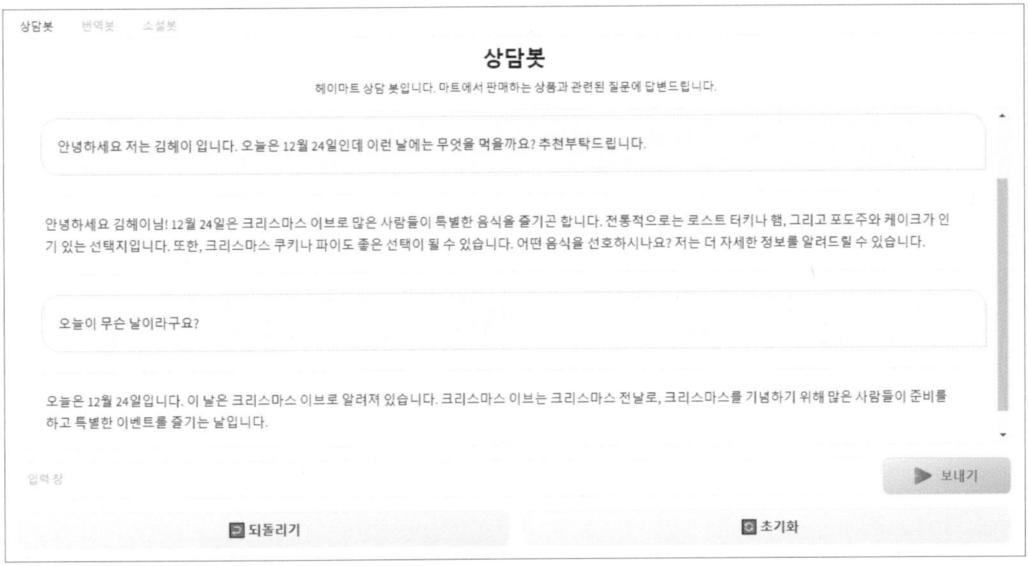

[그림 2-178] 상담봇 업그레이드 결과

8-2 번역봇 업그레이드

일반적으로 번역을 할 때는 번역할 텍스트를 복사, 붙여넣기로 옮겨 적기만 하면 됩니다. 하지만 txt 형식이나 pdf 형식의 파일에 있는 글을 번역하기 위해 일일이 파일을 열고 복사, 붙여넣기 하려면 조금 귀찮고 번거로운 일이 될것입니다. 랭체인의 Document Loader와 그라디오의 UploadButton을 이용하여 이 문제를 해결할 기능을 추가해 보겠습니다.

1 레이아웃 수정

다음은 Text와 PDF 파일을 업로드할 버튼이 추가된 레이아웃 구성도입니다. 번역 전에 파일을 업로드하는 버튼을 추가함으로써 사용자의 편의성에 맞게 레이아웃 구성하였습니다.

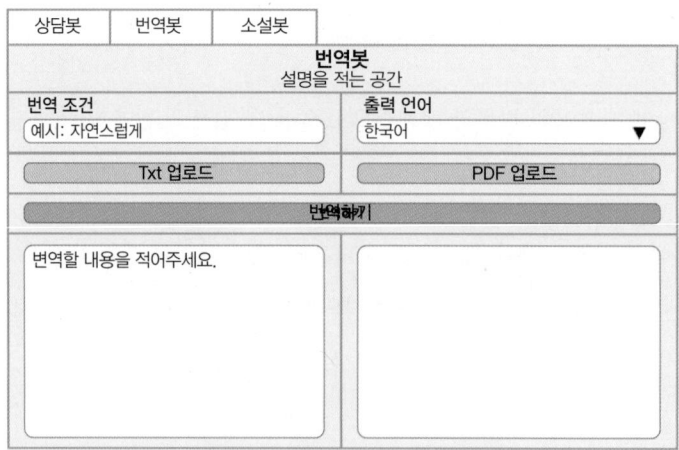

[그림 2-179] 번역봇 레이아웃 수정 전체

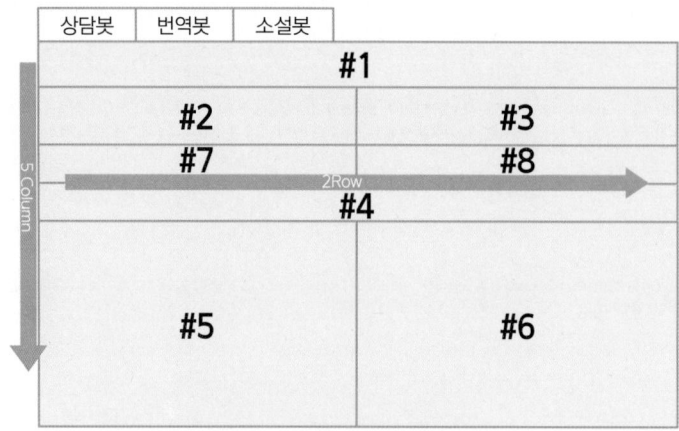

[그림 2-180] 번역봇 레이아웃 구조

#2,#3의 칼럼과 #4의 사이에 #7, #8 레이아웃이 추가되었습니다. 2개의 Row로 이루어져 있는 것을 확인할 수 있습니다. 코드를 수정하여 이미지와 같이 레이아웃을 구성해 봅시다.

```python
# 레이아웃
with gr.Blocks(theme=gr.themes.Default()) as app:
    with gr.Tab("상담봇"):
        ...(중략)

    with gr.Tab("번역봇"):
        ...(중략)
        with gr.Row():
            #7
            tb_TXTupload=gr.UploadButton(label="📄 Txt 업로드")
            #8
            tb_PDFupload=gr.UploadButton(label="⚓ PDF 업로드")
        #4
        ...(중략)

    with gr.Tab("소설봇"):
        ...
```

- with gr.Row():
    #7
    tb_TXTupload = gr.UploadButton(label="📄 Txt 업로드")
    #8
    tb_PDFupload = gr.UploadButton(label="⚓ PDF 업로드")

Row 행을 추가한 뒤 두 개의 UploadButton 컴포넌트를 추가합니다. 각 컴포넌트를 변수에 담아 이벤트를 추가할 수 있도록 작성합니다.

수정된 레이아웃을 확인해 봅시다.

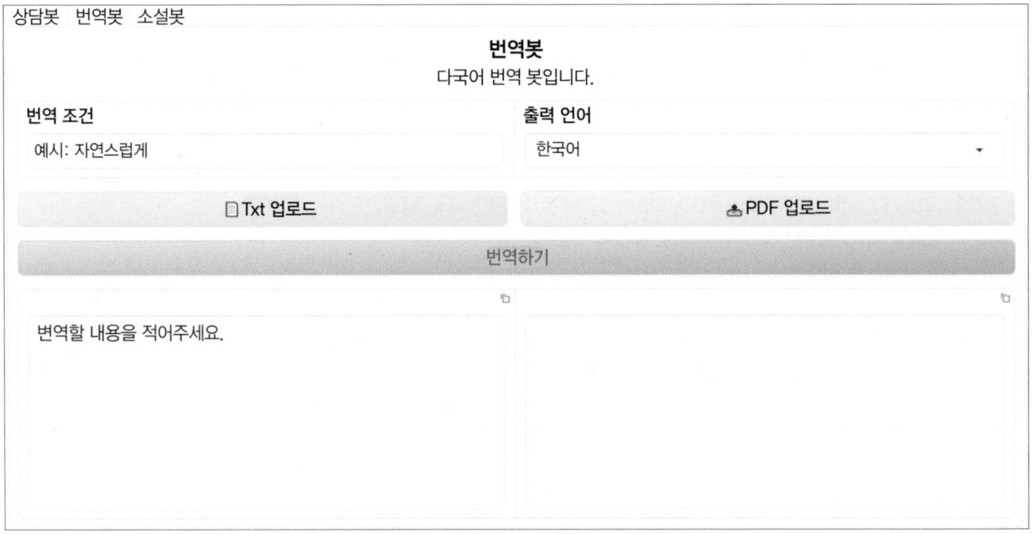

[그림 2-181] 번역봇의 레이아웃 변경

2 모듈 임포트

`TextLoader`와 `PyPDFLoader`를 사용하기 위한 모듈을 불러옵니다. 모듈을 작성할 위치는 챗봇 코드의 최상단으로 스크롤을 올린 후 다음과 같은 위치에 작성하면 됩니다.

```
import gradio as gr

from langchain.chat_models import ChatOpenAI
from langchain.memory import ConversationBufferMemory
from langchain.chains import ConversationChain
from langchain.schema import AIMessage, HumanMessage, SystemMessage

from langchain.document_loaders import TextLoader
from langchain.document_loaders import PyPDFLoader

# LLM과 메모리 초기화
```

- from langchain.document_loaders import TextLoader

  from langchain.document_loaders import PyPDFLoader

텍스트를 읽기 위한 `TextLoader`와 PDF를 읽기 위한 `PyPDFLoader` 모듈을 불러옵니다.

3 텍스트 업로드 기능 추가

텍스트 파일을 번역하는 기능을 가진 함수를 추가합니다. 다음과 같이 **#** 번역봇 함수 밑에 코드를 작성합니다.

```python
# 번역봇
def translate_bot(output_conditions, output_language, input_text):
    if input_text == "":
        return ""
    else:
        if output_conditions == "":
            output_conditions=""
        else:
            output_conditions="번역할 때의 조건은 다음과 같습니다. " + output_
conditions

        completion=client.chat.completions.create(
            model="gpt-3.5-turbo",
            messages=[
                {"role": "system", "content": "당신은 번역가입니다. 입력한 언어
를 다른 설명 없이 곧바로 {0}로 번역해서 알려 주세요. 번역이 불가능한 언어라면 번역이 불
가능하다고 말한 후 그 이유를 설명해 주세요. {1}".format(output_language, output_
conditions)},
                {"role": "user", "content": input_text}
            ])

        return completion.choices[0].message.content
```

```python
# 번역봇 - Text 업로드
def translate_bot_Text_upload(files):
    loader=TextLoader(files)
    document=loader.load()
    return document[0].page_content
```

```python
# 소설봇
```

- def translate_bot_Text_upload(files):
      loader = TextLoader(files)
      document = loader.load()
      return document[0].page_content

translate_bot_Text_upload 함수를 생성한 후 인자값에 files를 추가합니다. files는 UploadButton 컴포넌트를 통해 텍스트 파일을 받게 됩니다.

TextLoader(files)로 파일을 파싱한 값을 loader에 바인딩한 후, loader.load( )로 텍스트를 불러와 document 변수에 바인딩합니다.

document의 0번 인덱스에서 page_content 속성을 불러와 return해 줍니다.

4 PDF 업로드 기능 추가

PDF 파일을 번역하는 기능을 가진 함수를 추가합니다. 다음과 같이 translate_bot_PDF_upload() 함수를 생성하여 아래와 같이 코드를 작성합니다.

```python
# 번역봇 - Text 업로드
def translate_bot_Text_upload(files):
    loader = TextLoader("hey.txt")
    document = loader.load()
    return pages[0].page_content

# 번역봇 - PDF 업로드
def translate_bot_PDF_upload(files):
    loader = PyPDFLoader(files)
    pages = loader.load_and_split()
    return pages[0].page_content

# 소설봇
...(중략)
```

- def translate_bot_PDF_upload(files):
    loader = PyPDFLoader(files)
    pages = loader.load_and_split()
    return pages[0].page_content

translate_bot_PDF_upload 함수를 생성한 후 인자값에 files를 추가합니다. files는 UploadButton 컴포넌트를 통해 PDF 파일을 받게 됩니다.

PyPDFLoader(files)로 파일을 파싱한 값을 loader에 바인딩한 후 loader.load_and_split 함수로 텍스트를 불러와 pages 변수에 바인딩합니다.

pages의 0번 인덱스에서 page_content 속성을 불러와 return해 줍니다.

5 이벤트 리스너 추가하기

함수로 기능을 추가했으므로 이번에는 함수를 불러올 이벤트 리스너를 추가해 보겠습니다. 다음과 같은 위치에 tb_TXTupload 변수와 tb_PDFupload 변수의 이벤트 리스너를 추가합니다.

```python
# 레이아웃
with gr.Blocks(theme=gr.themes.Default()) as app:
    with gr.Tab("상담봇"):
        ...(중략)


    with gr.Tab("번역봇"):
        #1
        ...(중략)
        with gr.Row():
            #5
            ...(중략)
        # 보내기
        ...(중략)
        # Text 파일 업로드
        tb_TXTupload.upload(
            fn=translate_bot_Text_upload,
            inputs=tb_TXTupload,
            outputs=tb_input_text
        )
        # PDF 파일 업로드
        tb_PDFupload.upload(
            fn=translate_bot_PDF_upload,
            inputs=tb_PDFupload,
            outputs=tb_input_text
        )

    with gr.Tab("소설봇"):
        ...
```

각 변수마다 upload 이벤트 리스너를 호출합니다.

- tb_TXTupload.upload(
    fn = translate_bot_Text_upload,
    inputs = tb_TXTupload,

```
        outputs=tb_input_text
    )
```

\# Text 파일 업로드의 이벤트 리스너에 들어갈 `fn`의 값으로 `translate_bot_Text_upload`를 작성합니다.

`inputs`에는 자신의 변수를 할당함으로써 업로드한 파일을 전달합니다.

`outputs`에는 #5 `tb_input_text` 변수를 할당하여 출력된 값을 전달합니다.

```
•  tb_PDFupload.upload(
        fn = translate_bot_PDF_upload,
        inputs = tb_PDFupload,
        outputs = tb_input_text
    )
```

\# PDF 파일 업로드의 이벤트 리스너에 들어갈 `fn`의 값으로 `translate_bot_PDF_upload`를 작성합니다.

`inputs`와 `outputs`는 이전과 같습니다.

이제 PDF와 `Text` 파일이 정상적으로 업로드되는지 확인해 보기 바랍니다.

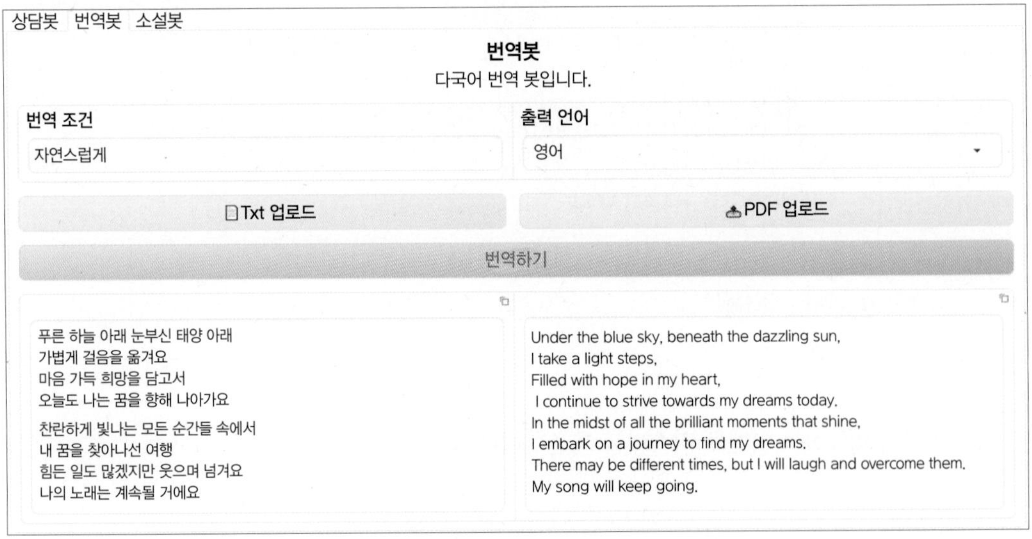

[그림 2-182] 번역봇 업그레이드 결과

다음은 수정된 코드 전문입니다. 오류가 있다면 다음의 코드를 확인하고 수정하기 바랍니다.

```python
import gradio as gr

from langchain.chat_models import ChatOpenAI
from langchain.memory import ConversationBufferMemory
from langchain.chains import ConversationChain
from langchain.schema import AIMessage, HumanMessage, SystemMessage

from langchain.document_loaders import TextLoader
from langchain.document_loaders import PyPDFLoader


# LLM과 메모리 초기화
llm = ChatOpenAI(temperature=0.0, model='gpt-3.5-turbo')
memory = ConversationBufferMemory()
conversation = ConversationChain(
    llm=llm,
    memory=memory)


# 상담봇 - 채팅 및 답변
def counseling_bot_chat(message, chat_history):
    if message == "":
        return "", chat_history
    else:
        result_message = ""
        if len(chat_history) <= 1:
            messages = [
                SystemMessage(content="당신은 헤이마트의 상담원입니다. 마트 상품과
관련되지 않은 질문에는 정중히 거절하세요."),
                AIMessage(content="안녕하세요, 헤이마트입니다. 상담을 도와드리겠습니다."),
                HumanMessage(content=message)
            ]
            result_message = conversation.predict(input=messages)
        else:
            result_message = conversation.predict(input=message)

        chat_history.append([message, result_message])
        return "", chat_history
```

```python
# 상담봇 - 되돌리기
def counseling_bot_undo(chat_history):
    ...(중략)


# 상담봇 - 초기화
def counseling_bot_reset(chat_history):
    ...(중략)


# 번역봇
def translate_bot(output_conditions, output_language, input_text):
    ...(중략)


# 번역봇 - Text 업로드
def translate_bot_Text_upload(files):
    loader = TextLoader(files)
    document = loader.load()
    return document[0].page_content


# 번역봇 - PDF 업로드
def translate_bot_PDF_upload(files):
    loader = PyPDFLoader(files)
    pages = loader.load_and_split()
    return pages[0].page_content


# 소설봇
def novel_bot(model, temperature, detail):
    ...(중략)


# 레이아웃
with gr.Blocks(theme=gr.themes.Default()) as app:
    with gr.Tab("상담봇"):
        ...(중략)


    with gr.Tab("번역봇"):
        #1
        ...(중략)
            #3
            tb_output_language = gr.Dropdown(
                label="출력 언어",
                choices=["한국어", "영어", "일본어", "중국어"],
                value="한국어",
```

```python
                allow_custom_value=True,
                interactive=True
            )
        with gr.Row():
            #7
            tb_TXTupload=gr.UploadButton(label="📄 Txt 업로드")
            #8
            tb_PDFupload=gr.UploadButton(label="🔼 PDF 업로드")
        #4
        tb_submit=gr.Button(
            value="번역하기",
            variant="primary"
        )
        with gr.Row():
            #5
            ...(중략)
        # 보내기
        tb_submit.click(
            fn=translate_bot,
            inputs=[tb_output_conditions,
                    tb_output_language,
                    tb_input_text],
            outputs=tb_output_text
        )
        # Text파일 업로드
        tb_TXTupload.upload(
            fn=translate_bot_Text_upload,
            inputs=tb_TXTupload,
            outputs=tb_input_text
        )
        # PDF파일 업로드
        tb_PDFupload.upload(
            fn=translate_bot_PDF_upload,
            inputs=tb_PDFupload,
            outputs=tb_input_text
        )

    with gr.Tab("소설봇"):
        ...(중략)

app.launch()
```

## Part 3

음성 인식
AI 비서 만들기

시리, 구글 어시스턴트, 빅스비 등 우리 주변에서는
AI 비서를 흔하게 접할 수 있습니다. 이와 같은
AI 비서는 사용자의 명령을 입력받으면 대화로
응답하거나 문서 요약, 일정 관리와 같은 기능을
수행합니다. Part 3에서는 사용자의 음성 인식과
AI의 음성 답변, 문서 요약과 일정 관리 기능을
구현해 보겠습니다.

STT 서비스

인터넷을 검색해 보면 STT 서비스를 무료로 체험할 수 있는 사이트를 쉽게 찾을 수 있습니다. 그 대표적인 예로, 클로바 노트, 다글로, 구글받아쓰기 등을 들 수 있습니다. 무료로 사용할 수 있지만, 점차 유료로 바뀌고 있습니다.

1-1 클로바 노트

네이버의 클로바 노트는 회의, 강의, 상담 등의 다양한 상황에 맞도록 편리하게 사용할 수 있는 서비스입니다. 녹음한 내용을 텍스트로 변환할 수 있고 핵심 내용만 요약해 요점만 정리할 수도 있습니다. 다음과 같이 리더보드 형태로 제공됩니다. PC와 앱에서도 사용할 수 있습니다. 현재, 매월 기본 제공되는 시간만큼 무료로 사용할 수 있으므로 활용해 보고 각자에게 맞는 유료 버전을 사용할 수 있습니다. STT 서비스를 체험하고 활용하기에 좋습니다.

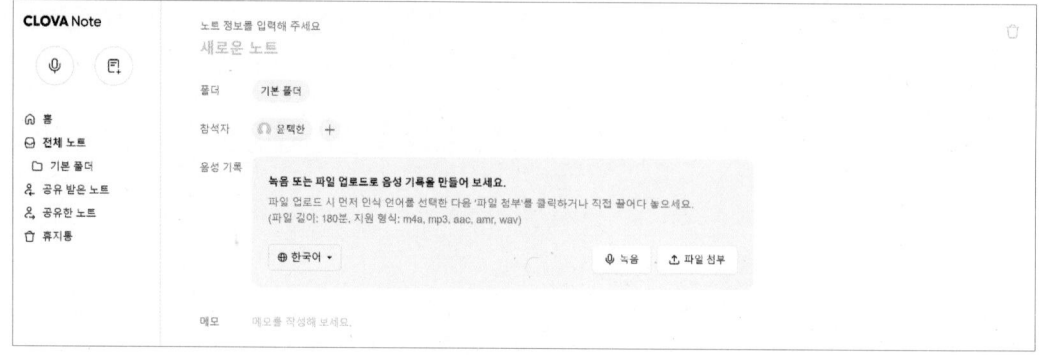

[그림 3-1] 클로바 노트

1-2 다글로

음성뿐만 아니라 영상 파일 속의 음성을 텍스트로 변환할 수 있습니다. 영상 파일 업로드뿐만 아니라 유투브 링크를 붙여 넣으면 영상의 음성을 원고로 생성할 수 있는 기능이 있습니다. 녹음 환경에 따른 발화자의 수를 인식하고 발화자별로 음성 인식 결과를 분리할 수 있습니다. 텍스트 내용을 요약한 요약문도 사용할 수 있습니다. 그냥 사용해 볼 수도 있고 API 문의를 통해 API 형태로도 사용할 수도 있습니다. 이와 마찬가지로 현재는 무료로 매월 20시간 정도 사용할 수 있으며 유료 버전도 선택할 수 있습니다.

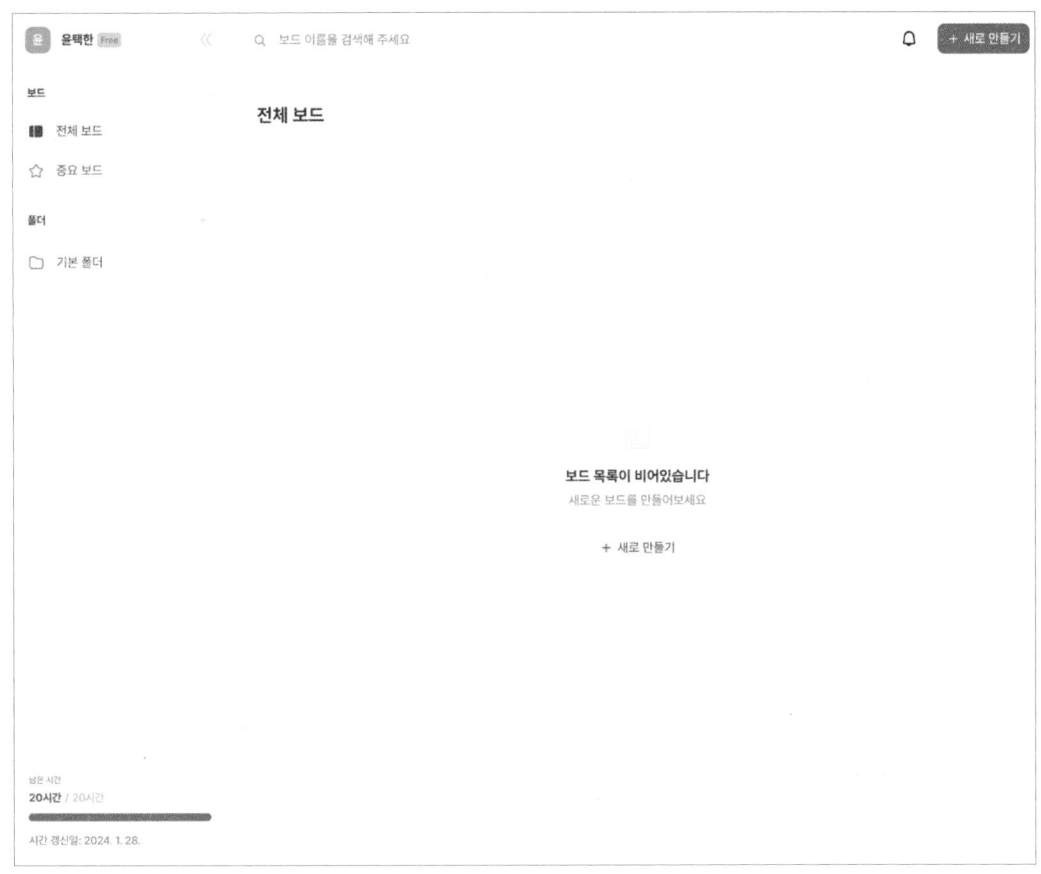

[그림 3-2] 다글로

1-3 구글받아쓰기

우리가 자주 사용하는 구글 문서에도 음성 입력이 있습니다. [도구] – [음성 입력]을 누르면 다음과 같은 화면이 생성되며, 음성을 입력받아 텍스트로 출력할 수 있습니다. 구글받아쓰기는 음성 명령을 통해 '굵게'나 '기울임' 같은 서식도 적용할 수 있습니다. 문장을 영어로 말할 때 서식 내용을 말하고 내용을 말하기 시작하면 서식을 적용한 결과로 받아볼 수도 있습니다. 간단하게 STT를 체험할 수 있지만, 문장의 길이가 긴 경우에는 적합하지 않고 짧은 메모나 회의 안건, 회의 요약과 같은 간단한 문서를 만들 때 적합합니다.

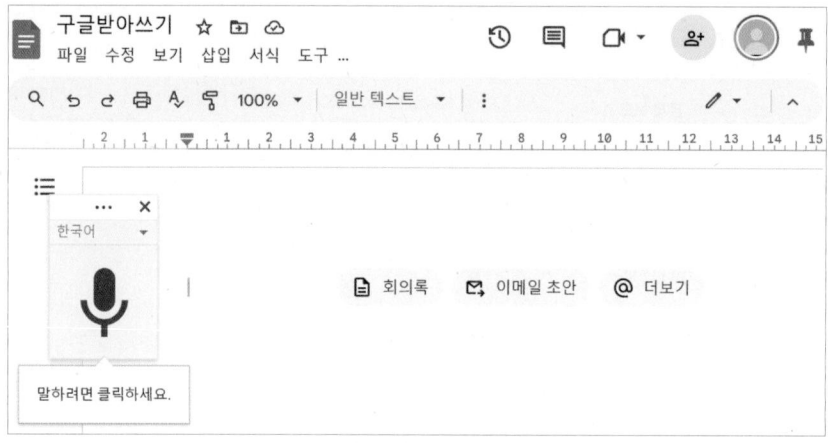

[그림 3-3] 구글받아쓰기

TTS 서비스

텍스트를 음성으로 변환하는 TTS 서비스를 사용해 보겠습니다. 클로바 보이스, 온에어스튜디오, 타입캐스트와 같은 곳에서 무료로 사용할 수 있습니다. 주로 대본을 바탕으로 음성을 제작하여 영상을 만드는 데 많이 쓰이고 있습니다. 유튜브와 같은 곳에 올릴 영상에 들어갈 음성을 손쉽게 제작할 수 있어서 활용도가 높습니다.

2-1 클로바 보이스

네이버에서 출시한 서비스로, 여러 스타일의 목소리를 제공합니다. 특히, 클로바 보이스를 활용해 나온 서비스인 클로바 더빙에서는 커스터마이즈된 다른 음성도 확인해 볼 수 있습니다. 유명 연예인 음성으로 쉽게 변환해 사용할 수 있는 만큼 활용도가 높습니다. 클로바 더빙에서는 가족의 사연에 맞는 음성이 제공되므로 목표에 맞춰 AI 보이스를 만들어 낼 수 있습니다. 매달 5개의 프로젝트를 무료로 사용할 수 있습니다.

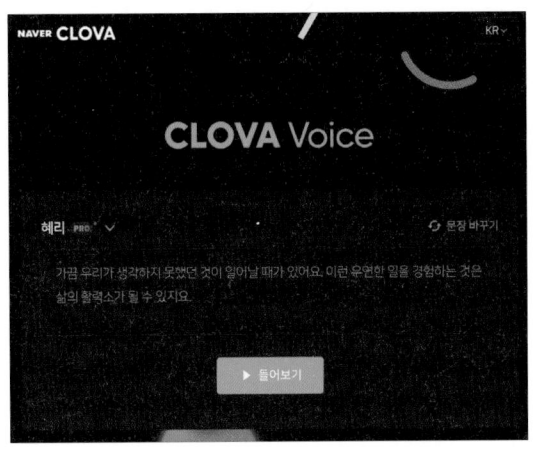

[그림 3-4] 클로바 보이스

2-2 온에어 스튜디오

인공지능 기반의 음성 제작과 영상 제작할 수 있다는 장점이 있습니다. 다양한 인공지능 음성이 존재하며, 텍스트를 입력하여 선택한 음성으로 음성을 생성합니다. 대화하듯이 각각의 다른 보이스로 설정하여 음성을 생성할 수도 있습니다. 모두 완성된 음성을 AI 가상 모델과 연동하여 가상 모델에 맞게 입 모양과 손 모양을 움직이는 영상을 제작할 수도 있는 편리한 서비스입니다.

[그림 3-5] 온에어 스튜디오

2-3 타입캐스트

위 서비스와 거의 비슷합니다. 좀 더 다양한 AI 음성이 지원된다는 장점이 있습니다. 기본적으로 타입캐스트는 인공지능 연기자 서비스입니다. 대본을 입력하고 편집만으로 전문 연기자가 녹음한 것 같은 음성으로 변환 가능합니다. 그 음성에 맞게 AI 가상 모델과 연동하여 영상 콘텐츠를 만들어 낼 수 있는 서비스입니다. 사용할 수 있는 종류가 많아서 무료 버전이라고 해도 체험하기에 좋은 서비스입니다.

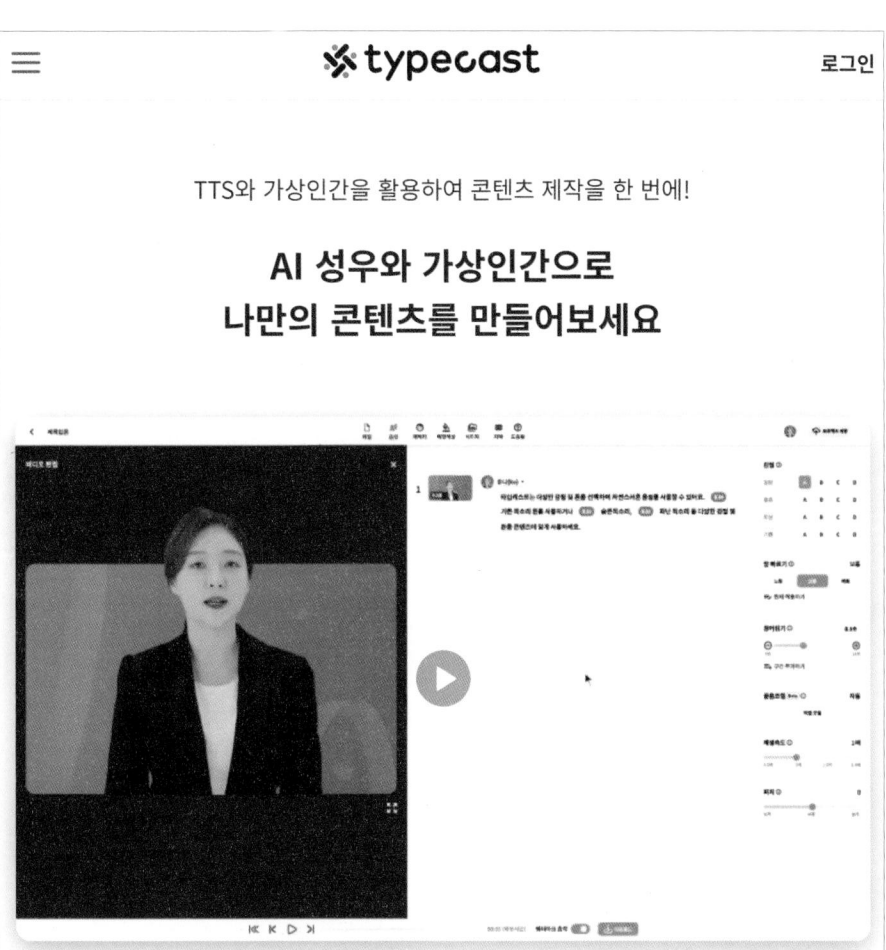

[그림 3-6] 타입캐스트

음성 변환 기술 구현해 보기

위와 같은 서비스를 실제로 구현하기 위해서는 API를 활용한 음성 인식과 음성 합성 모델을 직접 구현할 줄 알아야 합니다. 이를 위해서는 어떠한 API 모델을 활용하는 것이 좋은지 알아야 하고 실제로 테스트해 볼 수 있어야 합니다. 앞서 언급한 것처럼, 음성 인식과 음성 합성에 있어서 Openai 모델이 괜찮은 성능을 나타내고 있기 때문에 위스퍼(Whisper)와 TTS 위주의 실전 구현 방법을 살펴보겠습니다.

3-1 STT

1 위스퍼

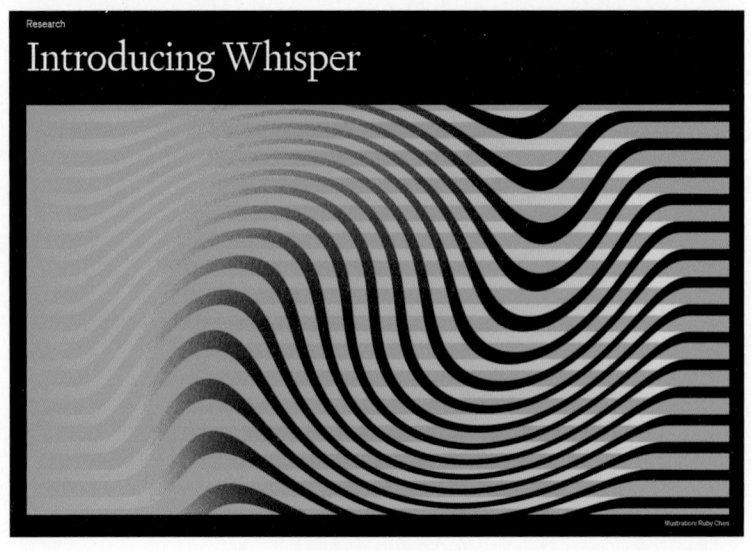

[그림 3-7] 위스퍼

위스퍼(Whisper)는 2022년 OpenAI에서 공개한 인공지능 모델로, 음성을 텍스트로 변환할 수 있는 모델입니다. 즉, STT(Speech to Text)가 가능합니다. 무료 공개되어 있는 오픈소스 기반이고, 깃허브에 올라와 있어 누구나 사용 가능합니다. 다음은 각 모델의 버전별로 사용 가능한 표입니다. 최신 모델은 large-v3이지만, 이것을 직접 컴퓨터에서 실행하기에는 고사양의 PC가 필요합니다. 즉, 직접 사용하기에는 무리가 있을 수 있습니다.

Size	Parameters	English-only	Multilingual
tiny	39 M	√	√
base	74 M	√	√
small	244 M	√	√
medium	769 M	√	√
large	1550 M	x	√
large-v2	1550 M	x	√
large-v3	1550 M	x	√

[그림 3-8] 위스퍼 공개 모델

OpenAI에서는 이것을 API 형태로 제공하고 있습니다. 현재는 챗GPT와 마찬가지로 유료로 제공 중이지만 곧 무료로 제공될 예정입니다. 다음과 같이 위스퍼(Whisper)를 활용하는 기본적인 사용법에 대해 알아보겠습니다

◆ Openai 설치

```
!pip install -qq openai
```

◆ API 키 로드 및 실행

audio transcriptions를 활용해 텍스트로 변환 가능합니다. 이때 모델은 whisper-1로 설정해 두면 됩니다. 현재 whisper-1은 large-v2, large-v3 모델을 사용합니다.

다음은 "안녕하세요. 오늘부터 3일간 헤이마트 행사 기간입니다"라는 내용으로 녹음한 음성 파일을 텍스트로 변환하는 코드입니다.

```
from openai import OpenAI
client=OpenAI(api_key="OpenAI API키 입력")

speech_output_path="./hey_audio_1.mp3" # 임의로 녹음한 음성 파일

audio_file= open(speech_output_path, "rb")
transcript=client.audio.transcriptions.create(
  model="whisper-1",
  file=audio_file
)
print(transcript.text)
```

결과는 다음과 같습니다. 녹음한 내용과 동일한 텍스트가 출력되는 것을 알 수 있습니다.

안녕하세요 오늘부터 3일간 헤이마트 행사 기간입니다

챗GPT와 마찬가지로 Openai 키를 설정한 후 `client.audio.transcriptions.create()` 객체를 생성하게 됩니다. 이때 모델을 `model="whisper-1"`와 같이 모델을 설정해 주어야 합니다. `file`도 위와 같이 설정하여 음성을 손쉽게 텍스트로 변환할 수 있습니다.

◆ 위스퍼 모델 직접 실행

위스퍼 모델을 직접 실행할 수도 있습니다. 코랩 유료 사용자나 사양이 높은 PC 사용자 분은 테스트삼아 large-v3를 사용해 볼 수도 있습니다. 방법은 다음과 같습니다.

```
!pip install --upgrade git+https://github.com/huggingface/transformers.git
accelerate
```

◆ 모델 설정 및 함수 실행

```
import torch
from transformers import AutoModelForSpeechSeq2Seq, AutoProcessor, pipeline

device="cuda:0" if torch.cuda.is_available() else "cpu"
torch_dtype=torch.float16 if torch.cuda.is_available() else torch.float32
model_id="openai/whisper-large-v3"
```

```
model=AutoModelForSpeechSeq2Seq.from_pretrained(
    model_id, torch_dtype=torch_dtype, low_cpu_mem_usage=True, use_
safetensors=True
)
model.to(device)
processor=AutoProcessor.from_pretrained(model_id)

pipe=pipeline(
    "automatic-speech-recognition",
    model=model,
    tokenizer=processor.tokenizer,
    feature_extractor=processor.feature_extractor,
    max_new_tokens=128,
    chunk_length_s=30,
    batch_size=16,
    return_timestamps=True,
    torch_dtype=torch_dtype,
    device=device,
)
```

◆ 파일 변환

```
speech_output_path="./hey_audio_1.mp3"
result_openai=pipe(speech_output_path)
print(result_openai["text"])
```

다음과 같이 동일한 결과를 얻을 수 있습니다.

> 안녕하세요 오늘부터 3일간 헤이마트 행사 기간입니다.

◆ 음성 번역

번역도 가능합니다.

```
result_trans=pipe(speech_output_path, generate_kwargs={"task":
"translate"})
print(result_trans ["text"])
```

다음과 같이 영어로 변역한 결과를 얻을 수 있습니다.

```
Hello, this is a three-day Heymart event.
```

3-2 TTS

이번에는 텍스트를 음성으로 변환하는 방법을 알아보겠습니다. 대표적으로 활용 가능한 것은 구글의 gtts와 Openai의 TTS 변환 기술입니다. 이 밖에 네이버 클로바의 API도 활용할 수 있습니다. 이번에는 gtts와 Openai의 TTS를 활용하는 방법을 알아보겠습니다.

1 gTTS(Google Text to Speech)

구글에서 제공하는 모듈로, 텍스트를 기반으로 음성 파일로 변환할 수 있는 쉬운 방법입니다. 무료로 사용할 수 있으므로 텍스트를 음성으로 바꿔 보려는 생각을 하고 있다면 쉽게 적용할 수 있습니다.

◆ 설치

```
!pip install -qq gtts
```

gTTS에 메시지와 lang을 지정해 줍니다. 한국어로 할 예정이므로 ko로 지정해 주겠습니다. 생성된 tts 객체를 저장하여 음성 파일로 쉽게 변환할 수 있습니다. 다음 예제를 실행해 보겠습니다.

```
from gtts import gTTS

message="안녕하세요 오늘부터 3일간 헤이마트 행사 기간입니다"
tts=gTTS(message, lang="ko")
speech_output_path="./gtts_output.mp3"
tts.save(speech_output_path)
```

코랩에서 음성 파일을 재생하려면 IPython을 이용하면 됩니다. IPython 모듈을 이용하여 재생하면 다음과 같은 위젯의 형태로 음성 파일을 실행할 수 있습니다.

```
from IPython.display import Audio, display
audio_widget=Audio(speech_output_path)
display(audio_widget)
```

[그림 3-9] IPython 음성 출력

2 OpenAI TTS 모델

OpenAI에서도 TTS API의 형태로 제공하고 있습니다. 유료이기는 하지만, 보이스 형태를 여러 가지로 지정할 수 있어서 활용도가 높습니다.

◆ 설치

```
!pip install -qq openai
```

OpenAI 챗GPT의 사용법과 거의 동일한 형태입니다. client를 지정해 준 후 client. audio.speech.create로 생성할 수 있습니다. 매개변수 model을 tts-1으로 지정하거나 좀 더 고품질을 원한다면 tts-1-hd로 지정해 줍니다. 그리고 여기에서는 보이스를 alloy로 지정했지만, 이 밖에도 echo, fable, onyx, nova, shimmer가 있습니다.

https://platform.openai.com/docs/guides/text-to-speech를 참고하여 원하는 음성으로 지정한 후 생성할 수 있습니다.

```
from openai import OpenAI
client=OpenAI(api_key="OpenAI API키 입력")

message="헤이마트 많이 애용해 주세요."

response=client.audio.speech.create(
    model="tts-1",
    voice="alloy",
```

```
    input = message,
)
speech_output_path = "./openai_tts_output.mp3"
response.stream_to_file(speech_output_path)
```

간단하게 챗GPT를 이용해서 불러온 내용을 요약하는 프롬프트(Prompt)를 제작해 보겠습니다. 문서 요약 prompt에는 "본문의 내용을 간략하게 요약해 줘"와 같은 내용으로 기본 프롬프트와 문서의 내용을 함께 입력하는 것이 중요합니다.

사전에 랭체인(Langchain)과 pypdf 라이브러리를 설치하고 다음 코드를 실행해 보겠습니다.

```python
from openai import OpenAI
client = OpenAI(api_key="OpenAI API키 입력")
from langchain.document_loaders import PyPDFLoader
def pdf_loader(pdf_path):
    loader = PyPDFLoader(pdf_path)
    pdf_doc = loader.load()
    return pdf_doc

pdf_path = "hey_pdf_2.pdf"
pages_content = pdf_loader(pdf_path)[0].page_content # 첫 번째 페이지

# 영어로 해야 속도가 빠릅니다.
system_ai_en = """You are an artificial intelligence assistant, and you should
be able to respond to various topics such as reading PDFs,
summarizing documents, managing schedules, providing weather information,
searching for the shortest route, and conducting web searches. Please respond
briefly in Korean."""
prompt = """ 다음은 문서 중 일부 내용입니다.
{pages_content}
이 문서의 주요 내용을 요약해 주세요.
답변:"""
completion = client.chat.completions.create(
    model = "gpt-3.5-turbo-1106",
    messages = [
```

```
        {"role": "system", "content": system_ai_en},
        {"role": "user", "content": prompt.format(pages_content=pages_
content)},
    ]
)
print(completion.choices[0].message.content)
```

PDF 파일을 읽기 위해 랭체인의 PyPDFLoader 모듈을 불러옵니다. Load했을 때는 페이지별로 내용이 들어가 있으므로 첫 번째 페이지만 요약해 보겠습니다. 다음으로, system 프롬프트를 영어로 설정하여 속도가 좀 더 빠르게 하겠습니다. 마지막으로, 문서 내용 요약을 요청하는 프롬프트를 기본 설정하여 PDF 파일의 내용을 추가했을 때 요약해 달라는 프롬프트를 적용할 수 있도록 작성하였습니다. 그 결과는 다음과 같습니다.

> 헤이마트는 신선한 과일부터 다양한 상품까지 고객에게 최상의 서비스를 제공하기 위해 노력하며, 고객의 다양한 요구에 부응하고 있습니다. 특별한 쇼핑 경험을 제공하는 헤이마트의 다양성과 품질을 경험해 보세요.

PDF 파일이나 그 밖의 다른 문서들도 문서 요약을 실행할 때는 문서를 요약해 달라는 요청과 함께 내용을 전달할 수 있도록 프롬프트를 작성해야 합니다.

랭체인을 활용한 문서 요약

이번에는 랭체인(Langchain)을 활용한 문서 요약을 진행해 보겠습니다. 문서 요약 방식에는 StuffDocumentsChain 방식과 MapReduceDoocumentsChain 방식이 있습니다. 큰 문서를 보다 작은 크기로 나누어 각각의 요약을 진행한 후에 최종적으로 합쳐서 요약을 진행하게 됩니다. 이때의 장점은 큰 문서이더라도 요약이 가능하다는 것이지만, 많은 API 호출이 필요할 수도 있다는 단점도 있습니다. 맵리듀스(Mapreduce) 방식을 이용한 PDF 문서 요약은 다음과 같은 과정을 통해 진행됩니다. 기존에 배웠던 내용을 합쳐서 진행됩니다.

❶ 문서 내용 로드
❷ 문서 내용 분할
❸ 분할 내용 각각 요약 실행
❹ 각 문서의 요약본 통합 실행
❺ 최종 결과 통합 체인 생성

1 문서 내용 로드

PDF로 되어 있는 문서 내용을 로드하면 각 문서가 페이지 번호와 페이지 내용을 포함한 내용을 얻게 됩니다. 우선 가장 첫 번째 페이지 내용을 읽어 들여와 일부분만 출력해 보겠습니다.

```
from langchain.document_loaders import PyPDFLoader

def pdf_loader(pdf_path):
    loader = PyPDFLoader(pdf_path)
    pdf_doc = loader.load()
    return pdf_doc
```

```
pdf_path="hey_pdf_2.pdf"
pages_content=pdf_loader(pdf_path)
print(pages_content[0].page_content[:200])
```

안녕하세요! 헤이마트는 신선한 과일과 다양한 상품을 판매하는 동네 마트입니다. 고품질의 제품과
풍부한 다양성을 자랑하며, 지역 고객들에게 최상의 서비스를 제공하기 위해 노력하고 있습니다.

2 문서 내용 분할

문서 내용이 길 경우, 문서 전체 내용을 넣을 수 없기 때문에 각각의 문서를 분할하는 작업을 진
행해야 합니다. 문서 분할은 앞서 배운 RecursiveCharacterTextSplitter를 이용해서 3,000개
정도의 chunk_size로 분할하여 진행해 보겠습니다.

```
from langchain.text_splitter import RecursiveCharacterTextSplitter
# 스플리터 설정
text_splitter=RecursiveCharacterTextSplitter.from_tiktoken_encoder(
    chunk_size=3000,
    chunk_overlap=0,
)
# pages_content 내용 분할
split_docs=text_splitter.split_documents(pages_content)
# 분할된 문서의 수 확인
print("분할된 문서의 개수는: ", len(split_docs))
```

분할된 문서의 개수를 확인차 출력해 보겠습니다.

분할된 문서의 개수는: 2

3 분할 내용 각각 요약 실행

현재 분할된 문서는 2개로, 이 분할된 문서를 각각 요약해야 합니다. 이렇게 분할된 문서를 요약
하는 과정을 map이라 하고, 요약본을 통합하는 과정을 reduce라고 합니다. 우선 map 과정의 문
서 요약 코드를 작성해 보겠습니다. 프롬프트를 설정하여 각각의 map 과정에서 사용될 템플릿을
설정합니다. 그리고 문서 내용이 길 수 있기 때문에 모델을 turbo-16k로 설정하여 진행합니다.

```
```

```python
## 각각의 문서에 대한 요약 실행
from langchain.prompts import PromptTemplate
from langchain.chat_models import ChatOpenAI
from langchain.chains import LLMChain
from openai import OpenAI
from google.colab import userdata
import os
os.environ["OPENAI_API_KEY"]=userdata.get('OPENAI_API_KEY')

# map template 설정, {pages_content} 분할된 내용이 입력
map_template=""" 다음은 문서 중 일부 내용입니다.
{pages_content}
이 문서의 주요 내용을 요약해 주세요.
"""
# map 기본 프롬프트
map_prompt=PromptTemplate.from_template(map_template)
# 문서 내용이 길 수 있기 때문에 model을 gpt-3.5-turbo-16k 설정
llm=ChatOpenAI(temperature=0,
               model_name='gpt-3.5-turbo-16k')
map_chain=LLMChain(llm=llm, prompt=map_prompt)

# reduce 단계에서 처리할 프롬프트 정의
reduce_template=""" 다음은 문서 요약의 집합입니다.
{summaries}
이 내용을 바탕으로 통합된 문서 요약을 작성해 주세요.
"""
# Reduce 프롬프트
reduce_prompt=PromptTemplate.from_template(reduce_template)

# Reduce에서 수행할 LLMChain 정의
reduce_chain=LLMChain(llm=llm, prompt=reduce_prompt)
```

4 각 문서의 요약본 통합 실행

위에서 작성된 각각의 `map_chain`을 통합하는 과정이 필요합니다. 이를 reduce 과정이라고 합니다. 통합할 때 역시 템플릿을 통해 프롬프트를 정의할 수 있습니다.

```python
from langchain.chains.combine_documents.stuff import StuffDocumentsChain
from langchain.chains import ReduceDocumentsChain
```

```
# 문서 목록 통합 체인 설정
combine_doc_chain = StuffDocumentsChain(
    llm_chain = reduce_chain,
    document_variable_name = "summaries" # reduce 프롬프트에 대입되는 변수
)

# 분할된 문서를 순차적으로 reduce 처리
reduce_doc_chain = ReduceDocumentsChain(
    combine_documents_chain = combine_doc_chain,
    collapse_documents_chain = combine_doc_chain,
    token_max = 4000,
)
```

단순 요약을 진행하거나 보고서 작성, 기사 작성 등의 내용으로 작업을 진행할 수 있습니다. StuffDocumentsChain을 이용하여 진행합니다.

document_variable_name="summaries"는 {summaries}의 입력으로 받을 수 있도록 설정하였습니다.

reduce_doc_chain = ReduceDocumentsChain는 순차적으로 reduce 처리를 하게 됩니다. 이때 필요한 것은 통합 체인으로 combine_documents_chain=combine_doc_chain으로 설정합니다. collapse_documents_chain는 StuffDocumentsChain의 컨텍스트를 초과할 수 있으므로 문서 축소를 해야 할 경우에 실행됩니다.

token_max는 최대의 토큰 설정입니다.

5 최종 결과 통합 체인 생성

마지막 통합 과정에서는 정의한 map 체인과 reduce 체인을 연결하고 최종적으로 MapReduce DocumentsChain을 통해 각각의 객체를 통합할 수 있습니다.

```
from langchain.chains import MapReduceDocumentsChain

# 최종 체인 연결
final_chain = MapReduceDocumentsChain(
    llm_chain = map_chain, # 각 문서 맵핑
```

```
        reduce_documents_chain=reduce_doc_chain,
        document_variable_name="pages_content",
        return_intermediate_steps=False,
)
# 최종 결과 실행
result_summary=final_chain.run(split_docs)
# 요약 결과 출력
print(result_summary)
```

`llm_chain=map_chain`에는 이전에 정의해 놓은 `map` 체인을 설정해야 합니다.

`reduce_documents_chain=reduce_doc_chain`에는 통합된 `reduce` 체인을 지정하여야 합니다.

`document_variable_name="pages_content"`는 각각의 분할된 문서명의 이름을 지정한 결과를 지정합니다.

`result_summary = final_chain.run(split_docs)`가 완성된 통합 체인을 `run`하게 되면 최종 요약 결과를 얻을 수 있습니다.

> 헤이마트는 고품질의 제품과 다양성을 자랑하며 지역 고객들에게 최상의 서비스를 제공하기 위해 노력하고 있습니다. 마트에서는 과일뿐만 아니라 식료품, 생활 용품, 주방 용품 등 다양한 상품을 찾아볼 수 있으며, 편리한 쇼핑을 즐길 수 있도록 다양한 브랜드와 제품을 선보이고 있습니다. 헤이마트는 고객들의 다양한 쇼핑 요구를 충족시키기 위해 노력하고 있으며, 항상 최상의 제품과 서비스를 제공하여 고객들에게 만족스러운 경험을 선사하는 것을 목표로 하고 있습니다. 또한, 고객들의 의견을 듣고 더 나은 서비스를 제공하기 위해 노력하고 있으며, 지역 사회와 함께 성장하며, 지역의 발전에 기여하기 위해 노력할 것을 약속합니다. 헤이마트에 항상 관심과 사랑을 주셔서 감사합니다.

그라디오(Gradio)로 챗봇 제작

지금까지 배운 내용을 바탕으로, 위스퍼(Whisper) 음성 인식봇과 문서 요약봇, 그 밖의 프롬프트를 활용해 일정 관리봇을 작성해 보겠습니다.

앞서 작성해 보았던 챗봇을 참고하여 이번에는 AI 비서 챗봇의 핵심인 음성 인식 기능과 문서 요약, 일정 관리 기능을 다루는 세 가지 챗봇을 작성해 보겠습니다. 앞서 챗봇에서 구현했듯이 레이아웃 구성, 기능 구성, 최종 컴포넌트 연결 순으로 진행하겠습니다.

6-1 레이아웃 구성

다음은 첫 번째로 만들어볼 음성 인식봇의 레이아웃입니다. 음성 인식봇에는 음성을 입력하는 입력 창이 있습니다. 그리고 출력은 텍스트와 음성으로 출력되도록 진행했습니다. 상단에는 메시지를 주고받는 듯한 메시지 화면을 구성했고 아래에는 문의를 하기 위한 입력 창, 문의 내용을 보내기 위한 버튼, 답변 삭제, 채팅 내역 초기화 기능들을 배치했습니다.

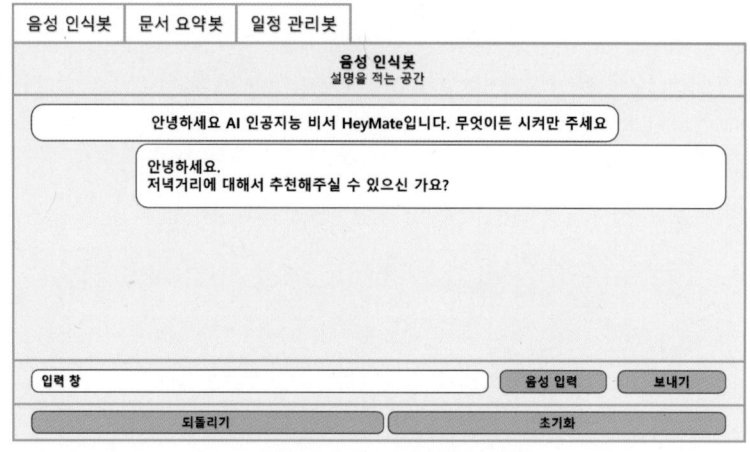

[그림 3-10] 음성 인식봇의 레이아웃 전체

두 번째는 문서 요약봇입니다. 문서는 PDF 문서 요약을 기본으로 입력받을 수 있도록 하였고 문서 요약에 필요한 부분만 구성했습니다. 문서 요약 내용을 하단에 배치하여 문서 요약 결과를 얻을 수 있도록 배치했습니다.

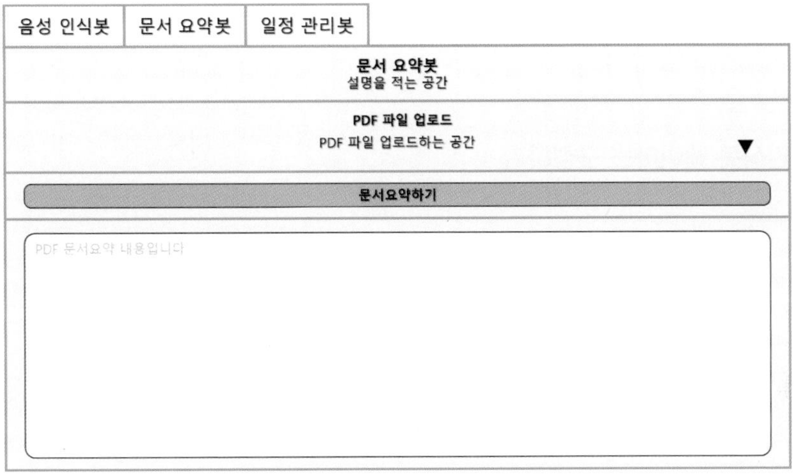

[그림 3-11] 문서 요약봇의 레이아웃 전체

세 번째는 일정 관리봇입니다. 채팅으로 일정을 추가하거나 전체 일정을 확인할 수 있도록 구성하였습니다. 하단에 사용자의 엑셀 파일을 업로드하여 전체 일정을 추가한 상태로 진행할 수 있습니다.

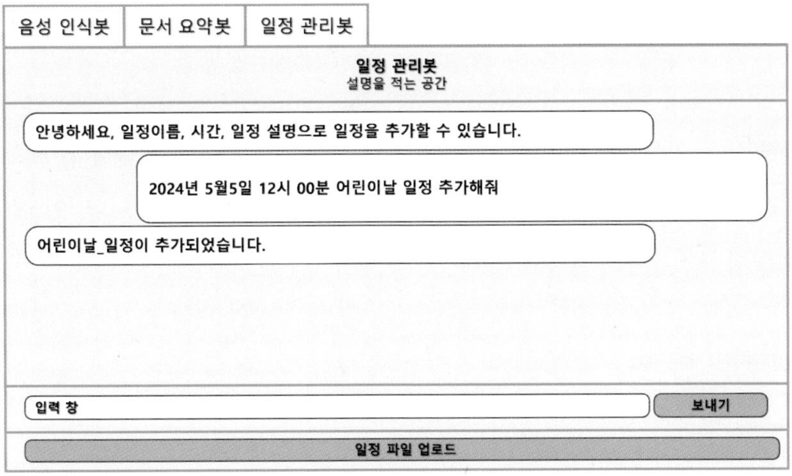

[그림 3-12] 일정 관리봇의 레이아웃 전체

제일 상단에 공통적으로 등장하는 음성 인식봇, PDF 문서 요약, 일정 관리봇은 탭, 각 탭을 클릭하면 해당 탭과 일치하는 기능을 가진 메인 화면으로 레이아웃이 변경될 수 있도록 구성하였습니다.

6-2 음성 인식봇 제작하기

1 음성 인식봇 레이아웃 구성하기

◆ 레이아웃 구현

코드를 작성해 보기 전에 레이아웃 구성을 먼저 살펴보겠습니다.

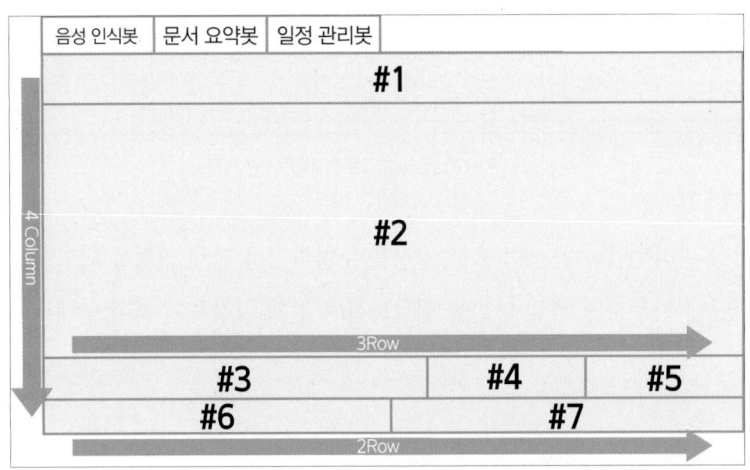

[그림 3-13] 음성 인식봇의 레이아웃 구성

탭을 제외한 음성 인식봇의 레이아웃은 위와 같은 구역으로 나뉘어 있습니다. 세로로 4블록이 쌓여 있고 3번째는 가로로 3블록, 4번째는 가로로 2블록으로 나뉘어 있습니다. 이 레이아웃에 맞춰 코드를 작성해 블록을 쌓아 보겠습니다.

```
import gradio as gr
with gr.Blocks() as app:
    with gr.Tab("음성 인식봇"):
        with gr.Column():
            #1
```

```
        gr.Markdown()
        #2
        gr.Chatbot()
    with gr.Row():
        #3
        gr.Textbox()
        #4
        gr.Audio()
        #5
        gr.Button()
    with gr.Row():
        #6
        gr.Button()
        #7
        gr.Button()
app.launch()
```

완성 후의 레이아웃은 다음과 같습니다.

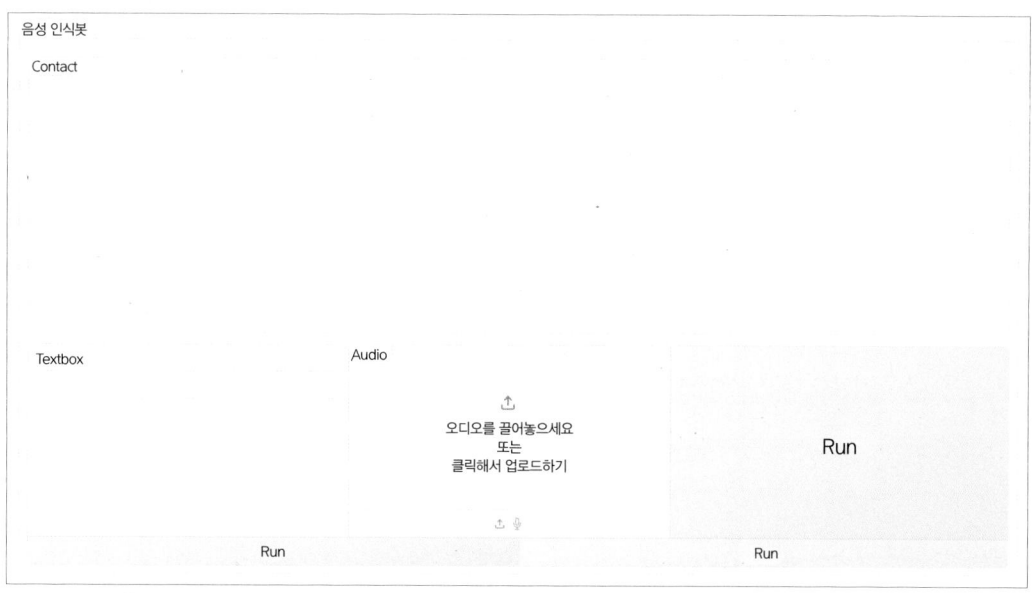

[그림 3-14] 음성 인식봇 레이아웃 구현

이번에는 컴포넌트를 하나씩 추가해 보면서 레이아웃을 확인해 보겠습니다.

◆ #1 레이아웃 구현 – 음성 인식봇 타이틀 및 설명

```
음성 인식봇
설명을 적는 공간
```

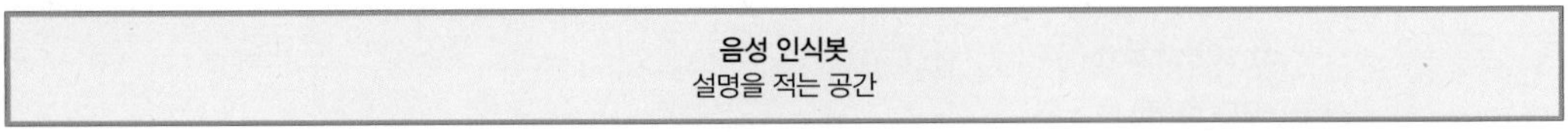

[그림 3-15] 음성 인식봇 타이틀 및 설명

이제 여기에 마크다운을 이용해 챗봇의 헤드라인을 지정해 주겠습니다.

```python
import gradio as gr
with gr.Blocks() as app:
    with gr.Tab("음성 인식봇"):
        #1
        with gr.Column():
            gr.Markdown(
                value="""
                # <center>음성 인식봇</center>
                <center>AI 인공지능 비서 HeyMate입니다.
음성으로 묻거나, 문서 요약, 일정 관리를 할 수 있습니다. </center>
                """)
...(중략)
app.launch()
```

`gr.Markdown()`의 `value`를 지정해 주면 다음과 같은 컴포넌트가 추가됩니다.

```
음성 인식봇

                음성 인식봇

AI 인공지능 비서 HeyMate입니다. 음성으로 묻거나, 문서 요약, 일정 관리를 할 수 있습니다.
```

[그림 3-16] 음성 인식봇 타이틀 및 설명 구현

◆ #2 레이아웃 구현 – 채팅 화면

다음으로는 챗봇을 추가해 보겠습니다.

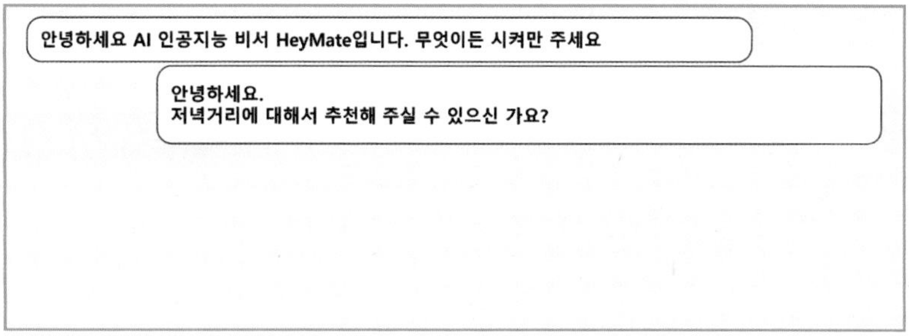

[그림 3-17] 음성 인식봇 채팅 화면

다음과 같이 코드를 작성해 보겠습니다.

```python
import gradio as gr
with gr.Blocks() as app:
    with gr.Tab("음성 인식봇"):
        ...(중략)
    with gr.Row():
        #2
        gr.Chatbot(
            value=[[None, "안녕하세요 AI 인공지능 비서 HeyMate입니다. 무엇이든 시켜
만 주세요"]],
            show_label=False
            )
app.launch()
```

다음과 같이 채팅 화면이 추가되었다는 것을 알 수 있습니다.

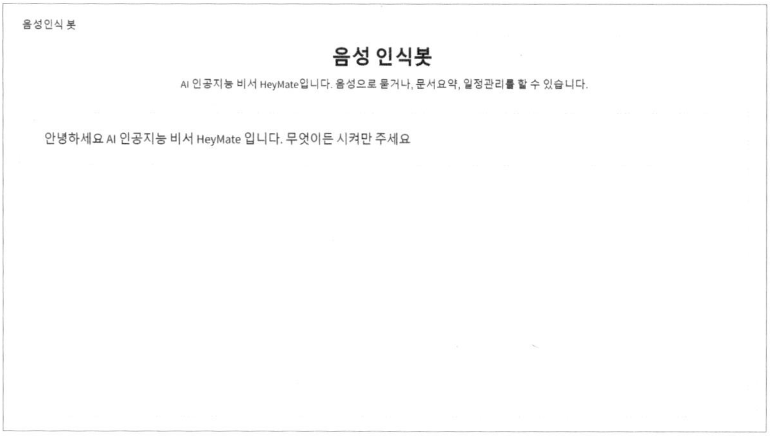

[그림 3-18] 음성 인식봇 채팅 화면 구현

#3, #4, #5 레이아웃 구현 – 채팅 입력 창과 음성 입력, 보내기

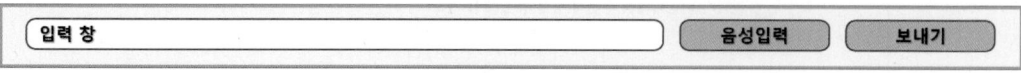

[그림 3-19] 채팅 입력 창과 음성 입력, 보내기

다음으로는 채팅 입력 창과 음성 입력을 위한 채팅 입력 창과 음성 입력 창, [보내기] 버튼을 구현해 보겠습니다.

```
import gradio as gr
with gr.Blocks as app:
    with gr.Tab("음성 인식봇"):
        ... (중략)
        with gr.Row():
            #3
            gr.Textbox(
                lines=1,
                placeholder="입력 창",
                container=False,
                scale=7
                )
            #4
            gr.Audio(sources=["microphone"],
                format="mp3",
                scale=1,
                min_width=200,
                label="음성 입력해 주세요"
                )
            #5
            gr.Button(
                value="보내기",
                scale=1,
                visible="primary",
                icon="https://cdn-icons-png.flaticon.com/128/12439/12439334.png"
                )
app.launch()
```

gr.Textbox( )와 gr.Audio( )를 추가하여 텍스트와 음성을 둘 다 입력받을 수 있도록 컴포넌트를 추가하였습니다. 같은 행에 있는 gr.Button( )도 추가하였습니다.

음성 인식봇

음성 인식봇

AI 인공지능 비서 HeyMate입니다. 음성으로 묻거나, 문서 요약, 일정 관리를 할 수 있습니다.

안녕하세요. AI 인공지능 비서 HeyMate입니다. 무엇이든 시켜만 주세요.

입력 창

🎵 음성 입력해 주세요.   ✕

● Record

기본 값: Micropho...

▶ 보내기

[그림 3-20] 채팅 입력 창과 음성 입력, 보내기 구현

◆ #6, #7 레이아웃 구현 – 되돌리기와 초기화

되돌리기   초기화

[그림 3-21] 되돌리기와 초기화

다음으로는 채팅 입력을 위한 [되돌리기], [초기화] 버튼을 추가하겠습니다. [되돌리기], [초기화] 버튼은 다음 row에 추가하겠습니다.

```python
import gradio as gr
with gr.Blocks() as app:
    with gr.Tab("음성 인식봇"):
        ...(중략)
        with gr.Row():
            #6
            gr.Button(value="되돌리기 ↩")
            #7
```

```
            gr.Button(value="초기화 🔄")
 app.launch()
```

간단하게 두 개의 버튼으로 구성하였습니다.

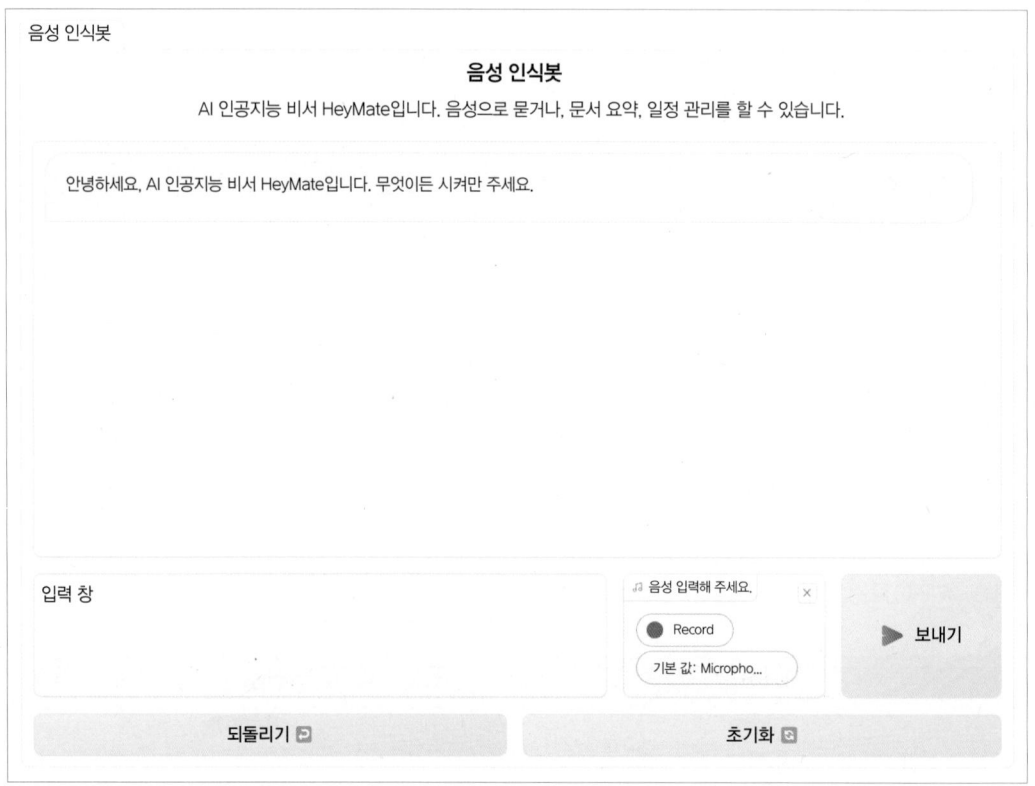

[그림 3-22] 되돌리기와 초기화 구현

이렇게 기본적인 레이아웃 구성이 끝났습니다. 각각의 컴포넌트 입력값은 나중에 자세히 다루겠습니다.

② 음성 인식봇 레이아웃 구성하기 – 상세 설정

이제 각각의 컴포넌트에 다음과 같이 구체적인 매개변수를 작성하여 최종 레이아웃을 구성해 보고 추가적인 수정도 진행해 보겠습니다.

```python
with gr.Tab("음성 인식봇"):
    with gr.Row():
        #1
        gr.Markdown(
        ...(중략)
    with gr.Row():
        #2
        cb_chatbot = gr.Chatbot(
            value = [
                [None, "안녕하세요 AI 인공지능 비서 HeyMate입니다. 무엇이든 시켜만
주세요"]
            ],
            show_label = False
        )
    with gr.Row():
        #3
        cb_user_input = gr.Textbox(
            lines = 1,
            placeholder = "입력 창",
            container = False,
            scale = 7
            )
        #4
        cb_audio_record = gr.Audio(
            sources = ["microphone"],
            format = "mp3",
            scale = 1,
            min_width = 200,
            label = "음성 입력해 주세요"
            )
        #음성출력
        cb_audio_chatbot = gr.Audio(autoplay = True,
                                    visible = False)
        #5
        cb_submit_btn = gr.Button(
            value = "보내기",
            scale = 1,
            visible = "primary",
            icon = "https://cdn-icons-png.flaticon.com/128/12439/12439334.png"
        )
```

#1의 세부 사항입니다. 앞서 작성한 챗봇과 마찬가지로 **gr.Markdown( )**의 매개변수에 제목을 설정해 줄 수 있습니다.

#2의 세부 사항입니다. **value**에는 채팅 내역을 저장할 수 있기 때문에 처음 채팅 내역을 설정하였습니다.

#3의 세부 사항입니다.

- lines=1
  placeholder="입력 창"
  container=False
  scale=9

4의 세부 사항입니다

음성 입력을 받기 위한 audio 컴포넌트 구현입니다.

- sources=["microphone"],
  format="mp3",
  scale=1,
  min_width=200,
  label="음성 입력해 주세요"

gr.Audio( )의 매개변수 **source**에는 리스트의 형태로 입력받을 수 있는 음성의 형태를 정할 수 있습니다. **microphone**은 마이크를 통해 음성 입력을 받을 수 있도록 하였습니다.

format은 mp3, **wav** 같은 파일의 확장자를 선택할 수 있습니다. **min_width** 매개변수는 최소 크기를 지정하여 적당한 크기로 컴포넌트를 만들 수 있습니다. 현재 **scale**을 1로 두었지만, 이보다는 좀 더 크게 공간을 차지하게 하기 위해 200 정도의 크기로 설정하였습니다. **Label**은 컴포넌트의 이름을 지정해 주어 음성 입력하는 컴포넌트라는 것을 알려 주었습니다.

음성 출력의 세부 사항입니다. 인공지능 답변을 위한 컴포넌트입니다. 추가된 audio 컴포넌트입니다.

- autoplay=True,

추후 인공지능의 답변이 완성되었을 때 변환된 인공지능 음성 결과가 있을 경우, 자동 재생되도록 설정하였습니다.

- visible=False

보이지 않게 설정하여 레이아웃을 깔끔하게 설정하였습니다.

3 음성 인식봇 기능 구현하기

◆ 랭체인 구성

이번에 채팅 내역은 랭체인을 통해 구성하겠습니다. 기본적으로 다음과 같은 구성되며 각각을 설정해 보겠습니다.

- 프롬프트 설정
- 메모리 설정
- llm 모델 설정
- langchain 설정

◆ 프롬프트 설정

```python
from langchain.chat_models import ChatOpenAI
from langchain.memory import ConversationBufferWindowMemory
from langchain.prompts import (
    ChatPromptTemplate,
    MessagesPlaceholder,
    SystemMessagePromptTemplate,
    HumanMessagePromptTemplate,
)
from langchain.chains import LLMChain
from google.colab import userdata
import os

open_api_key=userdata.get('OPENAI_API_KEY')
os.environ['OPENAI_API_KEY']=open_api_key

system_ai_ko= "당신은 인공지능 비서야, pdf 읽기, 문서 요약하기, 일정 관리, 날씨, 최단
경로 검색, 웹 검색 등 다양한 내용에 답변할 수 있어야 해"
system_setting=SystemMessagePromptTemplate.from_template(system_ai_ko)
```

```
# 프롬프트 설정
voice_bot_prompt=ChatPromptTemplate.from_messages([
    system_setting,
    MessagesPlaceholder(variable_name="HeyMate"),
    HumanMessagePromptTemplate.from_template("{master_user}")])
```

- **from langchain.chat_models import ChatOpenAI**

- **from langchain.memory import ConversationBufferWindowMemory**
  사용할 라이브러리를 불러옵니다.

- **open_api_key**
  기본적으로 앞서 진행했던 OpenAI 키를 설정하는 것은 동일합니다.

- **systemem_ai_ko**
  시스템 메시지로 사용될 프롬프트를 설정합니다. 이 부분을 통해 인공지능 비서의 역할과 능력을 설정하는 역할을 합니다.

- **system_setting**
  최종적으로 시스템 메시지입니다. 역할 부여 기능입니다.

- **MessagesPlaceholder**
  앞으로 사용될 메모리를 설정합니다. variable_name = "HeyMate"와 같이 추후 나올 ConversationBuffer Memory의 memory_key와 동일하게 설정해야 합니다.

- **HumanMessagePromptTemplate**
  master_user 변수는 추후 설정할 input 변수명과 동일해야 합니다.

프롬프트에서는 시스템 프롬프트 설정과 메시지 내용을 저장할 메모리 변수를 설정하게 됩니다. 그리고 입력받는 유저의 메시지 변수명도 설정하게 됩니다.

다음으로 메모리를 설정하겠습니다.

```
# 메모리 설정
voice_bot_memory=ConversationBufferWindowMemory(memory_key="HeyMate",
                                ai_prefix="AI 비서 HeyMate",
                                human_prefix="사용자",
                                return_messages=True,
                                k=10)
```

- memory_key

  앞서 MessagesPlaceholder의 값과 동일하게 설정해야 채팅 내역을 메모리에 저장할 수 있습니다.

- ai_prefix

  인공지능의 명칭을 설정할 수 있습니다.

- human_prefix

  사용자의 명칭을 설정할 수 있습니다.

  저장될 메모리 명칭을 설정하고, 메모리에 저장될 인공지능과 사용자의 명칭을 설정할 수 있습니다.

다음으로 llm 모델을 설정하겠습니다.

```
# llm 모델 설정
chatgpt=ChatOpenAI(
    temperature=0.3,
    max_tokens=2048,
    model_name="gpt-3.5-turbo"
    )
```

다음으로 프롬프트와 메모리 설정, llm 모델 설정을 이용하여 conversation 객체를 만들겠습니다.

```
# llmchain 정의
        conversation=LLMChain(
        prompt=voice_bot_prompt,
        memory=voice_bot_memory,
        llm=chatgpt,
        verbose=True
        )
```

앞서 설정한 프롬프트와 메모리, llm을 설정하여 인공지능 대화 객체를 만들도록 했습니다. 앞으로 대화 내용은 메모리에 저장되며 대화는 메모리에 저장되어 있는 내용을 기반으로 연속적인 대화가 가능합니다.

◆ 챗봇 기능 추가

이제 음성 인식봇의 기능을 추가하겠습니다. 앞서 그라디오 파트에서 작성한 되돌리기와 채팅 내역 초기화 기능은 기본적으로 추가하고 그 밖 추가할 기능은 크게 여섯 가지와 이벤트 리스너입니다.

- 입력 음성을 음성 파일로 저장하기
- 음성 인식봇 음성 답변 구현하기
- 음성 입력 텍스트 변환하기
- 챗봇 되돌리기 구현하기
- 인공지능 답변 음성 변환하기
- 챗봇 초기화 구현하기
- 이벤트 리스너 추가하기

음성 인식봇은 텍스트로 입력받을 뿐만 아니라 음성으로 입력을 받을 수 있도록 하는 것입니다. 그리고 답변을 텍스트로 받는 것이 아니라 음성 출력으로 변환하여 받을 수 있도록 하는 것입니다.

◆ 입력 음성을 음성 파일로 저장하기

voice_bot_handle_audio의 경우, 입력한 음성 파일을 저장해야 합니다. 따라서 매개변수로는 audio_record 변수를 입력값으로 받습니다. 다음 코드를 통해 voice_bot_handle_audio 기능을 추가해 봅시다. 우선 필요한 라이브러리를 설치하고 진행해 보겠습니다.

```
!pip install pydub
!pip install numpy
```

```python
from pydub import AudioSegment
import numpy as np
def voice_bot_handle_audio(audio_record):
    save_file_path="voice.mp3"
    frame_rate=audio_record[0]
    audio_data=audio_record[1].tobytes()
    sample_width =audio_record[1].dtype.itemsize
    audio=AudioSegment(
        audio_data,
        frame_rate=frame_rate,
        sample_width=sample_width,
        channels=1,
    )
    audio.export(save_file_path, format="mp3")
```

- **audio_record**: 입력으로 받게 되는 audio_recode는 [frame_rate, numpy_array] 리스트 형태를 가지게 됩니다.

- **save_file_path**: 임시 음성 파일 저장 경로입니다.

- **frame_rate, audio_data, sample_width**: 각 음성 파일의 프레임 수와 데이터 그리고 그 길이를 뜻하며 파일을 저장하기 위해서는 그 값들이 필요합니다.

- **AudioSegment( )**: 각각의 오디오 파일 데이터를 입력값으로 받아 저장할 수 있는 객체를 만듭니다.

- **audio.export( )**: 이를 통해 오디오 파일 객체를 오디오 파일로 저장할 수 있습니다.

◆ 음성 입력 텍스트 변환하기

```python
from openai import OpenAI
from google.colab import userdata
import os
os.environ["OPENAI_API_KEY"]=userdata.get('OPENAI_API_KEY')
```

```python
def voice_bot_create_stt():
    client=OpenAI()
    file_path="voice.mp3"
    audio_file=open(file_path, "rb")
    transcript=client.audio.transcriptions.create(
        model="whisper-1",
        file=audio_file)
    return transcript.text
```

- **client = OpenAI( )**
  음성을 텍스트로 변환하기 위해서는 OpenAI의 위스퍼(whisper)를 사용할 것입니다. 따라서 OpenAI의 API를 사용하기 위한 클라이언트를 지정합니다.

- **audio_file = open(file_path, "rb")**
  변환하고자 하는 파일을 지정합니다.

- **transcript = client.audio.transcriptions.create( )**
       model="whisper-1",
       file=audio_file)
  transcriptions.create 메서드를 통해 음성 변환 작업을 할 수 있습니다. model과 오디오 파일을 지정하여 변환합니다. 여기에서는 위스퍼 모델을 사용하였습니다.

- **return transcript.text**
  최종 결과는 transcript 객체의 변환된 텍스트를 결괏값으로 받도록 합니다.

◆ 인공지능 답변 음성 변환하기

```python
def voice_bot_create_audio(text):
    client=OpenAI()
    response=client.audio.speech.create(
        model="tts-1",
        voice="alloy",
        input=text)
    speech_file_path="output.mp3"
    response.stream_to_file(speech_file_path)
    return speech_file_path
```

- **텍스트를 오디오로 변환하는 작업 역시 OpenAI의 TTS 모델을 사용해 보겠습니다.**

- **response = client.audio.speech.create(**

    model="tts-1",

    voice="alloy",

    input=text)

    입력값으로 text 값을 매개변수로 받을 수 있습니다. voice의 종류에는 alloy, echo, fable, onyx, nova, shimmer가 있습니다.

- **response.stream_to_file(speech_file_path)**

    OpenAI를 통해 받은 음성 변환 결과를 오디오 파일로 저장할 수 있습니다.

◆ 음성 인식봇 음성 답변 구현하기

```python
def voice_bot_chat(message, cb_user_input_audio, chat_history):
    if cb_user_input_audio:
        message=voice_bot_create_stt()
    ai_answer=conversation({"master_user": message})['text']
    chat_history.append((message, ai_answer))
    audio_file=voice_bot_create_audio(ai_answer)
    return "", audio_file, chat_history
```

- **if cb_user_input_audio:**

    message = voice_bot_create_stt()

    만약 음성 입력값이 있을 때는 입력값을 voice_bot_create_stt()를 통해 음성을 입력으로 받습니다. 음성 입력 값이 없을 때는 채팅으로 입력한 값을 받도록 합니다.

- ai_answer = conversation({"master_user": message})['text']

  인공지능 답변을 받아서 ai_answer 변수로 지정합니다.

- chat_history.append((message, ai_answer))

  채팅 내역을 추가합니다.

- audio_file = voice_bot_create_audio(ai_answer)

  음성으로 출력받기 위해 인공지능 답변을 음성으로 변환합니다.

- return "", audio_file, chat_history

  마지막으로 음성 파일과 채팅 내역을 출력하게 됩니다.

◆ 챗봇 되돌리기 구현하기

```python
def voice_bot_undo(chat_history):
    if len(chat_history) > 1:
        chat_history.pop()
    return chat_history
```

앞서 만들었던 챗봇 되돌리기를 그대로 사용할 수 있습니다. [되돌리기] 버튼 클릭 시 pop( ) 함수를 호출해 chat_history 리스트의 가장 마지막 요소를 제거합니다.

◆ 챗봇 초기화 구현하기

랭체인을 통한 챗봇 초기화에는 메모리 초기화도 필요합니다. 따라서 다음과 같이 voice_chat_memory도 초기화하는 코드가 추가되어야 합니다.

```python
# 챗봇 초기화
def voice_bot_reset(chat_history):
    global voice_bot_memory
    chat_init=[[None, '안녕하세요 AI 인공지능 비서 HeyMate입니다. 무엇이든 시켜만 주세요']]
    voice_bot_memory.clear() # 메모리 초기화
    return "", chat_init
```

◆ 이벤트 리스너 추가하기

다음과 같은 이벤트가 일어났을 때 실행되는 함수와 요소들을 연결해 보겠습니다.

- 음성 녹음 완료
- [보내기] 버튼 클릭
- ENTER 제출

```
with gr.Row():
    ...(중략)
    # 음성 녹음 완료
    cb_audio_record.stop_recording(
        fn=voice_bot_handle_audio,
        inputs=[cb_audio_record]
        )
    # [보내기] 버튼 클릭
    cb_submit_btn.click(
        fn=voice_bot_chat,
        inputs=[cb_user_input, cb_audio_record, cb_chatbot],
        outputs=[cb_user_input, cb_audio_chatbot, cb_chatbot]
        )
    # ENTER 제출 입력
    cb_user_input.submit(
        fn=voice_bot_chat,
        inputs=[cb_user_input, cb_audio_record, cb_chatbot],
        outputs=[cb_user_input, cb_audio_chatbot, cb_chatbot]
        )
```

음성 녹음 완료

- fn=voice_bot_handle_audio

  앞서 만든 voice_bot_handle_audio 함수를 적용하여 결괏값을 반환받습니다.

- inputs=[cb_audio_record]

  입력으로는 cb_audio_record에 녹음된 결괏값을 입력으로 받습니다. 파일로 저장하게 됩니다.

[보내기] 버튼 클릭, ENTER 제출

- fn=voice_bot_chat

  앞서 만든 voice_bot_chat 함수를 적용하여 결괏값을 반환받습니다.

- inputs=[cb_user_input, cb_audio_record, cb_chatbot]

  입력으로는 채팅 입력(cb_user_input)과 오디오 파일 경로(cb_audio_record), 현재 대화 내용(cb_chatbot)을 입력으로 받습니다.

- outputs=[cb_user_input, cb_audio_chatbot, cb_chatbot]

  함수 처리 결과를 채팅 입력(초기화를 위한), 오디오 출력(cb_audio_chatbot), 현재 대화 내용(cb_chatbot)에 출력하게 됩니다.

4 음성 인식봇 전체 코드

```python
from google.colab import drive
drive.mount('/content/drive')

import gradio as gr
from openai import OpenAI
import openai
import os
from langchain.chat_models import ChatOpenAI
from langchain.memory import ConversationBufferWindowMemory
from langchain.prompts import (
    ChatPromptTemplate,
    MessagesPlaceholder,
    SystemMessagePromptTemplate,
    HumanMessagePromptTemplate,
)
from langchain.chains import LLMChain
from google.colab import userdata

open_api_key=userdata.get('OPENAI_API_KEY')
os.environ['OPENAI_API_KEY']=open_api_key


system_ai_ko= "당신은 인공지능 비서야, pdf 읽기, 문서 요약하기, 일정 관리, 날씨, 최단
경로 검색, 웹 검색 등 다양한 내용에 답변할 수 있어야 해"
system_setting=SystemMessagePromptTemplate.from_template(system_ai_ko)
# 프롬프트 설정
voice_bot_prompt=ChatPromptTemplate.from_messages([
    system_setting,
    MessagesPlaceholder(variable_name="HeyMate"),
    HumanMessagePromptTemplate.from_template("{master_user}")])

# 메모리 설정
voice_bot_memory=ConversationBufferWindowMemory(memory_key="HeyMate",
                                    ai_prefix="AI 비서 HeyMate",
                                    human_prefix="사용자",
                                    return_messages=True,
                                    k=10)
# llm 모델 정의
chatgpt=ChatOpenAI(
    temperature=0.3,
    max_tokens=2048,
    model_name="gpt-3.5-turbo"
```

```python
    )
# llmchain 정의
conversation=LLMChain(
    prompt=voice_bot_prompt,
    memory=voice_bot_memory,
    llm=chatgpt,
    verbose=True,  # True로 설정 시 로그 출력
    )

from pydub import AudioSegment
def voice_bot_handle_audio(audio_record):
    save_file_path="voice.mp3"
    frame_rate=audio_record[0]
    audio_data=audio_record[1].tobytes()
    sample_width =audio_record[1].dtype.itemsize
    audio=AudioSegment(
        audio_data,
        frame_rate=frame_rate,
        sample_width=sample_width,
        channels=1,
    )
    audio.export(save_file_path, format="mp3")

# 음성 입력 텍스트 변환하기
def voice_bot_create_stt():
    client=OpenAI()
    file_path="voice.mp3"
    audio_file=open(file_path, "rb")
    transcript=client.audio.transcriptions.create(
        model="whisper-1",
        file=audio_file)
    return transcript.text

# 인공지능 답변 음성 변환하기
def voice_bot_create_audio(text):
    client=OpenAI()
    response=client.audio.speech.create(
        model="tts-1",
        voice="alloy",
        input=text)
    speech_file_path="output.mp3"
    response.stream_to_file(speech_file_path)
    return speech_file_path
```

```python
# 음성 인식봇 음성 답변 구현하기
def voice_bot_chat(message, cb_user_input_audio, chat_history):
    if cb_user_input_audio:
        message = voice_bot_create_stt()
    ai_answer = conversation({"master_user": message})['text']
    chat_history.append((message, ai_answer))
    audio_file = voice_bot_create_audio(ai_answer)
    return "", audio_file, chat_history

# 챗봇 되돌리기 구현하기
def voice_bot_undo(chat_history):
    if len(chat_history) > 1:
        chat_history.pop()
    return chat_history

# 챗봇 초기화
def voice_bot_reset(chat_history):
    global voice_bot_memory
    chat_init = [[None, '안녕하세요 AI 인공지능 비서 HeyMate입니다. 무엇이든 시켜만 주세요']]
    voice_bot_memory.clear() # 메모리 초기화
    return "", chat_init

with gr.Blocks(theme=gr.themes.Default()) as app:
    with gr.Tab("음성 인식봇"):
        with gr.Row():
            gr.Markdown(
                value="""
                # <center>음성 인식봇</center>
                <center>AI 인공지능 비서 HeyMate입니다. 음성으로 묻거나, 문서 요약, 일정 관리를 할 수 있습니다. </center>
                """)
        with gr.Row():
            cb_chatbot = gr.Chatbot(
                value=[
                    [None, "안녕하세요 AI 인공지능 비서 HeyMate입니다. 무엇이든 시켜만 주세요"]
                ],
                show_label=False
            )
        with gr.Row():
            cb_user_input = gr.Textbox(
                lines=1,
                placeholder="입력 창",
```

```
            container=False,
            scale=7
        )
        cb_audio_record=gr.Audio(sources=["microphone"],
                                 format="mp3",
                                 scale=1,
                                 min_width=200,
                                 label="음성 입력해 주세요"
                                 )
        cb_audio_chatbot=gr.Audio(autoplay=True,
                                  visible=False)
        cb_submit_btn=gr.Button(
            value="보내기",
            scale=1,
            visible="primary",
            icon="https://cdn-icons-png.flaticon.com/128/12439/12439334.png"
        )
    #음성 녹음 완료
    cb_audio_record.stop_recording(
        fn=voice_bot_handle_audio,
        inputs=[cb_audio_record]
        )
    cb_submit_btn.click(
        fn=voice_bot_chat,
        inputs=[cb_user_input, cb_audio_record, cb_chatbot],
        outputs=[cb_user_input, cb_audio_chatbot, cb_chatbot]
        )
    cb_user_input.submit(
        fn=voice_bot_chat,
        inputs=[cb_user_input, cb_audio_record, cb_chatbot],
        outputs=[cb_user_input, cb_audio_chatbot, cb_chatbot]
        )

    with gr.Row():
        gr.Button(value="되돌리기 ⮐").click(
            fn=voice_bot_undo,
            inputs=[cb_chatbot],
            outputs=[cb_chatbot]
            )
        gr.Button(value="초기화 ↻").click(
            fn=voice_bot_reset,
            inputs=[cb_chatbot],
            outputs=[cb_chatbot]
```

```
        )
app.launch(debug=True)
```

6-3 문서 요약봇 제작하기

1 문서 요약봇 레이아웃 구성하기

코드 작성해 보기 전에 레이아웃 구성을 먼저 살펴보겠습니다.

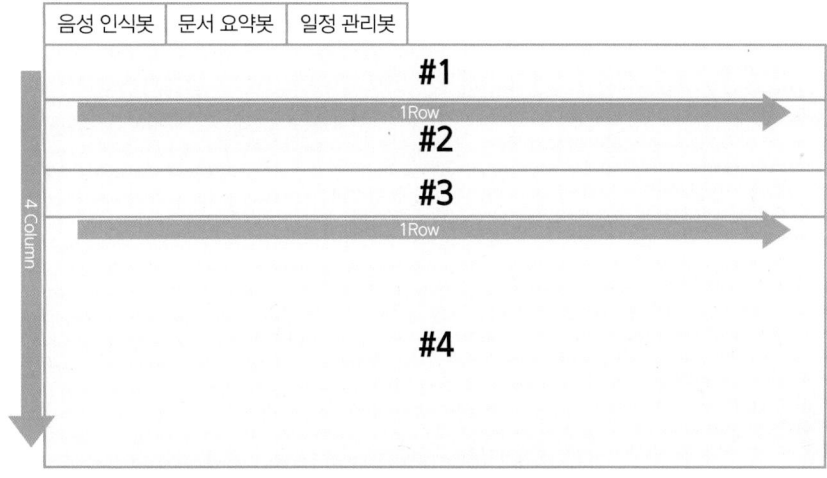

[그림 3-23] 문서 요약봇의 레이아웃 구성

탭을 제외한 문서 요약봇의 레이아웃은 위와 같은 구역으로 나뉘어 있습니다. 세로로 4블록이 쌓여 있고 각각 하나의 **row**로 구성되어 있습니다. 나중을 위해 각각의 **row**로 컴포넌트를 설정하였습니다.

```
import gradio as gr
with gr.Blocks() as app:
    with gr.Tab("음성 인식봇"):
        ...(중략)
    with gr.Tab("PDF 문서 요약봇"):
        with gr.Row():
            #1
```

```
            gr.Markdown()
        with gr.Row():
            #2
            gr.File()
        with gr.Row():
            #3
            gr.Button()
        with gr.Row():
            #4
            gr.Textbox()
app.launch()
```

완성 후의 레이아웃은 다음과 같습니다.

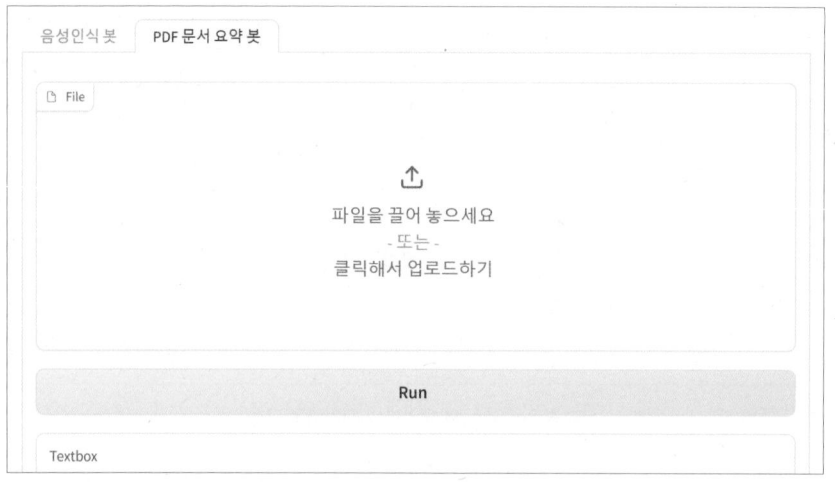

[그림 3-24] 문서 요약봇의 레이아웃 구현

◆ #1 레이아웃 구현 – 문서 요약봇의 타이틀 및 설명

이제 여기에 마크다운을 이용해 문서 요약봇의 헤드라인을 지정해 주겠습니다.

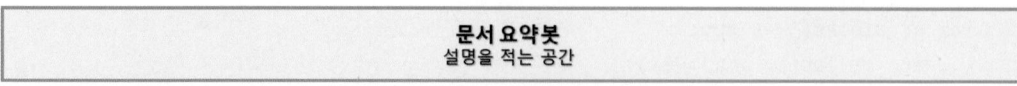

[그림 3-25] 문서 요약봇 타이틀 및 설명

하나씩 컴포넌트를 추가해 보면서 레이아웃을 확인해 보겠습니다.

```python
import gradio as gr
with gr.Blocks() as app:
    with gr.Tab("음성 인식봇"):
        …(중략)
    with gr.Tab("PDF 문서 요약봇"):
        with gr.Row():
            #1
            gr.Markdown(
                value="""
                # <center>PDF 문서 요약봇</center>
                <center>AI 인공지능 비서 HeyMate입니다. PDF를 업로드하면 내용
을 번역해 줄 수 있습니다.</center>
                """)
        ...(중략)
app.launch()
```

기존에 만들어 놓은 음성 인식봇 탭 옆으로 문서 요약봇 탭이 만들어져 있습니다. 그리고 마크다운을 이용해 제목을 설정하였습니다.

음성인식 봇   PDF 문서 요약 봇

PDF 요약봇

AI 인공지능 비서 HeyMate입니다. PDF 업로드하면 내용을 요약해줄 수 있습니다.

[그림 3-26] 문서 요약봇 타이틀 및 설명 구현

◆ #2 레이아웃 구현 – PDF 파일 업로드 컴포넌트 구현

이제 PDF 파일 업로드를 위한 컴포넌트를 추가해 보겠습니다.

PDF 파일 업로드
PDF 파일 업로드하는 공간

[그림 3-27] 문서 요약봇 PDF 파일 업로드

다음과 같이 코드를 작성해 보겠습니다.

```python
import gradio as gr
with gr.Blocks() as app:
```

```
    with gr.Tab("음성 인식봇"):
        ...(중략)
    with gr.Tab("PDF 문서 요약봇"):
        ...(중략)
        with gr.Row():
            #2
            gr.File()
app.launch()
```

위와 같이 코드 작성 시에 다음과 같은 파일 업로드를 위한 컴포넌트가 추가되었다는 것을 알 수 있습니다.

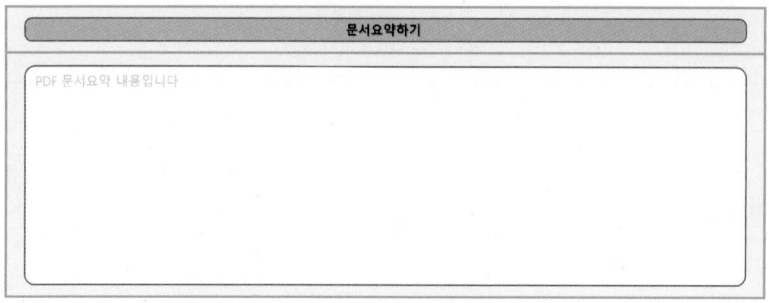

[그림 3-28] 문서 요약봇 PDF 업로드 구현

◆ #3, #4레이아웃 구현 – 버튼 및 요약 결과 출력 구현

마지막으로, PDF 요약된 텍스트 출력을 위한 텍스트 컴포넌트와 [제출] 버튼을 추가하겠습니다.

[그림 3-29] 문서 요약봇 버튼 및 요약 결과 출력

다음과 같이 텍스트 컴포넌트와 [제출] 버튼을 추가하는 코드를 작성해 보겠습니다.

```
import gradio as gr
with gr.Blocks() as app:
    with gr.Tab("음성 인식봇"):
        ...(중략)
    with gr.Tab("PDF 문서 요약봇"):
        with gr.Row():
            ...(중략)
        with gr.Row():
            gr.Button(value="문서 요약하기")
        with gr.Row():
            gr.Textbox(
                label="PDF 요약",
                placeholder="PDF 요약 내용입니다.",
                )
app.launch()
```

다음과 같이 [제출] 버튼과 문서 요약 내용이 출력되는 부분이 추가되었다는 것을 알 수 있습니다.

[그림 3-30] 문서 요약봇 버튼 및 요약 결과 출력 구현

② 문서 요약봇 레이아웃 구성하기 – 상세 설정

이제 각각의 컴포넌트에 다음과 같이 구체적인 매개변수를 설정하겠습니다. 음성 인식봇의 매개변수 설정과 거의 동일하게 진행됩니다.

```
with gr.Tab("PDF 문서 요약봇"):
    with gr.Row():
        #1
        gr.Markdown(
        ...(중략)
    with gr.Row():
        #2
        pdf_input=gr.File()
    with gr.Row():
        #3
        summary_btn=gr.Button(value="문서 요약하기")
    with gr.Row():
        #4
        summary=gr.Textbox(
            label="pdf 요약",
            lines=8,
            placeholder="pdf 요약 내용입니다.",
            )
```

#2의 세부 사항입니다. 변수명만 설정하였습니다.

#3의 세부 사항입니다. 변수명만 설정하였습니다.

#4의 세부 사항입니다.

- lines=8
  placeholder="pdf 요약 내용입니다.",

`placeholder`는 임시 출력 내용 설정입니다.

③ 문서 요약봇 기능 구현하기

문서 요약봇의 기능은 앞서 사용한 랭체인을 이용한 문서 요약 내용과 같습니다. 코드를 참고하여 기능을 구현해 보겠습니다.

◆ 챗봇 기능 추가

다음 두 가지 기능과 이벤트 리스너로 문서 요약봇의 기능을 추가하겠습니다. PDF 파일이 길 경우, 최대 토큰 수를 넘어갈 수 있기 때문에 각각을 분할하여 요약을 진행하게 됩니다.

- 문서 내용 읽어오기
- 문서 내용 요약하기 – 랭체인 활용
- 이벤트 리스너 추가하기

```python
from langchain.document_loaders import PyPDFLoader
from langchain.text_splitter import RecursiveCharacterTextSplitter
from langchain.prompts import PromptTemplate
from langchain.chains import MapReduceDocumentsChain
from langchain.chat_models import ChatOpenAI
from langchain.chains import LLMChain
```

랭체인의 필요한 모듈을 불러오고 필요한 모듈은 설치하도록 합니다.

```python
!pip install -qq pypdf
!pip install -qq tiktoken
```

◆ 문서 내용 읽어오기

기본적인 PDF 문서 불러오는 함수를 구현하겠습니다.

```python
def pdf_loader(pdf_path):
    loader = PyPDFLoader(pdf_path)
    pdf_doc = loader.load()
    return pdf_doc
```

- **loader = PyPDFLoader(pdf_path)**

  pdf_path를 통해 loader를 설정합니다.

- **pdf_doc = loader.load( )**

  load()를 통해 pdf 파일의 내용을 읽어옵니다.

◆ 문서 내용 요약하기 – 랭체인 활용

```python
def pdf_bot_chatbot(pdf_path):
    pages_content = pdf_loader(pdf_path)
    text_splitter = RecursiveCharacterTextSplitter.from_tiktoken_encoder(
        chunk_size = 3000,
        chunk_overlap = 0,
    )
    # pages_content 내용 분할
    split_docs = text_splitter.split_documents(pages_content)
    # 분할된 문서의 수
    # map template 설정, {pages_content} 분할된 내용이 입력
    map_template = """ 다음은 문서 중 일부 내용입니다.
{pages_content}
이 문서의 주요 내용을 요약해 주세요.
"""
    # map 기본 프롬프트
    map_prompt = PromptTemplate.from_template(map_template)
    # 문서 내용이 길 수 있기 때문에 model을 gpt-3.5-turbo-16k 설정
    llm = ChatOpenAI(temperature = 0,
                     model_name = 'gpt-3.5-turbo-16k')
    map_chain = LLMChain(llm=llm, prompt=map_prompt)

    # reduce 단계에서 처리할 프롬프트 정의
    reduce_template = """ 다음은 문서 요약의 집합입니다.
{summaries}
이 내용을 바탕으로 통합된 문서 요약을 작성해 주세요.
"""
    # Reduce 프롬프트
    reduce_prompt = PromptTemplate.from_template(reduce_template)

    # reduce에서 수행할 LLMChain 정의
    reduce_chain = LLMChain(llm=llm, prompt=reduce_prompt)
    from langchain.chains.combine_documents.stuff import StuffDocumentsChain
    from langchain.chains import ReduceDocumentsChain

    # 문서 목록 통합 체인 설정
    combine_doc_chain = StuffDocumentsChain(
        llm_chain = reduce_chain,
        document_variable_name = "summaries" # reduce 프롬프트에 대입되는 변수
    )

    # 분할된 문서 순차적으로 Reduce 처리
```

```
reduce_doc_chain = ReduceDocumentsChain(
    combine_documents_chain = combine_doc_chain,
    collapse_documents_chain = combine_doc_chain,
    token_max = 4000, # 토큰 최대 개수 설정
)

# 최종 체인 연결
final_chain = MapReduceDocumentsChain(
    llm_chain = map_chain, # 각 문서 맵핑
    reduce_documents_chain = reduce_doc_chain,
    document_variable_name = "pages_content",
    return_intermediate_steps = False,
)
# 최종 결과 실행
result_summary = final_chain.run(split_docs)
# 요약 결과 출력
return result_summary
```

PDF 요약 내용은 3에서 진행한 PDF 파일 요약 내용과 같습니다.

◆ 이벤트 리스너 추가하기

문서 요약봇의 이벤트 리스너는 하나입니다.

• 문서 요약 버튼 클릭

```
with gr.Tab("PDF 문서 요약봇"):
    ...(중략)
    summary_btn.click(
        fn = pdf_bot_chatbot,
        inputs = [pdf_input],
        outputs = [summary]
    )
```

문서 요약 버튼 클릭

• **fn=pdf_bot_chatbot**

앞서 만든 pdf_bot_chatbot 함수를 적용합니다.

• **inputs=[pdf_input], outputs=[summary]**

inputs 으로는 PDF 파일이며, outputs로는 요약된 결과를 받게 됩니다.

4 문서 요약봇 전체 코드

```python
def pdf_loader(pdf_path):
    loader = PyPDFLoader(pdf_path)
    pdf_doc = loader.load()
    return pdf_doc


def pdf_bot_chatbot(pdf_path):
    pages_content = pdf_loader(pdf_path)
    text_splitter = RecursiveCharacterTextSplitter.from_tiktoken_encoder(
        chunk_size = 3000,
        chunk_overlap = 0,
    )
    # pages_content 내용 분할
    split_docs = text_splitter.split_documents(pages_content)
    # 분할된 문서의 수
    # map_template 설정, {pages_content} 분할된 내용이 입력
    map_template = """ 다음은 문서 중 일부 내용입니다.
{pages_content}
이 문서의 주요 내용을 요약해 주세요.
    """
    # map 기본 프롬프트
    map_prompt = PromptTemplate.from_template(map_template)
    # 문서 내용이 길 수 있기 때문에 model을 gpt-3.5-turbo-16k 설정
    llm = ChatOpenAI(temperature = 0,
                     model_name = 'gpt-3.5-turbo-16k')
    map_chain = LLMChain(llm = llm, prompt = map_prompt)
    # reduce 단계에서 처리할 프롬프트 정의
    reduce_template = """ 다음은 문서 요약의 집합입니다.
{summaries}
이 내용을 바탕으로 통합된 문서 요약을 작성해 주세요.
    """
    # reduce 프롬프트 정의
    reduce_prompt = PromptTemplate.from_template(reduce_template)

    # reduce에서 수행할 LLMChain 정의
    reduce_chain = LLMChain(llm = llm, prompt = reduce_prompt)
    from langchain.chains.combine_documents.stuff import StuffDocumentsChain
    from langchain.chains import ReduceDocumentsChain

    # 문서의 목록 통합 체인 설정
    combine_doc_chain = StuffDocumentsChain(
        llm_chain = reduce_chain,
```

```python
        document_variable_name="summaries" # Reduce 프롬프트에 대입되는 변수
    )

    # 분할된 문서 순차적으로 reduce 처리
    reduce_doc_chain=ReduceDocumentsChain(
        combine_documents_chain=combine_doc_chain, # 최종 체인 - 문서 결합 체인
        collapse_documents_chain=combine_doc_chain, # 필요한 경우 문서 축소 체인
        token_max=4000, # 토큰 최대 개수 설정
    )

    # 최종 체인 연결
    final_chain=MapReduceDocumentsChain(
        llm_chain=map_chain, # 각 문서 맵핑
        reduce_documents_chain=reduce_doc_chain, # 문서 통합
        document_variable_name="pages_content", # llm_cahin에 입력받을 문서명
        return_intermediate_steps=False, # 최종 결과만
    )
    # 최종 결과 실행
    result_summary=final_chain.run(split_docs)
    # 요약 결과 출력
    return result_summary


with gr.Blocks() as app:
    with gr.Tab("음성 인식봇"):
        ...(중략)
    with gr.Tab("PDF 문서 요약봇"):
        with gr.Row():
            gr.Markdown(
                value="""
                # <center>PDF 요약봇</center>
                <center>AI 인공지능 비서 HeyMate입니다. PDF 업로드하면 내용을 요약
해 줄 수 있습니다.</center>
                """)
        with gr.Row():
            pdf_input=gr.File()
        with gr.Row():
            summary_btn=gr.Button(value="문서 요약하기")
        with gr.Row():
            summary=gr.Textbox(
                label="PDF 요약",
                lines=8,
                placeholder="PDF 요약 내용입니다.",
                scale=8
                )
```

```
        summary_btn.click(
            fn=pdf_bot_chatbot,
            inputs=[pdf_input],
            outputs=[summary]
        )
    app.launch(debug=True)
```

6-4 일정 관리봇 제작하기

1 일정 관리봇 레이아웃 구성하기

코드를 작성해 보기 전에 일정 관리봇의 레이아웃 구성을 먼저 살펴보겠습니다.

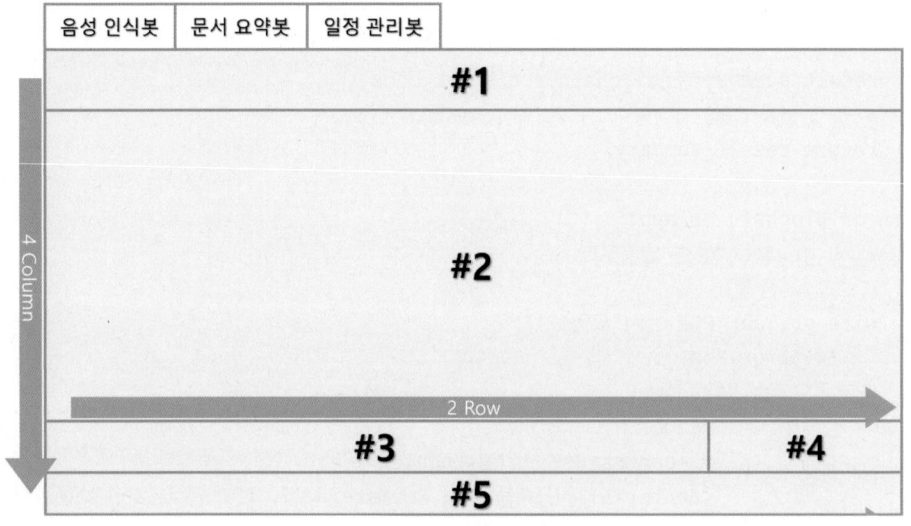

[그림 3-31] 일정 관리봇 레이아웃 구성

  탭을 제외한 일정 관리봇의 레이아웃은 위와 같은 구역으로 나뉘어 있습니다. 세로로 총 4블록
이 있고 3번째 블록은 가로로 2블록으로 나뉘어 있습니다. 이 레이아웃에 맞춰 코드를 작성해 블록
을 쌓아 보겠습니다.

```
with gr.Tab("일정 관리봇"):
    with gr.Row()
        #1
```

```
        gr.markdown()
    with gr.Row()
        #2
        gr.Chatbot()
    with gr.Row():
        #3
        gr.Textbox()
        #4
        gr.Button()
    with gr.Row()
        #5
        gr.File()
```

완성 후 실행하면 다음과 같은 화면이 출력됩니다.

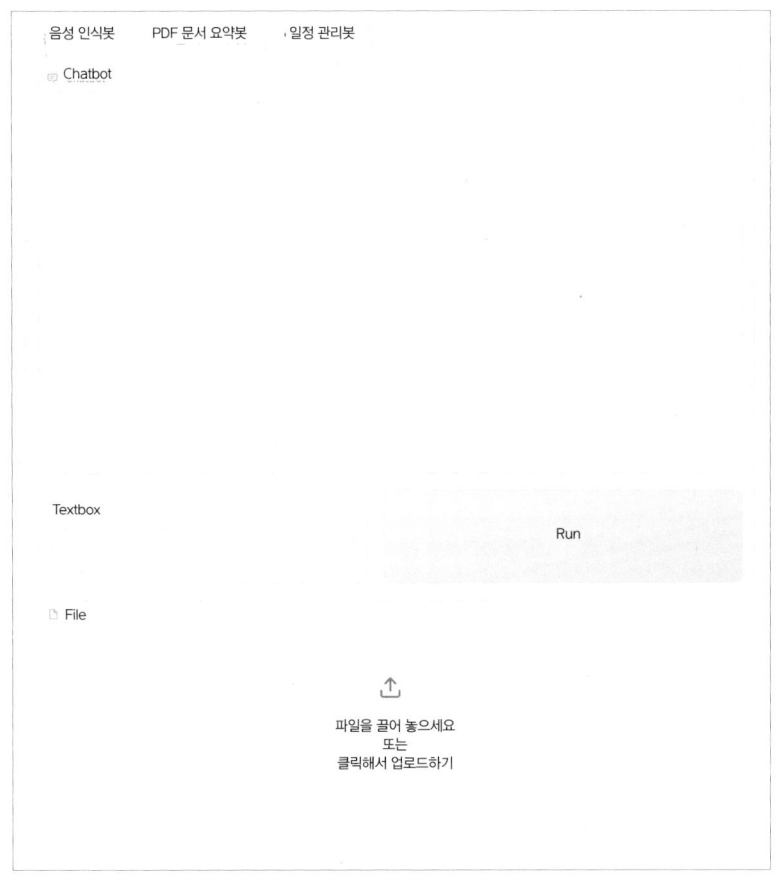

[그림 3-32] 일정 관리봇 레이아웃 구현

◆ **#1 레이아웃 구현 – 일정 관리봇 타이틀 구현**

구체적으로 하나씩 컴포넌트를 수정해 보겠습니다. 우선 타이틀부터 설정하겠습니다.

일정 관리봇
설명을 적는 공간

[그림 3-33] 일정 관리봇 타이틀 및 설명

다음과 같이 코드를 입력해 보겠습니다.

```python
import gradio as gr
with gr.Blocks() as app:
    with gr.Tab("음성 인식봇"):
        ...(중략)
    with gr.Tab("PDF 문서 요약봇"):
        ...(중략)
    with gr.Tab("일정 관리봇"):
        with gr.Row( ):
            #1
            gr.Markdown(
            value="""
            # <center>일정 관리봇</center>
            <center>AI 인공지능 비서 HeyMate입니다. 일정 관리를 위한 봇입니다</center>
            """)
app.launch()
```

다음과 같이 타이틀이 추가되었습니다.

[그림 3-34] 일정 관리봇 타이틀 및 설명 구현

```
안녕하세요, 일정이름, 시간, 일정 설명으로 일정을 추가할 수 있습니다.

                    2024년 5월5일 12시 00분 어린이날 일정 추가해줘

어린이날_일정이 추가되었습니다.
```

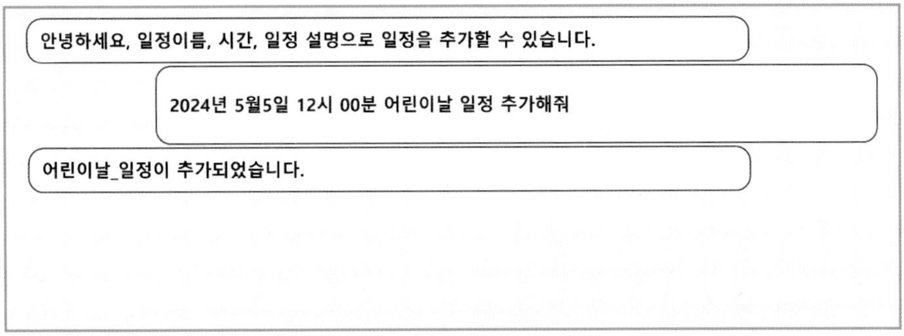

[그림 3-35] 일정 관리봇 채팅 화면

채팅 화면을 추가하겠습니다. 다음 코드를 실행해 보겠습니다.

```python
import gradio as gr
with gr.Blocks() as app:
    with gr.Tab("음성 인식봇"):
        ...(중략)
    with gr.Tab("PDF 문서 요약봇"):
        ...(중략)
    with gr.Tab("일정 관리봇"):
        with gr.Row():
            ...(중략)
        #2
            gr.Chatbot(
                value=[
                    [None, "안녕하세요, 일정 이름, 시간, 일정 설명으로 일정을 추가할 수 있습니다. \n\
                    예시: 크리스마스, 2023년 12월 25일 12시 00분, 올해의 크리스마스 일정 추가해 줘\n\
                    전체 일정이 보고 싶다면 전체일정 보여 줘라고 말해 주세요"],
                ],
                show_label="일정 관리"
            )
app.launch()
```

위 코드를 실행하면 다음과 같이 채팅 화면이 추가된 것을 확인할 수 있습니다.

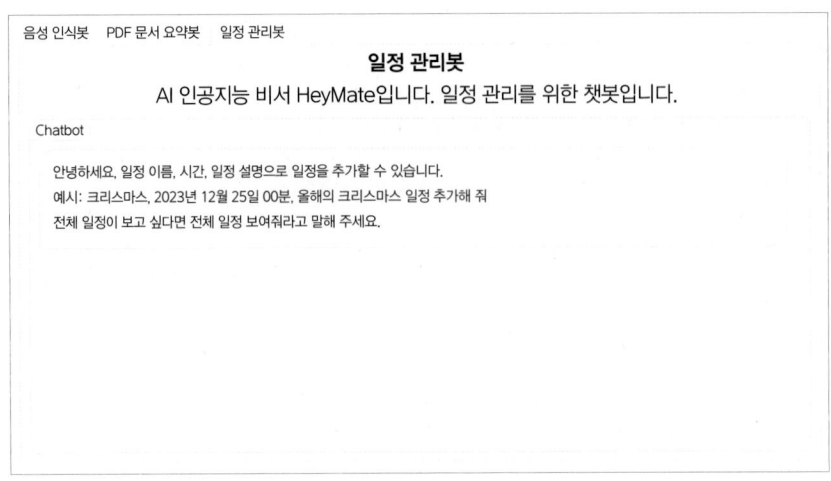

[그림 3-36] 일정 관리봇 채팅 화면 구현

◆ #3, #4, #5 레이아웃 구현 – 채팅 입력 창과 채팅 제출 버튼 및 엑셀 파일 업로드 구현

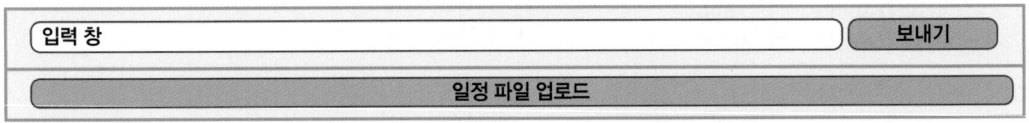

[그림 3-37] 일정 관리봇 채팅 입력 창, 제출 버튼, 엑셀 파일 업로드

채팅 입력 창, [제출] 버튼, 파일 업로드를 구현해 보겠습니다.

```python
import gradio as gr
with gr.Blocks() as app:
    with gr.Tab("음성 인식봇"):
        ...(중략)
    with gr.Tab("PDF 문서 요약봇"):
        ...(중략)

        with gr.Row():
            #3
            gr.Textbox(
                label="채팅",
                lines=1,
                placeholder="채팅 입력 창",
                scale=8,
            )
            #4
```

```
            gr.Button(
                value="보내기",
                scale=2,
                visible="primary",
                )
    with gr.Row():
        #5
        gr.File(
            label="일정 파일을 업로드해 주세요",
            scale=8,
            visible="primary",
            height=100
            )
app.launch()
```

다음과 같이 텍스트 컴포넌트, [제출] 버튼과 [파일 첨부] 버튼이 추가되었다는 것을 확인할 수 있습니다.

[그림 3-38] 일정 관리봇 채팅 입력 창, [제출] 버튼, 엑셀 파일 업로드 구현

② 일정 관리봇 레이아웃 구성하기 – 상세 설정

이제 각각의 컴포넌트에 다음과 같이 구체적인 매개변수도 설정하겠습니다.

```python
with gr.Blocks(theme=gr.themes.Default()) as app:
    with gr.Tab("음성 인식봇"):
        ...(중략)
    with gr.Tab("PDF 문서 요약봇"):
        ...(중략)
    with gr.Tab("일정 관리봇"):
        with gr.Row():
            gr.Markdown(
                value="""
                # <center>일정 관리봇</center>
                <center>AI 인공지능 비서 HeyMate입니다. 일정 관리를 위한 챗봇입니다
</center>
                """
            )
        with gr.Row():
            chatbot_schedule=gr.Chatbot(
                value=[
                    [None, "안녕하세요, 일정 이름, 시간, 일정 설명으로 일정을 추가할 수 있습니다. \n\
                    예시: 크리스마스, 2023년 12월 25일 12시 00분, 올해의 크리스마스 일정 추가해 줘\n\
                    전체 일정이 보고 싶다면 전체 일정 보여 줘라고 말해 주세요"],
                ],
                show_label=False
            )
        with gr.Row():
            msg_schedule=gr.Textbox(
                label="채팅",
                lines=1,
                placeholder="채팅 입력 창",
                scale=8
            )
        with gr.Row():
            schedule_file=gr.File(
                label="일정 파일을 업로드해 주세요",
                scale=8,
                visible="primary",
                height=100
            )
```

#2의 세부 사항입니다.

채팅 화면 출력을 위해 `value`를 지정하였습니다.

#3의 세부 사항입니다.

- lines=1
- placeholder="채팅 입력 창"
- scale=8

#4의 세부 사항입니다.

- height=100

높이를 '100'으로 설정하여 보기 좋게 처리하였습니다.

③ 일정 관리봇 기능 구현하기

일정 관리를 위해서는 일정을 따로 데이터베이스에 저장해야 합니다. 챗봇에서는 엑셀 파일로 저장해 간단하게 일정을 기록하고 다시 불러들여와 일정을 확인할 수 있도록 하겠습니다.

◆ **프롬프트 정의**

일정을 추가하고 관리하기 위해서는 JSON 형태로 답변을 받아야 합니다. 따라서 답변을 받고자 하는 프롬프트를 좀 더 자세하게 설정하여 원하는 JSON 결과를 얻을 수 있도록 프롬프트를 작성해야 합니다. 프롬프트는 수정해도 됩니다.

```
system_schedule_ko="""일정 관리에 대한 사용자 입력이 주어집니다.
'schedule_type,' 'schedule_content,' 'schedule_content_detail,' 'year,'
'month,' 'day,' 'hour,' 및 'min'과 같은 구성 요소가 있습니다.
'schedule_type'은 조회, 삭제, 추가, 업데이트 중 하나일 수 있습니다. 'year,'
'month,' 'day,' 'hour,' 및 'min'에 대한 값은 숫자여야 합니다.
'schedule_content,' 'schedule_content_detail,' 'year,' 'month,' 'day,'
'hour,' 및 'min'에 대한 입력은 json 문자열 형식으로 이루어져야 합니다."""
system_setting_schedule=SystemMessagePromptTemplate.from_template(system_
schedule_ko)

# 프롬프트 설정
schedule_prompt=ChatPromptTemplate.from_messages([
    system_setting_schedule,
```

```
    MessagesPlaceholder(variable_name="HeyMate_schedule"),
    HumanMessagePromptTemplate.from_template("{master_user}"),
])
```

JSON 결과는 `schedule_type` 키 값에 삭제, 추가, 업데이트, 조회 중 하나가 입력됩니다. 그리고 `schedule_content`와 시간, `schedule_content_detail`로 받을 수 있도록 설정합니다. 최종적으로 JSON 결과를 출력으로 받게 됩니다. 다음은 일정 추가를 위한 입력 예시입니다.

크리스마스, 2023년 12월 25일 12시 00 분, 올해의 화이트 크리스마스 일정 추가해 줘

위와 같이 입력했을 때 답변은 다음과 같이 JSON 형태로 받을 수 있습니다.

```
{
  "schedule_type": "추가",
  "schedule_content": "크리스마스",
  "schedule_content_detail": "올해의 화이트 크리스마스",
  "year": 2023,
  "month": 12,
  "day": 25,
  "hour": 12,
  "min": 0
}
```

챗GPT를 이용해 일정을 대략적으로 적었을 때 JSON으로 내용을 요약하여 답변을 받을 수 있습니다. 이렇게 받은 결과를 이용해서 JSON 파일에 저장하여 일정을 관리하는 챗봇을 만들 수 있습니다.

◆ 메모리 설정 및 랭체인 설정

이 부분은 앞서 진행한 내용과 동일합니다. 변수명만 다르게 하여 진행하겠습니다.

```
# 메모리 설정
schedule_memory=ConversationBufferWindowMemory(
    memory_key="HeyMate_schedule",
    ai_prefix="AI 비서 HeyMate schedule",
```

```
        human_prefix="사용자",
        return_messages=True,
        k=10
)

# llm 모델 정의
chatgpt=ChatOpenAI(
        temperature=0.3,
        max_tokens=2048,
        model_name="gpt-3.5-turbo"
)

# llmchain 정의
conversation_schedule=LLMChain(
        llm=chatgpt,    # LLM
        prompt=schedule_prompt,
        verbose=True,  # True로 설정 시 로그 출력
        memory=schedule_memory
)
```

◆ 챗봇 기능 추가

이제 일정 관리봇의 기능을 추가하겠습니다. 세 가지의 기능과 이벤트 리스너입니다.

- 일정 관리 엑셀 파일 관리하기
- 엑셀 파일 업로드 시 저장하기
- 인공지능 답변 및 일정 저장하기
- 이벤트 리스너 추가하기

◆ 일정 관리 엑셀 파일 관리하기

일정을 추가하거나 전체 일정을 요청했을 때 저장된 엑셀 파일을 불러와 수정할 수 있도록 하였습니다. 엑셀 파일은 주로 판다스(Pandas) 라이브러리를 이용하여 관리할 수 있습니다. 판다스를 먼저 설치하겠습니다.

```
!pip install pandas
```

먼저 일정(schedule)을 관리하기 위한 엑셀 파일을 생성합니다. 칼럼은 다음과 같이 구성합니다.

- **schedule_type** : 추가, 삭제, 업데이트, 조회
- **schedule_content** : 일정 요약
- **schedule_content_detail** : 입력한 일정
- **year** : 년도
- **month** : 월
- **day** : 일
- **hour** : 시간
- **min** : 분

다음 코드를 실행해 보겠습니다.

```python
# 일정 관리 excel 파일 관리
import pandas as pd
# 처음 파일 생성
initial_df=pd.DataFrame(columns=[
    "schedule_type",
    "schedule_content",
    "schedule_content_detail",
    "year",
    "month",
    "day",
    "hour",
    "min"
])
excel_file_path="schedule.xlsx"
initial_df.to_excel(excel_file_path, index=False)
```

먼저 일정을 저장하기 위한 칼럼명을 설정하고 schedule.xlsx 파일을 생성합니다. 실행할 때마다 파일을 새로 생성하게 됩니다.

◆ **엑셀 파일 업로드 시 저장하기**

기존에 가지고 있던 일정 파일이 있다면 업로드할 수 있습니다. 형식에 맞춰 일정을 저장했다면 새로운 일정을 추가하게 됩니다.

```
def schedule_bot_save(submit_file):
    temp_excel_file=pd.read_excel(submit_file)
    temp_excel_file.to_excel(excel_file_path, index=False)
```

- temp_excel_file = pd.read_excel(submit_file)
  데이터프레임 형식으로 반환하여 temp_excel_file 변수에 저장합니다.
- temp_excel_file.to_excel(excel_file_path, index=False)
  읽어들인 파일을 excel_file_path로 설정하여 저장합니다.

◆ 인공지능 답변 및 일정 저장하기

인공지능 답변 및 일정에 대한 질문에 답변할 수 있도록 함수를 작성해 보겠습니다. 다음과 같이
코드를 작성해 보겠습니다.

```
import json
def schedule_bot_chat(message, chat_history):
    answer=conversation_schedule({"master_user": message})
    ai_answer=answer['text']

    try:
        schedule_dic=json.loads(ai_answer)
        if schedule_dic["schedule_type"] == "추가":
            schedule_df=pd.read_excel(excel_file_path)
            schedule_df=pd.concat([schedule_df, pd.DataFrame([schedule_dic])],
ignore_index=True)
            schedule_df.to_excel(excel_file_path, index=False)
            chat_history.append([message, f"{schedule_dic['schedule_
content']}_일정이 추가되었습니다."])
        elif schedule_dic["schedule_type"] == "조회":
            schedule_df=[]
            if os.path.isfile(excel_file_path):
                schedule_df=pd.read_excel(excel_file_path)
            chat_history.append([message, "전체 일정을 말씀드리겠습니다."])

            for idx, event in schedule_df.iterrows():
                chat_history.append(
                    [None, f"{idx+1}. 일정: {event['schedule_content']}\n \
                    일정 설명: {event['schedule_content_detail']}\n \
                    일정 시간: {event['year']}년, {event['month']}월, {event['day']}
일, {event['hour']}시, {event['min']}분"] )
```

```
    except:
        chat_history.append((message, ai_answer))
    return "", chat_history  # 채팅 기록 반환
```

try~except 구문을 활용하여 작성하였습니다. 만약 일정을 추가해 달라고 했을 때는 JSON 형식으로 답변을 주게 되는데, 일정 추가가 아닌 일반 답변일 경우에는 except를 통해 출력되도록 하였습니다.

- ai_answer = conversation({"master_user": message})['text']
  인공지능 답변을 받아 ai_answer 변수로 지정합니다.

- schedule_dic = json.loads(ai_answer)
  인공지능 답변을 json.loads로 불러들이면 딕셔너리 형태로 받을 수 있습니다.

- if schedule_dic["schedule_type"] == "추가":
    schedule_df = pd.read_excel(excel_file_path)
    schedule_df = pd.concat([schedule_df, pd.DataFrame([schedule_dic])],
                            ignore_index=True
)
    schedule_df.to_excel(excel_file_path, index=False)
    chat_history.append([message, f"{schedule_dic['schedule_content']}_일정이 추가되었습니다."])

schedule_type이 "추가"인 경우, 일정이 추가됩니다.

schedule_df = pd.read_excel(excel_file_path)을 통해 엑셀 파일을 불러와 schedule_df의 변수에 데이터프레임 형태로 가져옵니다.

pd.concat([schedule_df, pd.DataFrame([schedule_dic])])은 schedule_df에 새로운 일정인 schedule_dic를 추가합니다.

schedule_df.to_excel()은 추가된 일정을 엑셀 파일로 저장합니다.

- elif schedule_dic["schedule_type"] == "조회":
    schedule_df = []
      if os.path.isfile(excel_file_path):
          schedule_df = pd.read_excel(excel_file_path)
    chat_history.append([message, "전체 일정을 말씀드리겠습니다."])

```
        for idx, event in schedule_df.iterrows( ):
            chat_history.append(...(중략))
```

`elif schedule_dic["schedule_type"] == "조회"`는 schedule_type의 결과가 "조회"로 나올 경우에 실행됩니다.

`os.path.isfile(excel_file_path)`는 저장된 엑셀 파일을 불러들여와 schedule_df 변수에 바인딩합니다.

`chat_history.append`는 "전체 일정을 말씀드리겠습니다"라는 채팅 내역을 추가합니다.

`for idx, event in schedule_df.iterrows()`는 schedule_df의 데이터프레임에서 한 줄씩 인덱스 값과 그 값을 가져오기 위한 코드입니다. 데이터프레임에 저장된 내용을 한 줄씩 출력합니다.

◆ 이벤트 리스너 추가하기

다음은 아래 세 가지 이벤트가 일어났을 때 실행되는 함수와 요소들을 연결해 보겠습니다.

- [보내기] 버튼 클릭
- ENTER 제출
- 엑셀 파일 업로드 시 저장

```
with gr.Row( ):
    ...(중략)
cb_schedule_submit_btn.click(
fn=schedule_bot_chat,
    inputs=[msg_schedule, chatbot_schedule],
    outputs=[msg_schedule, chatbot_schedule]
)
msg_schedule.submit(
    fn=schedule_bot_chat,
    inputs=[msg_schedule, chatbot_schedule],
    outputs=[msg_schedule, chatbot_schedule]
)
    schedule_file.change(
    fn=schedule_bot_save,
    inputs=[schedule_file]
)
```

보내기 버튼 클릭, ENTER 제출

- **fn=schedule_bot_chat**

  앞서 만든 schedule_bot_chat 함수를 적용하여 결괏값을 반환받습니다.

- **inputs=[msg_schedule, chatbot_schedule]**

  입력으로는 msg_schedule에 입력된 일정 관련 내용을 받습니다.

- **outputs=[msg_schedule, chatbot_schedule]**

  함수 처리 결과를 JSON으로 받아 처리한 결과를 출력합니다.

엑셀 파일 업로드 시 저장

가지고 있는 일정 관련 엑셀 파일이 있다면 저장한 후 동일하게 진행하게 됩니다.

④ 일정 관리봇 전체 코드

```python
import json
system_schedule_ko="""일정 관리에 대한 사용자 입력이 주어집니다.
'schedule_type,' 'schedule_content,' 'schedule_content_detail,' 'year,'
'month,' 'day,' 'hour,' 및 'min'과 같은 구성 요소가 있습니다.
'schedule_type'은 조회, 삭제, 추가, 업데이트 중 하나일 수 있습니다. 'year,'
'month,' 'day,' 'hour,' 및 'min'에 대한 값은 숫자여야 합니다.
'schedule_content,' 'schedule_content_detail,' 'year,' 'month,' 'day,'
'hour,' 및 'min'에 대한 입력은 json 문자열 형식으로 이루어져야 합니다."""
system_setting_schedule=SystemMessagePromptTemplate.from_template(system_
schedule_ko)

# 프롬프트 설정
schedule_prompt=ChatPromptTemplate.from_messages([
    system_setting_schedule,
    MessagesPlaceholder(variable_name="HeyMate_schedule"),
    HumanMessagePromptTemplate.from_template("{master_user}"),
])

# 메모리 설정
schedule_memory=ConversationBufferWindowMemory(
    memory_key="HeyMate_schedule",
    ai_prefix="AI 비서 HeyMate schedule",
    human_prefix="사용자",
```

```
        return_messages=True,
        k=10
)

# llm 모델 정의
chatgpt=ChatOpenAI(
        temperature=0.3,
        max_tokens=2048,
        model_name="gpt-3.5-turbo"
        )

# llmchain 정의
conversation_schedule=LLMChain(
        llm=chatgpt,      # LLM
        prompt=schedule_prompt, # Prompt
        verbose=True,     # True로 설정 시 로그 출력
        memory=schedule_memory  # 메모리
        )

# 처음 파일 생성
import pandas as pd
initial_df=pd.DataFrame(columns=[
        "schedule_type",
        "schedule_content",
        "schedule_content_detail",
        "year",
        "month",
        "day",
        "hour",
        "min"
])
excel_file_path="schedule.xlsx"
initial_df.to_excel(excel_file_path, index=False)
print(f"데이터를 저장할 {excel_file_path} 파일이 생성되었습니다.")

# 엑셀 파일 로드 시 저장
def schedule_bot_save(submit_file):
        temp_excel_file=pd.read_excel(submit_file)
        temp_excel_file.to_excel(excel_file_path, index=False)
```

```python
def schedule_bot_chat(message, chat_history):
    answer = conversation_schedule({"master_user": message})
    ai_answer = answer['text']

    try:
        schedule_dic = json.loads(ai_answer)
        if schedule_dic["schedule_type"] == "추가":
            schedule_df = pd.read_excel(excel_file_path)
            schedule_df = pd.concat([schedule_df, pd.DataFrame([schedule_dic])],
ignore_index=True)
            schedule_df.to_excel(excel_file_path, index=False)
            chat_history.append([message, f"{schedule_dic['schedule_
content']}_일정이 추가되었습니다."])
        elif schedule_dic["schedule_type"] == "조회":
            schedule_df = []
            if os.path.isfile(excel_file_path):
                schedule_df = pd.read_excel(excel_file_path)
            chat_history.append([message, "전체 일정을 말씀드리겠습니다."])

            for idx, event in schedule_df.iterrows():
                chat_history.append(
                    [None, f"{idx+1}. 일정: {event['schedule_content']}\n \
                    일정 설명: {event['schedule_content_detail']}\n \
                    일정 시간: {event['year']}년, {event['month']}월, {event['day']}
일, {event['hour']}시, {event['min']}분"] )
    except:
        chat_history.append((message, ai_answer))
    return "", chat_history  # 채팅 기록 반환


with gr.Blocks(theme=gr.themes.Default()) as app:
    with gr.Tab("음성 인식봇"):
        ...(중략)
    with gr.Tab("PDF 문서 요약봇"):
        ...(중략)
    with gr.Tab("일정 관리봇"):
        with gr.Row():
            gr.Markdown(
                value="""
                # <center>일정 관리봇</center>
```

```
                <center>AI 인공지능 비서 HeyMate입니다. 일정 관리를 위한 챗봇입니다</
center>
                """)
        with gr.Row():
            chatbot_schedule=gr.Chatbot(
                value=[
                    [None, "안녕하세요, 일정 이름, 시간, 일정 설명으로 일정을 추가할 수 있습니다. \n\
                    예시: 크리스마스, 2023년 12월 25일 12시 00분, 올해의 크리스마스 일정 추가해 줘\n\
                    전체 일정이 보고싶다면 전체 일정 보여 줘라고 말해 주세요"],
                ],
                show_label=False
            )
        with gr.Row():
            msg_schedule=gr.Textbox(
                label="채팅",
                lines=1,
                placeholder="채팅 입력 창",
                scale=8,
            )
            cb_schedule_submit_btn=gr.Button(
                value="보내기",
                scale=2,
                visible="primary",
            )
            cb_schedule_submit_btn.click(
                fn=schedule_bot_chat,
                inputs=[msg_schedule, chatbot_schedule],
                outputs=[msg_schedule, chatbot_schedule]
            )
            msg_schedule.submit(
                fn=schedule_bot_chat,
                inputs=[msg_schedule, chatbot_schedule],
                outputs=[msg_schedule, chatbot_schedule]
            )
        with gr.Row():
            schedule_file=gr.File(
                label="일정 파일을 업로드해 주세요",
                scale=8,
                visible="primary",
                height=100
```

```
            )
        schedule_file.change(
            fn=schedule_bot_save,
            inputs=[schedule_file])
app.launch()
```

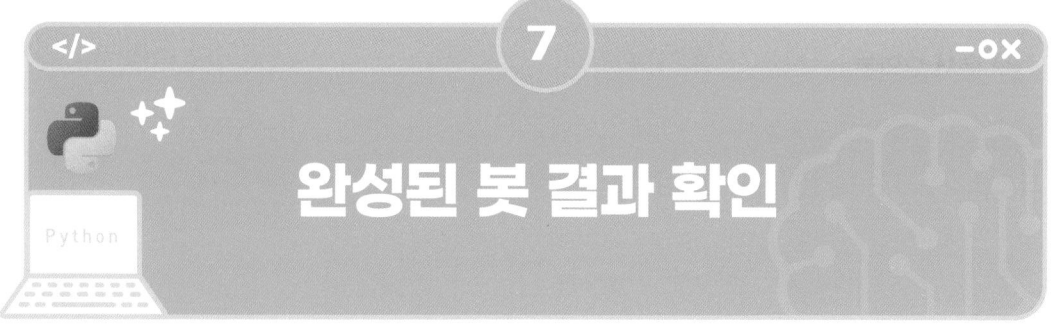

7 완성된 봇 결과 확인

1 음성 인식봇

다음과 같이 글이나 음성으로 입력된 질문에 답해 주는 봇이 완성되었습니다.

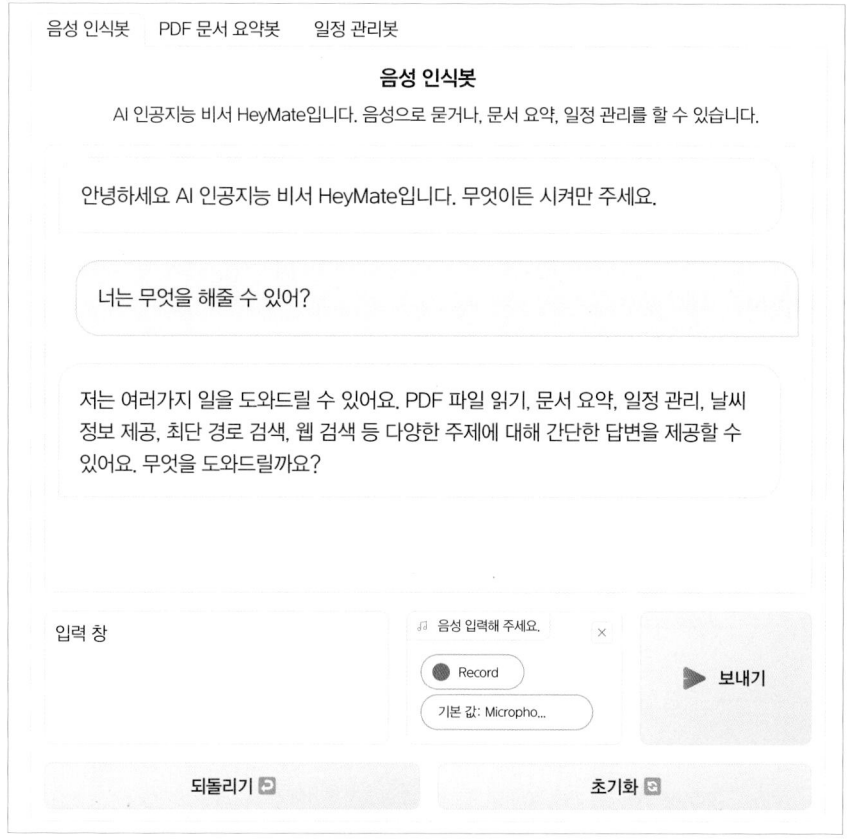

[그림 3-39] 음성 인식봇 구현 결과

② 문서 요약봇

PDF 문서를 업로드했을 때 간단하게 요약해 주는 봇이 완성되었습니다. 급하거나 내용 요약이 필요한 경우, 내용이 길더라도 간단하게 요약을 진행할 수 있습니다.

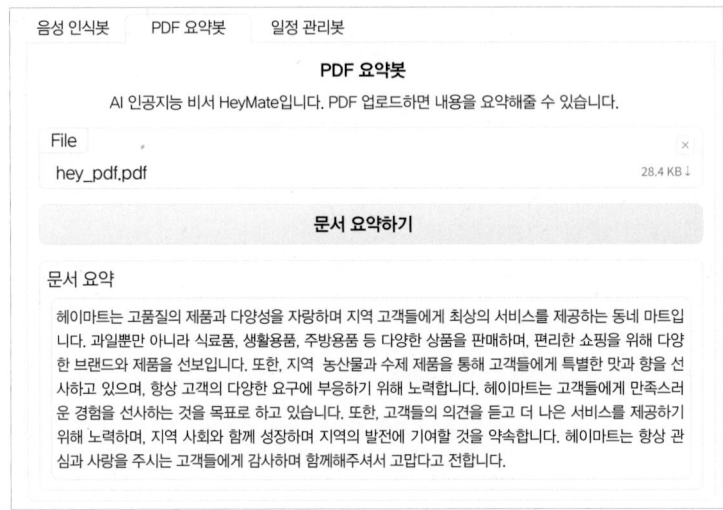

[그림 3-40] PDF 문서 요약봇 구현 결과

③ 일정 관리봇

일정을 추가하거나 조회할 수 있는 일정 관리봇이 완성되었습니다.

[그림 3-41] 일정 관리봇 구현 결과

전체 일정을 보여 줘라고 했을 때는 다음과 같이 저장된 일정이 출력됩니다.

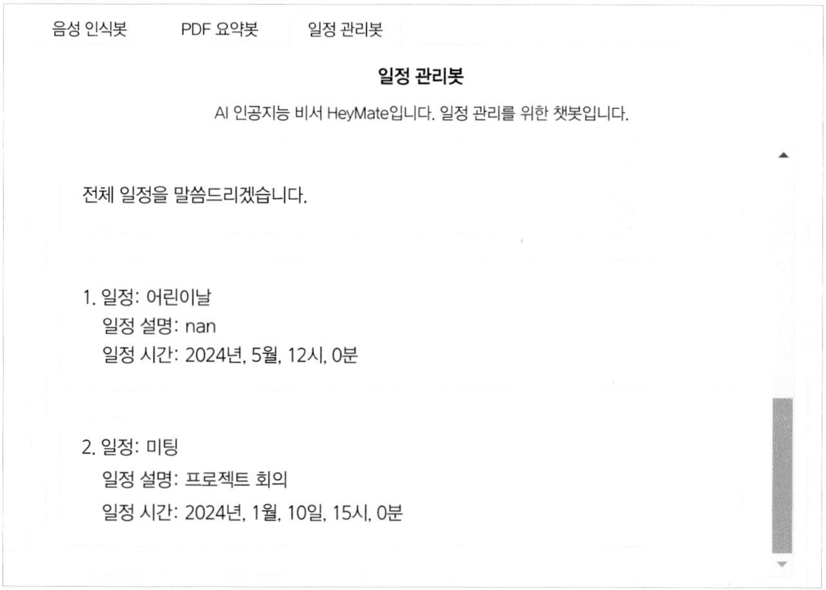

음성 인식봇　　　PDF 요약봇　　　일정 관리봇

일정 관리봇

AI 인공지능 비서 HeyMate입니다. 일정 관리를 위한 챗봇입니다.

전체 일정을 말씀드리겠습니다.

1. 일정: 어린이날
　　일정 설명: nan
　　일정 시간: 2024년, 5월, 12시, 0분

2. 일정: 미팅
　　일정 설명: 프로젝트 회의
　　일정 시간: 2024년, 1월, 10일, 15시, 0분

[그림 3-42] 일정 관리봇 전체 일정 조회 예시

Part 4

챗GPT와
스테이블 디퓨전으로
책 만들기

Part 4에서는 챗GPT와 스테이블 디퓨전을 활용하여 책을 제작하는 생성형 인공지능 앱을 만들어 보겠습니다. 두 모델을 사용하여 글을 생성하고 책에서 사용할 이미지를 만들어내는 과정을 학습합니다. 특히 이번에는 두 개의 모델을 사용하여 보다 창의적인 형태의 인공지능 앱을 제작해 보겠습니다.

이미지 생성 AI

최근 몇 년 동안 이미지 생성 인공지능 기술은 많은 발전을 이루었습니다. 텍스트를 기반으로 이미지를 생성해 주거나 이미지의 특징을 추출하여 원하는 형태로 변형해 주기도 합니다.

최신의 이미지 생성 AI 서비스는 과거에 비해 품질과 다양성 면에서 크게 향상되었습니다. 더욱 사실적이고 상세하며 창의적인 이미지를 생성할 수 있게 되어 이러한 기술을 디자인, 예술, 교육, 게임 개발 등 다양한 분야에서 응용하고 있으며 그 영향력을 넓혀가고 있습니다.

[그림 4-1] 이미지 생성 AI로 그린 이미지 생성 AI 그림

이번 장에서는 생성형 AI 중 이미지 생성 인공지능(AI)에 대해 알아보고 오픈소스로 가장 많이 이용되고 있는 모델인 스테이블 디퓨전(Stable Diffusion)에 대해서도 알아보겠습니다.

1-1 이미지 생성 AI란?

이미지 생성 AI란, 인공지능을 사용하여 새로운 이미지를 만들어 내는 기술을 뜻합니다. 인공지능이 사용자가 입력한 텍스트 설명을 분석하고 이해하여 그 내용에 맞는 이미지를 생성합니다. 이 기술은 머신러닝과 적대적 생성 신경망(GANs, Generative Adverarial Networks), 트랜스포머(Transformer) 같은 딥러닝 알고리즘을 사용하여 작동합니다.

현재 이미지 생성 AI는 예술, 엔터테인먼트, 광고, 게임 등 다양한 분야에서 사용되고 있으며 사용자가 원하는 시각적 콘텐츠를 쉽고 빠르게 만들 수 있도록 돕습니다.

◆ 이미지 생성 AI의 등장 배경

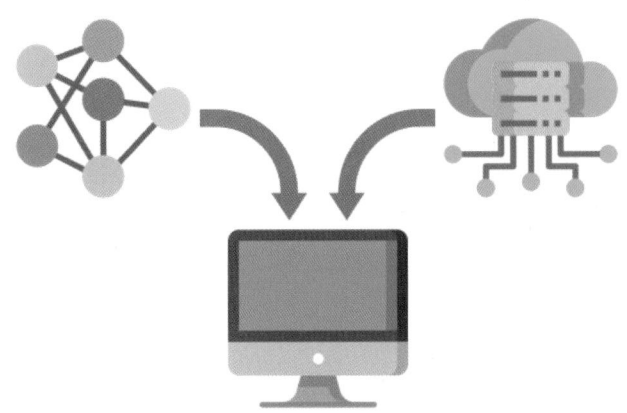

[그림 4-2] 데이터, 알고리즘, 컴퓨터 공학

시간의 흐름에 따라 컴퓨터의 성능은 가파르게 향상되었고 향상된 컴퓨터의 성능은 인터넷의 보급으로 인해 폭발적으로 늘어난 데이터를 처리하는 데 있어 필수적인 자원이 되었습니다. 또한 인공 지능 분야에서는 적대적 생성 신경망(GANs), Transformer와 같은 새로운 알고리즘이 개발되면서 보다 현실적이고 상세한 이미지를 생성하는 능력이 향상되었고 이러한 컴퓨팅 파워와 알고리즘이 합쳐져 현대의 생성형 인공지능의 발전을 일으켰습니다.

◆ 응용 분야

[그림 4-3] Image to 3D(출처: An Effective Loss Function for Generating 3D Models from Single 2D Image without Rendering)

이미지 생성 AI의 응용 분야는 매우 다양하며, 기술의 발전에 따라 계속해 새로운 응용 분야가 등장하고 있습니다. 이미지 생성 AI를 사용하여 뛰어난 예술적인 작품을 모방하거나 독창적인 작품을 만드는 것을 넘어 게임에서 사용될 아바타나 배경, 3D오브젝트를 제작 및 배치하고, 획기적인 광고 및 마케팅 비용 감소를 위해 사용되기도 합니다. 최근 발전하는 영상 생성 AI와 같이 이미지 생성 AI는 교육 자료와 더 나은 학습 데이터를 위한 데이터 생성 목적으로도 활발히 사용되고 있습니다.

1-2 이미지 생성 인공지능 서비스

2022년부터 2023년 사이에는 수많은 이미지 생성 인공지능 서비스가 시작되었습니다. 2022년 7월 달리 2(DALL-E 2)를 시작으로 이미지 생성 AI가 주목을 받기 시작했고 그해 9월 한 참가자가 미드저니(Midjourney)를 이용해 미술대회에서 우승한 사건과 10월 노벨 AI(NovelAI)에 관련된 사건이 사람들에게 알려지면서 이미지 생성 AI에 대한 대중화가 시작되었습니다. 대표적인 이미지 생성 AI 서비스에는 달리(DALL-E), 미드저니(Midjourney), 드림스튜디오(DreamStudio), 파이어플라이(Firefly), 노벨AI(NovelAI), 스테이블 디퓨전(Stable Diffusion)이 있습니다.

1-3 스테이블 디퓨전

스테이블 디퓨전은 Stability AI에서 오픈소스 라이선스로 배포한 이미지 생성 인공지능 모델입니다. 그 이전에도 OpenAI의 달리 2나 구글의 이마젠(Imagen)과 같은 이미지 생성 AI 서비스가 존재하였지만, 오픈소스 모델이면서도 낮은 성능의 PC에서도 잘 작동되는 스테이블 디퓨전이 등장하며 이미지 생성 AI의 시대를 열게 되었습니다.

스테이블 디퓨전 API

스테이블 디퓨전 모델을 사용하는 방법에는 여러 가지가 있습니다. 깃허브에 올라와 있는 stable-diffusion 모델을 복잡한 과정을 거쳐 직접 설치하여 사용하는 방법, 허깅페이스에서 Diffusers 프레임워크를 설치해 사용하는 방법, 노드 방식으로 여러 모델을 조합해 사용하는 comfyUI를 설치해 사용하는 방법, 가장 많은 사람이 사용하는 방식인 Stable Diffusion web UI를 설치해 사용하는 방법 등이 있습니다.

이번에는 앞서 언급한 설치 방식의 스테이블 디퓨전을 사용하는 것이 아닌 Stable Diffusion API라는 곳에서 API를 호출하여 이미지를 생성하는 방법을 익혀 보겠습니다. Stable Diffusion API는 스테이블 디퓨전 모델 뿐만 아니라 파생된 여러 형태의 모델을 가져와 쓸 수 있도록 문서가 잘 정리되어 있습니다. API를 사용하면 프로그램에 친숙하지 않은 사용자도 약간의 코딩만으로 모델을 사용할 수 있다는 장점과 복잡한 설치를 할 필요가 없고 또한 컴퓨터의 성능이 좋을 필요가 없다는 장점이 있습니다.

2-1 Stable Diffusion API 가입 및 API 키 발급하기

1 Stable Diffusion API 접속

API를 활용하기 위해서는 반드시 Stable Diffusion API에서 API 키를 발급받아야 합니다. 발급을 받기 위해서는 먼저 회원 가입이 필요합니다. 회원 가입을 위해 먼저 구글에 Stable Diffusion API를 검색합니다.

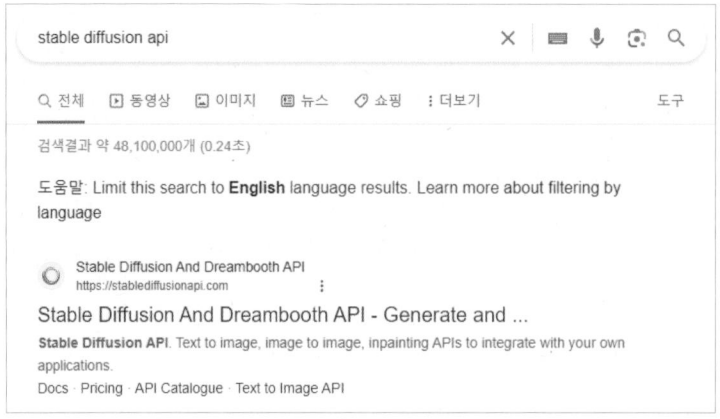

[그림 4-4] Stable Diffusion API 검색

[그림 4-4]와 같이 Stable Diffusion And Dreambooth API를 선택해 접속합니다. 정확한 주소는 https://stablediffusionapi.com/입니다. 다른 브라우저를 쓰거나 검색 결과에서 찾아볼 수 없는 분은 주소 창에 직접 입력하여 접속하기를 권장합니다.

2 회원 가입

Stable Diffusion API 홈페이지에 접속하였다면 곧바로 회원 가입을 진행합니다.

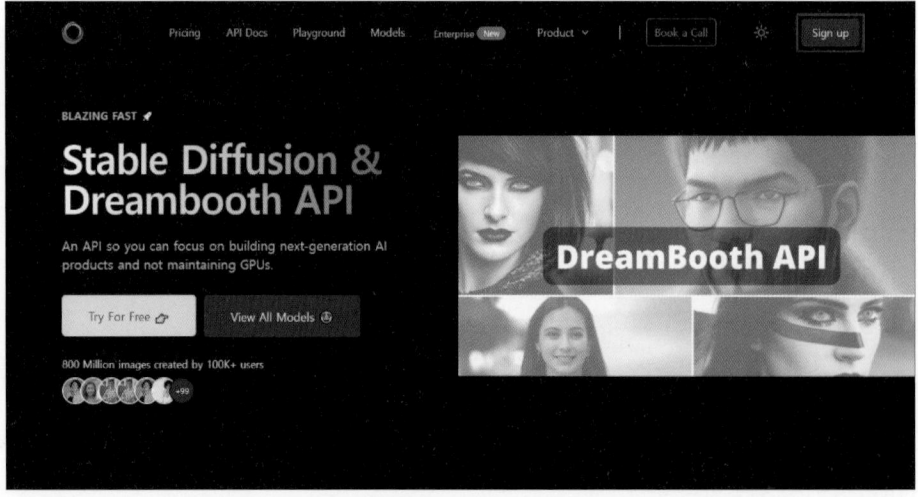

[그림 4-5] Stable Diffusion API 홈페이지

우측 상단의 [Sign Up]을 클릭하여 페이지를 이동합니다.

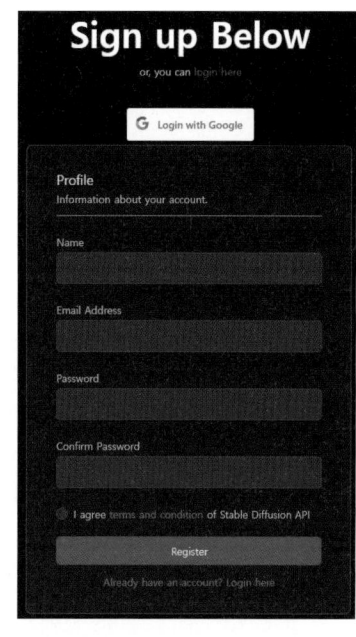

[그림 4-6] Sign up 페이지

현재 사용하는 브라우저에서 구글 로그인이 되어 있는 분은 상단의 [Login with Google]을 선택하여 구글 계정으로 편하게 가입을 진행할 수 있습니다. 구글 계정으로의 가입을 원치 않으면 프로필을 모두 작성한 후 하단의 약관을 확인 및 체크하고 [Register]를 클릭해 가입을 진행하기 바랍니다.

구글 계정으로 가입하지 않은 분은 반드시 가입할 때 등록한 계정의 이메일을 확인하여 Stable Diffusion API의 메일을 열고 계정 승인을 하기 바랍니다.

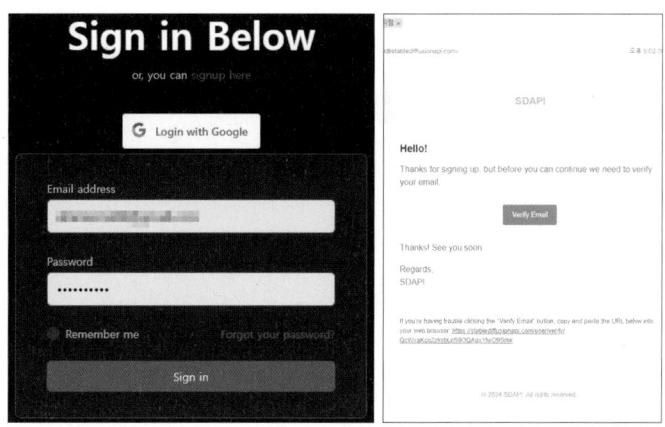

[그림 4-7] 인증할 이메일 입력 화면 / 이메일 확인

계정 승인 전에는 [Sign in] 버튼을 클릭해도 로그인되지 않습니다. 승인이 완료되면 [Sign in]을 클릭해 Stable Diffusion API 메인 화면으로 이동합니다.

3 API 키 생성

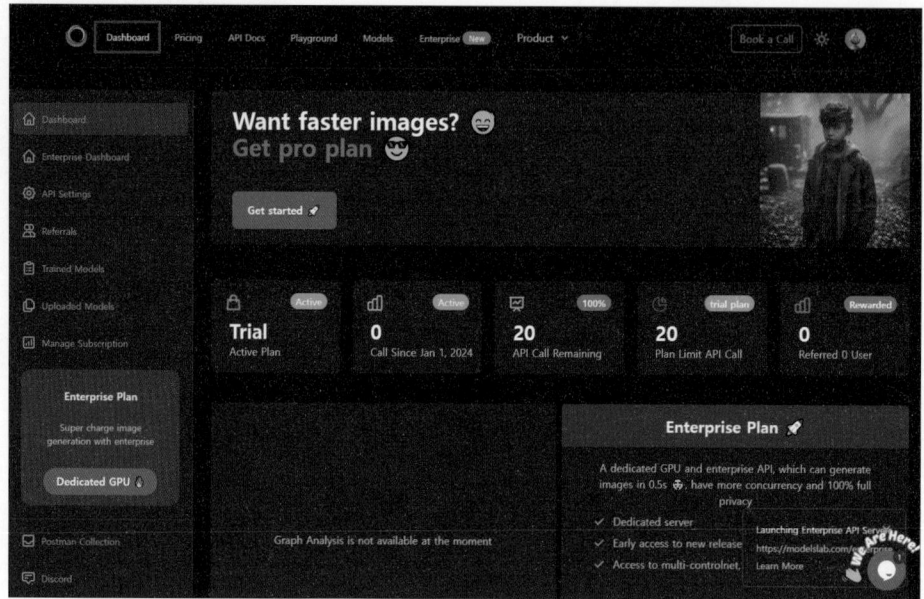

[그림 4-8] 대시보드(Dashboard) 화면

상단의 메뉴 화면에서 [Dashboard]를 클릭해 다음과 같은 화면으로 이동합니다. 대시보드(Dashboard)는 현재 사용하는 요금제와 API를 호출한 횟수, API 호출 가능 횟수 등의 정보를 나타냅니다. API 키 발급을 위해 좌측 메뉴에서 [API Settings]를 선택해 이동합니다.

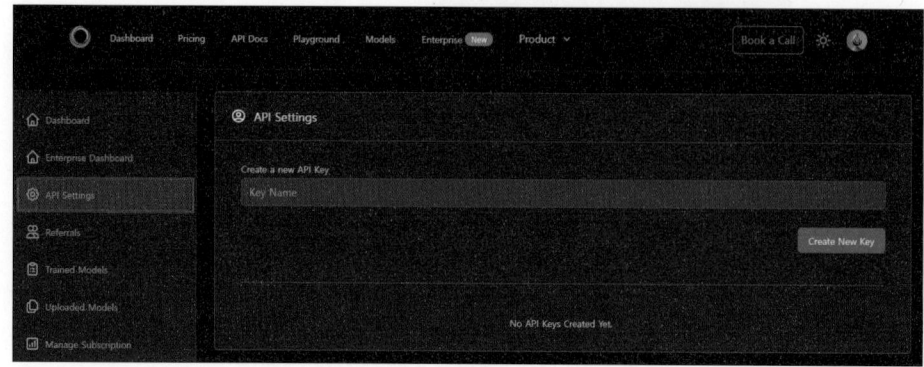

[그림 4-9] API Settings 화면

[Create a new API Key] 아래의 입력 칸에 API 키 이름을 입력해 줍니다. 이 책에서는 'myfirstapi'라는 이름으로 생성하겠습니다. 키 이름을 입력한 후에는 우측의 [Create New Key]를 선택하여 최종적으로 키를 생성합니다.

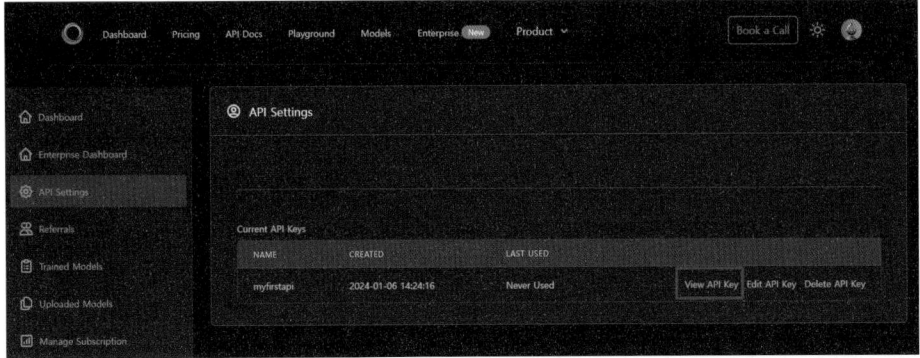

[그림 4-10] API 키를 생성한 후

'myfirstapi'라는 이름의 API 키가 생성된 것을 확인할 수 있습니다.

우측의 세 버튼은 다음과 같은 기능을 가지고 있습니다.

- **View API 키**: API 키의 값을 확인
- **Edit API 키**: API 키 이름을 변경
- **Delete API 키**: 키 삭제

[View API] 키를 선택해 API 키를 확인해 봅시다.

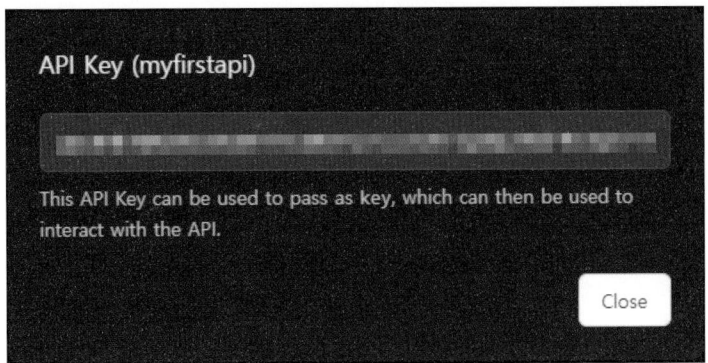

[그림 4-11] API 키 복사 화면

이곳에서 API 키를 언제든지 확인 및 복사할 수 있습니다. Stable Diffusion API는 API 키만 있으면 누구든지 호출할 수 있기 때문에 API 키가 유출되지 않도록 보안에 각별히 주의해야 합니다.

4 Pricing

대시보드(Dashboard)에서 확인했듯이 처음 가입한 유저는 트라이얼(Trial) 버전이 활성화되어 있습니다. 20회의 횟수 제한이 있고 이 횟수를 초과하면 더 이상 API를 호출할 수 없게 됩니다. 전문적으로 사용하고 싶은 분은 유료 버전을 결제해 사용해야만 API 호출 횟수로부터 자유로울 수 있습니다. 유료 버전을 사용하기 위해서는 다음과 같이 상단 메뉴의 [Pricing]를 클릭해 이동합니다.

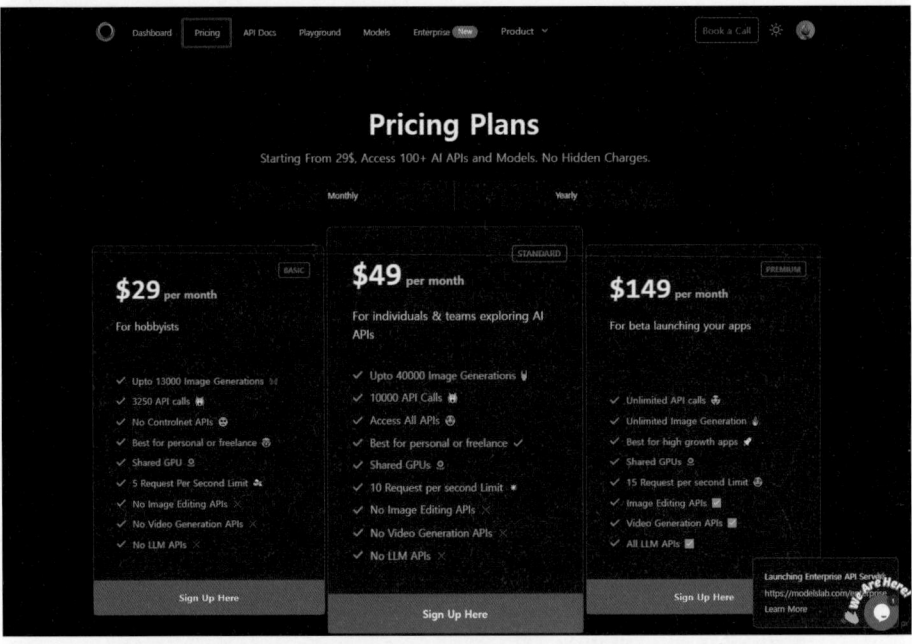

[그림 4-12] Pricing 화면과 Plan 종류

스테이블 디퓨전을 처음 사용하거나 전문적인 이미지 편집을 목적으로 사용하지 않는 분들에게는 베이직 플랜을 추천합니다. 만약, 전문적으로 이미지를 수정하고 편집할 분은 스탠더드, Stable Diffusion API에서 서비스하는 다양한 편집 기능과 새로운 생성형 인공지능을 사용할 분은 프리미엄 버전을 추천드립니다.

이번 과정에서는 테스트를 위해 API를 자주 호출하게 될 수도 있습니다. 편하게 여러 번 호출해 사용할 분은 하단의 [Sign Up Here] 버튼을 클릭해 결제를 진행하면 됩니다. 한 번 결제하면 매달 자동으로 결제되기 때문에 주의하기 바랍니다.

베이직 플랜 결제를 완료하고 대시보드로 돌아가면 다음과 같이 호출 횟수 한도가 증가된 것을 확인할 수 있습니다.

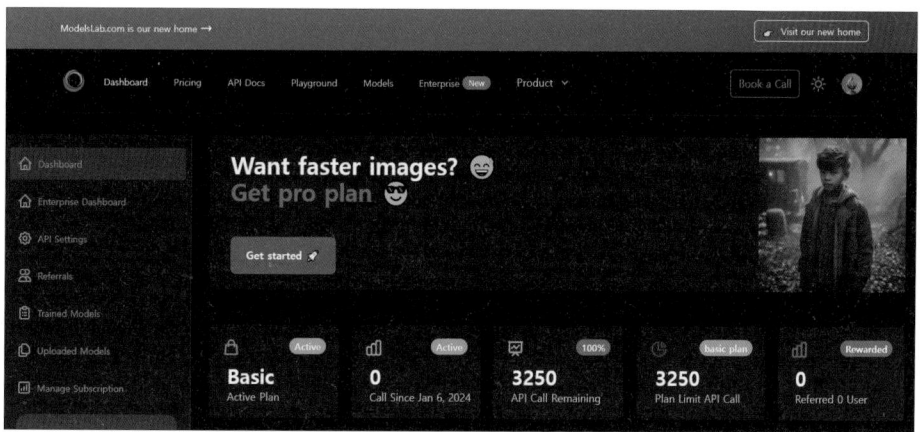

[그림 4-12] Pricing 화면과 Plan 종류

2-2 Stable Diffusion API 살펴보기

Stable Diffusion API에는 다양한 API가 존재합니다. 여러 유저가 학습시킨 모델을 사용할 수 있는 API, 이미지의 특징 값을 유지한 채 이미지를 변화시킬 수 있는 ControlNet, 모델 학습, 비디오 생성 등이 있습니다. 그중 Stable Diffusion API에서 사용할 수 있는 이미지 생성 AI 기능들은 무엇이 있는지 몇 가지 살펴보겠습니다.

먼저 Stable Diffusion API 홈페이지로 이동합니다.

[그림 4-14] API Docs로 이동

상단의 메뉴에서 API Docs를 선택해 다음과 같은 페이지로 이동합니다.

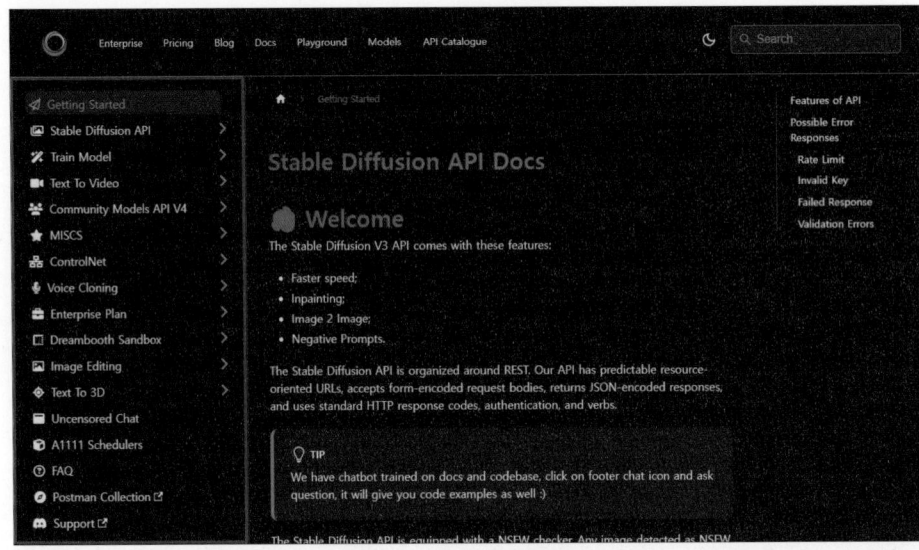

[그림 4-15] API Docs 화면

좌측의 내비게이션 바에는 Stable Diffusion API의 모든 기능이 모여 있습니다. 이 중에서 자주 사용되는 주요 기능을 잠깐 살펴보겠습니다.

1 Stable Diffusion API

Stable Diffusion API는 가장 기본적인 이미지 생성 모델을 사용합니다. 프롬프트로부터 이미지를 생성하는 Text to Image, 이미지와 프롬프트로부터 이미지를 생성하는 Image to Image, 이미지와 마스크 이미지로부터 부분적인 이미지를 생성하는 Inpainting이 있습니다. 이 API들은 기본적으로 스테이블 디퓨전의 최신 모델인 SDXL을 사용해 이미지를 생성합니다.

2 Community Models API V4

Community Models API V4는 위의 Stable Diffusion API와 같은 기능을 가지고 있지만, 여러 이미지 생성 모델을 자유롭게 사용할 수 있습니다. 유저들이 자신들이 원하는 스타일의 이미지를 학습시킨 생성 모델을 이용할 수 있고 로라(LoRA)라는 기법을 이용한 모델을 추가로 이용하여 이미지에 다른 스타일을 입히는 방법도 있습니다.

③ ControlNet

ControlNet은 이미지를 생성하는 과정에서 좀 더 세부적으로 제어할 수 있는 기능입니다. 공간의 깊이나 이미지의 외곽선 특징, 인간의 자세 등 특징을 남겨 입력한 이미지의 특징을 최대한 살린 이미지를 생성할 수 있습니다.

④ Text To Video

Text To Video는 프롬프트로부터 비디오를 생성합니다. 현재 생성 AI 인공지능은 이미지를 넘어 영상을 생성하는 데 많은 노력을 기울이고 있습니다. 아직은 생성된 영상이 부자연스럽지만 관련 연구가 활발히 이루어지고 있습니다.

⑤ Image Editing

Image Editing에는 이미지를 편집하는 여러 기능이 모여 있습니다. 인물을 제외한 배경을 삭제하는 Remove Background, 이미지를 고해상도로 바꿔 주는 Super Resolution, 이미지의 보이지 않는 외곽 부분을 더 확장시켜 생성하는 outpainting 등 세부적인 기능을 사용할 수 있습니다.

⑥ Text to 3D

Text to 3D는 프롬프트나 이미지를 입력하여 3D 이미지(오브젝트)를 생성하는 기능입니다. 아직까지는 생성된 3D 이미지에 어색한 부분이 있기는 하지만 빠르게 발전 중인 분야입니다.

2-3 플레이그라운드

Stable Diffusion API 홈페이지에는 주요한 기능을 미리 테스트해 볼 수 있는 서비스가 있습니다. 서비스를 체험해 보기 위해 먼저 홈페이지로 이동한 후 상단의 메뉴 바를 살펴보겠습니다.

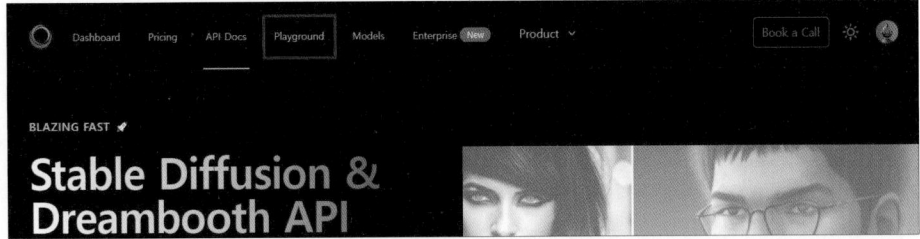

[그림 4-15] 플레이그라운드로 이동

상단의 메뉴 바에서 [Playground]를 선택해 이동하면 다음과 같은 페이지가 나타납니다.

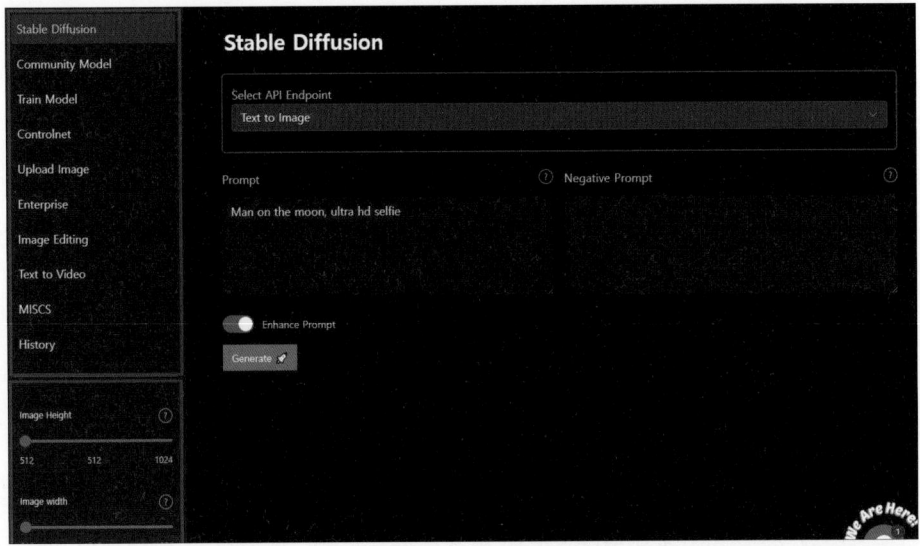

[그림 4-16] 플레이그라운드 화면과 메뉴

페이지의 좌측 메뉴에는 플레이그라운드에서 사용할 수 있는 기능들이 나열되어 있고 그 밑에는 현재 선택된 기능의 매개변수를 조절할 수 있는 기능들이 나열되어 있습니다. 이 중 가장 자주 사용하는 기능 몇 개만 알아보겠습니다.

1 스테이블 디퓨전

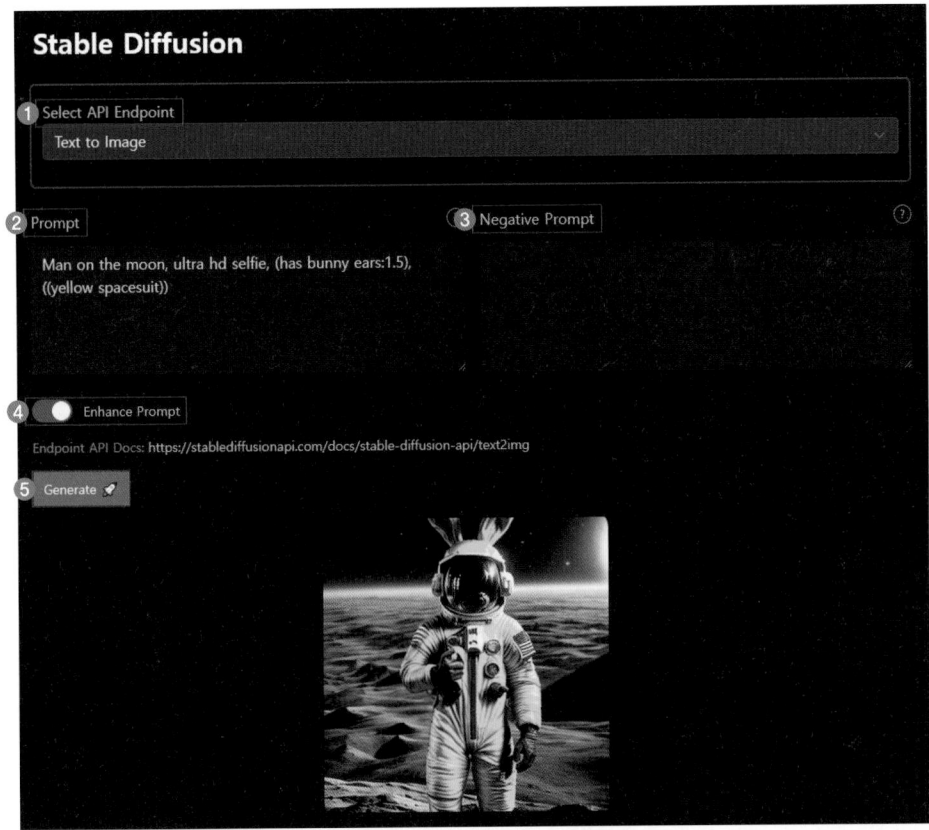

[그림 4-17] 플레이그라운드의 스테이블 디퓨전 사용 방법

SDXL 모델을 사용해 이미지를 출력하는 스테이블 디퓨전의 Playground 기본 인터페이스입니다.

❶ **Select API Endpoint**: 설정하여 어떤 API를 호출할지 설정할 수 있습니다. 선택 가능한 목록에는 Text to Image, Image to Image, Inpainting, Fetch Queued Image가 있으며 기본적으로 Text to Image, Image to Image를 사용해 이미지를 생성합니다.

❷ **Prompt**: 생성할 이미지의 정보를 작성합니다. 프롬프트는 콤마(,)로 구분하며 괄호를 씌워 프롬프트를 강조할 수 있습니다. 괄호 안에 1.5와 같이 숫자를 입력하여 중요도를 지정하는 방법도 있습니다(1.0이 기본값).

❸ **Negative prompt**: 생성하지 말았으면 하는 이미지의 정보를 작성합니다. 규칙은 Prompt와 같습니다.

❹ **Enhance Prompt**: 활성화되어 있으면 이미지를 좀 더 강렬하게 표현하는 프롬프트가 이미지 생성 전에 자동으로 추가됩니다. 제어가 불가능하기 때문에 잘 사용하지 않습니다.

❺ **Generate**: 버튼을 클릭해 이미지 생성을 시작합니다. 생성된 이미지는 하단에 표시됩니다.

이미지 생성 시 조절 가능한 옵션 메뉴입니다.

Image Height와 Image width를 이용해 생성할 이미지의 해상도를 조절할 수 있습니다.

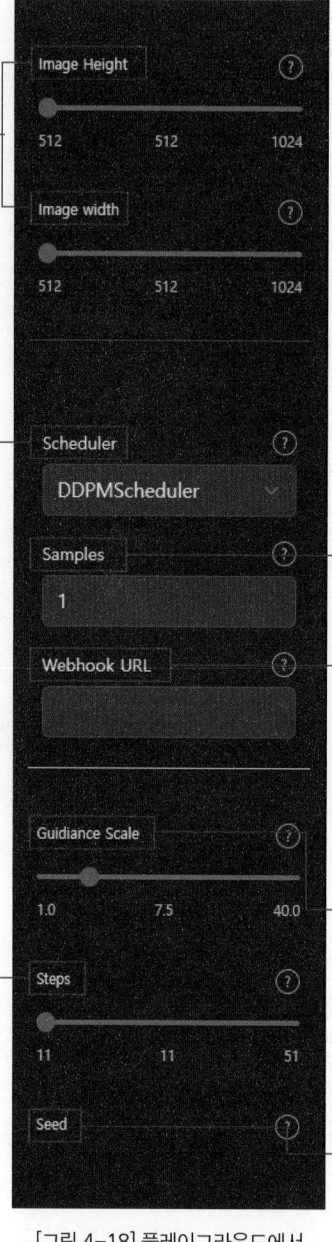

Scheduler는 이미지 생성 프로세스를 관리하는 기능입니다. 최종 이미지 품질에 영향을 미치며 이미지 생성 알고리즘을 세부적으로 제어합니다. Scheduler의 기능은 이미지에 따라 최종적으로 출력되는 이미지의 양상이 다르기 때문에 직접 사용하면서 차이를 알아보는 것을 권장합니다.

Samples는 출력할 이미지의 개수를 나타냅니다.

Webhook URL은 이미지가 생성되면 해당 링크로 데이터를 전송하여 이벤트를 발생시키는 역할을 합니다. 웹 서비스에 대한 전문 지식이 필요합니다.

Guidiance Scale은 이미지 생성 시 프롬프트를 얼마만큼 강조할지를 나타냅니다. 너무 높은 값을 입력하면 자연스럽지 못한 이미지를 생성하게 됩니다.

Steps는 이미지를 생성할 때 얼마만큼의 작업을 거쳐 생성할지를 결정합니다. Step이 너무 낮거나 높지 않게 조절하여야 자연스러운 이미지를 생성합니다.

Seed는 이미지 생성의 기반이 되는 고윳값을 나타냅니다. 같은 프롬프트와 매개변수를 가지고 있어도 Seed가 다르면 다른 느낌의 이미지가 생성되는 것을 확인할 수 있습니다.

[그림 4-18] 플레이그라운드에서 사용 가능한 옵션 메뉴

2 Community Model

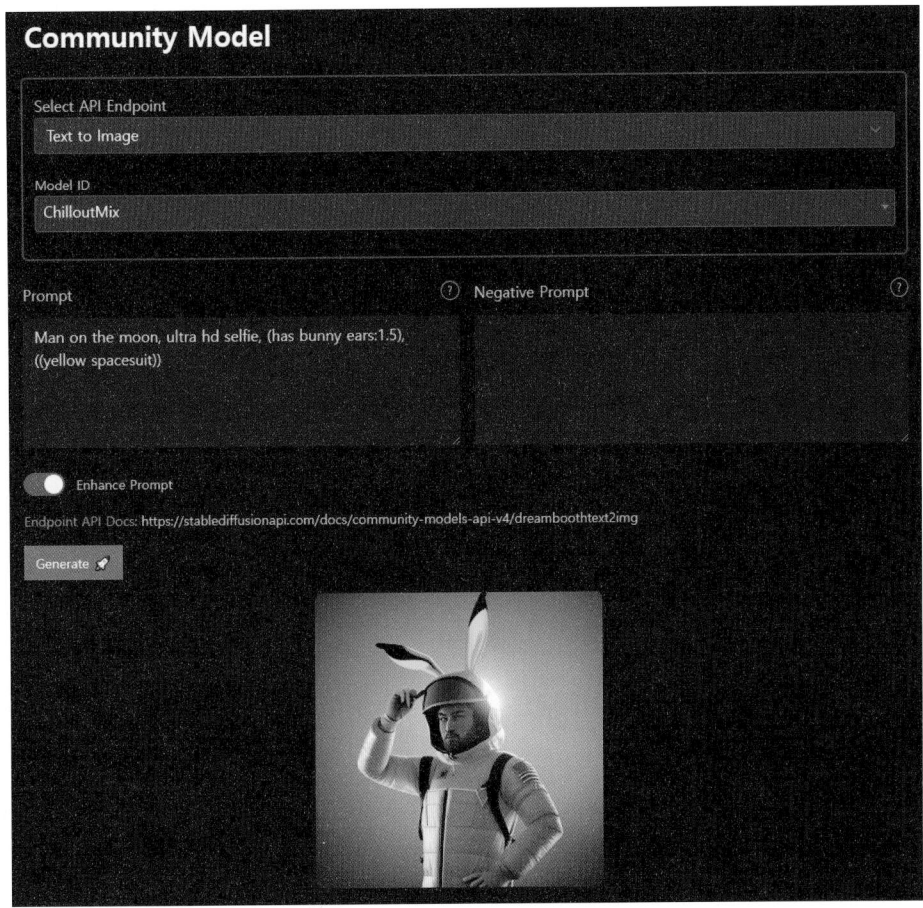

[그림 4-19] 플레이그라운드의 Community Model 사용 방법

Community Model은 다른 유저가 학습시킨 모델을 이용할 수 있는 기능입니다. 스테이블 디퓨전과 마찬가지로 Select API Endpoint를 설정하고 Model ID에서 다른 유저의 모델을 선택합니다. 그 밖의 다른 기능은 모두 동일합니다.

[그림 4-20] 플레이그라운드의 History 화면

플레이그라운드에서 생성한 이미지를 기록합니다. 이곳에서 어떤 이미지를 생성했는지 확인할 수 있습니다.

2-4 Stable Diffusion API 사용해 보기

Stable Diffusion API는 기본적으로 v3 버전인 SDXL을 단일 모델로 사용하고 있습니다. SDXL은 다른 버전의 모델에 비해 고해상도 이미지를 이용하여 학습된 모델이기 때문에 높은 이미지 퀄리티를 유지하는 데 좋습니다.

기본적인 Stable Diffusion API는 Text to Image, Image to Image, Inpainting 이렇게 세 가지 기능을 가지며 이 기능들을 호출해 이미지를 생성할 수 있습니다. 생성된 이미지는 PNG와 JPG 형식을 가질 수 있으며 이미지 생성 요청 시 몇 가지 매개변수를 조절하여 생성할 이미지의 수와 이미지의 높이, 너비 등을 직접 설정할 수 있습니다.

그럼 이제부터 Stable Diffusion API를 직접 작성하여 호출해 보겠습니다. 코드를 작성할 환경은 전과 마찬가지로 코랩에서 진행하겠습니다. 구글 드라이브(Google Drive)에 접속하여 코랩 문서를 생성합니다. 문서의 이름은 Stable Diffusion API로 작성해 줍니다.

[그림 4-21] 코랩 노트북 생성

1 API 키 등록

먼저 Stable Diffusion API를 사용하기 위해 만든 myfirstapi의 key 값을 복사해 코랩 보안 비밀에 등록합니다. 등록 시의 이름은 SD_API_KEY로 설정합니다.

[그림 4-23] Colab 보안 비밀 활성화

노트북 액세스를 활성화하여 환경 변수를 사용할 수 있도록 합니다. 이제 첫 셀에 다음과 같이 코드를 작성하여 키 값을 할당할 변수를 생성합니다.

```
from google.colab import userdata
SD_API_KEY=userdata.get('SD_API_KEY')
```

이후 스테이블 디퓨전(Stable Diffusion) API를 사용할 때 필요한 API 키 값은 SD_API_KEY 변수를 대입하여 사용할 것입니다.

2 Text to Image

Text to Image는 텍스트 프롬프트에서 이미지를 생성하는 기능입니다. 통신 코드를 작성해 Stable Diffusion API에 요청하면 서버에서 이미지를 생성한 후 생성된 이미지를 확인할 수 있는 링크를 반환합니다.

다음은 스테이블 디퓨전 API의 공식 문서에서 제시하는 기본적인 Text to Image 요청 코드의 형태입니다. 코드를 천천히 살펴봅시다.

```python
import requests
import json

url = "https://stablediffusionapi.com/api/v3/text2img"

payload = json.dumps({
    "key": "",
    "prompt": "ultra realistic close up portrait ((beautiful pale cyberpunk female with heavy black eyeliner))",
    "negative_prompt": None,
    "width": "512",
    "height": "512",
    "samples": "1",
    "num_inference_steps": "20",
    "seed": None,
    "guidance_scale": 7.5,
    "safety_checker": "yes",
    "multi_lingual": "no",
    "panorama": "no",
    "self_attention": "no",
    "upscale": "no",
    "embeddings_model": None,
    "webhook": None,
    "track_id": None
})

headers = {
    'Content-Type': 'application/json'
}

response = requests.request("POST", url, headers=headers, data=payload)

print(response.text)
```

- **import requests**

`requests`는 파이썬에서 가장 많이 사용하는 통신 라이브러리입니다. 스테이블 디퓨전 API는 OpenAI API와 달리, 파이썬에서 설치해 사용할 수 있는 전용 모듈이 존재하지 않습니다. 그렇기

때문에 requests를 활용하여 API에 요청하도록 권장하고 있습니다.

코랩에서는 기본적으로 requests 패키지가 설치되어 있습니다. 혹시라도 requests 모듈을 다시 설치하고 싶은 경우에는 다음과 같이 코드를 실행하여 requests 패키지를 설치합니다.

```
!pip install requests
```

- import json
  스테이블 디퓨전 API는 API를 요청받을 때 JSON 형태의 데이터를 입력받기를 원합니다. 그렇기 때문에 데이터를 JSON 형태로 바꾸기 위해 JSON 모듈을 불러옵니다.

- url = "https://stablediffusionapi.com/api/v3/text2img"
  requests로 API 통신을 할 때는 URL이 반드시 필요합니다. URL은 흔히 사용하는 http://www.googlew.com 또는 http://www.naver.com을 뜻합니다. 브라우저에 URL을 입력하면 특정 웹페이지를 출력하기 위한 데이터를 되돌려 주듯이 스테이블 디퓨전 API 통신에서도 어떠한 형태의 데이터를 되돌려 줍니다.

- payload = json.dumps({
      "key": "",
      "prompt": "ultra realistic close up portrait ((beautiful pale cyberpunk female with heavy black eyeliner))",
      "negative_prompt": None,
      "width": "512",
      "height": "512",
      "samples": "1",
      "num_inference_steps": "20",
      "seed": None,
      "guidance_scale": 7.5,
      "safety_checker": "yes",
      "multi_lingual": "no",
      "panorama": "no",
      "self_attention": "no",
      "upscale": "no",
      "embeddings_model": None,
      "webhook": None,
      "track_id": ㅋNone
  })

API를 요청할 때 첨부할 데이터를 정의합니다. 스테이블 디퓨전 API는 JSON 형태의 데이터를 원하기 때문에 json.dumps 함수를 이용하여 Dict 형태의 데이터를 JSON으로 변환시켜 payload에 저장했습니다. 각 매개변수의 역할은 다음과 같습니다.

매개변수	설명
key	Stable Diffusion API에서 발급받은 키
prompt	이미지 생성에 사용할 프롬프트
negative_prompt	이미지 생성 시 원하지 않는 항목에 대한 프롬프트
width	너비. 최대 크기 1,024
height	높이. 최대 크기 1,024
samples	한 번에 생성할 이미지의 개수(최대 4장)
num_inference_steps	노이즈 제거 단계 수. 모델이 이미지를 생성할 때 몇 번에 거쳐 보정할지 계산하는 횟수(11, 21, 31, 41,51 단위로 변경)
seed	결과를 재현하기 위한 값. 동일한 매개변수 값을 가졌어도 seed 값이 다르면 재현 불가능
guidance_scale	프롬프트를 얼마나 반영할지를 나타내는 수치(최소:1, 최대:20)
safety_checker	불건전한 이미지 검사. 감지되면 빈 이미지를 반환
multi_lingual	다국어 설정. no는 영어
panorama	파노라마 이미지 생성 유무
self_attention	고품질 이미지 생성 유무
upscale	해상도 올리기. yes일 경우 해상도 2배
embeddings_model	embeddings_model_id를 전달하는 데 사용됩니다.
webhook	이미지 생성이 완료되면 API 호출을 받을 수 있는 URL을 설정합니다.
track_id	webgook API 호출에 대한 응답으로 반환됩니다.

- headers = {
    'Content-Type': 'application/json'
  }
  requests를 이용해 API를 요청할 때 데이터의 타입을 알려 주는 역할을 합니다.

- response = requests.request("POST", url, headers=headers, data=payload)
  requests 모듈의 request 함수를 이용해 통신을 시작합니다. 응답이 도착하면 response 변수에 API 서버로부터 받은 데이터를 저장합니다.
  request 함수의 첫 번째 인수 "POST"는 데이터를 보내는 규칙을 뜻합니다. 두 번째 인수에는 위에서 정의한 URL 변수를 할당해 줍니다. headers와 data 매개변수에는 앞서 정의한 headers와 payload 변수를 대입합니다.

- print(response.text)

  통신이 완료되고 곧바로 print문이 실행됩니다. 도착한 데이터를 확인하기 위해서는 response의 text 속성 값을 확인합니다.

이제 코드를 곧바로 실행해 보겠습니다.

```
{"status":"error","message":"Invalid API Request","tip":"1. Make sure you
are passing Content-Type: application\/json in header. 2. Make sure you are
doing POST request with valid json. 3. Make sure your json does not have
error, use jsonlint to validate json array"}
```

코드를 실행하면 다음과 같은 결과를 확인할 수 있습니다. 코드가 한 줄로 쓰여 있어 읽기 매우 불편합니다. 다음과 같이 코드의 끝 줄을 수정하여 실행 화면을 읽기 쉽게 바꿔 봅시다.

```
import requests
import json

url="https://stablediffusionapi.com/api/v3/text2img"

...(중략)

response=requests.request("POST", url, headers=headers, data=payload)
response_data=json.loads(response.text)

print(json.dumps(response_data, indent=4))
```

- response_data = json.loads(response.text)

  json.loads 함수로 response.text를 JSON 형태로 바꾸어 response_data에 대입하였습니다.

- print(json.dumps(response_data, indent=4))

  json.dumps 함수를 이용하여 response_data를 보기 쉬운 문자열로 변환합니다. indent 매개변수에 4의 값을 대입하여 문자 간의 간격을 조절했습니다.

수정 후 출력된 값은 다음과 같습니다.

```
{
    "status": "error",
    "message": "Invalid API Request",
    "tip": "1. Make sure you are passing Content-Type: application/json in
header. 2. Make sure you are doing POST request with valid json. 3. Make
sure your json does not have error, use jsonlint to validate json array"
}
```

status에 error가 표시되며 message에 API 요청이 잘못되었다는 설명이 있습니다. tip에는 오류를 수정하기 위한 도움말이 적혀 있습니다. 하지만 tip이 항상 올바른 해결책을 제시해 주지는 않습니다. 이 오류의 경우는 앞서 API에 보낼 데이터를 정의할 때 매개변수 키에 API 키 값을 포함시키지 않았기 때문에 생긴 일입니다.

다음과 같이 매개변수 key에 SD_API_KEY 변수를 참조시키고 다시 코드를 실행해 봅시다.

```python
import requests
import json

url="https://stablediffusionapi.com/api/v3/text2img"

payload=json.dumps({
    "key": SD_API_KEY,
    "prompt": "ultra realistic close up portrait ((beautiful pale cyberpunk
female with heavy black eyeliner))",
    ...(중략)
})

headers={
    'Content-Type': 'application/json'
}

response=requests.request("POST", url, headers=headers, data=payload)
response_data=json.loads(response.text)

print(json.dumps(response_data, indent=4))
```

```
{
    "status": "success",
```

```
        "tip": "Get 20x faster image generation using enterprise plan. Click
here : https://stablediffusionapi.com/enterprise",
        "generationTime": 2.8603105545043945,
        "id": 64598171,
        "output": [
                "https://pub-3626123a908346a7a8be8d9295f44e26.r2.dev/
generations/5a072783-fa06-4963-b11f-3053efd9e357-0.png"
        ],
        "proxy_links": [
            "https://cdn2.stablediffusionapi.com/generations/5a072783-fa06-4963-
b11f-3053efd9e357-0.png"
        ],
        "nsfw_content_detected": "",
        "meta": {
            "H": 512,
            "W": 512,
            "enable_attention_slicing": "true",
            "file_prefix": "5a072783-fa06-4963-b11f-3053efd9e357",
            "guidance_scale": 7.5,
            "instant_response": "no",
            "model": "runwayml/stable-diffusion-v1-5",
            "n_samples": 1,
            "negative_prompt": "low quality",
            "outdir": "out",
                "prompt": "ultra realistic close up portrait ((beautiful pale
cyberpunk female with heavy black eyeliner))",
            "revision": "fp16",
            "safetychecker": "yes",
            "seed": 1862989281,
            "steps": 20,
            "temp": "no",
            "vae": "stabilityai/sd-vae-ft-mse"
        }
}

• "status": "success",
```

status의 값이 success일 경우, 이미지를 정상적으로 생성하였고 생성된 이미지의 데이터를 넘겨 주었다는 뜻입니다. 만일, status의 값이 processing이라면 '아직 처리 중'이라는 뜻입니다. 처리 중일 경우의 대응 방법은 Fetch Queued Images 설명에서 말씀드리겠습니다.

- "generationTime": 2.8603105545043945,

  이미지를 생성하는 데 걸린 시간을 나타냅니다.

- "id": 64598171,

  생성된 이미지의 고유 번호입니다.

- "output": [

      https://pub-3626123a908346a7a8be8d9295f44e26.r2.dev/   generations/5a072783-
  fa06-4963-b11f-3053efd9e357-0.png

  ],

  생성된 이미지를 확인할 수 있는 주소입니다. 해당 주소를 복사해 브라우저의 주소칸에 입력하면 이미지를
  확인할 수 있습니다.

- "meta": {

  meta는 이미지를 생성할 때 참고한 데이터에 대한 정보가 담겨 있습니다.

3 Image to Image

Image to Image는 입력된 이미지와 프롬프트를 참고하여 이미지를 생성합니다. 다음은
Image to Image 코드의 기본 형태에서 2 Text to Image의 변경 사항을 적용한 코드입니다.

```python
import requests
import json

url="https://stablediffusionapi.com/api/v3/img2img"

payload=json.dumps({
    "key": SD_API_KEY,
    "prompt": "a cat sitting on a bench",
    "negative_prompt": None,
    "init_image": "https://raw.githubusercontent.com/CompVis/stable-
diffusion/main/data/inpainting_examples/overture-creations-5sI6fQgYIuo.png",
    "width": "512",
    "height": "512",
    "samples": "1",
    "num_inference_steps": "30",
    "safety_checker": "yes",
    "enhance_prompt": "yes",
    "guidance_scale": 7.5,
    "strength": 0.7,
```

```
        "base64": "no",
        "seed": None,
        "webhook": None,
        "track_id": None
    })

headers = {
    'Content-Type': 'application/json'
}

response = requests.request("POST", url, headers=headers, data=payload)
response_data = json.loads(response.text)

print(json.dumps(response_data, indent=4))
```

Image to Image와 Text to Image의 코드는 거의 비슷합니다. 몇 가지 차이점으로는 URL 의 주소가 바뀌었으며 multi_lingual, panorama, self_attention, upscale, embeddings_ model 매개변수가 빠졌고 init_image, strength, base64의 매개변수가 추가되었습니다.

추가된 매개변수의 역할은 다음과 같습니다.

매개변수	설명
init_image	이미지를 생성하는 데 참고할 기초 이미지의 링크입니다.
strength	기초 이미지를 얼마만큼 손상시킨 후 재생성할지를 나타냅니다. 1.00이 되면 초기 이미지의 정보가 완전히 파괴됩니다.
base64	base64 형태로 데이터를 주고받을지 결정합니다.

코드를 실행하면 다음과 같은 결과를 얻을 수 있습니다.

```
{
    "status": "success",
    "tip": "Get 20x faster image generation using enterprise plan. Click
here : https://stablediffusionapi.com/enterprise",
    "generationTime": 1.774573564529419,
    "id": 64613620,
    "output": [
        "https://pub-3626123a908346a7a8be8d9295f44e26.r2.dev/
generations/04ee9b24-b15a-4f60-8670-7c9dd458bf67-0.png"
```

```
    ],
    "proxy_links": [
        "https://cdn2.stablediffusionapi.com/generations/04ee9b24-b15a-4f60-
8670-7c9dd458bf67-0.png"
    ],
    "nsfw_content_detected": "",
    "meta": {
        "H": 512,
        "W": 512,
        "base64": "no",
        "file_prefix": "04ee9b24-b15a-4f60-8670-7c9dd458bf67",
        "guidance_scale": 7.5,
        "init_image": "https://raw.githubusercontent.com/CompVis/stable-
diffusion/main/data/inpainting_examples/overture-creations-5sI6fQgYIuo.png",
        "instant_response": "no",
        "n_samples": 1,
        "negative_prompt": " (child:1.5), ((((underage)))), ((((child)))),
(((kid))), (((preteen))), (teen:1.5) ugly, tiling, poorly drawn hands,
poorly drawn feet, poorly drawn face, out of frame, extra limbs, disfigured,
deformed, body out of frame, bad anatomy, watermark, signature, cut off, low
contrast, underexposed, overexposed, bad art, beginner, amateur, distorted
face, blurry, draft, grainy",
        "outdir": "out",
        "prompt": "a cat sitting on a bench hyperrealistic, full body,
detailed clothing, highly detailed, cinematic lighting, stunningly
beautiful, intricate, sharp focus, f/1. 8, 85mm, (centered image
composition), (professionally color graded), ((bright soft diffused light)),
volumetric fog, trending on instagram, trending on tumblr, HDR 4K, 8K",
        "safetychecker": "yes",
        "seed": 3263707625,
        "steps": 20,
        "strength": 0.7,
        "temp": "no"
    }
}
```

status가 success로 출력되어 결과가 정상적으로 처리된 것을 확인할 수 있습니다. output의 출력된 링크를 확인해 보겠습니다. 다음은 원본 이미지와 수정된 이미지입니다.

[그림 4-24] Image to Image 입출력 결과

완전히 다른 이미지이지만, 이미지의 특징적인 부분은 모두 반영된 것을 확인할 수 있습니다. Image to Image는 이렇게 입력된 이미지의 특징 값을 추출하고 프롬프트의 내용을 더해 이미지를 재생성한다는 것을 알 수 있습니다.

> **Tip**
>
> 출력 결과를 살펴보면 meta 데이터 중 prompt와 negative_prompt가 있습니다. 입력한 적 없는 프롬프트가 작성되어 있기 때문입니다. 이는 API 요청 시 enhance_prompt 매개변수에 입력된 yes의 설정값을 확인하고 서버에서 자동으로 프롬프트를 추가했기 때문입니다. 원치 않는 프롬프트가 추가되는 것을 막기 위해서는 매개변수에 신경써서 작업할 것을 권장합니다.

4 인페인팅

인페인팅(Inpainting)은 이미지의 일부분 영역을 지정하여 그 부분에 대해서만 이미지를 재생성하는 기능입니다. 인페인팅을 요청하는 코드를 살펴봅시다.

```python
import requests
import json
```

```
url="https://stablediffusionapi.com/api/v3/inpaint"

payload=json.dumps({
    "key": SD_API_KEY,
    "prompt": "a cat sitting on a bench",
    "negative_prompt": None,
    "init_image": "https://raw.githubusercontent.com/CompVis/stable-diffusion/
main/data/inpainting_examples/overture-creations-5sI6fQgYIuo.png",
    "mask_image": "https://raw.githubusercontent.com/CompVis/stable-diffusion/
main/data/inpainting_examples/overture-creations-5sI6fQgYIuo_mask.png",
    "width": "512",
    "height": "512",
    "samples": "1",
    "num_inference_steps": "31",
    "safety_checker": "yes",
    "enhance_prompt": "no",
    "guidance_scale": 7.5,
    "strength": 0.7,
    "base64": "no",
    "seed": None,
    "webhook": None,
    "track_id": None
})

headers={
    'Content-Type': 'application/json'
}

response=requests.request("POST", url, headers=headers, data=payload)
response_data=json.loads(response.text)

print(json.dumps(response_data, indent=4))
```

payload 변수의 값을 살펴보면 mask_image가 추가된 것이 보입니다. Inpainting을 하기 위해서는 반드시 수정할 영역인 mask_image가 필요합니다.

[그림 4-25] Inpainting 입력 이미지와 마스크 이미지

mask_image는 반드시 init_image와 같은 해상도여야만 하며 수정할 영역은 흰색, 수정하지 않을 영역은 검은색으로 채워져 있는 png 형식의 이미지여야 합니다.

코드를 실행하면 다음과 같은 결과를 얻을 수 있습니다.

```
{
    "status": "success",
     "tip": "Get 20x faster image generation using enterprise plan. Click
here : https://stablediffusionapi.com/enterprise",
    "generationTime": 7.921833753585815,
    "id": 64718291,
    "output": [
            "https://pub-3626123a908346a7a8be8d9295f44e26.r2.dev/
generations/375ab2c8-cdc5-4c66-8b7a-66ae357bed72-0.png"
    ],
    "proxy_links": [
        "https://cdn2.stablediffusionapi.com/generations/375ab2c8-cdc5-4c66-
8b7a-66ae357bed72-0.png"
    ],
    "nsfw_content_detected": "",
    "meta": {
        "H": 512,
        "W": 512,
        "base64": "no",
        "file_prefix": "375ab2c8-cdc5-4c66-8b7a-66ae357bed72",
        "guidance_scale": 7.5,
        "init_image": "https://raw.githubusercontent.com/CompVis/stable-
diffusion/main/data/inpainting_examples/overture-creations-5sI6fQgYIuo.png",
```

```
        "instant_response": "no",
            "mask_image": "https://raw.githubusercontent.com/CompVis/stable-
    diffusion/main/data/inpainting_examples/overture-creations-5sI6fQgYIuo_mask.
    png",
        "n_samples": 1,
        "negative_prompt": "",
        "outdir": "out",
        "prompt": "a cat sitting on a bench",
        "safetychecker": "yes",
        "seed": 2913603411,
        "steps": 30,
        "strength": 0.7,
        "temp": "no"
    }
}
```

output의 링크를 클릭해 이미지를 확인해 봅시다.

[그림 4-26] 인페인팅 출력 이미지

SDXL의 기본 모델에서는 고양이의 얼굴이 잘 생성되지 않습니다. SDXL의 경우, 1,024 해상도 위주로 학습되어 있기 때문에 크기가 작은 이미지 생성을 요청하면 세밀하게 표현해야 하는 부분에서 이미지가 뭉개지는 현상이 발생합니다. 해상도를 1,024×1,024로 높여 다시 시도하면 얼굴이 비교적 잘 생성되는 것을 확인할 수 있습니다.

512×512 해상도에서 예제와 같은 이미지를 출력하길 원한다면 API 요청 시 payload의 데이터 중 seed의 값을 2913603411로 입력해 주면 됩니다.

5 Fetch Queued Images

Fetch Queued Image는 이미지 생성 결과 확인이 늦어질 경우 생성이 완료되었는지 확인하는 API입니다.

가끔 출력값의 status에는 processing, output에는 아무것도 없는 빈 배열이 출력되는 경우가 있습니다. 이는 스테이블 디퓨전 API 서버에서 이미지 생성이 늦어질 것이 예상될 때 사용자가 한없이 기다리는 상황을 방지하기 위해 응답한 조치의 결과입니다.

이럴 경우, 다음과 같이 API를 요청하여 이미지 생성이 완료되었는지 확인해야 합니다.

```python
import requests
import json

url="https://stablediffusionapi.com/api/v3/fetch/12202888"

payload=json.dumps({
    "key": SD_API_KEY
})

headers={
    'Content-Type': 'application/json'
}

response=requests.request("POST", url, headers=headers, data=payload)
response_data=json.loads(response.text)

print(json.dumps(response_data, indent=4))
```

API 요청 시 필요한 데이터는 Key 값 하나입니다. API를 요청하면 가장 최근에 대기열로 잡힌 작업에 대해 다음과 같은 출력값으로 진행 상황을 알려 줍니다.

```json
{
    "status": "success",
    "id": 12202888,
    "output": [
        "https://pub-3626123a908346a7a8be8d9295f44e26.r2.dev/generations/
c0cfe1e4-e29f-4dea-aac3-7865bad0ca9d-1.png "
    ]
}
```

status의 상태가 success면 처리가 완료되었다는 것을 뜻합니다. output에서 결과물을 확인할 수 있습니다. 만약, status의 상태가 success가 아닌 failed라면 이미지 생성에 실패했거나 대기열에 잡히지 않았을 경우입니다. 작업이 늦어져 여전히 처리 중이라면 status의 상태는 processing으로 출력됩니다.

3 스테이블 디퓨전 API와 그라디오로 책 생성 프로그램 제작하기

소설에는 글과 글 사이에 삽화가 삽입되어 있는 경우가 많습니다. 그림을 추가함으로써 글로 전달할 내용을 시각적으로도 보여 줌으로써 독자들이 이해하기 쉽게 해 줍니다. 글만으로는 전달하기 어려운 내용을 시각적으로 표현하기 때문에 이야기 속의 장면을 좀 더 쉽게 상상할 수 있고 흥미를 유발하게 해 줍니다. 이러한 이미지는 이야기의 내용과 장면이 연계되어 머릿속에 오래 남는 경향이 크기 때문에 단순 글로만 된 소설보다는 오래 기억됩니다. 이러한 이유로 소설에서 삽화를 추가하는 것은 필수적인 요소라고 할 수 있습니다. 하지만 삽화를 그리는 것은 많은 시간이 필요한 어려운 작업입니다. 앞서 배운 내용을 활용하여 스테이블 디퓨전 API와 그라디오(Gradio)를 활용하여 책 내용에 어울리는 삽화를 쉽게 생성하고 편집할 수 있는 챗봇을 제작한다면 그 과정이 단축될 수 있습니다. 이번에는 이미지 생성과 편집 기능을 포함한 프로그램을 제작하여 소설에 필요한 삽화를 쉽게 제작하고 편집할 수 있도록 하겠습니다. 앱은 다음 두 개의 탭으로 구성됩니다.

◆ 삽화 생성

기본적인 텍스트 입력으로 이미지를 생성할 수 있도록 하려고 합니다. 여기에 소설 내용에 어울리는 프롬프트를 작성할 수 있도록 한다면 보다 편리한 기능이 될 수 있습니다. 따라서 소설 내용에 어울리는 프롬프트를 생성하는 기능과 프롬프트 기반으로 이미지를 생성하는 앱을 제작해 보겠습니다.

◆ 이미지 편집

생성된 이미지의 많은 부분을 변경해야 할 수 있습니다. 수정할 부분을 선택한 후에 어떻게 편집할지 텍스트 입력만으로도 바꿀 수 있다면 편리한 편집 기능이 될 수 있습니다. 따라서 수정할 부분을 선택한 후에 프롬프트 기반으로 이미지를 편집하는 앱을 제작해 보겠습니다.

3-1 스테이블 디퓨전으로 삽화 생성 앱 구현하기

1 삽화 생성 레이아웃 구성하기

기본적인 삽화 생성 레이아웃은 다음과 같습니다. 제일 상단에는 제목이 있습니다. 그 아래의 왼쪽 칼럼에는 이미지를 생성하기 위한 프롬프트 입력 창, 소설 내용 입력 창 그리고 생성될 이미지의 크기를 결정할 수 있는 옵션 창이 있습니다. 오른쪽 칼럼에는 이미지 상태 창과 생성된 이미지 창, [이미지 생성] 버튼과 [이미지 새로고침] 버튼을 배치하였습니다.

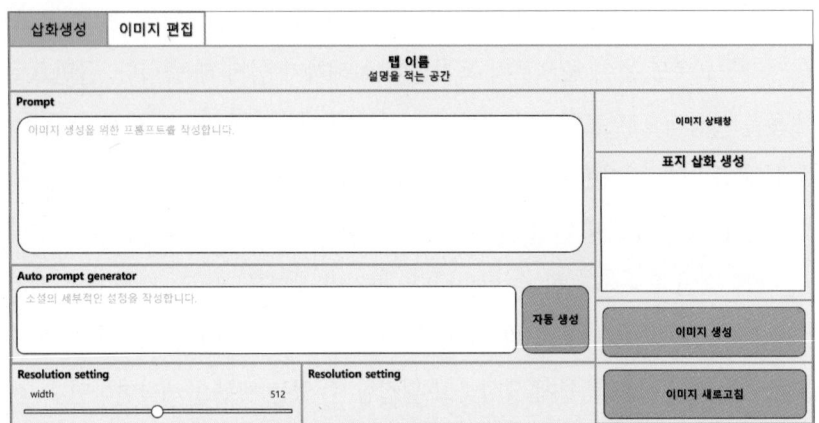

[그림 4-25] 삽화 생성봇 레이아웃 전체

이 레이아웃 구성을 간략하게 표현하면 [그림 4-26]과 같습니다.

삽화생성	이미지 편집		
#1			
#2			#7
			#8
#3		#4	#9
#5		#6	#10

[그림 4-26] 삽화 생성봇 레이아웃 구성

앞서 배운 내용을 바탕으로 위 레이아웃을 구성할 수 있는 코드를 간략하게 구성해 보겠습니다.

```python
import gradio as gr
with gr.Blocks(theme=gr.themes.Default()) as app:
    with gr.Tab("삽화 생성"):
        with gr.Row():
            #1
            gr.Markdown(
                value="""
                # <center>삽화 생성</center>
                <center>짧은 소설에 어울리는 이미지를 생성할 수 있습니다.</center>
                """)
        with gr.Row():
            with gr.Column():
                #2
                pos_prompt=gr.Textbox(
                    label="이미지 생성 프롬프트를 작성해 주세요"
                )
                with gr.Row():
                    #3
                    auto_prompt_generator=gr.Textbox(
                        label="자동 프롬프트 생성",
                    )
                    #4
                    prompt_generator_btn=gr.Button(
                        value="자동\n생성")
                with gr.Group():
                    with gr.Row():
                        #5
                        img_width=gr.Slider(
                            label="Width"
                            )
                        #6
                        img_height=gr.Slider(
                            label="Height"
                            )
            with gr.Column():
                #7
                output_status=gr.Textbox(
                    label="이미지 상태 출력"
                    )
                #8
```

```
            output_img=gr.Image(
                label="이미지가 생성됩니다."
                )
            #9
            generator_img=gr.Button(
                value="이미지 생성"
                )
            #10
            refresh_img_btn=gr.Button(
                value="이미지 새로고침"
                )
```

각각의 컴포넌트에 변수를 설정하고 기본적인 레이블(label)을 설정하였습니다.

    #1 제목입니다.
    #2 이미지를 생성하기 위한 positive 프롬프트 입력 창입니다.
    #3, #4 자동 프롬프트를 입력하기 위한 입력 창과 버튼입니다.
    #5, #6 생성될 이미지의 세부 설정 사항입니다. 이미지의 가로, 세로를 입력할 수 있습니다.
    #7 생성되는 이미지의 상태가 출력됩니다.
    #8 생성 이미지가 출력됩니다.
    #9 이미지 생성 버튼입니다.
    #10 이미지 생성이 지연될 경우, 새로고침 버튼입니다.

위 코드를 실행했을 때 볼 수 있는 레이아웃 결과는 다음과 같습니다.

[그림 4-27] 삽화 생성봇 레이아웃 구현

② 삽화 생성 레이아웃 구현 - 레이아웃 상세 설정

다음으로는 레이아웃의 크기와 여러 옵션값들을 설정하여 보기좋은 레이아웃을 구성해 보겠습니다.

```python
with gr.Blocks(theme=gr.themes.Default()) as app:
    with gr.Tab("삽화 생성"):
        with gr.Row():
            #1
            gr.Markdown(
                value="""
                # <center>삽화 생성</center>
                <center>짧은 소설에 어울리는 이미지를 생성할 수 있습니다.</center>
                """)
        with gr.Row():
            # column1
            with gr.Column(scale=5):
                #2
                pos_prompt=gr.Textbox(
                    label="이미지 생성 프롬프트를 작성해 주세요",
                    value= "ultra realistic close up portrait ((beautiful
pale cyberpunk female with heavy black eyeliner))",
                    lines=8,
                    interactive=True
                )
                with gr.Row():
                    #3
                    auto_prompt_generator=gr.Textbox(
                        label="자동 프롬프트 생성",
                        lines=6,
                        placeholder="이미지 생성을 위한 소설 내용을 작성해 주세요.
자동으로 프롬프트가 생성됩니다.",
                        scale=7
                    )
                    #4
                    prompt_generator_btn=gr.Button(
                        scale=1,
                        value="자동\n생성")
                with gr.Group():
                    with gr.Row():
                        #5
                        img_width=gr.Slider(
```

```
                            label = "Width",
                            maximum = 1024,
                            value = 512,
                            interactive = True
    )
                        #6
                        img_height = gr.Slider(
                            label = "Height",
                            maximum = 1024,
                            value = 512,
                            interactive = True
    )
                #column2
                with gr.Column(scale = 3):
                    #7
                    output_status = gr.Textbox(
                        show_label = False,
                        lines = 1,
                        placeholder = "이미지 상태가 출력됩니다."
                        )
                    #8
                    generator_img = gr.Image(
                        value = ""https://pub-3626123a908346a7a8be8d9295f44e26.
    r2.dev/generations/8c595b57-563c-4417-9bfb-96aaebbb30b3-0.png",
                        label = "이미지가 생성됩니다."
                        )
                    #9
                    generator_img_btn = gr.Button(
                        value = "이미지 생성"
                        )
                    #10
                    refresh_img_btn = gr.Button(
                        value = "이미지 새로고침"
                        )
```

\# column1의 세부 사항입니다. 보기 좋게 비율을 scale=5를 지정하였습니다.

#2의 세부 사항입니다.

- value= "ultra realistic close up portrait ((beautiful pale cyberpunk female with heavy black
  eyeliner))"

value에는 API 공식 문서에 나와 있는 기본값을 입력해 보겠습니다. 예시처럼 기본 프롬프트가 출력됩니다. 생성하고자 하는 이미지에 맞게 변경할 수 있습니다.

- **interactive=True**

  interactive에는 True로 설정해야 Textbox의 입력값들을 변경할 수 있습니다.

#3의 세부 사항입니다.

- **scale = 7**

  scale은 비율을 설정합니다.

#4의 세부 사항입니다.

- **scale = 1**

  scale의 비율을 1로 설정하여 #3과 #4의 비율이 7:1의 비율로 생성되도록 설정하였습니다.

#5, #6의 세부 사항입니다.

- **maximum = 1024**

  maximum은 크기의 최댓값을 설정합니다. 최대 1024까지 가능하기 때문에 최댓값은 1024로 설정하겠습니다.

- **Value = 512**

  value는 기본값을 설정합니다. 512 크기의 값을 받을 수 있도록 설정하였습니다.

- **Interactive = True**

  interactive에는 True로 설정해야 Textbox의 입력값들을 변경할 수 있습니다.

`# column2`의 세부 사항입니다. 보기 좋게 비율을 `scale = 3`으로 지정하였습니다.

#7의 세부 사항입니다.

- **placeholder="이미지 상태가 출력됩니다."**

  placeholder는 입력되지 않았을 때 기본적으로 표시되는 내용입니다.

#8의 세부 사항입니다.

- show_label=False
  왼쪽 상단에 표시되는 label을 표시되지 않게 설정하였습니다.
- value= "https://pub-3626123a908346a7a8be8d9295f44e26.r2.dev/generations/8c595b57-563c-4417-9bfb-96aaebbb30b3-0.png"

기본 이미지 링크를 입력하여 처음에 예시 이미지가 표시될 수 있게 설정하였습니다. 기본적인 레이아웃 구성이 완료되었습니다.

[그림 4-28] 삽화 생성봇 레이아웃 완성

③ 삽화 생성 기능 구현하기

이제 삽화 생성 탭의 기능을 구현해 보겠습니다. 추가할 기능은 다음과 같이 세 가지의 함수와 이벤트 리스너로 구성됩니다.

- 자동 프롬프트 생성
- 스테이블 디퓨전 기본 이미지 API 요청
- 이미지 다시 불러오기
- 이벤트 리스너

◆ 자동 프롬프트 완성

```python
from openai import OpenAI
from google.colab import userdata
import os


openai_key=userdata.get('OPENAI_API_KEY')
os.environ["OPENAI_API_KEY"]=openai_key
SD_API_KEY=userdata.get('SD_API_KEY')

# 자동 프롬프트 생성
def novel_keyword(nobel_input):
    system_prompt="당신은 주어지는 내용에 어울리는 이미지를 추천하는 역할을 합니다. 이
미지를 묘사하는 키워드를 영어로, 콤마로 알려주세요"
    client=OpenAI()
    completion=client.chat.completions.create(
        model="gpt-3.5-turbo",
        temperature=0,
        messages=[
            {"role": "system", "content": system_prompt},
            {"role": "user", "content": nobel_input}
        ])
    return completion.choices[0].message.content
```

   스테이블 디퓨전은 콤마로 구분된 키워드들을 프롬프트로 입력받습니다. 따라서 간단하게 소설 내용을 입력으로 받아 요약 키워드로 추출할 수 있도록 구성하였습니다. 소설 내용을 `nobel_input` 매개변수로 입력값을 받습니다.

- **system_prompt**
  챗GPT의 system_prompt를 설정하여, 소설의 내용을 기반으로 키워드를 추출할 수 있도록 작성하였습니다.

- **nobel_input**
  nobel_input은 자동 프롬프트 생성을 위해 입력으로 받게 되는 값은 소설 내용 값입니다.

- **client = OpenAI( )**
  openai 객체를 설정합니다.

- **completion**
  messages를 설정하여 system_prompt를 system으로 설정합니다. 그리고 소설 내용인 nobel_input을 user 내용으로 입력합니다.

- **return completion.choices[0].message.content**
  최종 답변을 반환받도록 합니다.

◆ **스테이블 디퓨전 기본 이미지 API 요청**

기본적으로 API 요청에는 URL과 요청 양식이 있습니다. 실행 함수를 구현하기에 앞서서 필요한 변수를 설정하겠습니다.

```python
# 스테이블 디퓨전 기본 이미지 API 요청
import requests
import json

def sd_call(prompt, width, height):
    url = "https://stablediffusionapi.com/api/v3/text2img"
    payload = json.dumps({
        "key": SD_API_KEY,
        "prompt": prompt,
        "negative_prompt": "ng_deepnegative_v1_75t, (worst quality:1.4), (low
quality:1.4), (normal quality:1.4), lowres, (nsfw:1.4)",
        "width": width,
        "height": height,
        "samples": "1",
        "num_inference_steps": "20",
        "seed": None,
        "guidance_scale": 7.5,
        "safety_checker": "yes",
        "multi_lingual": "no",
        "panorama": "no",
        "self_attention": "no",
        "upscale": "no",
        "embeddings_model": None,
        "webhook": None,
        "track_id": None
    })
    headers = {
        'Content-Type': 'application/json'
    }
    response = requests.request("POST", url, headers=headers, data=payload)
    response_data = json.loads(response.text)
    if response_data["status"] == "success":
        image_link = response_data["output"][0]
        fetch_result = "이미지 생성이 완료되었습니다"
```

```
            elif response_data["status"] == "processing":
                image_link=None
                fetch_result=response_data["fetch_result"]
            else:
                image_link=None
                fetch_result="실패입니다. 다시 실행해 주세요"
            return image_link, fetch_result
```

- **prompt, width, height**

  prompt와 width, height 값을 입력값으로 받습니다.

- **url**

  API 요청을 위한 text to image 기본 주소입니다. 이 주소로 이미지 생성 요청을 보내게 됩니다.

- **payload**

  payload는 API 요청을 보낼 때 필요한 여러 옵션 값이 들어가 있습니다. 이 옵션 값에서 바꿔야 하는 부분은 prompt와 width, height입니다. 그 밖의 옵션도 자유롭게 설정하여 원하는 이미지를 얻을 수 있습니다.

- **headers**

  요청할 때 headers의 정보로 들어갈 내용입니다. JSON의 형태로 요청할 예정이므로 'application/json'로 타입을 설정하였습니다.

- **response = requests.request( )**

  requests를 통해 paypload 데이터를 API 형태로 보내게 됩니다. 그 설정값으로 이미지가 생성되고 이미지가 잘 생성되었는지 여부와 이미지 주소 등이 응답 결과로 주어지게 됩니다.

- **response_data = json.loads(response.text)**

  response.text는 JSON 결과이므로 딕셔너리의 형태로 받아오기 위해 json.loads를 이용해 딕셔너리로 변환하게 됩니다. 그 딕셔너리를 response_data에 바인딩합니다.

- **if response_data["status"] == "success":**

      image_link = response_data["output"][0]

      fetch_result = "이미지 생성이 완료되었습니다"

  response_data["status"]의 값이 "success"라는 것은 이미지가 생성되었다는 것입니다. 이 경우, image_link에는 response_data["output"][0]의 값을 저장하고 fetch_result에는 "이미지 생성이 완료되었습니다" 라는 결과 내용을 대입합니다.

- **elif response_data["status"] == "processing":**

      image_link = None

      fetch_result = response_data["fetch_result"]

response_data["status"]의 값이 "processing"이라는 것은 아직 이미지가 생성 중이라는 것을 의미합니다. 이 경우에는 image_link를 None으로 처리해야 합니다. response_data["fetch_result"]는 이미지 다시 불러오기를 위한 이미지 주소입니다. 이 값을 fetch_result 변수에 저장합니다.

- **else:**

  image_link = None

  fetch_result = "실패입니다. 다시 실행해 주세요"

  response_data["status"] = "failed"인 경우를 else로 처리하였습니다. 이때는 API 요청이 제대로 이뤄지지 않고 있으므로 image_link를 None으로 처리하고 fetch_result 값에는 다시 실행해 달라는 요청을 저장하였습니다.

- **return image_link, fetch_result**

  image_link와 fetch_result의 두 가지 값을 반환합니다. image_link는 이미지 컴포넌트로 전달될 값이고, fetch_result는 이미지 다시 불러오기를 위한 편집 이미지 주소 컴포넌트에 전달될 값입니다.

◆ 이미지 다시 불러오기

```python
def sd_recall(fetch_result):
    url = fetch_result
    payload = json.dumps({
        "key": SD_API_KEY
    })
    headers = {
        'Content-Type': 'application/json'
    }
    response = requests.request("POST", url, headers=headers, data=payload)
    response_data = json.loads(response.text)

    image_link = response_data["output"]
    if not image_link:
        image_link = None
    else:
        image_link = image_link[0]
    return image_link
```

- **url = fetch_result**

  fetch_result를 API 요청하게 되면 결과를 반환하게 됩니다. 앞서 출력해 놓았던 fetch_result 주소를 바탕으로 API를 요청하게 됩니다.

- **payload = json.dumps({**

      "key": SD_API_KEY

```
})
```

fetch_result 주소만 있다면 만들어지고 있는 이미지 조회가 가능합니다. 이때 필요한 옵션값은 주소와 api_key입니다.

- **headers**

  위의 내용과 동일합니다. headers 정보에서는 Content-Type을 application/json으로 설정합니다.

- **response, response_data, if ~ else**

  위의 내용과 동일합니다. response_data["status"]가 success인 경우에 image_link를 결과로 반환하게 됩니다.

◆ **이벤트 리스너 추가하기**

다음 이벤트 리스너와 컴포넌트들을 연결해 보겠습니다.

- 자동 생성 버튼 클릭
- 이미지 생성 버튼 클릭
- 이미지 새로고침 버튼 클릭

```python
with gr.Blocks(theme=gr.themes.Default()) as app:
    with gr.Tab("삽화 생성"):
        ...(중략)
        # 자동 생성 버튼 클릭
        prompt_generator_btn.click(
            fn=novel_keyword,
            inputs=[auto_prompt_generator],
            outputs=[pos_prompt]
            )
        # 이미지 생성 버튼 클릭
        generator_img_btn.click(
            fn=sd_call,
            inputs=[pos_prompt, img_width, img_height],
            outputs=[generator_img, output_status]
            )
        # 이미지 새로고침 버튼 클릭
        refresh_img_btn.click(
            fn=sd_recall,
            inputs=[output_status],
            outputs=[generator_img]
            )
```

자동 생성 버튼 클릭

스테이블 디퓨전은 프롬프트에 문장으로 입력하여 이미지를 생성할 수 있지만, 핵심 키워드 입력으로도 생성할 수 있습니다. 따라서 긴 소설과 같은 내용으로 이미지를 생성하는 것보다 요약된 키워드들로 이미지를 생성하면 좋은 결과를 얻을 수 있습니다. 소설에서 핵심 키워드들을 추출할 수 있는 기능을 구현해 보겠습니다.

- **fn=novel_keyword**
  앞서 만든 novel_keyword 함수를 적용하여 결괏값을 반환받습니다.

- **inputs=[auto_prompt_generator]**
  입력으로는 auto_prompt_generator의 텍스트 박스에 입력한 소설의 내용을 입력으로 받습니다.

- **outputs=[pos_prompt]**
  함수 반환 결과를 pos_prompt에 결과로 출력하게 됩니다. 소설 내용에 어울리는 이미지에 대한 키워드들을 결과로 받을 수 있습니다.

이미지 생성 버튼 클릭

- **fn=sd_call**
  함수는 앞서 만든 sd_call 함수를 적용하여 api 요청을 진행하게 됩니다.

- **inputs=[pos_prompt, img_width, img_height]**
  pos_prompt 내용과 이미지 크기를 입력으로 받습니다.

- **outputs=[output_img, output_status]**
  함수 처리 결과를 output_img와 url 링크로 출력하게 됩니다.

이미지 새로 고침 버튼 클릭

이미지가 생성 중일 때는 이미지 주소가 아닌 임시 이미지 주소가 반환됩니다. 그렇기 때문에 이미지 생성이 완료될 때 [새로고침]을 눌러 이미지 주소를 반환받아야 합니다. 이때 실행되는 이벤트 처리입니다.

- **fn=sd_recall**
  sd_recall 함수를 적용하여 이미지 다시 불러오기를 실행합니다.

- **inputs=[output_status]**

  url 링크를 입력으로 받도록 합니다.

- **outputs=[output_img]**

  함수 처리 결과를 다시 output_img로 출력하게 됩니다.

4 삽화 생성 실행 결과

기본 프롬프트로 이미지를 생성한 결과입니다. 프롬프트를 설정하여 원하는 이미지를 만들 수 있습니다.

◆ 이미지 생성 성공 예시

[그림 4-29] 이미지 기본 생성 성공 예시

◆ 이미지 생성 진행

이미지 생성이 진행 중일 때는 background로 처리되기 때문에 앞서 만든 이미지 다시 불러오기 기능을 사용하여 이미지 새로고침을 진행할 수 있습니다. processing인 경우에는 다음과 같이 fetch API 요청을 실행할 수 있는 주소가 출력됩니다. 이런 화면 출력 시에는 [이미지 새로고침] 버튼을 클릭하여 이미지가 완전히 생성되었을 때 다시 불러오기를 할 수 있습니다.

[그림 4-30] 이미지 기본 생성 Processing 예시

다음은 새로고침을 눌렀을 때 이미지를 정상적으로 다시 불러온 결과입니다.

[그림 4-31] 이미지 기본 생성 새로고침 예시

◆ 이미지 생성 실패 시

API 요청이 제대로 처리가 되지 않을 경우에 failed 응답을 받게 됩니다. 앞서 구현한 내용을 바탕으로 실패 시에는 '실패입니다. 다시 실행해 주세요'라는 문구가 출력됩니다. 이때는 [이미지 생성] 버튼을 새로 눌러 새롭게 생성을 진행할 수 있습니다.

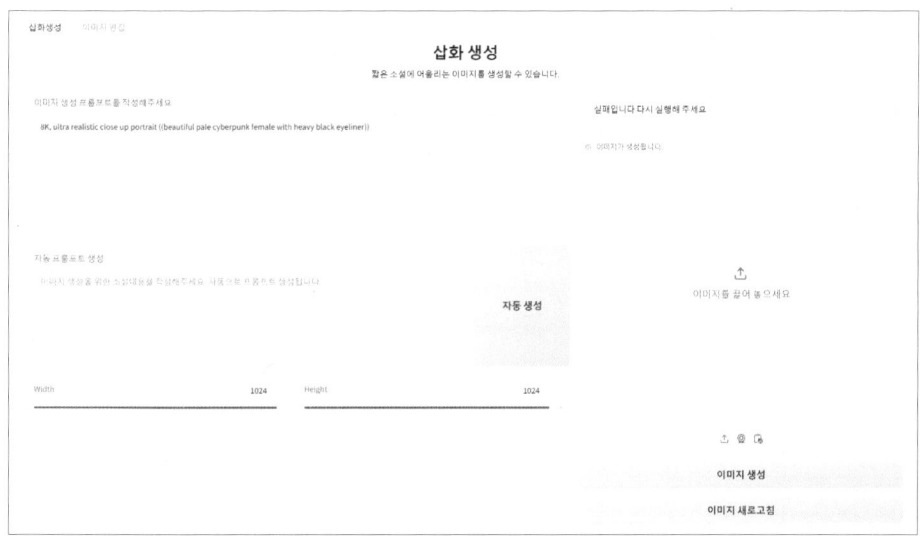

[그림 4-32] 이미지 기본 생성 실패 예시

　　프롬프트에 맞는 이미지를 생성할 수 있는 삽화 생성 기능이 완성되었습니다. 자동 프롬프트 생성을 통해 소설의 내용에 맞는 프롬프트 완성 기능도 활용할 수 있습니다. 다음은 간단한 소설에 맞게 자동 완성된 프롬프트로 이미지를 생성한 결과입니다.

한 놀이공원에 예쁘고 귀여운 소녀가 있었습니다. 그녀의 이름은 미소였어요. 미소는 금발에 파란 눈동자를 가진 매력적인 얼굴을 가졌고, 항상 활기차고 밝은 웃음소리가 머리 위에서 울렸어요. 어느 날, 미소는 놀이공원에서 사슴을 만났어요. 그 사슴은 작고 하얀 털을 가졌으며, 아름다운 뿔을 두 개 키워서 자랑스러웠어요. 미소는 사슴을 보자마자 두 손을 흥미로이 뻗어 사슴에게 다가갔어요.

사슴은 미소에게 귀엽게 웃으며 다가왔어요. 미소는 손을 뻗어 사슴의 털을 쓸어 주고, 사슴은 기뻐서 살랑살랑 꼬리를 흔들었어요. 그들은 함께 놀이공원을 돌아다니며 많은 재미있는 놀이기구를 탔어요. 미소와 사슴은 마법 같은 순간을 함께 나누었고, 서로의 친구가 되었어요.

놀이공원에서 일몰이 시작되자 미소와 사슴은 아름다운 풍경을 구경하기 위해 언덕 위로 올라갔어요. 미소는 사슴과 함께 하늘을 바라보며 하얀 구름과 붉게 물든 노을을 감상했어요. 그 순간, 미소는 행복한 마음이 가득 차오르며 사슴에게 깊은 감사를 표현했어요.

이후로도 미소와 사슴은 항상 함께 놀았어요. 사슴은 미소를 위해 예쁜 꽃을 따고, 미소는 사슴에게 맛있는 과자를 선물해 줬어요. 그들 사이의 우정은 시간이 흘러도 변함없이 계속되었고, 미소와 사슴은 언제나 서로를 응원하고 도와주며 행복한 시간을 보냈어요.

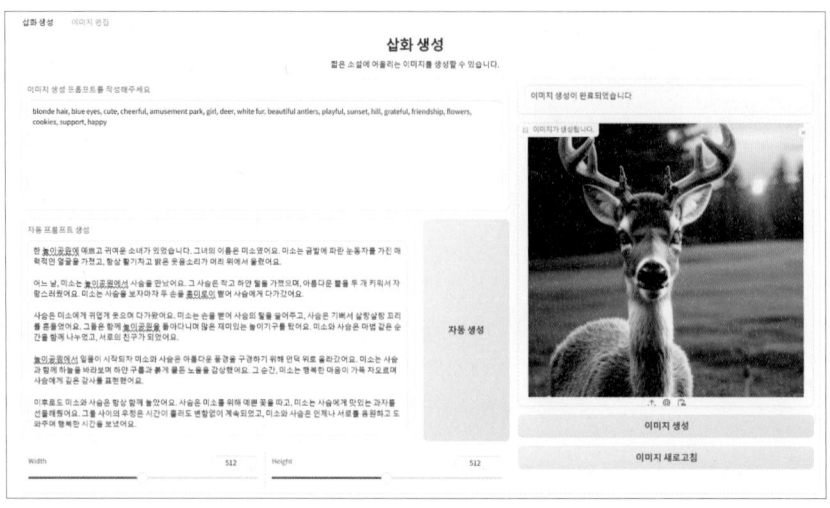

[그림 4-33] 소설 내용 요약 이미지 생성 예시

3-2 스테이블 디퓨전 이미지 편집 앱 구현하기

1 이미지 편집 레이아웃 구성하기

   기본적인 이미지 편집 탭의 레이아웃은 다음과 같습니다. 총 4개의 row로 구성하였습니다. 제일 상단에는 제목이 있습니다. 그 아래로는 프롬프트 입력 창과 [이미지 편집] 버튼이 있습니다. 그 아래로는 이미지 상태 창과 [새로고침] 버튼이 있습니다. 제일 하단에는 원본 이미지와 수정된 이미지를 볼 수 있게 레이아웃을 구성하였습니다.

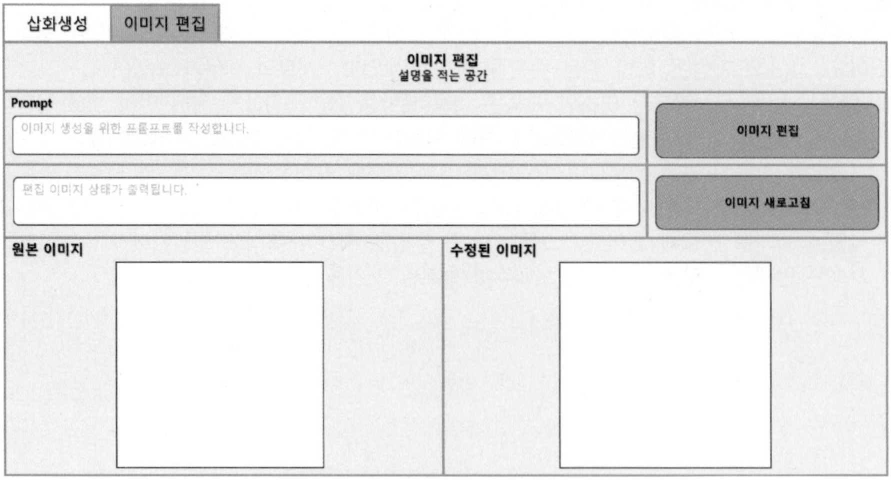

[그림 4-34] 이미지 편집봇 레이아웃 전체

이 레이아웃 구성을 간략하게 표현하면 [그림 4-35]와 같습니다.

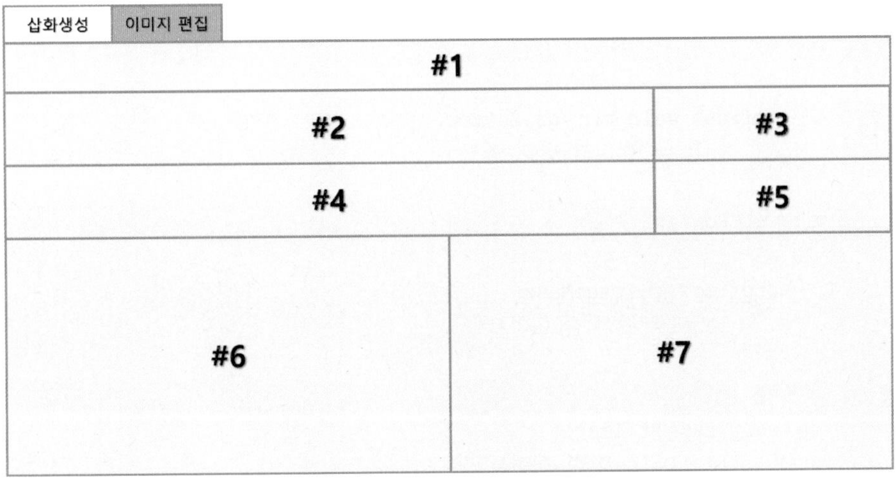

[그림 4-35] 이미지 편집봇 레이아웃 구성

위의 레이아웃을 구성할 수 있는 코드를 간략하게 구성해 보겠습니다.

```python
import gradio as gr
with gr.Blocks(theme=gr.themes.Default()) as app:
    with gr.Tab("삽화생성"):
        ...(중략)
    with gr.Tab("이미지 편집") as edit_tab:
        with gr.Row():
            #1
            gr.Markdown(
                value="""
                # <center>이미지 편집</center>
                <center>생성한 이미지를 편집할 수 있습니다.</center>
                """)
        with gr.Row():
            #2
            edit_prompt=gr.Textbox(
                label="이미지 수정 프롬프트를 작성해 주세요"
            )
            #3
            edit_btn=gr.Button(
                value="이미지 편집"
            )
```

```
        with gr.Row():
            #4
            edit_status=gr.Textbox(
            )
            #5
            refresh_edit_btn=gr.Button(
                value="이미지 새로고침"
            )
        with gr.Row():
            #6
            org_img=gr.ImageMask(
                label="수정 전 이미지"
            )
            #7
            edit_img=gr.Image(
                label="수정 후 이미지"
                )

app.launch()
```

#1 제목입니다.

#2, #3 이미지 수정을 위한 프롬프트 입력 창과 제출 버튼입니다.

#4 생성된 이미지의 상태가 출력됩니다.

#5 이미지 새로고침 버튼입니다.

#6, #7 원본 이미지와 수정된 이미지입니다.

위의 코드로 실행했을 때 볼 수 있는 레이아웃 결과는 다음과 같습니다.

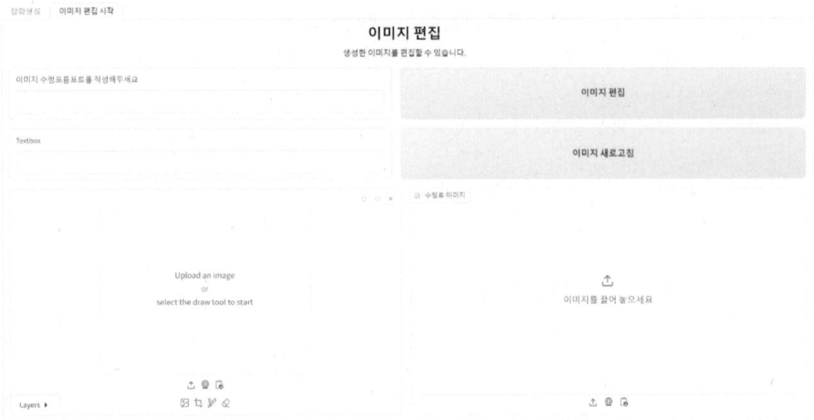

[그림 4-36] 이미지 편집봇 레이아웃 구현

② 이미지 편집 레이아웃 구현 – 레이아웃 상세 설정

레이아웃의 크기와 옵션 값들을 설정하여 레이아웃을 보기 좋게 만들어 보겠습니다.

```python
with gr.Blocks(theme=gr.themes.Default()) as app:
    with gr.Tab("삽화 생성"):
        ...(중략)
    with gr.Tab("이미지 편집") as edit_tab:
        with gr.Row():
            #1
            gr.Markdown(
                value="""
                # <center>이미지 편집</center>
                <center>생성한 이미지를 편집할 수 있습니다.</center>
                """)
        with gr.Row():
            #2
            edit_prompt=gr.Textbox(
                label="이미지 수정 프롬프트를 작성해 주세요",
                value="black hair",
                lines=5,
                interactive=True,
                scale=7
            )
            #3
            edit_btn=gr.Button(
                value="이미지 편집",
                scale=1
            )
        with gr.Row():
            #4
            edit_status=gr.Textbox(
                show_label=False,
                lines=1,
                placeholder="편집 이미지 상태가 출력됩니다.",
                scale=7
            )
            #5
            refresh_edit_btn=gr.Button(
                value="이미지 새로고침",
                scale=1
            )
        with gr.Row():
```

```
                    #6
                    org_img = gr.ImageMask(
                        label = "수정 전 이미지",
                        image_mode = 'RGB',
                        brush = gr.Brush(
                            default_size = 20,
                            colors = ["#FFFFFF"],
                            color_mode = "fixed",
                            ),
                        show_label = True
                        )
                    #7
                    edit_img = gr.Image(
                        label = "수정 후 이미지"
                        )
    app.launch()
```

#2의 세부 사항입니다.

- **value = "black hair"**
  이미지를 편집할 때 사용될 기본 프롬프트 예시로 "black hair" 문구를 삽입했습니다. 원하는 예시 프롬프트로 변경해도 좋습니다.

- **lines = 5**
  5라인으로 설정하였습니다. 원하는 레이아웃에 맞춰 변경해도 좋습니다.

- **Interactive = True**
  프롬프트 내용을 수정할 수 있도록 True로 설정하였습니다.

- **scale = 7**
  크기를 7로 설정하여 버튼과 비율을 맞추었습니다.

#3의 세부 사항입니다.

- **scale = 1**
  크기를 1로 설정하여 프롬프트와 7대1의 비율로 나타나도록 하였습니다.

#4의 세부 사항입니다.

- **show_label = False**
  Textbox의 왼쪽 상단에 기본적으로 노출되는 레이블을 보이지 않게 처리하였습니다.

- lines = 1

  주소만 출력할 것이므로 라인을 1로 설정하였습니다.

- placeholder = "편집 이미지 상태가 출력됩니다."

  임시로 보이는 문구를 설정하였습니다.

- scale = 7

  크기를 7로 설정하여 버튼과 비율을 맞추었습니다.

#5의 세부 사항입니다.

- scale = 1

  크기를 1로 설정하여 프롬프트와 7:1의 비율로 나타나도록 하였습니다.

#6의 세부 사항입니다.

- image_mode = 'RGB'

  RGB로 해야 적절한 mask 이미지가 만들어집니다.

- brush = gr.Brush(

      default_size = 20,

      colors = ["#FFFFFF"],

      color_mode = "fixed")

  마스크 이미지를 만들 브러시를 설정해 줍니다. 브러시의 크기와 색상, 모드를 각각 위와 같이 설정해 줍니다.

기본적인 레이아웃 구성이 완료되었습니다. [그림 4-37]은 위의 설정 결과 레이아웃입니다.

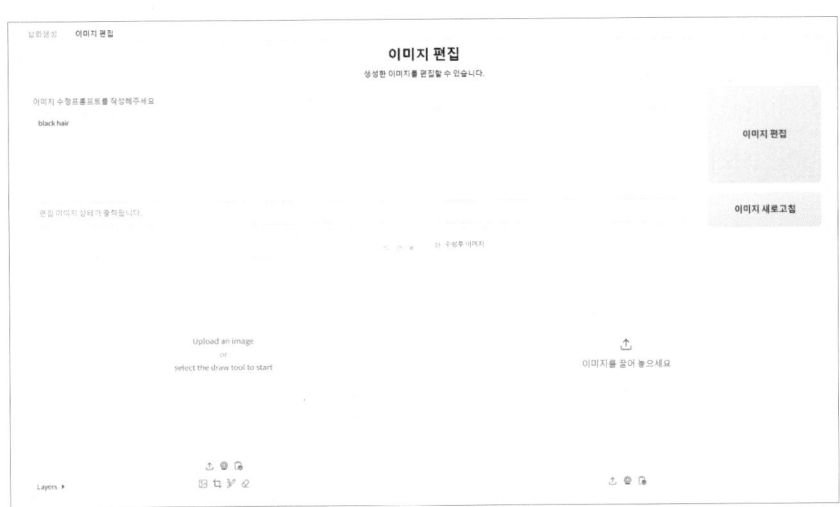

[그림 4-37] 이미지 편집 봇 레이아웃 완성

3 이미지 편집 기능 구현하기

이제 삽화 생성 탭의 기능을 구현해 보겠습니다. 추가할 기능은 다음과 같이 다섯 가지의 함수와 이벤트 리스너로 구성됩니다.

- 탭 전환 시 이미지 불러오기
- edit 이미지 base 64 변환
- base64를 이미지로 저장
- inpaint 이미지 요청
- edit 이미지 다시 불러오기
- 이벤트 리스너

◆ 탭 전환 시 이미지 불러오기

```
def edit_load_img(img_url):
    return img_url
```

삽화 생성 탭에서 만든 이미지를 이미지 편집 탭에서 편집해 보려고 합니다. [이미지 편집] 탭을 클릭하면 [삽화 생성] 탭에서 만든 이미지 주소를 가져오는 함수를 구현할 수 있습니다.

◆ edit 이미지 base 64 변환

Inpainting API 요청을 하기 위해서는 JSON 형태로 요청해야 합니다. 하지만 이미지는 일반적으로 텍스트 형태가 아니므로 이미지를 텍스트로 인코딩하여 보내야 합니다. 이때 사용하는 방법이 base64입니다. base64는 64개의 문자로 이루어진 알파벳 대문자, 소문자, 숫자 등으로 이뤄진 형태로 데이터를 문자의 형태로 나타낼 수 있습니다. 다음은 이미지의 모든 이진 데이터를 텍스트 형태로 인코딩하는 방법입니다.

```
import base64
def image_to_base64(image_path):
    with open(image_path, "rb") as image_file:
        encoded_image=base64.b64encode(image_file.read())
        encoded_string=encoded_image.decode('utf-8')
    return encoded_string
```

- **import base64**

  필요한 라이브러리를 불러옵니다.

- **with open(image_path, "rb") as image_file**

  with문을 사용하여 이미지를 image_file 변수에 할당합니다.

- **encoded_image = base64.b64encode(image_file.read())**

  할당된 이미지 파일 내용을 읽어와서 b64encode 함수를 사용하여 이진 데이터를 base64로 인코딩합니다.

- **encoded_string = encoded_image.decode('utf-8')**

  base64로 인코딩된 이진 데이터를 다시 UTF-8 문자열로 디코딩합니다. 이렇게 하면 바이너리 데이터가 아닌 텍스트 형식의 문자열이 완성됩니다.

◆ **base64를 이미지로 저장**

Inpainting API 요청 결과를 JSON으로 받게 되면 응답받는 이미지 데이터의 형식이 base64 입니다. 즉, 문자열 데이터이므로 이미지의 형태로 다시 변환해야 합니다. 다음은 base64를 이미지로 저장하고 그 경로를 반환하는 코드입니다.

```python
from io import BytesIO
from PIL import Image
def save_base64_image_from_url(url):
    file_path="edit_img.png"
    response=requests.get(url)
    base64_string=response.text
    image_data=base64.b64decode(base64_string)
    image=Image.open(BytesIO(image_data))
    image.save(file_path)
    return file_path
```

- **from io import BytesIO**

  BytesIO 클래스는 메모리 내의 바이트 데이터에 대한 입출력을 수행하는 데 사용

- **from PIL import Image**

  필요한 라이브러리를 불러옵니다. 앞서 불러왔다면 생략하면 됩니다.

- **file_path = "edit_img.png"**

  응답 이미지의 저장 경로를 지정합니다.

- **response = requests.get(url)**

base64 url 경로로부터 응답받아 response 변수에 할당합니다.

- **base64_string = response.text**
  HTTP 응답에서 받은 텍스트를 base64_string 변수에 저장합니다.

- **image_data = base64.b64decode(base64_string)**
  base64로 인코딩된 문자열을 디코딩하여 이진 데이터로 변환하고 이를 image_data 변수에 저장합니다.

- **image = Image.open(BytesIO(image_data))**
  이진 데이터로부터 이미지 객체를 생성합니다. BytesIO를 통해 메모리에서 바로 이미지를 열어 PIL 라이브러리에 있는 Image.open 함수를 통해 객체를 생성할 수 있습니다.

- **image.save(file_path)**
  image 객체를 이미지 주소로 저장합니다.

◆ Inpainting 이미지 API 요청

Inpainting 이미지 API 요청은 앞서 진행한 기본 API 요청과 거의 비슷합니다. 하지만 추가되는 내용이 있습니다. init_image와 mask_image가 있습니다. init_image는 원본 이미지이고 mask_image는 수정할 부분을 마킹한 mask 이미지입니다. 앞서 설명한 Inpainting API 요청을 참고해 기능을 구현하겠습니다.

```python
def edit_img_generator(input_img, prompt):
    # 이미지 저장
    background_img = input_img['background']
    background_img = Image.fromarray(background_img)
    background_img_path = "background_img.png"
    background_img.save(background_img_path)

    mask_img = input_img['layers'][0]
    mask_img_arr = Image.fromarray(mask_img)
    mask_img_arr_path = "masked_img.png"
    mask_img_arr.save(mask_img_arr_path)
    mask_img_arr = Image.fromarray(mask_img)
    mask_img_arr_path = "masked_img.png"
    mask_img_arr.save(mask_img_arr_path)

    background_img_base64 = image_to_base64(background_img_path)
    mask_img_base64 = image_to_base64(mask_img_arr_path)
```

```python
# inpaint 요청 파트
url="https://stablediffusionapi.com/api/v3/inpaint"
payload=json.dumps({
    "key": SD_API_KEY,
    "prompt": prompt,
    "negative_prompt": None,
    "init_image": background_img_base64,
    "mask_image": mask_img_base64,
    "width": "512",
    "height": "512",
    "samples": "1",
    "num_inference_steps": "30",
    "safety_checker": "no",
    "enhance_prompt": "yes",
    "guidance_scale": 7.5,
    "strength": 0.7,
    "base64": "yes",
    "seed": None,
    "webhook": None,
    "track_id": None
})

headers={
    'Content-Type': 'application/json'
}

response=requests.request("POST", url, headers=headers, data=payload)
response_data=json.loads(response.text)

if response_data["status"] == "success":
    image_link=save_base64_image_from_url(response_data["output"][0])
    fetch_result=""
elif response_data["status"] == "processing":
    image_link=None
    fetch_result=response_data["fetch_result"]
else:
    image_link=None
    fetch_result="실패입니다 다시 실행해 주세요"

print("결과입니다", response_data)
return image_link, fetch_result
```

이미지 저장 파트의 세부 사항입니다. Inpainting API를 사용하기 위해서는 원본 이미지와 수정할 부분을 마킹한 mask 이미지가 필요합니다. 여기에서는 앞서 작성한 base64를 이미지로 저장 함수인 image_to_base64를 이용해서 이미지를 base64로 변환하는 과정이 필요합니다.

- **input_img**
  입력받는 input_img에는 background, layers, composit의 세 개의 Key 값에 이미지가 저장되어 있습니다. background는 원본 이미지이고, layers에는 mask 이미지가 바인딩되어 있습니다.

- **background_img= input_img['background']**
  원본 데이터 입니다.원본 데이터는 numpy 배열로 되어 있습니다.

- **background_img= Image.fromarray(background_img)numpy**
  배열로부터 PIL Image 객체로 변환합니다.

- **background_img_path= "background_img.png"**
  원본 이미지를 저장할 경로를 "background_img.png"로 설정합니다.

- **background_img.save(background_img_path)PIL Image**
  객체를 지정된 파일 경로에 저장합니다.

- **mask_img= input_img['layers'][0]**
  마스크 이미지 데이터 입니다.마스크 이미지 데이터도 numpy 배열로 되어 있습니다.
  background_img의 이미지 데이터를 불러와 "background_img.png" 경로로 저장합니다. 그리고 앞서 만든 image_to_base64를 통해 base64로 변환하게 됩니다. 그 결과 background_img_base64에는 원본 이미지의 base64 결과가 바인딩됩니다.

- **mask_img= input_img['layers'][0]**
  마스크 이미지 데이터입니다.마스크 이미지 데이터도 numpy 배열로 되어 있습니다.

- **mask_img_arr= Image.fromarray(mask_img)numpy**
  배열로부터 PIL Image 객체로 변환합니다.

- **mask_img_arr_path= "masked_img.png"**
  마스크 이미지를 저장할 경로를 "masked_img.png"로 설정합니다.

- **mask_img_arr.save(mask_img_arr_path)PIL Image**
  객체를 지정된 파일 경로에 저장합니다.

- **mask_img_base64 = image_to_base64(mask_img_arr_path)**
  위의 background_img와 내용은 동일합니다. base64 변환 결과가 mask_img_base64에 바인딩됩니다.

inpaint api 요청 파트의 세부 사항입니다.

앞서 진행한 스테이블 디퓨전 API 기본 요청 내용과 비슷합니다.

- **URL**

  API 요청을 위한 Inpainting API 기본 주소입니다. 이 주소로 Inpainting API 요청을 보내게 됩니다.

- **payload**

  payload는 JSON 요청을 보낼 때 여러 옵션 값이 들어가 있습니다. 이 옵션 값에서 바꿔야 하는 부분은 prompt입니다. 편집할 부분에 대한 관련 prompt 내용입니다. 그 밖의 옵션도 자유롭게 설정하여 원하는 이미지를 얻을 수 있습니다. 그 외에도 옵션 설정하여 원하는 이미지를 얻을 수 있습니다.

- **headers**

  위의 내용과 동일합니다. 'application/json' 타입으로 설정하였습니다.

- **response = requests.request()**

  위의 내용과 동일합니다.

- **response_data = json.loads(response.text)**

  위의 내용과 동일합니다.

- **if response_data["status"] == "success":**

  image_link = save_base64_image_from_url(response_data["output"][0])

  fetch_result ="이미지 편집이 완료되었습니다"

  위의 내용과 비슷하지만 여기에서 결괏값은 base64 경로입니다. 따라서 앞서 작성한 save_base64_image_from_url 함수를 이용해서 base64 data를 이미지로 저장하고 그 경로를 image_link로 저장하게 됩니다. 저장이 잘되었으므로 fetch_result에는 이미지 편집이 완료되었다는 문구를 저장하였습니다.

- **elif response_data["status"] == "processing":**

  image_link = None

  fetch_result = response_data["fetch_result"]

  아직 이미지가 처리되고 있는 중입니다. 이때는 image_link를 None으로 처리해야 합니다. 그리고 fetch_result 값을 가져올 수 있도록 설정하였습니다.

- **else:**

  image_link = None

  fetch_result = "실패입니다 다시 실행해 주세요"

  response_data["status"] = "failed"인 경우를 else로 처리하였습니다. 이때에는 API 요청이 제대로 이뤄지지 않고 있으므로 image_link를 None으로 처리하고 fetch_result 값에는 다시 실행해 달라는 요청을 저장하였습니다.

  response_data["status"]의 값이 "success"라는 것은 이미지가 제대로 생성이 되었다는 것입니다. Inpainting의 경우 이미지가 제대로 생성된다 하더라도 response_data["output"][0]에 저장된 결과 데이터는 base64 경로이므로 앞서 작성한 save_base64_image_from_url 함수를 이용하여 base64경로의 데이터를 이미지로 저장해야 합니다. 저장된 이미지 경로를 반환하여 image_link에 저장하고 fetch_result에는 "이미지 편집이 완료되었습니다"라는 결과 내용을 대입합니다.

edit 이미지 다시 불러오기

```python
# edit 이미지 다시 불러오기
def sd_edit_recall(fetch_result):
    edit_url=sd_recall(fetch_result)
    image_link=save_base64_image_from_url(edit_url)
    return image_link
```

이미지가 생성 중인 경우에는 이미지 다시 불러오기를 실행해야 합니다. 그런데 인페인팅 API 요청의 경우 base64의 형태로 응답받기 때문에 앞서 만든 **save_base64_image_from_url** 함수를 실행하도록 하였습니다.

- **edit_url = sd_recall(fetch_result)**
  앞서 만든 sd_recall 함수를 통해 fetch_result 링크를 입력하면 생성되는 주소가 반환됩니다. 이때 주소는 base64 데이터 경로입니다.

- **image_link = save_base64_image_from_url(edit_url)**
  edit_url은 base64 데이터 경로이므로 save_base64_image_from_url 함수를 통해 base64 데이터를 이미지로 저장한 후에 그 경로를 image_link 결과로 저장하게 됩니다.

이벤트 리스너 추가하기

다음과 같은 이벤트가 일어났을 때 실행되는 함수와 요소들을 연결해 보겠습니다.

- 이미지 편집 탭 클릭 버튼 클릭
- 이미지 생성 버튼 클릭
- 이미지 새로고침 버튼 클릭

```python
with gr.Blocks(theme=gr.themes.Default()) as app:
    with gr.Tab("삽화 생성"):
        ...(중략)
    with gr.Tab("이미지 편집") as edit_tab:
        ...(중략)
    # 이미지 편집 탭 클릭
    edit_tab.select(
        fn=edit_load_img,
        inputs=[generator_img],
        outputs=[org_img]
    )
```

```
# 이미지 편집 버튼 클릭
edit_btn.click(
    fn=edit_img_generator,
    inputs=[org_img, edit_prompt],
    outputs=[edit_img, edit_status]
)
# 이미지
refresh_edit_btn.click(
    fn=sd_edit_recall,
    inputs=[edit_status],
    outputs=[edit_img]
)
```

이미지 편집 탭 클릭 버튼 클릭

앞에서 생성한 이미지를 편집에 사용할 예정입니다. edit_tab을 선택했을 때는 기본적으로 앞에서 생성한 이미지를 불러들일 수 있도록 하였습니다.

- **edit_tab.select**

  edit_tab.select 메서드는 탭이 선택되는 이벤트를 처리하는 함수입니다.

- **fn = edit_load_img**

  앞서 만든 edit_load_img 함수를 적용하여 결괏값을 반환받습니다. 그대로 주소를 전달합니다.

- **Inputs = [generator_img]**

  입력으로는 generator_imdp 표시되는 생성된 이미지입니다.

- **outputs = [org_img]**

  함수 반환 결과는 org_img에 결과로 출력되어 추후 이미지 편집에 사용됩니다.

이미지 생성 버튼 클릭

- **fn = edit_img_generator**

  앞서 만든 edit_img_generator 함수를 적용하여 결과를 반환받습니다.

- **Inputs = [org_img, edit_prompt]**

  edit_img_generator 함수에는 이미지와 프롬프트의 두 개의 매개변수를 입력으로 받습니다.

- **outputs = [edit_img, edit_status]**

  함수 반환 결과는 이미지 편집 결과와 edit_status 상태 창에 출력됩니다.

이미지 새로고침 버튼 클릭

- **fn = sd_edit_recall**
  앞서 만든 sd_edit_recall 함수를 적용하여 결과를 반환받습니다.

- **Inputs = [edit_status]**
  sd_edit_recall에는 임시 주소를 매개변수로 받습니다.

- **outputs = [edit_img]**
  함수 반환 결과를 이미지 편집 결과에 출력하게 됩니다.

4 이미지 편집 실행 결과

다음은 이미지 편집 과정입니다. 브러시 부분을 클릭하여 머리카락(헤어) 부분을 선택합니다. 그리고 어떻게 수정할지에 대해 이미지 수정 프롬프트를 작성해 줍니다. 여기에서는 white hair로 바꿔 달라는 프롬프트로 작성하였습니다. 이미지 편집을 클릭하면 수정된 이미지에 결과가 출력됩니다.

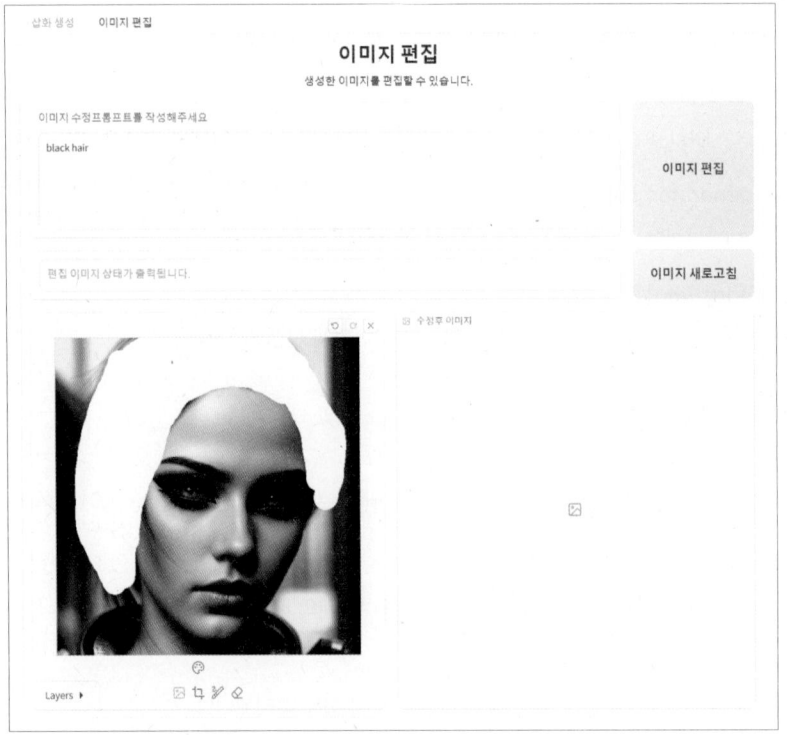

[그림 4-38] 편집 영역 선택하기

원본 이미지와 mask된 이미지 그리고 입력한 프롬프트를 바탕으로 이미지가 편집된 결과가 출력됩니다. 다음은 그 편집 결과입니다. 상황에 맞는 mask 영역을 설정한다면 원하는 이미지로 편집할 수 있습니다.

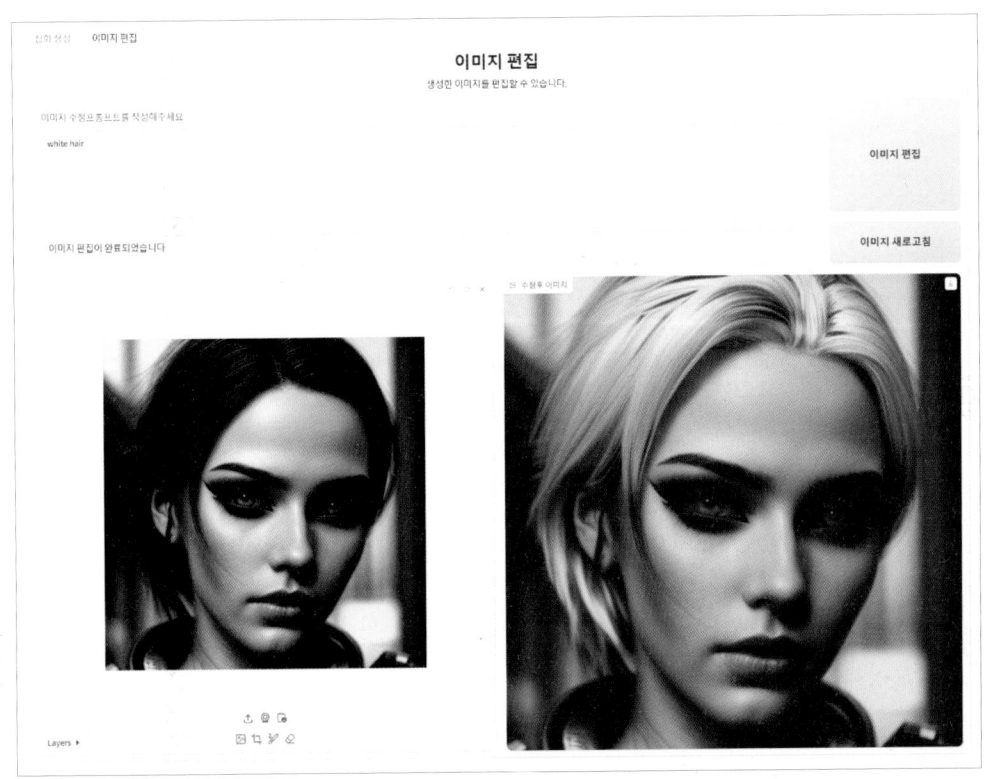

[그림 4-39] inpaint 이미지 편집 예시

선택한 부분이 손쉽게 white hair로 변경되었습니다. 예시에서는 인물 사진을 사용했지만 완성된 앱을 사용할 때는 소설에 맞는 삽화를 생성하거나 원하는 부분을 편집해 사용할 수 있습니다.

지금까지 파이썬 기초부터 챗GPT, 그라디오, 랭체인, 스테이블 디퓨전 API를 활용해 다양한 챗봇을 구현해 보았습니다. 학습한 내용을 떠올리며 예제에서 다루지 않은 여러 기능을 추가하면 지금보다 다양한 기능을 가진 앱을 구현할 수 있습니다.

Index 찾아보기

References 참고 사이트

TIOBE 프로그래밍 언어 순위, www.tiobe.com/tiobe-index

구글 코랩 페이지, colab.research.google.com

◆ 파이썬 관련

파이썬 공식 사이트, www.python.org

파이썬 내장 함수, docs.python.org/3/library/functions.html

파이썬 정규식 연산, docs.python.org/ko/3/library/re.html

JSON 나무위키, namu.wiki/w/json

판다스 홈페이지, pandas.pydata.org

넘파이 홈페이지, numpy.org

Matplotlib 사이트, matplotlib.org

seaborn 공식 사이트, seaborn.pydata.org

◆ 챗봇

챗GPT 홈페이지, chat.openai.com

빙 코파일럿, www.bing.com/chat

제미나이, gemini.google.com/app

아숙업 가이드, askup.oopy.io

클로바 X, clova-x.naver.com

Llama2, llama.meta.com

◆ 이미지 생성 서비스

달리, openai.com/dall-e-3

미드저니, www.midjourney.com/home

스테이블 디퓨전 온라인, stablediffusionweb.com/ko

파이어플라이, www.adobe.com/kr/products/firefly.html

◆ OpenAI 관련

OpenAI 홈페이지, openai.com

OpenAI API, openai.com/blog/openai-api

OpenAI 가격 정책, openai.com/pricing

OpenAI Playground, platform.openai.com/playground

OpenAI DALL-E3, openai.com/dall-e-3

OpenAI 소식, openai.com/blog

◆ 허깅페이스 관련

허깅페이스 홈페이지, huggingface.co

허깅페이스 Space, huggingface.co/spaces

◆ 랭체인 관련

랭체인 홈페이지, www.langchain.com

덕덕고, duckduckgo.com

SerpApi 구글 Search API, serpapi.com

◆ 그라디오 관련

그라디오 홈페이지, www.gradio.app

그라디오 공식 문서, www.gradio.app/docs

그라디오 사용자 지정 테마, huggingface.co/spaces/gradio/theme-gallery

◆ 스테이블 디퓨전 API 관련

스테이블 디퓨전 API 홈페이지, stablediffusionapi.com

스테이블 디퓨전 API 공식 문서, stablediffusionapi.com/docs

StableDifussion 모델 오픈 소스 웹사이트, civitai.com

◆ TTS / STT 관련

네이버 클로바 노트, clovanote.naver.com

네이버 클로바 보이스, clova.ai/voice

다글로, daglo.ai

온에어 스튜디오, onairstudio.ai

타입캐스트, typecast.ai/kr

Hey, 파이썬! 생성형 AI 활용 앱 만들어 줘

2024. 3. 6. 1판 1쇄 인쇄
2024. 3. 13. 1판 1쇄 발행

지은이 │ 김한호, 최태온, 윤택한
펴낸이 │ 이종춘
펴낸곳 │ **BM** ㈜도서출판 **성안당**

주소 │ 04032 서울시 마포구 양화로 127 첨단빌딩 3층(출판기획 R&D 센터)
04032 10881 경기도 파주시 문발로 112 파주 출판 문화도시(제작 및 물류)

전화 │ 02) 3142-0036
031) 950-6300

팩스 │ 031) 955-0510
등록 │ 1973. 2. 1. 제406-2005-000046호
출판사 홈페이지 │ **www.cyber.co.kr**
ISBN │ 978-89-315-5986-6 (93000)
정가 │ 39,000원

이 책을 만든 사람들
책임 │ 최옥현
기획 · 진행 │ 조혜란
교정 · 교열 │ 안종군
본문 · 표지 디자인 │ 앤미디어, 박원석
홍보 │ 김계향, 유미나, 정단비, 김주승
국제부 │ 이선민, 조혜란
마케팅 │ 구본철, 차정욱, 오영일, 나진호, 강호묵
마케팅 지원 │ 장상범
제작 │ 김유석

■ **도서 A/S 안내**

성안당에서 발행하는 모든 도서는 저자와 출판사, 그리고 독자가 함께 만들어 나갑니다.
좋은 책을 펴내기 위해 많은 노력을 기울이고 있습니다. 혹시라도 내용상의 오류나 오탈자 등이 발견되면 **"좋은 책은 나라의 보배"**로서 우리 모두가 함께 만들어 간다는 마음으로 연락주시기 바랍니다. 수정 보완하여 더 나은 책이 되도록 최선을 다하겠습니다.
성안당은 늘 독자 여러분들의 소중한 의견을 기다리고 있습니다. 좋은 의견을 보내주시는 분께는 성안당 쇼핑몰의 포인트(3,000포인트)를 적립해 드립니다.
잘못 만들어진 책이나 부록 등이 파손된 경우에는 교환해 드립니다.